CARIN THINAM JAKOB

Sanktionen gegen vertragsbrüchige Mitgliedstaaten der Europäischen Gemeinschaft (EWG)

Schriften zum Völkerrecht

Band 86

Sanktionen gegen vertragsbrüchige Mitgliedstaaten der Europäischen Gemeinschaft (EWG)

Reaktionsmöglichkeiten der Gemeinschaft oder der anderen Mitgliedstaaten im Falle der Nichtbefolgung von Urteilen des Europäischen Gerichtshofes durch eine Vertragspartei

Von

Dr. Carin Thinam Jakob

Duncker & Humblot · Berlin

CIP-Titelaufnahme der Deutschen Bibliothek

Jakob, Carin Thinam:
Sanktionen gegen vertragsbrüchige Mitgliedstaaten der Europäischen Gemeinschaft (EWG): Reaktionsmöglichkeiten d. Gemeinschaft oder d. anderen Mitgliedstaaten im Falle d. Nichtbefolgung von Urteilen d. Europ. Gerichtshofes durch e. Vertragspartei / von Carin Thinam Jakob. – Berlin: Duncker u. Humblot, 1988
(Schriften zum Völkerrecht; Bd. 86)
Zugl.: Bonn, Univ., Diss., 1988
ISBN 3-428-06510-7
NE: GT

Satz: Hagedornsatz, Berlin 46
Druck: Werner Hildebrand, Berlin 65
Printed in Germany

ISBN 3-428-06510-7

Meinen Eltern

Vorwort

Die Arbeit lag der Rechts- und Staatswissenschaftlichen Fakultät der Universität Bonn im Wintersemester 1987/88 als Dissertation vor.

Für die Betreuung und Förderung der Arbeit danke ich in besonderem Maße meinem Doktorvater, Herrn Prof. Dr. Tomuschat. Mein Dank für zahlreiche wertvolle Hinweise gilt gleichfalls Herrn Prof. Dr. Everling, der die Wahl des Themas angeregt hat. Dem Bundesministerium des Innern danke ich für die finanzielle Förderung der Drucklegung der Dissertation.

Rechtsprechung und Literatur konnten bis Anfang 1988 berücksichtigt werden.

Bonn, im April 1988 — Thinam Jakob

Inhaltsverzeichnis

Abkürzungsverzeichnis

a.A.	anderer Ansicht
a.a.O.	am angegebenen Ort
ABl.	Amtsblatt der Europäischen Gemeinschaften
AJIL	American Journal of International Law
Anm.	Anmerkung
Annuaire IDI	Annuaire de l'Institut de Droit International
AöR	Archiv des öffentlichen Rechts
Art.	Artikel
Aufl.	Auflage
AVR	Archiv des Völkerrechts
BBPS	Beutler, Bieber, Pipkorn, Streil
Bd.	Band
betr.	betreffend
BFH	Bundesfinanzhof
BGBl. II	Bundesgesetzblatt, Teil II
BK	Bonner Kommentar zum Grundgesetz
BT-Drucks.	Deutscher Bundestag, Drucksache
Bull. EG	Bulletin der Europäischen Gemeinschaften
BVerfG	Bundesverfassungsgericht
BVerfGE	Entscheidungssammlung des Bundesverfassungsgerichts
BYIL	The British Year Book of International Law
bzw.	beziehungsweise
CDE	Cahiers de droit européen
CMLRev	Common Market Law Review
Corr.	Corrigendum
ders.	derselbe
DGVR	Deutsche Gesellschaft für Völkerrecht
dies.	dieselben
Diss.	Dissertation
Doc.	Document
DÖV	Die öffentliche Verwaltung
DVBl	Deutsches Verwaltungsblatt
EA	Europa-Archiv
EAG	Europäische Atomgemeinschaft
EAGFL	Europäischer Ausrichtungs- und Garantiefonds für die Landwirtschaft
EAGV	Vertrag zur Gründung der Europäischen Atomgemeinschaft
ed.	edition

EEA	Einheitliche Europäische Akte
EGKS	Europäische Gemeinschaft für Kohle und Stahl (Montanunion)
EGKSV	Vertrag zur Gründung der Europäischen Gemeinschaft für Kohle und Stahl
EGMR	Europäischer Gerichtshof für Menschenrechte (Straßburg)
ELRev	European Law Review
EMRK	Konvention zum Schutze der Menschenrechte und Grundfreiheiten (Europäische Menschenrechtskonvention)
Entsch.	Entscheidung
EP	Europäisches Parlament (Versammlung der Europäischen Gemeinschaften)
EPG	Europäische Politische Gemeinschaft
EPZ	Europäische Politische Zusammenarbeit
EuGH	Gerichtshof der Europäischen Gemeinschaften
EuGRZ	Europäische Grundrechte Zeitschrift
EuR	Europarecht (Zeitschrift)
EWG	Europäische Wirtschaftsgemeinschaft
EWGV	Vertrag zur Gründung der Europäischen Wirtschaftsgemeinschaft
f., ff.	folgende Seite (Seiten)
FG	Festgabe
FN	Fußnote
FS	Festschrift
FW	Die Friedens-Warte
GA	Generalanwalt
GAOR	General Assembly Official Records
GB	Groeben/Boeckh, Kommentar zum EWGV, 1. Aufl. 1958
GBT	Groeben/Boeckh/Thiesing, Kommentar zum EWGV, 2. Aufl. 1974
GBTE	Groeben/Boeckh/Thiesing/Ehlermann, Kommentar zum EWGV, 3. Aufl. 1983
gem.	gemäß
ggfs.	gegebenenfalls
GS	Gedächtnisschrift
GYIL	German Yearbook of International Law (JIR)
HarvardLRev	Harvard Law Review
hins.	hinsichtlich
Hrsg.	Herausgeber
ICAO	International Civil Aviation Organisation
ICJ	International Court of Justice
ICJ-Reports	Reports of the International Court of Justice
IDI	Institut de Droit International
i.e.S.	im eigentlichen Sinne
IGH	Internationaler Gerichtshof (Den Haag)
IJIL	Indian Journal of International Law
ILC	International Law Commission

ILO	International Labour Organisation
ILR	International Law Reports
insb.	insbesondere
i.S.v.	im Sinne von
JCMStudies	Journal of Common Market Studies
JIR	Jahrbuch für internationales Recht (GYIL)
JWTL	Journal of World Trade Law
Korr.	Korrigendum
ldgl.	lediglich
lt.	laut
MDH	Maunz / Dürig / Herzog, Kommentar zum Grundgesetz
MS	Mitgliedstaat
m.w.N.	mit weiteren Nachweisen
NJW	Neue Juristische Wochenschrift
No.	Number, numéro
Nov.	November
Nr.	Nummer
NYIL	Netherlands Yearbook of International Law
OAS	Organisation of American States
o.g.	oben genannt
ÖZöffR	Österreichische Zeitschrift für öffentliches Recht und Völkerrecht
Para.	Paragraph
PCIJ	Permanent Court of International Justice
Pol. Arch.	Politisches Archiv
Prot.	Protokoll
QMT	Quadri / Monaco / Trabucchi, Commentario CEE
RabelsZ	Rabels Zeitschrift für ausländisches und internationales Privatrecht
RdC	Recueil des Cours de l'Académie de Droit International
Rdn.	Randnummer
Rdz.	Randziffer
Rev.belge droit int.	Revue belge du droit international
RevMC	Revue du Marché Commun
RivDI	Rivista di diritto internazionale
RIW	Recht der Internationalen Wirtschaft
RL	Richtlinie
Rs	Rechtssache
RTDE	Revue Trimestrielle de Droit Européen

S.	Seite
s.	siehe
s.a.	siehe auch
Sekr.	Sekretariat
Sept.	September
Ser.	Series
Sess.	Session
Slg.	Amtliche Sammlung der Rechtsprechung des EuGH
s.o.	siehe oben
sog.	sogenannte(r)
StIGH	Ständiger Internationaler Gerichtshof
Suppl.	Supplement
UA	Unterabsatz
u.a.	unter anderem
u.H.a.	unter Hinweis auf
UN	United Nations
UNAT	United Nations Administrative Tribunal
UNRIAA	United Nations Reports of International Arbitral Awards
UNTS	United Nations Treaty Series
UPU	Universal Postal Union
u.U.	unter Umständen
v.	vom
vgl.	vergleiche
Vhdlgn.	Verhandlungen
VK	Vereinigtes Königreich
VN	Vereinte Nationen
VO	Verordnung
Vol.	Volume
Vols.	Volumes
vs.	versus
VVDStRL	Veröffentlichungen der Vereinigung der Deutschen Staatsrechtslehrer
WEGS	Wohlfahrth/Everling/Glaesner/Sprung, Kommentar zum EWGV
WV	Wörterbuch des Völkerrechts, Hrsg.: Strupp/Schlochauer
WVK	Wiener Übereinkommen über das Recht der Verträge (Wiener Vertragsrechtskonvention)
YBEurL	Yearbook of European Law
YBILC	Yearbook of the International Law Commission
ZaöRV	Zeitschrift für ausländisches öffentliches Recht und Völkerrecht
zit.	zitiert
z.T.	zum Teil

Einleitung und Problemstellung

Die Frage, ob gegen vertragsbrüchige Mitgliedstaaten der Europäischen Gemeinschaft Sanktionsmaßnahmen ergriffen werden können, rührt sicherlich an eines der „heißen Eisen", die mit dem Themenkreis der europäischen Integration verbunden sind. Geht es doch letztlich um das Problem, inwieweit die Ziele der europäischen Einigung notfalls auch mit Zwangsmitteln durchgesetzt werden können, wenn es an der freiwilligen Kooperation der betroffenen Staaten fehlt.

Mit besonderer Schärfe stellt sich diese Frage im Bereich des EWG-Vertrages (EWGV). Ganz abgesehen von seiner immensen wirtschaftlichen Bedeutung wird dieser im Gegensatz zum EGKS-Vertrag (EGKSV) und zum EAG-Vertrag (EAGV),[1] die beide sachlich eng umgrenzte Bereiche betreffen, zu Recht als „traité cadre"[2] bezeichnet. Er ist durch die ihm eigene Finalität und Flexibilität der Handlungsformen in weitaus größerem Maße geeignet, die Belange der Integration voranzutreiben. Mit Ausnahme der Vorschriften über das Vertragsverletzungsverfahren gem. Art. 169 ff. EWGV[3] bzw. des Art. 93 Abs. 2 enthält er jedoch keine Regelung über die Rechtsfolgen eines mitgliedstaatlichen Vertragsverstoßes.[4] Insbesondere findet sich im EWGV keine Vorschrift, die die Gemeinschaft[5] oder auch die anderen Mitgliedstaaten ausdrücklich ermächtigt,

---

[1] Die drei Gemeinschaften sind im juristischen Sinn nach wie vor drei eigenständige Rechtspersönlichkeiten, vgl. nur *Bleckmann*, EuR 1978, S. 95 ff.; daran hat auch die nunmehr beschlossene Einheitliche Europäische Akte nichts geändert, vgl. die Wiedergabe des Textes in Bull. EG, Beilage 2/86.

[2] *Beutler*, in: BBPS, Die Europäische Gemeinschaft, S. 40; *Nicolaysen*, Gemeinschaftsrecht, S. 6.

[3] Nachfolgend werden die Vorschriften des EWGV durchgängig ohne weitere Vertragsangabe zitiert.

[4] Insoweit wäre allenfalls an die Zwangswirkungen zu denken, denen sich die Mitgliedstaaten als Folge der Rechtsprechung zur unmittelbaren Wirkung und des Vorrangs des Gemeinschaftsrechts ausgesetzt sehen. Dank der überwiegenden Akzeptanz dieser Rechtsprechung durch die mitgliedstaatlichen Gerichte besteht die Möglichkeit der Durchsetzung des europäischen Gemeinschaftsrechts im nationalen Rechtskreis auch entgegen dem Willen der betroffenen Staaten. Denn der Einzelne kann sich unmittelbar auf sein Recht berufen, ohne daß es notwendigerweise der Umsetzung des Gemeinschaftsrechts in nationales Recht bedarf.

[5] Soweit nachfolgend von der „Gemeinschaft" oder der „Europäischen Gemeinschaft" gesprochen wird, soll damit entgegen dem üblichen politischen Sprachgebrauch, der mit dieser Bezeichnung die drei ursprünglichen Gemeinschaften EGKS, EAG und EWG umfaßt, die „Europäische Wirtschaftsgemeinschaft" gemeint sein, die auf der Grundlage des EWGV errichtet wurde.

gegenüber einem Vertragsbrecher auch im Falle der Mißachtung von Urteilen des Europäischen Gerichtshofes in Luxemburg (EuGH) Zwangsmaßnahmen anzuwenden, um den Rechtsbrecher zur Rückkehr zum Recht zu bewegen oder ihn schlimmstenfalls aus der Gemeinschaft auszuschließen.

Im Gegensatz dazu enthält Art. 88 EGKSV eine klare Regelung, wonach die Gemeinschaft unter bestimmten Voraussetzungen befugt ist, Sanktionsmaßnahmen zu ergreifen. Zwar ist diese Vorschrift aus Gründen der politischen Opportunität bislang noch nie zur Anwendung gekommen.[6] Allein ihre Existenz wirft jedoch die Frage auf, ob das Fehlen einer entsprechenden Regelung im EWGV bedeutet, daß damit jegliche Sanktionsbefugnis der Gemeinschaft im Anwendungsbereich des EWGV zu verneinen ist.

Im Hinblick auf eine Sanktionskompetenz der Gemeinschaft im Sine einer Befugnis, Druckmittel gegen Mitgliedstaaten einzusetzen, wurde bislang eine Reihe von Vorschlägen erarbeitet. Der EuGH regte in seiner Stellungnahme zur Europäischen Union[7] an, eine dem Art. 88 EGKSV entsprechende Vorschrift in den EWGV aufzunehmen. Der Vertragsentwurf des Europäischen Parlaments vom 14.02.1984 sieht gem. Art. 44 vor, daß der Europäische Rat in bestimmten Fällen ohne Beteiligung des vertragsbrüchigen Staates Sanktionen beschließen kann, die sich auf die Suspendierung von Rechten aus dem Vertrag oder auf die Teilnahme in Organen oder Einrichtungen der Union beziehen.[8]

In einem Entschließungsantrag haben zwei Abgeordnete des Europäischen Parlaments die Prüfung angeregt, ob neben einer Aussetzung von Gemeinschaftsbeihilfen eine nach Tagessätzen zu bemessende Geldstrafe für die Nichtbeachtung des Gemeinschaftsrechts zu erwägen sei.[9] In seinem Bericht über die „Verantwortung der Mitgliedstaaten für die Anwendung des Gemeinschaftsrechts“ hat Sieglerschmidt[10] den Entzug von Vergünstigungen befürwortet, wenn diese in direktem Zusammenhang mit der Vertragsverletzung stünden.

Bei alledem fehlt es jedoch, soweit ersichtlich, an einer umfassenden Untersuchung darüber, ob der Gemeinschaft im Bereich des EWGV wirklich keine Sanktionsbefugnisse zustehen. Daß eine Sanktionskompetenz — mit Ausnahme des bereits erwähnten Vertragsverletzungsverfahrens vor dem

---

[6] Art. 88 EGKSV wurde insoweit angesichts seiner praktischen, wenn auch nicht rechtlichen Bedeutungslosigkeit zutreffend als „dead letter“ bezeichnet, vgl. insoweit *Bebr*, Development of Judicial Control, S. 326; ihm folgend *Schwarze*, EuR 1983, S. 1ff., 19; s. diesbezüglich auch den 21. Gesamtbericht über die Tätigkeit der Europäischen Gemeinschaften, der keinen Hinweis auf die Anwendung des Art. 88 EGKSV enthält.

[7] Bull. EG Beilage 9/75, S. 17.

[8] „Entwurf eines Vertrages zur Gründung der Europäischen Union“, angenommen am 14.02.1984, Europäisches Parlament, Protokoll der Sitzung vom Dienstag, den 14.02.1984, PV 60 (PE 88 842), deutscher Text z.B. auch in: *Lipgens*, 45 Jahre, S. 711ff.; sowie in *Schwarze/Bieber*, Eine Verfassung für Europa, S. 318ff.

[9] EP-Dok. 1-387/81.

[10] EP-Dok. 1-1052/82 vom 10.01.1983, S. 24.

EuGH — nicht vorhanden sei, wird offenbar als vorgegeben angesehen.[11] Aus diesem Grund wird in der Literatur mit Vehemenz vor allem darüber gestritten, ob zumindest die übrigen Mitgliedstaaten ggfs. berechtigt seien, Sanktionsmaßnahmen auf der Grundlage des allgemeinen Völkerrechts zu ergreifen.[12]

Die damit aufgezeigte Problematik berührt ein Thema, das durchaus auch von praktischem Interesse ist. Die Anzahl der Vertragsverletzungen gibt schon für sich alleine genommen Anlaß zur Besorgnis.[13] Zwar wurden die eine Vertragsverletzung feststellenden Urteile des EuGH bislang überwiegend befolgt. Jedoch mehren sich die Fälle, in denen bei einzelnen Mitgliedstaaten eine zweite Verurteilung — wegen Nichtbeachtung des ersten Urteils — erforderlich wurde.

Zu nennen ist hier einmal der sog. Kunstschätzefall[14] aus den sechziger Jahren, der der Anlaß für eine zweimalige Verurteilung Italiens war. Aufmerksamkeit erregt hat vor allem auch der sog. Schaffleischfall[15] und die Weigerung Frankreichs, dem Gerichtshof zu folgen, wobei hier allerdings eine zweite Verurteilung nicht erforderlich wurde. Auch in jüngster Zeit kam es zu erneuten Verurteilungen von Mitgliedstaaten wegen Nichtausführung von vorhergehenden Urteilen.[16]

Im Januar des Jahres 1987 etwa war von den aus dem Jahr 1981 datierenden Urteilen eines noch nicht vollzogen; aus dem Jahre 1983 stammten fünf noch nicht vollzogene Urteile; aus dem Jahr 1984 waren acht Urteile noch nicht erfüllt; insgesamt 18 erneute Verstoßverfahren waren eingeleitet worden.[17]

---

[11] Vgl. statt vieler etwa die Untersuchungen von *Schwarze*, EuR 1983, S. 1 ff.; *Everling*, FS Mosler, S. 173ff., jeweils mit zahlreichen weiteren Nachweisen.

[12] S. an dieser Stelle nur die in der vorangegangenen FN genannten Autoren m.w.N.

[13] Vgl. insoweit nur die Zahlenangaben im Vierten Jahresbericht der Kommission an das Europäische Parlament über die Kontrolle der Anwendung des Gemeinschaftsrechts 1986, KOM (87) 205 endg., ABl. 1987 C 338/1 ff.

[14] EuGH v. 10.12.1968, Rs 7/68 (Kommission/Italien), Slg. 1968, 634ff. sowie das Folgeurteil EuGH v. 13.07.1972, Rs 48/71 (Kommission/Italien), Slg. 1972, 529ff.

[15] EuGH v. 25.09.1979, Rs 232/78 (Kommission/Frankreich), Slg. 1979, 2729ff.; s.a. die spätere einstweilige Anordnung v. 28.03.1980, Rs 24 und 97/80 (Kommission/Frankreich), Slg. 1980, 1319ff.; s. dazu *Kutscher*, EuR 1981, S. 1 ff., 6; *ders.*, EuR 1981, S. 392ff., 407, 411; *Meier*, RIW 1980, S. 39ff.; *ders.*, RIW 1981, S. 246ff.

[16] EuGH v. 12.02.1987, Rs 69/86 (Kommission/Italien), n.n.v., wegen Nichtbefolgung des Urteils des EuGH v. 15.11.1983, Rs 322/82 (Kommission/ Italien), Slg. 1983, 3689ff.; EuGH v. 05.11.1986, Rs 160/85 (Kommission/ Italien), n.n.v., wegen Nichtbefolgung der Urteile des EuGH v. 10.11.1981, Rs 28/81 (Kommission/Italien), Slg. 1981, 2577ff. und EuGH v. 10.11.1981, Rs 29/81 (Kommission/Italien), Slg. 1981, 2585ff. wegen der mangelnden Umsetzung der Richtlinien 74/561 und 74/562 über den Zugang zu den Berufen es Güterkraftverkehrsunternehmers bzw. Personenkraftverkehrsunternehmers im innerstaatlichen und grenzüberschreitenden Verkehr; s.a. EuGH v. 14.01.1988, Rs 227-230/85 (Kommission/Belgien), n.n.v., sowie EuGH v. 04.02.1988, Rs 391/85 (Kommission/Belgien), n.n.v.

[17] Weitere Nachweise im Vierten Jahresbericht der Kommission an das Europäische Parlament über die Kontrolle der Anwendung des Gemeinschaftsrechts 1986, KOM (87)

Damit stellt sich die bereits aufgeworfene Frage nach der Möglichkeit, den Vertragsbrecher mit anderen Mitteln als dem Vertragsverletzungsverfahren zur Rückkehr zum Recht zu zwingen oder ihn äußerstenfalls im Interesse der Gemeinschaft auszuschließen, noch einmal in aller Deutlichkeit.

Für die Zwecke dieser Untersuchung soll dabei davon ausgegangen werden, daß zumindest ein Vertragsverletzungsverfahren mit erneuter Verurteilung wegen Nichtausführung des ersten Urteils ohne Erfolg stattgefunden hat. Denn weitere Zwangsmaßnahmen können erst dann ernsthaft in Betracht gezogen werden, wenn das gemeinschaftsrechtliche Streitschlichtungsverfahren erschöpft ist. Dies ergibt sich schon aus der Überlegung, daß der EuGH nach den Grundsätzen des EWGV das alleinige Organ ist, das endgültig darüber befinden kann, ob eine Vertragsverletzung durch einen Mitgliedstaat vorliegt. Bei Beachtung dieses Gesichtspunktes kann auch erst ein zweites Verfahren vor dem EuGH Klarheit darüber bringen, ob die Mißachtung des ersten Urteils in der gleichen Angelegenheit ihrerseits eine Vertragsverletzung darstellt oder ob der Mitgliedstaat an der Befolgung dieses ersten Urteils durch Umstände gehindert war, die er rechtlich nicht zu vertreten hat. Dabei soll nicht verkannt werden, daß es auch Krisensituationen geben mag, die -wie etwa Frankreichs „Politik des leeren Stuhles" im Jahre 1965- schwerpunktmäßig politische Probleme aufwerfen, deren Lösung nicht allein auf rechtlicher Ebene zu finden ist. Auch in solchen Fällen wäre aber zumindest eine einmalige Befassung des EuGH erforderlich, wenn auch nur, um eine eindeutige Feststellung der „Nichtjustiziabilität" zu erlangen.

Beim Gang der nunmehr folgenden Untersuchung muß zwischen den Sanktionsmöglichkeiten der Gemeinschaft einerseits und den Möglichkeiten der Mitgliedstaaten andererseits unterschieden werden. Die Unterscheidung ist schon deshalb erforderlich, weil die Gemeinschaft als juristische Person eine von den Mitgliedstaaten zu trennende Rechtspersönlichkeit besitzt. Auch empfiehlt es sich, mit der Frage nach den Sanktionsmöglichkeiten der Gemeinschaft zu beginnen. Denn die Wahrung und Sicherung des Gemeinschaftsrechts ist nach dem EWGV der Kommission und dem Gerichtshof übertragen, die wegen ihrer Unabhängigkeit die Gewähr dafür bieten, im ureigensten Gemeinschaftsinteresse tätig zu werden. Damit handelt es sich um eine echte Gemeinschaftsaufgabe,[18] die vorrangig von der Gemeinschaft zu erfüllen ist.

Erst wenn sich herausstellt, daß die Gemeinschaft selbst keine Sanktionsbefugnisse besitzt, kann weiter gefragt werden, ob, auf welcher Rechtsgrundlage (gemeinschaftsrechtlich oder völkerrechtlich) und in welcher Form die Mitgliedstaaten gegebenenfalls im Interesse der Gemeinschaft tätig werden können.

---

250 endg., ABl. 1987 C 338/1, 26ff.; vgl. auch zum vorherigen Stand den Dritten Jahresbericht für das Jahr 1985, KOM (86) 205 endg., ABl. 1986 C 220/1, 22ff.

[18] *Ipsen*, Gemeinschaftsrecht, S. 222.

Gerade bei der Frage der Handlungsmöglichkeiten der Mitgliedstaaten auf der Grundlage des allgemeinen Völkerrechts werden besorgte Stimmen laut. Stellvertretend sei Pescatore genannt, für den der Rückgriff auf das allgemeine Völkerrecht innerhalb des gemeinschaftsrechtlichen Rahmens einen „facteur de désintégration"[19] darstellen würde bzw. die Eigenschaften eines „trojanischen Pferdes" besäße.[20] Jedoch kann eine solche Betrachtungsweise eine rechtliche Untersuchung nicht verbieten. Im Gegenzug wäre die Frage zu stellen, ob nicht auch vollkommene Machtlosigkeit einen ebensolchen „facteur de désintégration" darstellen würde.

---

[19] L'ordre juridique, S. 165; s.a. *Jacot-Guillarmod*, Droit communautaire, S. 47.

[20] *Pescatore*, FS Mosler, S. 661 ff., 663 FN 5.

Erster Hauptteil

Sanktionsbefugnisse der Gemeinschaft

§ 1 Sanktionsbefugnisse kraft „implied powers"

Im Bereich des EWGV ist bei Vertragsverletzungen eines Mitgliedstaates primär das Verfahren der Art.169, 170 vorgesehen. Hat ein Mitgliedstaat nach Auffassung der Kommission gegen eine Verpflichtung aus dem EWGV verstoßen, ist diese grundsätzlich zum Einschreiten verpflichtet. Die Verfolgungspflicht ergibt sich aus der der Kommission gem. Art. 155 Unterabs. 1 zugewiesenen Rolle als „Hüterin der Verträge" sowie aus dem zwingenden Wortlaut des Art.169 Abs.1;[1] dabei verfügt die Kommission allerdings über einen gewissen Beurteilungsspielraum im Hinblick auf den Zeitpunkt und die Bedingungen der einzelnen Verfahrensabschnitte.[2] Auch ist anerkannt, daß diese grundsätzliche Verfolgungspflicht nicht im Sinne eines strengen „Automatismus" verstanden werden dürfe[3] und daß es manche Fälle gibt, in denen — wie bei der politischen Krise im Jahre 1965 — ein Verfahren gem. Art.169 kaum geeignet wäre, um ein vertragsgemäßes Verhalten zu erzwingen.[4]

Zunächst muß die Kommission dem betroffenen Mitgliedstaat im Rahmen eines Vorverfahrens, das mit Erlaß einer mit Gründen versehenen Stellungnahme endet, Gelegenheit zur Äußerung und ggfs. zum Abstellen der Vertragsverletzung geben.[5] Verläuft das Verfahren erfolglos, so „kann" die Kommission den EuGH anrufen; der Wortlaut des Art. 169 Abs. 2 spricht insoweit dafür, daß sich die Verfolgungspflicht nur auf die ersten beiden Phasen des Vorverfahrens (Mahnschreiben und begründete Stellungnahme) bezieht, während die Befassung des EuGH im Ermessen der Kommission steht.[6]

---

[1] Vgl. insoweit nur *Karpenstein*, in: Grabitz, EWGV, Art. 169 Rdz. 30; *Wohlfarth*, in: WEGS, Art. 169 Anm. 2; *Däubler*, NJW 1968, S. 325ff., 329; *Audretsch*, Supervision, S. 18, dort insb. FN 52 m.w.N.; *Daig*, in: GBTE, Art. 169 Rdz. 52; a.A. ldgl. *Cahier*, CDE 1967, S. 123ff., 144ff.

[2] S. statt vieler *Karpenstein*, in: Grabitz, EWGV, Art. 169 Rdz. 30.

[3] Vgl. GA *Römer*, Schlußanträge in der Rs 7/71 (Kommission/Frankreich), EuGH v. 14.12.1971, Slg. 1971, 1003ff., 1023ff., 1026.

[4] Vgl. dazu etwa *Ehlermann*, FS Kutscher, S. 135ff., 152f.; ähnlich problematisch erscheint die Situation etwa bei Vertragsverstößen durch nationale — unabhängige — Gerichte, vgl. dazu *Karpenstein*, in: Grabitz, EWGV, Art. 169 Rdz. 15-17.

[5] Zur Bedeutung des Vorverfahrens allgemein *Karpenstein*, in: Grabitz, EWGV, Kommentierung zu Art. 169 EWGV m.w.N.; s.a. *Joliet*, Le droit institutionnel, S. 31ff.

Ähnliches gilt nach Art. 170 für den Fall, daß ein Mitgliedstaat der Auffassung ist, ein anderer Mitgliedstaat habe gegen Verpflichtungen aus dem Vertrag verstoßen. Der Mitgliedstaat kann jedoch den EuGH nicht unmittelbar anrufen, sondern muß zunächst die Kommission einschalten; auch ist er, wie sich schon aus dem Wortlaut des Art. 170 ergibt, keineswegs zum Tätigwerden verpflichtet.

Eine besondere Verfahrensausgestaltung enthält Art. 93 im Bereich der staatlichen Beihilfen. Nach Art. 93 Abs. 1 überprüft die Kommission fortlaufend die mitgliedstaatlichen Beihilferegelungen. Nach Art. 93 Abs. 2 erläßt sie nach Anhörung der Beteiligten ggfs. eine Entscheidung, in der sie die Unvereinbarkeit einer bestehenden oder neu eingeführten (Art. 93 Abs. 3) Beihilferegelung mit dem Vertrag feststellt. Sie kann dem Mitgliedstaat aufgeben, die Beihilferegelung aufzuheben oder zu ändern. Sofern der Mitgliedstaat dieser Entscheidung nicht nachkommt, können sich die Kommission sowie jeder andere betroffene Mitgliedstaat unmittelbar an den EuGH wenden.[7]

Kommt der Gerichtshof zu dem Ergebnis, daß das angegriffene Verhalten eine Vertragsverletzung darstellt, erläßt er ein entsprechendes Feststellungsurteil.[8] Hinsichtlich der Verpflichtungen des „verurteilten“ Mitgliedstaates bestimmt Art. 171:

> „Stellt der Gerichtshof fest, daß ein Mitgliedstaat gegen eine Verpflichtung aus diesem Vertrag verstoßen hat, so hat dieser Staat die Maßnahmen zu ergreifen, die sich aus dem Urteil des Gerichtshofes ergeben.“

Weitere, ausdrückliche Bestimmungen über Maßnahmen, die durch eines der Organe der Gemeinschaft ergriffen werden können, um einen Mitgliedstaat zur Erfüllung seiner Verpflichtungen anzuhalten, enthält der EWGV nicht.

Es ist jedoch zu prüfen, ob trotz des Fehlens einer ausdrücklichen Regelung eine Sanktionsermächtigung stillschweigend bzw. implizit in einer vertraglichen Norm enthalten ist. Solche „stillschweigenden“ oder „implizierten“ Befugnisse werden auch als „implied powers“ bezeichnet.[9] Wie noch darzustellen ist, findet dieses Konzept sowohl bei der Ermittlung von Bundeskompetenzen im Bundesstaat wie auch bei der Feststellung des Kompetenzumfangs internationaler Organisationen Anwendung. Damit erscheint auch die Frage gerechtfertigt, ob ein solch „generelles“ Konzept, welches die Zuerkennung von nicht ausdrücklich zugewiesenen Befugnissen zum Inhalt hat, zur Bestimmung des Kompetenzumfangs der Gemeinschaft herangezogen werden kann. Somit ist zu untersuchen, ob der Gemeinschaft möglicherweise kraft „implied powers“ das

---

[6] Wie hier *Karpenstein*, in: Grabitz, EWGV, Art. 169 Rdz. 32; *Audretsch*, Supervision, S. 32; *Däubler*, NJW 1968, S. 325ff., 329; a.A. im Sinne einer Rechtspflicht z.B. *Wohlfarth*, in: WEGS, Art. 169 Anm. 3; *Daig*, in: GBTE, Art. 169 Rdz. 53.

[7] Zum Verfahren in Beihilfesachen s. allgemein *v. Wallenberg*, in: Grabitz, EWGV, Kommentierung zu Art. 93 m.w.N.

[8] Art. 171 EWGV.

[9] Vgl. insoweit nur *Böhm*, Kompetenzauslegung, S. 120ff.

Recht zusteht, Sanktionen gegenüber vertragsbrüchigen Mitgliedstaaten zu ergreifen.

I. Inhalt und Ursprung der Lehre von den „implied powers“

Bei der Lehre von den „implied powers“ handelt es sich um eine Auslegungsmethode, die eine ausdrücklich zugewiesene Kompetenz voraussetzt, die vernünftigerweise nicht ausgeübt werden kann, ohne daß gleichzeitig eine andere, nicht ausdrücklich geregelte Materie mitgeregelt wird. Aus der Tatsache, daß die ausdrücklich zugewiesene Kompetenz sonst nur unvollständig wahrgenommen werden kann, wird gefolgert, daß eine — implizierte — Regelungsbefugnis für diese andere Materie in der ausdrücklichen Kompetenzzuweisung mitenthalten ist.[10] Ob die sinnvolle Ausübung einer ausdrücklich gewährten Kompetenz nur bei gleichzeitiger Innehabung einer „implizierten“ Befugnis möglich ist, muß durch Auslegung der ausdrücklichen Kompetenznorm anhand der in bezug auf das jeweilige Regelungssystem „üblichen“ Auslegungsmethoden ermittelt werden.[11]

Von dem Konzept der „implied powers“ in diesem Sinne ist trotz gelegentlicher Unschärfen[12] die Lehre von den „resulting powers“ zu unterscheiden. Danach kann sich eine Zuständigkeit nicht nur — wie bei „implied powers“ im oben verstandenen Sinne — aus einer einzigen Zuständigskeitsnorm ergeben. Sie kann als „resulting power“ aus mehreren Normen zusammen, aus allen Normen eines Gesetzeswerks oder auch aus den hinter den Normen stehenden Grundgedanken folgen.[13] Den damit verbundenen Fragen soll aber erst an späterer Stelle nachgegangen werden.

Die Lehre der „implied powers“ wurde zunächst im amerikanischen Bundesstaatsrecht entwickelt und später auch für die Reichsverfassungen von 1871 und 1919 in Deutschland erörtert.[14] In der Rechtsprechung des StIGH und des IGH wurde sie auf das Völkerrecht und das Recht der VN übertragen.[15]

---

[10] *Böhm*, Kompetenzauslegung, S. 174ff. m.w.N.; *Nicolaysen*, EuR 1966, S. 129ff., 131; *Bleckmann*, Europarecht, S. 161f.

[11] Zu den besonderen Auslegungsmethoden des EuGH vgl. etwa *Böhm*, Kompetenzauslegung, S. 86ff. sowie *Everling*, RabelsZ 1986, S. 193ff.

[12] Dazu *Böhm*, Kompetenzauslegung, S. 198 m.w.N.

[13] S. schon *Triepel*, FG Laband, S. 249ff., 272; s. a. *Hummer*, in: Grabitz, EWGV, Art. 155 Rdz. 34 sowie Art. 162 Rdz. 39.; *Nicolaysen*, EuR 1966, S. 129ff., 140ff.; *Böhm*, Kompetenzauslegung, S. 198ff.; *Küchenhoff*, AöR 1957, S. 413ff., 462; *Bullinger*, AöR 1971, S. 237ff.; als Unterfall der „implied powers“ angesehen von *Kruse*, AVR 1953/54, S. 169ff., sowie von *Willoughby*, Constitutional Law, S. 89.

[14] Nachweise z.B. bei *Nicolaysen*, EuR 1966, S. 129ff.; *Böhm*, Kompetenzauslegung, S. 120ff.

[15] Ausführlich *Bernhardt*, Auslegung, S. 97f., 103f.; s.a. *Verdross/Simma*, Völkerrecht, S. 494ff.; *Schermers*, Institutional Law, S. 208ff.

So gestand der StIGH der ILO neben der ihr zugewiesenen Aufgabe und Befugnis, arbeitsrechtliche Entwürfe zum Schutz der Arbeitnehmer auszuarbeiten und vorzuschlagen, das Recht zu, im Backgewerbe ein Nachtbackverbot zu empfehlen, das sich auch an die Arbeitgeber wandte. Als Begründung führte der StIGH an, daß sich der Sicherungszweck des Vorschlags in diesem Berufszweig nur durch eine derartige Ausdehnung erreichen ließe.[16] Ein weiterer Fall betraf die Europäische Donaukommission. Der StIGH entschied, daß sich deren Kompetenz über den Wortlaut des Vertrages hinaus nicht nur auf das Fahrwasser der Donau, sondern auch auf die Häfen erstrecke. Ohne gleichzeitige Befugnisse im Hafenbereich könne die Aufgabe der Kommission, nämlich die Sicherung der Freiheit der Schiffahrt, nicht erfüllt werden.[17]

Auch der IGH hat zur Bestimmung des Kompetenzumfangs der VN auf das Konzept der „implied powers" zurückgegriffen. Insbesondere zwei Fälle werden dafür häufig zitiert.[18] Im ersten Fall ging es um die Geltendmachung eines Schadensersatzanspruchs durch die VN wegen der Tötung eines VN-Beobachters,[19] im anderen Fall um die Befugnis der Generalversammlung der VN zur Errichtung eines Verwaltungsgerichts für Streitigkeiten zwischen der Organisation und ihren Bediensteten.[20] In beiden Fällen bejahte der IGH die Kompetenz der VN zur Vornahme der entsprechenden Handlungen trotz des Fehlens einer ausdrücklichen Kompetenzzuweisung. Im ersten Fall (sog. Bernadotte-Fall) lautete die Begründung wörtlich:

> „under international law, the Organization must be deemed to have those powers which, though not expressly provided in the Charter, are conferred upon it by necessary implication as being essential to the performance of its duties."[21]

Wie später darzulegen ist, handelt es sich beim Bernadotte-Fall allerdings nicht um eine Anwendung von „implied powers". Die Befugnis zum Geltendmachen von Schadensersatzansprüchen wurde nicht aus einer einzelnen Kompetenzzuweisung hergeleitet, sondern aus einer Mehrzahl von Kompetenzen, so daß damit ein Anwendungsfall von „resulting powers" gegeben ist.

Die Entscheidung über die Errichtung des Verwaltungsgerichts dagegen stellt eine Anwendung von „implied powers" dar. Der IGH leitete die entsprechende Befugnis aus der Kompetenz zur Einstellung und Regelung des Statuts der Bediensteten nach Art.101 Abs.1 und 3 der Charta der VN ab, also aus einer einzelnen Spezialzuständigkeit.

---

[16] Gutachten Nr. 13 PCIJ Series B Nr. 13, S. 14.

[17] Gutachten Nr. 14 PCIJ Series B Nr. 14, S. 25.

[18] *Bernhardt*, Auslegung, S. 103f.; *Seidl-Hohenveldern*, Völkerrecht, S. 91f., 184f.; *Verdross/ Simma*, Völkerrecht, S. 494ff.

[19] IGH v. 11.04.1949, ICJ-Reports 1949, 174ff.

[20] IGH v. 13.07.1954, ICJ-Reports 1954, 47ff.

[21] IGH v. 11.04.1949, ICJ-Reports 1949, 174ff., 182; lt. *Nicolaysen*, EuR 1966, S. 129ff., 142, handelt es sich dabei in Wahrheit um einen Anwendungsfall von „resulting powers".

Nachdem das Konzept der „implied powers“ noch in weiteren Fällen eine Rolle gespielt hat,[22] kann jedenfalls von seiner grundsätzlichen Anerkennung im Recht der internationalen Organisationen ausgegangen werden.

Methodisch gesehen handelt es sich bei „implied powers“ um eine Auslegungsmethode,[23] d.h. Lehre von der Vertragsauslegung.[24] Ausgangspunkt für eine Ableitung von „implied powers“ kann dabei immer nur eine ausdrückliche Kompetenznorm sein.[25] „Implied powers“ bestehen dort, wo es die vollständige und wirksame Ausübung einer Kompetenz erfordert. Der Umfang der Notwendigkeit und Zulässigkeit ist durch Auslegung der ausdrücklichen Kompetenznorm anhand der klassischen Interpretationsmethoden wie z.B. der systematischen oder teleologischen Auslegung[26] zu ermitteln.[27]

Gelegentlich wird der Zweck-Mittel-Schluß als die Essenz dieser Lehre bezeichnet[28]. Nach Auffassung Nicolaysens[29] ist dies richtig, soweit die „implied powers“-Lehre auf bundesstaatliche Kompetenzkataloge angewandt wird. Die bahnbrechende Leistung dieser Lehre

> „besteht letztlich in der Erkenntnis einer Selbstverständlichkeit: Die verfassungsmäßig zugewiesenen Zuständigkeiten der Zentralgewalt enthalten gleichzeitig die Aufgaben und die Mittel zu ihrer Ausführung, wobei der Akzent ... auf dem *Umfang*[30] der Mittel liegt, die alle notwendigen Befugnisse enthalten sollen.“

---

22 IGH v. 20.07.1962, Certain-Expenses-Gutachten, ICJ-Reports 1962, 151 ff., 168, sowie Separate Opinion von Richter Fitzmaurice, a.a.O., S. 208; Dissenting Opinion von Richter van Wyk in der Entscheidung des IGH v. 18.07.1966, South West Africa Cases, Second Phase, ICJ-Reports 1966, 6 ff., 84 f.; Dissenting Opinion von Richter Fitzmaurice im Rechtsgutachten des IGH v. 21.07.1971 betreffend den Fall der Continued Presence of South Africa in Namibia, ICJ-Reports 1971, 16 ff., 269; IGH v. 12.07.1973, Gutachten über das Verwaltungsgericht der VN, ICJ-Reports 1973, 166 ff., 173. Dabei wird allerdings nicht genügend zwischen „implied powers“ und „resulting powers“ unterschieden; entscheidend ist in diesem Zusammenhang, daß auch nicht ausdrücklich normierte Befugnisse mit den korrespondierenden Verpflichtungen der Mitgliedstaaten anerkannt wurden.

23 S. z.B. die grundlegenden Arbeiten von *Küchenhoff*, DVBl 1951, S. 585 ff., 617 ff.; *ders.*, AöR 1957, S. 413 ff.; so ausdrücklich *Meng*, Recht der Internationalen Organisationen, S. 97; *Nicolaysen*, EuR 1966, S. 129 ff., 131; *Constantinesco*, EGR I, S. 283 f.; *Bernhardt*, Auslegung, S. 97 ff.

24 S. schon *Triepel*, FG Laband, S. 249 ff.

25 *Rabe*, Verordnungsrecht, S. 139; *Nicolaysen*, EuR 1966, S. 129 ff., 132; *Böhm*, Kompetenzauslegung, S. 152 ff. m.w.N.

26 Dazu *Böhm*, Kompetenzauslegung, S. 155 ff., 165 f.; *Zuleeg*, EuR 1969, S. 97 ff., 105

27 Zu den Besonderheiten der Auslegung des Gemeinschaftsrechts vgl. z.B. *Everling*, RabelsZ 1986, S. 193 ff.; *Kutscher*, Begegnung von Justiz und Hochschule, S. 1 ff.; *Bernhardt*, FS Kutscher, S. 178 ff.; *Bleckmann*, NJW 1982, S. 1177 ff.; *Böhm*, Kompetenzauslegung, S. 86 ff.

28 Z.B. *Rabe*, Verordnungsrecht, S. 156.

29 EuR 1966, S. 129 ff., 134.

30 Hervorhebung bei *Nicolaysen*, EuR 1966, S. 129 ff., 134.

Damit werde bestätigt, daß „implied powers“ nur an ausdrücklich anerkannte Kompetenzen anknüpfen könnten[31].

Bei der Übertragung dieser Lehre auf internationale Organisationen und auch auf die Gemeinschaft muß — im Vergleich zu Staaten — beachtet werden, daß die Ziel- und Aufgabenbestimmungen nach dem System der Gründungsverträge nicht immer als Befugniszuweisungen verstanden werden können. Die eigentlichen Kompetenzen ergeben sich vielfach erst aus speziellen Handlungsermächtigungen,[32] wobei dann auch nur solche als Anknüpfungspunkt für „implied powers“ dienen können.[33] Der Zweck-Mittel-Schluß selbst ist keine Auslegungsmethode[34] und kann daher auch nicht ohne Beachtung des Inhalts der jeweiligen Kompetenzzuweisungen angewandt werden.[35]

Ob ein solcher Schluß zulässig ist, muß durch Auslegung der in Frage stehenden Norm festgestellt werden. Dabei ist zu fragen, ob nach dem Inhalt oder dem Zweck dieser Regelung ein solcher Schluß möglich ist.[36] Hauptsächlicher Inhalt der „implied powers“-Lehre ist es, „eine ausdrücklich eingeräumte Kompetenz vollständig und wirksam anzuwenden“.[37] Deshalb ist eine nicht ausdrücklich geregelte Kompetenz, die vom Zweck einer vorhandenen Kompetenz mitumfaßt wird, rechtmäßiges Mittel zur Ausübung des Zweckes der vorhandenen Kompetenz.[38] Von dieser Frage wiederum ist zu unterscheiden, welches Mittel i.e.S. zur Ausübung der im Wege der „implied powers“ gewonnenen Kompetenz zur Verfügung steht. Dies ergibt sich aus der jeweiligen Handlungsermächtigung und kann z.B. das Mittel der Verordnung oder der Empfehlung sein.

---

[31] *Nicolaysen*, EuR 1966, S. 129ff., 134.

[32] S. z.B. *Böhm*, Kompetenzauslegung, S. 180ff.

[33] *Nicolaysen*, EuR 1966, S. 129ff., 134f.

[34] S. *Böhm*, Kompetenzauslegung, S. 165; zum Unterschied zwischen materiellen und technisch-formalen Auslegungsregeln s. *Bernhardt*, Auslegung, S. 175ff.

[35] *Böhm*, Kompetenzauslegung, S. 166:„ wird der Zweck-Mittel-Schluß ohne Beachtung der jeweiligen Regelung angewendet, läßt sich durch eine petitio principii jedes gewollte Ergebnis rechtfertigen“; s.a. *Rouyer-Hameray*, Compétences implicites, S. 92; *Nicolaysen*, EuR 1966, S. 129ff., 132, der im Hinblick auf die amerikanische Verfassungspraxis von der „Ausweitung zu einer bloßen Zweckmäßigkeitsregel“ spricht.

[36] *Zuleeg*, EuR 1969, S. 97ff., 105; *Leisner*, Effizienz, S. 13: „über konkrete Inhalte eines Effektivitätsprinzipes im staatlichen Bereich aber sagt die "Auslegung auf Effizienz„ (allein) nichts aus“; *Böhm*, Kompetenzauslegung, S. 165ff.

[37] *Rabe*, Verordnungsrecht, S. 146.

[38] Zum Unterschied zwischen „implied powers“ und dem Institut der Analogie s. *Bernhardt*, Auslegung, S. 181:„Erst wenn durch Interpretation Inhalt und Tragweite einer Norm festgestellt sind, stellt sich die weitere Frage, ob diese Norm analog auf weitere Sachverhalte angewendet werden kann.“

II. Anwendbarkeit im Bereich des EWGV

Es fragt sich nunmehr, ob die Lehre der „implied powers“ im Bereich des EWGV Anwendung finden kann.

In der älteren Literatur zum EG-Recht war die Anwendbarkeit dieser Lehre im innergemeinschaftlichen Rechtsraum umstritten. Zum Teil wurde die Anwendbarkeit ohne nähere Begründung verneint.[39] Die Unzulässigkeit wurde auch damit begründet, daß Art.235 EWGV die Lehre von den „implied powers“ „kanalisiere“ und sie damit als positiv-rechtliche Normierung ausschließe.[40] Art.235 stelle eine „offensichtliche Anwendung des Zweck-Mittel-Schlusses dar“.[41] Die Zulässigkeit von „implied powers“ im Gemeinschaftsrecht bedarf daher einer genaueren Untersuchung.

1. Vertragsimmanentes Anwendungsverbot

Zunächst ist festzustellen, daß das in Art.4 Abs.4 Satz 2 normierte Prinzip der begrenzten Einzelermächtigung[42] oder vertraglichen Kompetenzzuweisung[43] entgegen gelegentlich vorgetragener Bedenken kein Verbot der Auslegungsmethode der „implied powers“ enthält.[44] Art. 4 trifft selbst keine Regelung des Umfanges der Organbefugnisse, sondern verweist auf die vertraglichen Ermächtigungsnormen. Daraus folgt, daß sich auch der Umfang der Befugnisse nur aus diesen Ermächtigungsnormen ergeben kann.[45]

Auch aus der Existenz des Art. 235 kann kein Verbot der „implied powers“ hergeleitet werden. Seine Formulierung: „sind ... die hierfür erforderlichen Befugnisse nicht vorgesehen“ enthält keine Bestimmung des Umfangs dieser Befugnisse. Sie beinhaltet keine Entscheidung darüber, ob damit nur ausdrückliche oder auch stillschweigende Befugnisse, also „implied powers“, gemeint sind.[46] Zwischen Art.235 und der Lehre von den „implied powers“ besteht ein

---

[39] Überblick bei *Böhm*, Kompetenzauslegung, S. 174 FN 164 und 165 m.w.N.; s. aber schon *Merkel*, Rat und Kommission, S. 96, der „implied powers“ für zulässig erachtet.

[40] *Rabe*, Verordnungsrecht, S. 147ff., 157.

[41] *Rabe*, Verordnungsrecht, S. 157.

[42] Dazu *Bleckmann*, Europarecht, S. 11; kritisch zu diesem Begriff *Gericke*, Rechtsetzungsbefugnisse, S. 103f.

[43] *Böhm*, Kompetenzauslegung, S. 176.

[44] So aber *Glaesner*, DÖV 1959, S. 653ff., 657.

[45] S. *Böhm*, Kompetenzauslegung, S. 177; *Gericke*, Rechtsetzungsbefugnisse, S. 103; *Ipsen*, Gemeinschaftsrecht, S. 413ff.; *Peruzzo*, Problem der implied powers, S. 64ff.; s.a. EuGH v. 06.07.1982, Rs 188-190/80 (Frankreich u.a./Kommission), Slg. 1982, 2545ff., 2573.

[46] *Nicolaysen*, EuR 1966, S. 129ff., 136; *Kovar*, Le pouvoir réglementaire, S. 133 zu Art. 5 Abs. 1, 6 Abs. 4 und 14 Abs. 1 EGKSV; zu weiteren Einwänden gegen „implied powers“ vgl. die Darstellung bei *Böhm*, Kompetenzauslegung, S. 178ff. mit überzeugender Gegenargumentation.

grundlegender Unterschied. Art.235 setzt voraus, daß der Gemeinschaft keine oder „nicht hinreichende" Befugnisse zugewiesen sind, um im Rahmen des Gemeinsamen Marktes eines ihrer Ziele zu verwirklichen.[47] Er verweist insofern auf die in Art.2 und 3 enthaltenen Ziele und Aufgabenbestimmungen.[48] Diese selbst stellen keine Kompetenzzuweisungen dar,[49] sondern beinhalten lediglich eine Beschreibung der Ziele und Aufgaben der Gemeinschaft. Nach Art.4 Abs.1 Satz1 werden die der Gemeinschaft zugewiesenen Aufgaben durch deren Organe wahrgenommen. Die Wahrnehmung erfolgt gerade nicht kraft Aufgabe, sondern gemäß Art.4 Abs.1 Satz1 kraft vom Vertrag zugewiesener Befugnisse.[50] Auch Art.235 gehört damit zu den zuständigkeitszuweisenden Normen i.S.d. Art.4 Abs.1 S.1.[51]

Wenn aber die Art.2 und 3 EWGV nicht die Qualität von Kompetenznormen besitzen, können die in ihnen enthaltenen Vertragsziele nicht zur Ableitung von „implied powers" dienen,[52] da „implied powers" eine ausdrücklich zugewiesene Kompetenz voraussetzen.

Art.235 enthält eine ausdrückliche Befugnis im Hinblick auf die Erreichung der Vertragsziele.[53] Er stellt also eine originäre Kompetenzvorschrift dar, deren Voraussetzung es gerade ist, daß eine anderweitige Kompetenz nicht vorhanden oder unzureichend ist. Im Gegensatz dazu knüpfen „implied powers" an bereits vorhandene Kompetenzen an. Erst wenn auch im Wege der „implied powers" eine Kompetenz bzw. Befugnis der Gemeinschaft nicht ermittelt werden kann, kommt eine Anwendung von Art.235 in Betracht.[54] Eine Anwendung der Lehre der „implied powers" ist daher im Bereich des Gemeinschaftsrechts nicht ausgeschlossen. Auch besteht keine Identität zwischen ihr und Art.235.

---

[47] Statt vieler *Grabitz*, in: Grabitz, EWGV, Art. 235 Rdz. 39ff., 48ff.; s. schon *Everling*, EuR Sonderheft 1976, S. 1ff., 13; s.a. EuGH v. 12.07.1973, Rs 8/73 (Massey-Ferguson), Slg. 1973, 897ff.907.

[48] Dazu *Everling*, EuR Sonderheft 1976, S. 1ff., 9f.

[49] *Nicolaysen*, EuR 1966, S. 129ff., 134; *Böhm*, Kompetenzauslegung, S. 181; *Gericke*, Rechtsetzungsbefugnisse, S. 114f.; *Henckel von Donnersmarck*, Planimmanente Krisensteuerung, S. 42; *Peruzzo*, Problem der implied powers, S. 109.

[50] *Schwartz*, EuR Sonderheft 1976, S. 27ff., 35.

[51] *Schwartz*, EuR Sonderheft 1976, S. 27ff., 36; *Gericke*, Rechtsetzungsbefugnisse, S. 104.

[52] *Böhm*, Kompetenzauslegung, S. 181; s. *Nicolaysen*, EuR 1966, S. 129ff., 134.

[53] *Schwartz*, EuR Sonderheft 1976, S. 27ff., 36; *Ipsen*, Gemeinschaftsrecht, S. 433; *Everling*, EuR Sonderheft 1976, S. 1ff., 16f.

[54] *Ehring*, in: GBT, Art. 235, S. 774; *Schwartz*, in: GBTE, Art. 235 Rdz. 28f.; *Grabitz*, in: Grabitz, EWGV, Art. 189 Rdz. 7; zur Anwendung von „implied powers" auf Art. 235 s. *Böhm*, Kompetenzauslegung, S. 190f.; s.a. *Grabitz*, in: Grabitz, EWGV, Art. 235 Rdz. 3 m.w.N.

2. *Rechtsprechung des EuGH*

Zu untersuchen bleibt, ob das so gefundene Ergebnis durch die Rechtsprechung des EuGH bestätigt wird. Der EuGH hat sich mehrfach zur Frage der „implied powers" im Gemeinschaftsrecht geäußert.

Bereits in der sog. *Fédéchar*-Entscheidung heißt es:

> „der Gerichtshof hält, ohne sich dabei an eine extensive Auslegung zu begeben, die Anwendung einer sowohl im Völkerrecht als auch im innerstaatlichen Recht allgemein anerkannten Auslegungsregel für zulässig, wonach die Vorschriften eines völkerrechtlichen Vertrages oder eines Gesetzes zugleich diejenigen Vorschriften enthalten, bei deren Fehlen sie sinnlos wären oder nicht in vernünftiger oder zweckmäßiger Weise zur Anwendung gelangen könnten."[55]

Diese Auslegung nahm der EuGH vor, obwohl der EGKSV eine dem Art.235 entsprechende Bestimmung in Art.95 EGKSV enthielt. In gleicher Weise bestätigte der EuGH die Anerkennung der „implied powers" im Rahmen des EGKSV in zwei Urteilen aus dem Jahre 1960.[56] Im späteren Urteil Massey-Ferguson[57] stellte der EuGH fest, daß es im Hinblick auf die Gültigkeit einer Verordnung unschädlich sei, wenn Art.235 aus Sicherheitsgründen zur Anwendung gelange, sofern Zweifel über die Anwendbarkeit oder Reichweite anderer befugniszuweisender Normen bestünden. Nachfolgend hat der EuGH in den 70er Jahren in mehreren Entscheidungen zur Außenkompetenz der EWG seine Rechtsprechung zu der Geltung der „implied powers" im Gemeinschaftsrecht bestätigt.

In der sog. AETR-Rechtsprechung[58] entschied der EuGH, daß der Gemeinschaft im Bereich ihrer sachlich begründeten „Innenkompetenzen" notwendigerweise auch die Befugnis zum „Handeln nach außen" zustehen müsse. Die Gemeinschaft sei als einzige in der Lage, die einheitliche Durchführung der so geschaffenen bzw. zu schaffenden Außenverpflichtungen im Innenraum der Gemeinschaft zu garantieren. Die Zuerkennung der Außenkompetenz sei notwendig, damit die Gemeinschaft ihre sachlichen Zuständigkeiten umfassend wahrnehmen könne. Damit beugte der EuGH gleichzeitig den Gefahren für

---

[55] EuGH v. 29.11.1956, Rs 8/55 (Fédéchar), Slg. 1955/56 (II), 297ff., 312.

[56] EuGH v. 15.07.1960, Rs 20/59 (Italien/Hohe Behörde), Slg. 1960 (VI), 681 ff., 708; EuGH v. 15.07.1960, Rs 25/59 (Niederlande/Hohe Behörde), Slg. 1960 (VI), 743ff., 781.

[57] EuGH v. 12.07.1973, Rs 8/73 (Massey-Ferguson), Slg. 1973, 897ff., 907f.

[58] EuGH v. 31.03.1971, Rs 22/70 (AETR), Slg. 1971, 263ff.; EuGH v. 14.07.1976, Rs 3, 4 und 6/76 (Kramer), Slg. 1976, 1279ff.; EuGH v. 26.04.1977, Gutachten 1/76 (Stillegungsfonds), Slg. 1977, 741 ff.; vgl. insoweit auch EuGH v. 30.09.1987, Rs 12/86 (Demirel), n.n.v., worin der EuGH u.a. feststellte, daß die im Assoziierungsabkommen EWG/Türkei enthaltenen Bestimmungen über die Freizügigkeit der türkischen Arbeitnehmer in den Zuständigkeitsbereich der Gemeinschaft fielen. Denn Art. 238 ermächtige die Gemeinschaft zum Abschluß von Assoziierungsabkommen und infolgedessen notwendigerweise zur Erfüllung aller sich daraus ergebenden Verpflichtungen im Bereich des EWG-Vertrages, wozu gem. Art.48ff. auch die Freizügigkeit der Arbeitnehmer gehöre.

Einheit und den Vorrang des Gemeinschaftsrechts vor, die sich aus der Vornahme einzelstaatlicher Handlungen ergeben können.[59]

Mithin wird die Anwendbarkeit von „implied powers" im Gemeinschaftsrecht auch durch die Rechtsprechung des EuGH bestätigt.

Als weiteres Beispiel aus jüngster Zeit kann noch das Urteil vom 09.07.1987[60] genannt werden. Aus dieser Entscheidung geht außerordentlich deutlich hervor, wie der Gerichtshof mittels einer teleologischen, an Sinn und Zweck des Vertrages orientierten Auslegung zu dem Ergebnis gelangt, daß der Gemeinschaft bestimmte, im Vertrag nicht ausdrücklich zugewiesene Befugnisse zustehen.

In der Entscheidung vom 09.07.1987 ging es u.a. um die Frage, ob die Kommission auf der Grundlage des Art. 118 befugt war, gegenüber den Mitgliedstaaten eine Entscheidung über die Einführung eines Mitteilungs- und Abstimmungsverfahrens über die Wanderungspolitik gegenüber Drittländern zu erlassen. Die klagenden Mitgliedstaaten vertraten die Auffassung, daß Regelungen hinsichtlich der Arbeitnehmer aus Drittstaaten nicht in den Kompetenzbereich der Gemeinschaft fielen. Demgegenüber entschied der Gerichtshof, daß die Kommission jedenfalls insoweit im Rahmen ihrer Kompetenzen gehandelt habe, als die Wanderungspolitik gegenüber Drittländern einen engen Bezug zu den in Art. 118 genannten sozialen Angelegenheiten aufweise. Auch sei die Kommission befugt gewesen, ein Konsultationsverfahren mittels rechtsverbindlicher Entscheidung einzuführen.

Da Art. 118 der Kommission die Aufgabe der Förderung der Zusammenarbeit zwischen den Mitgliedstaaten zuweise, sei davon auszugehen, daß ihr auch die zur Wahrnehmung dieser Aufgabe unerläßlichen Befugnisse zustünden, wozu auch die Einführung eines Konsultationsverfahrens gehöre.[61]

III. Allgemeine Sanktionsbefugnis aus „implied powers"?

Nachdem die Zulässigkeit von „implied powers" im Gemeinschaftsrecht festgestellt wurde, ist weiter zu untersuchen, ob sich bei näherer Betrachtung trotz Fehlens von ausdrücklichen Regelungen aus einzelnen Vertragsvorschrif-

---

[59] Zur Einordnung dieser Rechtsprechung als Anwendung von „implied powers" s. *Börner*, Studien, S. 35ff.; ebenso *Grabitz*, in: Grabitz, EWGV, Art. 189 Rdz. 8. Zur Rechtsetzungspraxis von Kommission und Rat vgl. im übrigen den Überblick bei *Böhm*, Kompetenzauslegung, S. 287ff.; *Simon*, L'interpretation judiciaire, S. 405f. demgegenüber betrachtet diese Rechtsprechung als Anwendungsfall von „resulting powers".

[60] Rs 281/85, 283-285/85 und 287/85 (Bundesrepublik u.a./Kommission), n.n.v.

[61] Vgl. dazu auch *Sedemund/Montag*, NJW 1988, S. 601ff., 604. Dieser Fall stellt insoweit eine Besonderheit dar, als der Gerichtshof (auch) die Verwendung eines nicht ausdrücklich genannten Mittels für zulässig erachtet. Hier wird sich indessen sagen lassen, daß dann, wenn lediglich eine bestimmte Handlungs*form* -wie in Art. 118- nicht ausdrücklich genannt ist, die Form gewählt werden kann, die am ehesten geeignet ist, den beabsichtigten Zweck herbeizuführen.

ten eine — implizierte — allgemeine Sanktionsbefugnis herleiten läßt. Hier geht es um die Frage einer allgemeinen Kompetenz in bezug auf vertragsbrüchige, einem Urteil des EuGH nicht nachkommende Mitgliedstaaten. Daher müssen solche Normen als Anknüpfungspunkt für „implied powers“ außer Betracht bleiben, die der Gemeinschaft bzw. ihren Organen die Regelungsbefugnis für einen bestimmten Sachbereich übertragen. Die Handlungsbefugnis der Gemeinschaft ist in solchen Fällen schon vom Regelungsgegenstand her auf bestimmte Sachgebiete beschränkt, wie z.B. nach Art. 75 oder Art. 84 auf Verkehrsangelegenheiten. Damit scheiden sie aber als Grundlage für die Herleitung einer umfassenden Sanktionskompetenz aus. Es ist eine andere Frage, ob sich die Gemeinschaft in diesen Bereichen u.U. selbst eine Ermächtigungsgrundlage für Sanktionsmaßnahmen durch Erlaß von Sekundärrecht schaffen kann. Dieser Frage soll jedoch an anderer Stelle nachgegangen werden. Vorliegend kommen als Anknüpfungspunkt für „implied powers“ die Art. 113, 224 und 225, Art. 5 bzw. das Gebot der Gemeinschaftstreue sowie Art. 155 und 145 in Betracht.

1. Art. 113

Anhaltspunkt für eine Sanktionsbefugnis der Gemeinschaft könnte zunächst Art.113 sein. Zwar ist umstritten, ob die Gemeinschaft auf der Grundlage von Art. 113 berechtigt ist, nach Maßgabe der einschlägigen Völkerrechtsregeln Wirtschaftssanktionen (z.B. in Form von außenpolitisch motivierten Handelsembargos) gegenüber Drittstaaten zu ergreifen.[62] Unterstellt man jedoch einmal mit der mittlerweile wohl überwiegenden Meinung,[63] daß Art. 113 Rechtsgrundlage für solche Sanktionen sein kann, ist zu überlegen, ob dies auch für Maßnahmen innerhalb der Gemeinschaft gilt. Sofern dies allerdings von vornherein zu verneinen wäre, würde sich eine Auseinandersetzung mit dem aufgezeigten Meinungsstreit erübrigen.

Gegen eine „innergemeinschaftliche“ Sanktionsbefugnis spricht zunächst der Wortlaut des Art.113, der sich auf die „gemeinsame Handelspolitik“ bezieht. Diese kann, wenn sie von der Gemeinschaft ausgeübt werden soll, nur im Verhältnis zu Drittstaaten zur Anwendung gelangen.[64] Darüber hinaus ist die Stellung des Art.113 im Gefüge der Art.110-116 zu berücksichtigen. Art.110-116 regeln allein die Wirtschaftsbeziehungen der Gemeinschaft mit dritten

---

[62] Dafür, schon allein wegen des instrumentellen Charakters von außenpolitisch motivierten Embargomaßnahmen *Ehlermann*, Rev. belge de droit international XVIII (1984-1985-1), S. 96ff., 108f.; *Meng*, ZaöRV 1982, S. 780ff., 786ff.; *Schröder*, GYIL 1984, S. 334ff., 357; *Vedder*, in: Grabitz, EWGV, Art. 113 Rdz. 54ff. m.w.N.; *Ernst/Beseler*, in: GBTE, Art. 113 Rdz. 22ff.; s.a. EuGH v. 09.10.1979, Gutachten 1/78 (Naturkautschuk), Slg. 1979, 2871ff.; a.A. z.B. *Bruha*, DVBl 1982, S. 674ff., 676ff.; *Kißler*, Wirtschaftssanktionen, S. 231; s. des weiteren die Antwort des Rates v. 17.3.1976 auf die schriftliche Anfrage Nr. 526/75 d. Abgeordneten Patijn, ABl. 1976 C 89/7; vgl. im übrigen die zahlreichen Nachweise bei *Vedder*, a.a.O., Art. 113 Rz 54-63.

[63] Vgl. insoweit die Nachweise in der vorangegangenen FN.

[64] *Klein*, RIW 1985, S. 291ff., 293.

Staaten. Der Wirtschaftsverkehr innerhalb der Gemeinschaft wird demgegenüber von anderen Vertragsvorschriften erfaßt, die ihrerseits vom Ziel der Erreichung des Gemeinsamen Marktes geprägt sind. Durch Art.113 soll das Funktionieren des innergemeinschaftlichen Gemeinsamen Marktes auf außenwirtschaftlicher Ebene abgesichert werden. Die Handelspolitik i.S.d. Art.113 ist darum als „Außenhandelspolitik" zu begreifen.[65]

Fraglich kann allenfalls sein, ob der Gedanke des Parallelismus der Kompetenzen weiterhelfen kann. Dieser Grundsatz wurde bekanntlich vom EuGH in der bereits erwähnten sog. AETR-Rechtsprechung[66] entwickelt und besagt, daß der Gemeinschaft dort, wo ihre sachliche Kompetenz im innergemeinschaftlichen Raum begründet ist, auch die entsprechende Außenkompetenz zusteht. Bei diesen Entscheidungen hat sich der EuGH durch die Grundsätze und Ziele der Funktionsfähigkeit und der Einheitlichkeit des Gemeinschaftsrechts leiten lassen. Sofern die Mitgliedstaaten trotz bestehender sachlicher Innenkompetenz der Gemeinschaft weiterhin in diesem Sachbereich völkerrechtliche Verträge abschließen könnten, wäre das Prinzip des Vorrangs des Gemeinschaftsrechts[67] und der Einheitlichkeit der Gemeinschaftsrechtsordnung[68] gefährdet. Denn das Gemeinschaftsrecht kann sich auch bei gemeinschaftsrechtswidrigen Auswirkungen solcher Verträge nicht gegenüber völkerrechtlichen Verpflichtungen der Mitgliedstaaten durchsetzen.[69] Wenn die Gemeinschaft im Innenbereich zur Durchführung der erforderlichen Maßnahmen berufen ist, kann auch nur sie mit Wirkung für den gesamten Geltungsbereich der Gemeinschaftsrechtsordnung Pflichten gegenüber Drittstaaten übernehmen und erfüllen.[70] Diese Rechtsprechung ist bereits als Anwendungsfall der „implied powers"-Lehre genannt worden.[71] Anhand der Auslegung der jeweiligen Vertragsvorschriften und bei der Berücksichtigung des Prinzips des „effet utile"[72] gelangt der EuGH zu dem Ergebnis, daß die Außenkompetenz, wenn auch nicht ausdrücklich in den Vorschriften mitübertragen, notwendig in den jeweiligen innervertraglichen Kompetenzzuweisungen mitenthalten sei, da diese nur so umfassend und sinnvoll ausgeübt werden könnten.

---

[65] *Klein*, RIW 1985, S. 291ff., 293; *Ipsen*, Gemeinschaftsrecht, S. 814; *Bleckmann*, Europarecht, S. 459; *Vedder*, in: Grabitz, EWGV, Art. 113 Rdz. 21ff.

[66] S.o. § 1 II 2; EuGH v. 31.03.1971, Rs 22/70 (AETR), Slg. 1971, 263ff., 275; EuGH v. 14.07.1976, Rs 3, 4 und 6/76 (Kramer), Slg. 1976, 1279ff., 1309ff.; EuGH v. 26.04.1977, Gutachten 1/76 (Stillegungsfonds), Slg. 1977, 741ff.; dazu *Bleckmann*, EuR 1977, S. 109ff.; umfassend *Vedder*, in: Grabitz, EWGV, Art. 228 Rdz. 4ff.

[67] Dazu schon EuGH v. 15.07.1964, Rs 6/64 (Costa/ ENEL), Slg. 1964 (X), 1251ff.

[68] S. *Vedder*, in: Grabitz, EWGV, Art. 228 Rdz. 5 m.w.N.

[69] *Vedder*, Die auswärtige Gewalt des Europa der Neun, S.122f.

[70] EuGH v. 31.03.1971, Rs 22/70 (AETR), Slg. 1971, 263ff., 275.

[71] S. o. § 1 II 2 bei FN 56; so auch ausdrücklich *Grabitz*, in: Grabitz, EWGV, Art. 189 Rdz. 8.

[72] Dazu insb. *Böhm*, Kompetenzauslegung, S. 72ff.

Unter Berücksichtigung dieser Grundsätze kann der Gedanke des Parallelismus der Kompetenzen aber nicht so verstanden werden, daß die Gemeinschaft gegenüber Mitgliedstaaten die gleichen Maßnahmen wie gegenüber Drittstaaten ergreifen kann. Zunächst besagt die materiellrechtliche Kompetenz noch nichts über die Mittel, mit denen diese Kompetenz wahrzunehmen ist.[73] Auch würde eine Auslegung des Art. 113 nach den Grundsätzen der „implied powers“-Lehre allenfalls zu dem Ergebnis führen, daß der Gemeinschaft im Innenbereich die notwendigen Befugnisse zur umfassenden Wahrnehmung ihrer Außenkompetenz zustehen.[74].

Art. 113 bietet daher keinen Anhaltspunkt für eine Sanktionsbefugnis der Gemeinschaft gegenüber Mitgliedstaaten, die ihren Pflichten aus dem Vertrag nicht nachkommen.[75]

2. Art. 224, 225

Gelegentlich ist auch erörtert worden, ob sich aus Art.224, 225 eine Ermächtigung der Gemeinschaft zur Verhängung von Sanktionen gegen ihre Mitgliedstaaten ergibt.[76]

Frowein[77] leitet aus Art.224 die Möglichkeit der Vertragssuspension gegenüber einem Mitgliedstaat bei einer grundlegenden Abkehr seiner Verfassungsordnung von demokratisch-rechtsstaatlichen Verfassungsstrukturen her. Art. 224 soll nach Auffassung Froweins[78] gemeinsame Reaktionen der anderen ermöglichen, die Störungsabwehrcharakter bzw. Bewahrungsfunktion haben.

---

[73] Für die Bundesrepublik vgl. insoweit *Wolff/Bachof*, Verwaltungsrecht II, § 72 I c 2; gleiches gilt aufgrund des im Vertrag zum Ausdruck kommenden Prinzips der begrenzen Einzelermächtigung im Bereich des EWG-Vertrages, s. dazu *Constantinesco*, EGR I, S. 261 ff.

[74] Sofern die Außenkompetenz der Gemeinschaft durch spezifische Vertragsvorschriften (Art. 113, 229-231, 238) geregelt ist, besteht zumindest theoretisch die Möglichkeit von Kompetenzunterschieden im Außen- und Innenbereich. *Vedder*, in: Grabitz, EWGV, Art. 238 Rdz. 7ff., 16 leitet z.B. aus Art. 238 eine originäre Sachkompetenz her, aufgrund derer die EG-Organe sogar zu Handlungen befugt sein sollen, die Änderungen des EWGV erfordern würden. Allerdings wird in der Praxis die Befugnis der Gemeinschaft auch im Außenbereich durch die Ziele des EWGV beschränkt, und zur Erreichung dieser Ziele dürfte innergemeinschaftlich immer Art. 235 als Handlungsermächtigung in Betracht kommen. Zur Sonderproblematik der „gemischten Abkommen“ vgl. EuGH v. 09.10.1979, Gutachten 1/78 (Naturkautschuk), Slg. 1979, 2871 ff., 2918; dazu *Vedder*, in: Grabitz, EWGV, Art. 238 Rdz. 17ff.; vgl. aus jüngster Zeit etwa EuGH v. 30.09.1987, Rs 12/86 (Demirel), n.n.v.

[75] So im Ergebnis auch *Klein*, RIW 1985, S. 291 ff., 293 zu der Frage, ob Art. 113 die Gemeinschaft ermächtigt, vom Sicherheitsrat der VN verhängte Sanktionen gegenüber einem Mitgliedstaat durchzusetzen.

[76] S. dazu *Klein*, RIW 1985, S. 291 ff., 294 m.w.N.

[77] EuR 1983, S. 301 ff., 312 ff.

[78] EuR 1983, S. 301 ff., 313.

Zwar spricht Frowein insofern von einer „Reaktion der anderen Mitgliedstaaten“. Andererseits bezeichnet er die Lösung der Art.224 und 225 für den Fall der Verfassungsstörung in einem Mitgliedstaat als „klassisches Beispiel einer selbständigen Aufsicht im Sinne der Verfassungsaufsicht zur Gewährleistung der gemeinschaftsrechtlich relevanten Homogenität“.[79] Die letzte Äußerung Froweins läßt dabei u.U. die Deutung zu, daß er insoweit von einer Gemeinschaftskompetenz ausgeht.

Zunächst würde sich freilich die Frage stellen, ob der andauernde Vertragsbruch eines Mitgliedstaates im Sinne von Froweins Überlegungen als Notstandssituation qualifiziert werden könnte. Dies kann jedoch offenbleiben, wenn die weitere Prüfung ergibt, daß sich aus Art.224 keine Kompetenz der Gemeinschaft herleiten läßt.

Der Wortlaut sowie die systematische Stellung des Art.224 im Rahmen der Art.223 - 225 zeigen, daß es sich bei diesen Vorschriften um Regelungsvorbehalte zugunsten der Mitgliedstaaten handelt.[80] Die Schöpfer der Verträge ließen sich von der Überlegung leiten, daß im Krieg wie im Frieden Situationen entstehen könnten, in denen die Vertragserfüllung mit legitimen Aspekten des politisch-militärischen Sicherheitsbedürfnisses der Mitgliedstaaten oder mit den von ihnen eingegangenen internationalen, dem Weltfrieden dienenden Verpflichtungen nicht vereinbar ist.[81] Das Gebiet der inneren und äußeren Sicherheit der Mitgliedstaaten ist außerhalb des durch die Gemeinschaftsverträge geregelten Bereiches geblieben. Durch die auf diesem Gebiet ergriffenen Maßnahmen können aber Auswirkungen auf den vertraglich geregelten Bereich und umgekehrt entstehen.[82] Dieser potentielle Konflikt wurde dahingehend gelöst, daß den Mitgliedstaaten in bestimmten Fällen Abweichungen von allen Vertragsbestimmungen gestattet sind.[83] Gleichzeitig müssen sie aber dafür Sorge tragen, daß das Funktionieren des Gemeinsamen Marktes durch ihre Handlungen so wenig wie möglich behindert wird.[84] Zwar kann das in Art.224 anvisierte „gemeinsame Vorgehen“ in eine Gemeinschaftsaktion einmünden, wie dies z.B. im Fall der Embargomaßnahmen der Gemeinschaft gegen Argentinien geschehen ist. Diese folgten als Gemeinschaftsmaßnahmen auf das zunächst einseitig

---

[79] EuR 1983, S. 301 ff., 314.

[80] So ausdrücklich *Klein*, RIW 1985, S. 291 ff., 294; *Weber*, Schutznormen und Wirtschaftsintegration, S. 140; *Hummer*, in: Grabitz, EWGV, vor Art. 223-225 Rdz. 5, Art. 224 Rdz. 2; *Gori*, in: QMT, Art. 224, Vol. 3, S. 1633; *Matthies*, in: GBTE, vor Art. 223-225 Rdz. 4.

[81] *Weber*, Schutznormen und Wirtschaftsintegration, S.140; *Matthies*, in: GBTE, vor Art. 223-225 Rdz. 2.

[82] *Matthies*, in: GBTE, vor Art. 223-225 Rdz. 2; *Hummer*, in: Grabitz, EWGV, vor Art. 223-225 Rdz. 1.

[83] *Weber*, Schutznormen und Wirtschaftsintegration, S. 140; *Matthies*, in: GBTE, vor Art. 223-225 Rdz. 4; *Hummer*, in: Grabitz, EWGV, vor Art. 223-225 Rdz. 1.

[84] *Hummer*, in: Grabitz, EWGV, vor Art. 223-225 Rdz. 1.

von Großbritannien gemäß Art.224 verhängte Einfuhrembargo.[85] Voraussetzung dafür ist aber, daß die Gemeinschaft eine Handlungskompetenz hat,[86] die sich z.B. bei Wirtschaftssanktionen gegen Drittstaaten nach mittlerweile überwiegender Auffassung[87] aus Art.113 ergibt. Art.224 bietet keinen Ersatz für eine fehlende Kompetenz der Gemeinschaft.[88]

Demgegenüber garantiert Art.225 eine gemeinschaftsrechtliche Kontrolle der mitgliedstaatlichen Maßnahmen nach Art.223, 224. Dies ändert jedoch nichts daran, daß die Entscheidung über den Erlaß und den Inhalt der zu treffenden Maßnahmen allein in den Kompetenzbereich der Mitgliedstaaten fällt.[89] Die Kommission nimmt im Rahmen des Art.225 Abs.1 die Rolle der Hüterin der Gemeinschaftsinteressen wahr. Durch ihre Beteiligung wird sichergestellt, daß diese bei der Lösung von anstehenden Problemen nicht in den Hintergrund treten.

Im Rahmen des Art.225 Abs.2 wird des weiteren die Möglichkeit eröffnet, den Gerichtshof anzurufen. Dieser kann aber nur darüber entscheiden, ob die Mitgliedstaaten das ihnen in Art.223, 224 eingeräumte Ermessen mißbraucht haben, nicht aber den Inhalt ihrer Entscheidung in vollem Umfang überprüfen.[90]

Aus Art.224 ist demnach keine Gemeinschaftskompetenz herzuleiten. Daher erübrigt sich das Eingehen auf dessen weitere Voraussetzungen. Art.224, 225 scheiden also als Ermächtigungsgrundlage für Gemeinschaftssanktionen gegen Mitgliedstaaten aus.

---

[85] S. dazu die Embargomaßnahmen der Gemeinschaft gegen Argentinien (VO (EWG) Nr. 877/82 des Rates vom 16.04.1982 zur Aussetzung der Einfuhr aller Erzeugnisse mit Ursprung in Argentinien (ABl. L 102/1) bzw. Beschluß 82/221/EGKS der im Rat vereinigten Vertreter der Regierungen der MS der EGKS v. 16.4.1982 zur Aussetzung der Einfuhr aller Erzeugnisse mit Ursprung in Argentinien (ABl. L 102/3) sowie die entsprechenden Verlängerungen durch Rats-VO (EWG) Nr. 1176/82 bzw. Beschluß 82/320/EGKS v. 18.5.1982 (ABl. L 136/1, 2) und Rats-VO (EWG) Nr. 1254/82 bzw. Beschluß 82/324/ EGKS v. 24.5.1982 (ABl. L 146/1, 2); aufgehoben durch VO Nr. 1577/82 v. 21.6.1982, ABl. L 177/1 und Beschluß 82/413/EGKS v. 21.6.1982, ABl. L 177/2 nach der Zurückeroberung der Falkland-Inseln durch GB), die als Gemeinschaftsmaßnahmen auf das einseitig von GB gem. Art. 224 verhängte Einfuhrembargo folgten).

[86] Vgl. *Klein*, RIW 1985, S. 291ff., 294 m.w.N.

[87] *Klein*, RIW 1985, S. 291ff. 294; des weiteren *Vedder*, in: Grabitz, EWGV, Art. 113 Rdz. 54ff. m.w.N.

[88] *Klein*, RIW 1985, S. 291ff., 294; *Nicolaysen*, FS Schlochauer, S. 855ff., 876.; *Meng*, ZaöRV 1982, S.780ff., 799; im Ergebnis ebenso *Kißler*, Wirtschaftssanktionen, S. 270f.

[89] *Klein*, RIW 1985, S. 291ff., 294.

[90] Zum Umfang der Prüfung durch den EuGH vgl. *Hummer*, in: Grabitz, EWGV, Art. 225 Rdz. 6.

3. *Art. 5 / Prinzip der Gemeinschaftstreue*

Eine Ermächtigung der Gemeinschaft könnte sich jedoch aus Art.5 bzw. aus dem Prinzip der Gemeinschaftstreue ergeben.

Art.5 begründet zunächst, neben den speziellen Bestimmungen des Vertrages, eine generelle Kooperationspflicht der Mitgliedstaaten.[91] In Abs.1 werden zwei Handlungspflichten statuiert, und Abs.2 verpflichtet die Mitgliedstaaten, alle Maßnahmen zu unterlassen, die die Verwirklichung der Vertragsziele gefährden können.[92] Insgesamt regelt Art.5 den Grundsatz der Zusammenarbeit der Mitgliedstaaten mit der Gemeinschaft und ihren Organen.[93]

In der Literatur ist umstritten, ob neben Art.5 ein eigenständiger Grundsatz der Gemeinschaftstreue existiert.[94] Soweit dies bejaht wird, ist weiter streitig, ob dieser Grundsatz in Art.5 enthalten und durch ihn kodifiziert ist oder ob ihm ein eigener, weitergehender Regelungsgehalt zukommt.[95] Die Begründung für ein weitergehendes Prinzip der Gemeinschaftstreue wird dabei teilweise in einer Analogie zur Bundestreue gesucht,[96] oder aber es wird als ein Verfassungsprinzip der Gemeinschaft angesehen, das neben Art.5 auch in anderen Vertragsvorschriften zum Ausdruck komme.[97]

Die Rechtsprechung des EuGH ist bereits über den Wortlaut des Art.5 hinausgegangen. Danach begründet dieser nicht nur Pflichten der Mitgliedstaaten, sondern auch solche der Gemeinschaftsorgane. In der Rs 230/81 entschied der EuGH, „daß den Mitgliedstaaten und den Gemeinschaftsorganen gegenseitige Pflichten zur loyalen Zusammenarbeit obliegen", wobei dieser Grundsatz „namentlich dem Art.5 EWG-Vertrag zugrunde" liege.[98] In der gleichen Entscheidung stellte der Gerichtshof weiter fest, daß

---

[91] *Grabitz*, in: Grabitz, EWGV, Art. 5 Rdz. 5.

[92] Art. 5 Abs. 2 muß insofern als lex generalis im Verhältnis zu konkreten Vertragsbestimmungen angesehen werden, der nur dann zur Anwendung gelangen kann, wenn keine spezielleren Normen eingreifen; EuGH v. 24.10.1973, Rs 9/73 (Schlüter), Slg. 1973, 1135ff., 1160; EuGH v. 24.10.1973, Rs 10/73 (REWE), Slg. 1973, 1175ff., 1194; EuGH v. 18.10.1979, Rs 5/79 (Buys), Slg. 1979, 3203ff., 3230f., im übrigen vgl. *Söllner*, Art. 5 EWG-Vertrag, S. 114 m.w.N.

[93] EuGH v. 06.05.1982, Rs 54/81 (Fromme), Slg. 1982, 1449ff., 1463.

[94] Dazu *Bleckmann*, Europarecht, S. 135ff.; *ders.*, DVBl. 1976, S. 483ff.; *ders.*, in: GBTE, Art. 5 Rdz. 27ff.; *Grabitz*, in: Grabitz, EWGV, Art. 5 Rdz. 15ff.; *Söllner*, Art. 5 EWG-Vertrag, S. 10ff. m.w.N.

[95] Gegen den Grundsatz der Gemeinschaftstreue *Ipsen*, Gemeinschaftsrecht, S. 217; *Härringer*, in: GBT, Art. 5, S. 94ff., 101; dafür: *Esch*, CDE 1970,S. 303ff.; *Hilf*, ZaöRV 1975, S. 51ff., 58; *Pescatore*, EuR 1970, S. 307ff., 322f.; *Bleckmann*, Europarecht, S. 135f.; *ders.*, in: GBTE, Art. 5 Rdz. 27ff.; dafür, daß der Grundsatz der Gemeinschaftstreue in Art. 5 enthalten sei, z.B. *Dauses*, in: Ress, Souveränitätsverständnis, S. 171ff., 193; *Söllner*, Art. 5 EWG-Vertrag, S. 28.

[96] Z.B. *Däubler*, NJW 1968, S. 325ff.; *Hilf*, ZaöRV 1975, S. 51ff.

[97] Z.B. *Grabitz*, in: Grabitz, EWGV, Art. 5 Rdz. 15f.; *Bleckmann*, Europarecht, S. 135ff.

„aufgrund der erwähnten Pflichten zur loyalen Zusammenarbeit ... auch die Beschlüsse des Parlaments die Zuständigkeit der Regierungen der Mitgliedstaaten ... beachten“ müßten.[99]

In der Rechtssache 44/84[100] ging es u.a. um die Frage, ob die Mitgliedstaaten verpflichtet sind, die „Europazulage“ der Lehrer an auf ihrem Gebiet gelegenen Europäischen Schulen von nationalen Steuern zu befreien.

Die Gründung der Europäischen Schulen, die den Kindern der Beamten und sonstigen Bediensteten der Gemeinschaft einen Unterricht in ihrer Muttersprache bieten sollen, beruht auf zwei völkerrechtlichen Übereinkünften der sechs ursprünglichen Mitgliedstaaten der Europäischen Gemeinschaften.[101] Das Gehalt der Lehrer setzt sich aus einem nationalen „Grundgehalt“ und einer sog. „Europazulage“ zusammen, die von der Europäischen Schule gezahlt wird. Die Europäischen Schulen ihrerseits werden z.T. durch die Gemeinschaften finanziert. Im Jahre 1957 hatten die ursprünglichen sechs Mitgliedstaaten beschlossen, daß diese Europazulage steuerfrei sein sollte. Großbritannien war dieser Übereinkunft zu einem späteren Zeitpunkt beigetreten. Die britischen Regelungen sahen jedoch vor, daß britische Lehrer auf britischem Gebiet die Europazulage zu versteuern hatten.

Der Gerichtshof stellte zunächst fest, daß er zur Auslegung der genannten völkerrechtlichen Übereinkommen der Mitgliedstaaten nicht berufen sei. Hinsichtlich der Verpflichtung der Mitgliedstaaten, den „Beschluß von 1957“ durchzuführen, stellte der Gerichtshof weiter fest, daß die Vorschriften der Gemeinschaftsverträge auf die genannten Abkommen und Beschlüsse nicht anwendbar seien. Insbesondere Art.5 könne nicht auf gesonderte Übereinkommen zwischen den Mitgliedstaaten Anwendung finden. Nach Auffassung des Gerichtshofs wäre die Sachlage jedoch anders zu beurteilen,

„wenn eine Maßnahme zur Durchführung eines solchen von den Mitgliedstaaten außerhalb des Anwendungsbereiches der Verträge geschlossenen Übereinkommens die Anwendung einer Bestimmung der Verträge oder des davon abgeleiteten Rechts oder das Funktionieren der Gemeinschaftsorgane behindern würde. In einem solchen Fall

---

[98] Sog. Sitzurteil, EuGH v. 10.02.1983, Rs 230/81 (Luxemburg/Europäisches Parlament), Slg. 1983, 255ff., 287.

[99] EuGH v. 10.02.1983, Rs 230/81 (Luxemburg/Europäisches Parlament), Slg. 1983, 255ff.; 287. Die Pflicht zur loyalen Kooperation zwischen Mitgliedstaaten und den Organen der Gemeinschaft wurde z.B. auch betont in EuGH v. 18.02.1986, Rs 174/84 (BULK-Oil), noch nicht in der amtl. Sammlung veröffentlicht (n.n.v.). Zur Pflicht der gegenseitigen loyalen Kooperation der Organe, wenn auch ohne ausdrücklichen Rückgriff auf Art. 5, vgl. etwa EuGH v. 03.07.1986, Rs 34/86 (Rat/Europäisches Parlament — Haushaltsverfahren), n.n.v.; dazu *Sedemund/Montag*, NJW 1987, S. 546ff., 547.

[100] EuGH v. 15.01.1986, Rs 44/84 (Hurd — Europäische Schule), Slg. 1986, 29ff.

[101] Satzung der Europäischen Schule vom 12.04.1954, UNTS Vol. 443, S. 129, vgl. BGBl. 1965 II S. 1042; Protokoll vom 13.04.1962 über die Gründung Europäischer Schulen, UNTS Vol. 752, S. 267, vgl. BGBl. 1969 II S. 1302.

könnte die betreffende Maßnahme als Verstoß gegen die Verpflichtungen aus Art.5 Abs.2 EWG-Vertrag angesehen werden.“[102]

Ohne eine Einordnung der Rechtsprechung des EuGH anhand der oben beschriebenen Streitigkeiten in der Literatur vornehmen zu wollen, kann festgestellt werden, daß Art.5 nicht nur im innergemeinschaftsrechtlichen Rahmen Wirkungen erzeugt. Nach der Rechtsprechung des EuGH können sich daraus vielmehr auch Auswirkungen auf völkerrechtliche Maßnahmen der Mitgliedstaaten ergeben.

Letztlich läßt sich jedoch weder aus Art.5 noch aus einem — weiteren — Prinzip der Gemeinschaftstreue eine Sanktionsbefugnis der Gemeinschaft herleiten. Sowohl Art.5 als auch der Grundsatz der Gemeinschaftstreue setzen ein bereits bestehendes Rechtsverhältnis voraus, dessen Erfüllung nach Maßgabe und unter Beachtung bestimmter Treuepflichten erfolgen muß. Zwar begründen die genannten Grundsätze eine Anzahl von Pflichten der Beteiligten und korrespondierend auch Rechte der anderen Seite. Über die Mittel zur Durchsetzung dieser Rechte sagt Art.5 jedoch nichts aus, wobei Gleiches für den Grundsatz der Gemeinschaftstreue gilt. Kompetenzen werden dadurch nicht begründet, auch soweit Rechte und Pflichten der Gemeinschaftsorgane bestehen. Art.5 bzw. der Grundsatz der Gemeinschaftstreue setzen im Gegenteil Kompetenzen voraus, deren Ausübung sie modifizieren und beeinflussen.[103] Eine Sanktionsbefugnis läßt sich daher aus ihnen — auch im Wege der „implied powers“ — nicht herleiten.[104]

4. Art. 155

Möglicherweise könnte sich jedoch aus Art.155 eine — implizierte — allgemeine Sanktionsbefugnis der Gemeinschaft ergeben.

Nach Art.155 ist der Kommission die Rolle der „Hüterin des Gemeinschaftsrechts“[105] zugewiesen. Dessen vier Unterabsätze definieren vier große Tätigkeits- und Aufgabenbereiche der Kommission. Ihr obliegt nach Unterabs. 1 die Kontrolle der Anwendung des Gemeinschaftsrechts, nach Unterabs.2 die Abgabe unverbindlicher Erklärungen zum Zwecke der Förderung der Integration, nach Unterabs.3 die Ausübung eigener Entscheidungsbefugnisse und Mitwirkung an den Akten der anderen Organe und nach Unterabs.4 die Wahrnehmung von ihr vom Rat übertragenen Entscheidungsbefugnissen. Daneben übt sie noch andere, ihr vom Vertrag verliehene Befugnisse aus.[106] Die Kommission hat bei der Wahrnehmung ihrer Tätigkeiten die Zielvorgabe[107] des

---

[102] EuGH v. 15.01.1986, Rs 44/84 (Hurd-Europäische Schule), Slg. 1986, 29ff., 81.

[103] *Söllner*, Art. 5 EWG-Vertrag, S. 24 m.w.N.

[104] *Klein*, RIW 1985, S. 291ff., 294.

[105] *Schmitt von Sydow*, in: GBTE, Art. 155 Rdz. 3.

[106] Dazu näher *Hummer*, in: Grabitz, EWGV, Art. 155 Rdz. 4.

[107] *Schmitt von Sydow*, in: GBTE, Art. 155 Rdz. 2.

Art.155, nämlich die Gewährleistung des ordnungsgemäßen Funktionierens und die Entwicklung des Gemeinsamen Marktes zu beachten, wobei der Begriff des Gemeinsamen Marktes die Gesamtheit der Aufgaben der Wirtschaftsgemeinschaft umfaßt.[108]

Insbesondere hat die Kommission nach Art.155 Unterabs.1

„für die Anwendung dieses Vertrages sowie der von den Organen aufgrund dieses Vertrages getroffenen Bestimmungen Sorge zu tragen.“

Unterabsätze 2-4 räumen der Kommission entweder nur die Befugnis ein, unverbindliche Empfehlungen oder Stellungnahmen abzugeben (Unterabs.2) oder verweisen ausdrücklich auf andere Kompetenzen, die die Kommission aufgrund des Vertrages bzw. aufgrund einer Befugnisdelegation durch den Rat innehat. Demgegenüber enthält Unterabs.1 eine hinreichend weite Formulierung, die eine Untersuchung darüber rechtfertigt, ob der Kommission daraus eine eigene Sanktionsbefugnis zuwachsen kann.

Damit stellt sich die Frage, ob diese Vorschrift dahin zu verstehen ist, daß sie die Kommission zu allen ihr zur Erfüllung ihrer Überwachungsfunktion zweckdienlich erscheinenden Maßnahmen ermächtigt, oder ob sie nicht vielmehr eine allgemeine Aufgabenumschreibung enthält. Dann würden sich die Instrumente zur Wahrnehmung dieser Tätigkeit sowie die Rechtmäßigkeitsvoraussetzungen bei der Handhabung dieser Instrumente aus anderen Vertragsvorschriften ergeben.

Zu prüfen ist daher, ob Art.155 Unterabs.1 eine entsprechende Kompetenzzuweisung enthält. Soweit die Kommission für die Anwendung des Gemeinschaftsrechts Sorge zu tragen hat, stehen ihr in erster Linie die Verfahren der Art.169ff. zur Verfügung. Möglicherweise ergeben sich jedoch aus Art.155 noch weitergehende Befugnisse.

a) Unmittelbar nach dem Abschluß des EWGV wurde in der Literatur die Auffassung vertreten, daß der Gerichtshof zwar nicht selber gegen den betroffenen Staat Vollstreckungsmaßnahmen durchführen könne, um den Vollzug eines Urteils sicherzustellen. Vielmehr bleibe es

„den mit der Kontrolle beauftragten Organen der Gemeinschaft überlassen, ob und gegebenenfalls welche Maßnahmen sie im Rahmen der ihnen übertragenen Befugnisse anzuwenden haben, um einen Staat zur Einhaltung seiner Verpflichtungen zu bringen.“[109]

Ehlermann hat unter Bezugnahme auf die Rolle der Kommission als Hüterin der Verträge die Auffassung vertreten, daß sie bei Untätigkeit des Rates ermächtigt sei, von Notstandsbefugnissen Gebrauch zu machen, die ihr kraft „implied powers“ zustünden.[110] Die Kommission besitze die ihr nicht ausdrück-

---

[108] *Schmitt von Sydow*, in: GBTE, Art. 155 Rdz. 2; *Hummer*, in: Grabitz, EWGV, Art. 155 Rdz. 2; *Smit-Herzog*, Anm. 155.04 jeweils m.w.N.

[109] *Mühlenhöfer*, in: GB, Art. 171 Rdz. 2.

lich zugeschriebene Kompetenz, die Geschäfte der Gemeinschaft dort weiterzuführen, wo sich der Rat als unfähig erweise, die in seiner Kompetenz liegenden notwendigen Beschlüsse zu fassen, ein Handeln der Gemeinschaft aber unumgänglich sei.[111]

Ansatzpunkt für diese These Ehlermanns war zum einen die Praxis der Kommission, Ratsverordnungen weiter anzuwenden, obwohl deren Gültigkeitsdauer abgelaufen war.[112] Zum anderen hat der EuGH nach Auffassung Ehlermanns im sog. Fischerei-Urteil[113] die allgemeingültige Aussage getroffen, daß es auf dem Gebiet ausschließlicher Zuständigkeit der Gemeinschaft bei Handlungsunfähigkeit des Rates ein „implied power of veto“ der Kommission gebe. Dieses könnte bei Untätigkeit des Rates auch auf anderen Feldern ausschließlicher Kompetenz der Gemeinschaft Auswirkungen haben.[114] Ähnlich wie Ehlermann hat auch Hofmann aus der Rechtsprechung den Schluß gezogen, daß zugunsten der Kommission „ein gewisses Notrecht“ bestehe, um die Funktionsfähigkeit der EWG zu erhalten.[115]

Diese Erörterungen sind zwar nicht unmittelbar für die hier interessierende Untersuchung relevant. Denn es ging nicht um die Frage, ob der Gemeinschaft die Befugnis zur Vornahme bestimmter Handlungen zustand, sondern darum, ob ein zunächst unzuständiges Gemeinschaftsorgan stellvertretend für ein anderes Organ Funktionen wahrnehmen durfte, von denen feststand, daß sie in die Gemeinschaftskompetenz fielen. Immerhin lassen die Überlegungen jedoch

---

[110] EuR 1984, S. 113ff., 120f.; *ders.*, in: Editorial Comments, „Inactivity of the Council: Implied Power for the Commission“, CMLRev 1981, S. 267ff.; *ders.*, EuR 1981, S. 335ff., 360.

[111] EuR 1981, S. 335ff., 360; kritisch *Hummer*, in: Grabitz, EWGV, Art. 155 Rdz. 34, der solche „implied powers“ jedoch nicht bei Art. 155 UA 1 ansiedeln will, sondern bei UA 3, der insoweit auf andere Vertragsvorschriften verweist.

[112] Vgl. die Begründung der VO (EWG) Nr. 846/80 der Kommission v. 02.04.1980, ABl. L 91/1 v. 07.04.1980 und der VO (EWG) Nr. 1390/80 der Kommission v. 01.06.1980, ABl. L 136/1 v. 01.06.1980; dazu *Ehlermann*, EuR 1981, S. 335ff., 360f.

[113] V. 05.05.1981, Rs 804/79, Slg. 1981, 1045ff.

[114] In: Editorial Comments, CMLRev 1981, S. 267ff.; im konkreten Fall hatte Großbritannien einseitig nationale Erhaltungsmaßnahmen auf dem Gebiet der Seefischerei ergriffen, obwohl nach Ablauf der Übergangszeit der Gemeinschaft auf diesem Gebiet die ausschließliche Zuständigkeit zukam. Der Rat hatte auf diesem Gebiet bisher lediglich Übergangsregelungen getroffen. In der sog. Haager Entschließung des Rates vom 03.11.1976 (ABl. 1981 C 105/1) hieß es, daß die Mitgliedstaaten nur mit Billigung der Kommission vorsorglich bestimmte Maßnahmen zum Schutz der Fischbestände in den küstenangrenzenden Fischereizonen treffen könnten. Der EuGH entschied, daß in diesem Bereich eine Pflicht bestanden habe, keine einseitigen Mabßnahmen gegen den Willen der Kommission zu erlassen.

[115] ZaöRV 1981, S. 808ff., 824, der allerdings keine genaue Einordnung in bezug auf Art. 155 vornimmt; dagegen *Schwarze*, EuR 1982, S. 133ff., 141ff., der die Auffassung vertritt, daß ein solcher Schluß im Hinblick auf die im Vertrag verankerte Gemeinschaftsverfassung und die dort niedergelegten Grundsätze über die Befugnisse und das Zusammenwirken der Gemeinschaftsorgane schwerlich gerechtfertigt sei.

erkennen, daß zumindest erwogen wird, Art.155 als eine Kompetenzzuweisung anzusehen, aus der sich weitere Kompetenzen ergeben können.

b) Es fragt sich jedoch, ob Art. 155 Unterabs. 1 tatsächlich eine Kompetenzzuweisung enthält, aus der zusätzliche Kompetenzen und Befugnisse im Sinne von „implied powers“ hergeleitet werden können. Zunächst läßt sich aus dem Wortlaut des Art. 155 Unterabs. 1 keine ausdrückliche Ermächtigung zur Vornahme bestimmter Handlungen entnehmen. Art.155 Unterabs.1 umschreibt vielmehr einen Tätigkeitsbereich der Kommission, der sich inhaltlich bereits aus anderen Vertragsvorschriften wie z.B. den Art.169, 170, 213 ergibt.[116]

Gegen die Annahme einer eigenständigen Kompetenzzuweisung spricht auch die systematische Stellung des Art.155 Unterabs.1 im Vertragsgefüge. Es handelt sich dabei nicht um eine Vorschrift, die eine konkrete mitgliedstaatliche Verpflichtung in einem bestimmten Sachbereich umschreibt und einem EG-Organ ausdrückliche Befugnisse zur Durchsetzung dieser Verpflichtungen verleiht. Art.155 ist vielmehr im Fünften Teil des Vertrages enthalten, der in seinem Titel I die Vorschriften über die Organe aufstellt, und korrespondiert mit den Art.137, 145 und 164 (Versammlung, Rat, Gerichtshof), die zunächst alle eine generelle Umschreibung anderweitig präzisierter Aufgaben der Organe enthalten,[117] die nach Maßgabe des Vertrags wahrzunehmen sind (insb. Art.137 und Art.145).

Selbst wenn man aber in Art.155 Unterabs.1 eine Kompetenzzuweisung erblicken wollte, bleibt zu beachten, daß darin keine Handlungsvoraussetzungen aufgestellt werden, bei deren Vorliegen die Kommission bestimmte Maßnahmen ergreifen könnte. Die Vorschrift sagt nichts über die Mittel aus, mit denen die so zugewiesene Kompetenz wahrzunehmen wäre. Aus der Formulierung „Sorge zu tragen“ kann nicht geschlossen werden, daß die Kommission in der Auswahl der Mittel vollständig frei ist. Dies ergibt zunächst ein Vergleich mit anderen Vertragsvorschriften, in denen der Gemeinschaft weitgehende Ermächtigungen erteilt werden. Etwa ist in Art.75 Abs.1 vorgesehen, daß der Rat alle „sonstigen zweckdienlichen Vorschriften“ erläßt. Ähnliche Formulierungen sind z.B. auch in Art.87 Abs.1 und 94 Abs.1 enthalten. Hätte man der Kommission eine vollständige und umfassende Freiheit bei der Wahl der Mittel einräumen wollen, hätte die Formulierung in etwa lauten können: „... ergreift die Kommission alle zweckdienlichen Maßnahmen.“

---

[116] S. *Hummer*, in: Grabitz, EWGV, Art. 155 Rdz. 1: „resumiert ... die in sonstigen Vertragsbestimmungen enthaltenen Kommissions-(einzel)-Kompetenzen“; s.a. *Schmitt von Sydow*, in: GBTE, Art. 155 Rdz. 1; Unterabs. 2 und 4 enthalten demgegenüber neue, im Vertrag nicht anderweitig angesprochene Funktionszuweisungen, vgl. *Hummer*, a.a.O., sowie *Schmitt von Sydow*, a.a.O.; *Constantinesco*, EGR I, S. 378 spricht von der Systemlosigkeit des Art. 155, da er „Aufgaben und Mittel zur Erfüllung der Aufgaben vermischt“.

[117] Vgl. *Constantinesco*, EGR I, S. 512f.

Daneben muß auch bei der Untersuchung des Art.155 die in der Vertragssystematik enthaltene Grundentscheidung für das System der begrenzten Einzelermächtigung berücksichtigt werden.[118] Dieses Prinzip der „compétence d'attribution" gehört zu den tragenden Grundsätzen der Gemeinschaftsverfassung. Danach verfügen alle Gemeinschaftsorgane nur über die Befugnisse, die ihnen der Vertrag jeweils zuweist.[119] Der Vertrag enthält einzelne Kompetenzzuweisungsnormen, in denen im Regelfall das Ziel bzw. die Aufgabe sowie das spezifische Mittel zur Erreichung des Ziels getrennt benannt und umschrieben werden. „Implied powers" knüpfen an die zugewiesene Aufgabe an; mit ihrer Hilfe können keine stärkeren als die ausdrücklich vorgesehenen Mittel deduziert werden. Beispielsweise kann die Kommission nach Art.37 Abs. 6 im Hinblick auf das in Art. 37 festgelegte „Ziel" oder den „Zweck" der Anpassung der Handelsmonopole Empfehlungen aussprechen. Anknüpfungspunkt für „implied powers" könnte hier der Zweck des Art.37 sein. Aus „implied powers" könnte jedoch nicht gefolgert werden, daß die Kommission Entscheidungen oder Verordnungen erlassen kann, soweit sich Empfehlungen als unzureichendes Mittel erweisen.[120]

Wenn eine Vorschrift wie Art.155 Unterabs.1 zwar eine Aufgabenzuweisung, aber keine Umschreibung der zu ergreifenden Maßnahmen enthält, folgt aus dem Grundsatz der begrenzten Einzelermächtigung, daß daraus keine Zulässigkeit sämtlicher zweckdienlicher Maßnahmen gefolgert werden kann. Vielmehr sind das Verfahren und die Mittel der Gemeinschaftsaufsicht durch das Gemeinschaftsrecht selbst bestimmt und begrenzt.[121] Die Mittel zur Ausführung der Aufgabe müssen sich daher aus anderen Vertragsvorschriften ergeben, da Art.155 Unterabs.1 selbst keine Ermächtigung enthält.[122]

Daß Art.155 insoweit auch nicht vom Prinzip der begrenzten Einzelermächtigung abrücken will, ergibt im übrigen ein Vergleich mit Unterabs.3, der im Hinblick auf die eigenen Entscheidungsbefugnisse der Kommission auf die übrigen Vertragsvorschriften verweist.[123]

---

[118] Zur Bedeutung dieses Grundsatzes der „compétence d'attribution" vgl. *Constantinesco*, EGR I, S. 513f.; *Ipsen*, Gemeinschaftsrecht, S. 425ff.; *Nicolaysen*, Gemeinschaftsrecht, S. 43f.; *Bleckmann*, Europarecht, S. 58ff.; vgl. allerdings aus jüngster Zeit *Everling*, EuR 1987, S. 214ff., 217: „Vor allem aber sind zahlreiche Ermächtigungen so allgemein formuliert und werden so weit ausgelegt, daß sich daraus mehr ergibt als ein aus Einzelkompetenzen zusammengesetzter Flickenteppich, nämlich ein rechtlich in weiten Bereichen der öffentlichen Aufgaben handlungsbefugtes Gemeinwesen."

[119] Dazu auch *Schwarze*, EuR 1982, S. 133ff., 143.

[120] Vgl. *Nicolaysen*, EuR 1966, S. 129ff., 135; dieser Fall wäre ein geradezu klassisches Beispiel für die Anwendbarkeit des Art. 235.

[121] *Ipsen*, Gemeinschaftsrecht, S. 220f.

[122] Im Ergebnis ebenso für die Mittel zur Korrektur von staatlichem Fehlverhalten *Hummer*, in: Grabitz, EWGV, Art. 155 Rdz. 15ff.; *Schmitt von Sydow*, in: GBTE, Art. 155 Rdz. 11ff.

[123] *Schmitt von Sydow*, in: Handbuch Europäische Wirtschaft, Art. 155 Anm. I 1, vertritt die Auffassung, daß Art. 155 lediglich in UA 2 und 4 konstitutive neue Aufgaben

Aus Art.155 läßt sich somit auch im Wege der „implied powers“ keine Befugnis der Gemeinschaft herleiten, Maßnahmen gegen vertragsbrüchige Vertragsstaaten einzuleiten. Die Mittel zur Erfüllung der in Art. 155 beschriebenen Aufgabe müssen sich vielmehr aus den anderen Vertragsvorschriften ergeben.[124]

5. Art. 145

Zu erwägen ist schließlich, ob sich eine Sanktionsbefugnis aus Art. 145 herleiten läßt. Nach Art. 145 „sorgt der Rat für die Abstimmung der Wirtschaftspolitik der Mitgliedstaaten“; auch „besitzt der Rat eine Entscheidungsbefugnis“ und überträgt der Kommission bestimmte Durchführungsbefugnisse. Im Hinblick auf den Wortlaut der 2. Alternative ließe sich fragen, ob daraus auf eine allgemeine Sanktionsbefugnis des Rates geschlossen werden kann.

Gegen eine solche Deutung spricht jedoch zunächst, daß Art. 145 dem Rat die vorgenannten Aufgaben wörtlich „zur Verwirklichung der Ziele und nach Maßgabe dieses Vertrages“ zuweist. Wenn die Aufgaben des Rates „unter den Vorbehalt der Maßgabe des Vertrages“[125] gestellt werden, so beinhaltet dies eine klare Bezugnahme auf den bereits erörterten Grundsatz der begrenzten Einzelermächtigung.[126] Danach wird der Rat hinsichtlich Inhalts und Umfangs seiner Befugnisse auf die einzelnen, kompetenzzuweisenden Vertragsbestimmungen verwiesen, d.h. er darf „nur dann und in der Form handeln, wenn und wie dies dort geregelt ist.“[127]

Schon aus der Wendung „nach Maßgabe dieses Vertrages“, die sich auch in Art. 4 Abs. 1 und Art. 189 Abs. 1 findet, wird daher deutlich, daß Art. 145 keine Norm ist, die eigene Kompetenzen verleiht.[128]

Im übrigen bestehen gegen die Herleitung einer Sanktionsbefugnis des Rates aus Art. 145 im wesentlichen die gleichen Bedenken, wie sie oben[129] im Hinblick auf Art. 155 erörtert wurden.

---

zuweise; der Rest erschöpfe sich in einer lediglich deklaratorischen Wiederholung anderweitig präzisierter Aufgaben; s.a. *ders.*, in: GBTE, Art. 155 Rdz.1.

[124] Ähnlich *Schwarze*, EuR 1983, S. 1ff., 29; s.a. *Ipsen*, Gemeinschaftsrecht, S. 220f.; *Constantinesco*, EGR I, S. 381ff.

[125] So wörtlich *Schweitzer*, in: Grabitz, EWGV, Art. 145 Rdz. 11.

[126] S.o. § 1 III.4.; ebenso z.B. *Harnier*, in: GBTE, Art. 145 Rdz. 4; *Schweitzer*, in: Grabitz, EWGV, Art. 145 Rdz. 11.

[127] *Schweitzer*, in: Grabitz, EWGV, Art. 145 Rdz. 11.

[128] So z.B. auch *Harnier*, in: Handbuch Europäische Wirtschaft, Art. 145 Rdz. 4; s.a. *ders.*, a.a.O., Rdz. 11: „Da er (Art. 145) keine Ermächtigung enthält, sind Umfang und Art der Entscheidungsbefugnis aus der jeweils einschlägigen Einzelermächtigung zu entnehmen.“

[129] S.o. unter § 1 III.4.b.

Gegen die Annahme einer eigenständigen Kompetenzzuweisung spricht einmal die systematische Stellung des Art. 145 im Gefüge des Vertrages. Er befindet sich, wie auch Art. 155, im Fünften Teil des Vertrages, der in Titel I die Vorschriften über die Organe und deren generell umschriebene Aufgabenbereiche enthält. Zum anderen gilt auch hier, daß Art. 145 selbst keine Aussage über die Mittel trifft, mit denen der Rat seine Aufgaben wahrzunehmen hat; diese ergeben sich vielmehr erst aus — anderen — Einzelermächtigungen. Unter Berücksichtigung dieser Umstände kann Art. 145 daher nicht als eine taugliche Ermächtigungsgrundlage für Sanktionen der Gemeinschaft angesehen werden.

IV. Zwischenergebnis

Zusammenfassend muß daher festgehalten werden, daß sich jedenfalls aus den genannten einzelnen Vertragsvorschriften keine allgemeine Sanktionsbefugnis der Gemeinschaft im Wege von „implied powers" herleiten läßt.

§ 2 Allgemeine Sanktionsbefugnisse aus „resulting powers“

Dennoch könnte der Gemeinschaft, obwohl dies im EWGV weder ausdrücklich vorgesehen noch implizit in einzelnen Vertragsvorschriften enthalten ist, ein allgemeines Sanktionsrecht gegenüber vertragsbrüchigen Mitgliedstaaten zustehen. Ein solches Recht könnte sich aus der Summe der Kompetenzen und Befugnisse, gleichsam als denknotwendiger Ausfluß der eigenständigen Rechtspersönlichkeit der Europäischen Gemeinschaft i.S.v. „resulting powers“ ergeben. Auch hier wird zu zeigen sein, daß es sich bei „resulting powers“ wie bei „implied powers“ um ein „generelles“ Konzept zur Ermittlung stillschweigender Kompetenzen handelt, so daß sich damit auch die Frage der Anwendbarkeit im Gemeinschaftsrecht erhebt.

I. Inhalt und Ursprung der Lehre von den „resulting powers“

Um Unklarheiten vorzubeugen, soll an dieser Stelle nochmals eine Abgrenzung zwischen „implied powers“ und „resulting powers“ erfolgen.

1. Abgrenzung zwischen „implied“ und „resulting powers“

„Implied powers“ wurden bereits als eine Auslegungsmethode definiert, wonach eine Norm, die eine bestimmte Kompetenz verleiht, auch alle diejenigen zusätzlichen Kompetenzen mitverleiht, ohne die die zugewiesene Kompetenz nicht sinnvoll ausgeübt werden kann.[1] Es wurde nachgewiesen, daß „implied powers“ trotz der ursprünglichen Ablehnung in der Literatur[2] im Gemeinschaftsrecht zur Anwendung gelangen können,[3] und daß insbesondere Art.235 dem nicht im Wege steht. Denn während Anknüpfungspunkt von „implied powers“ eine Kompetenznorm des Vertrages ist, handelt es sich bei Art.235 um eine eigenständige Kompetenzzuweisung, die an die Verfolgung der Ziele der Gemeinschaft gebunden ist; die Ziele der Gemeinschaft in den Art.2 und 3 sind ihrerseits gerade keine Kompetenzzuweisungen.[4]

---

[1] *Nicolaysen*, EuR 1966, S. 129ff., 131; *Bernhardt*, Auslegung, S. 97ff.; s.a. das UNAT-Gutachten des IGH v. 13.07.1954, ICJ-Reports 1954, 47ff.

[2] Z.B. *Rabe*, Verordnungsrecht, S. 138ff.

[3] Vgl. z.B. EuGH v. 29.11.1956, Rs 8/55 (Fédéchar), Slg. 1955/56 (II), 299ff.; v. 15.07.1960, Rs 20/59 (Italien/Hohe Behörde), Slg. 1960 (VI), 681ff.; v. 15.07.1960, Rs 25/59 (Niederlande/Hohe Behörde), Slg. 1960 (VI), 743ff.

[4] S.a. *Constantinesco*, EGR I, S. 282f.

Als „resulting powers" sollen hier Zuständigkeiten und Befugnisse verstanden werden, die sich nicht wie „implied powers" aus einer einzelnen Kompetenznorm ergeben.[5] Vielmehr können sie aus mehreren Kompetenzen zusammen, aus allen Normen eines Gesetzeswerks bzw. aus dem aus der Gesamtheit der Normen ersichtlichen, hinter ihnen stehenden Grundgedanken folgen.[6]

2. Ursprung der Lehre von den „resulting powers" und Anwendung im Völkerrecht

Der Begriff der „resulting powers" hat seinen Ursprung wie der Begriff der „implied powers" im Recht der Bundesstaaten.[7] Eine Bundeszuständigkeit kann nicht nur aus einer einzelnen Kompetenznorm der Verfassung zur Verwirklichung der Zwecke dieser Norm abgeleitet werden. Eine Ableitung kann auch aus dem Wesen des Bundes oder der Bundesaufgabe, aus allen oder mehreren ausdrücklichen Zuständigkeiten oder aus der Natur der zu regelnden Angelegenheiten erfolgen.[8]

Mittlerweile finden sich Anhaltspunkte für die Anerkennung von „resulting powers" im Völkerrecht und Recht der internationalen Organisationen, wenngleich die Bezeichnungsformen uneinheitlich sind.

Im bereits erwähnten Bernadotte-Fall ging es um die Frage, ob die VN befugt waren, Schadensersatzansprüche wegen der Tötung eines VN-Beobachters geltend zu machen,[9] und zwar sowohl gegenüber Mitgliedstaaten als auch gegenüber Drittstaaten. Der IGH bejahte diese Befugnis trotz des Fehlens einer ausdrücklich darauf bezogenen Kompetenzzuweisung.[10] Dieser Fall wird häufig als ein Anwendungsfall der „implied powers"-Lehre eingeordnet.[11] Bei näherer Untersuchung ergibt sich jedoch, daß der IGH die Befugnisse der VN nicht aus einer einzelnen Kompetenzzuweisung abgeleitet hat. Der IGH hat vielmehr zunächst untersucht, welche charakteristischen Merkmale die VN

---

[5] *Nicolaysen*, EuR 1966, S. 129ff., 140ff.; s.a. schon *Triepel*, FG Laband, S. 249ff., 271f.; *Küchenhoff*, AöR 1957, S. 413ff., 462; *Bullinger*, AöR 1971, S. 237f.; „resulting powers" werden als Unterfall der „implied powers" angesehen von *Kruse*, AVR 1953/54, S. 169ff., 178ff.; ebenso *Willoughby*, Constitutional Law, S. 89.

[6] *Böhm*, Kompetenzauslegung, S. 198.

[7] Vgl. dazu *Kruse*, AVR 1953/54, S. 169ff., 177ff.

[8] *Kruse*, AVR 1953/54, S. 169ff., 178; *Nicolaysen*, EuR 1966, S. 129ff., 140; *Triepel*, FG Laband, S. 249ff., 271ff.; *Küchenhoff*, AöR 1957, S. 413ff., 451ff.; *Willoughby*, Constitutional Law, S. 89.

[9] Gutachten des IGH v. 11.04.1949 (Reparation for Injuries Suffered in the Service of the United Nations), ICJ-Reports 1949, 174ff.

[10] Gutachten v. 11.04.1949 (Reparation for Injuries Suffered in the Service of the United Nations), ICJ-Reports 1949, 174ff., 182.

[11] *Schermers*, Institutional Law, S. 208; *Verdross/Simma*, Völkerrecht, S. 494f.; *Seidl-Hohenveldern*, Internationale Organisationen, S. 249; *Bernhardt*, Auslegung, S. 103ff.; *Rouyer-Hameray*, Compétences implicites, S. 68ff.

aufweisen. Die Tatsache, daß die Mitgliedstaaten der Organisation bestimmte Funktionen zugewiesen hatten, rechtfertigte nach Auffassung des IGH zunächst den Schluß, daß die VN internationale Rechtspersönlichkeit besäßen. Er fährt fort:

> „The next question is whether the sum of the international rights of the organisation comprises the right to bring the kind of international claim described in the request for this Opinion.“[12]

Diese Frage wurde dann im Hinblick auf den Charakter der Funktionen der VN bejaht.[13] Insgesamt hat der IGH auf die Summe und Art der einzelnen Aufgaben der VN und ihre Teilnahme an den internationalen Beziehungen abgestellt. Daraus ließ sich auf ein solches Maß an Eigenexistenz schließen, daß auch das Geltendmachen von Schadensersatzansprüchen für die Tötung von VN-Bediensteten in Ausübung ihrer Tätigkeit notwendigerweise in die Kompetenz der VN gehörte.[14]

Das Konzept der „resulting powers“ wurde auch in weiteren Fällen herangezogen. So hat der IGH aus der Eigenschaft der Generalversammlung als „organe de surveillance“ auf ihre Befugnis zur Modifizierung des Süd-West-Afrika-Mandats geschlossen.[15]

Im sog. Certain-Expenses-Gutachten stellte er fest, daß

> „when the Organization takes action which warrants the assertion that it was appropriate for the fulfilment of one of the stated purposes of the United Nations, the presumption is that such action is not ultra vires the Organization.“[16]

Richter Fitzmaurice gelangte in seiner Separate Opinion zum Certain-Expenses-Fall zu der Schlußfolgerung, daß die Mitgliedstaaten der VN auch ohne eine ausdrückliche Regelung verpflichtet seien, die Tätigkeit der VN zu finanzieren. Zur Begründung führte er dabei den bereits genannten Bernadotte-Fall an.[17]

---

[12] Gutachten vom 11.04.1949 (Reparation for Injuries Suffered in the Service of the United Nations), ICJ-Reports 1949, 174ff., 179.

[13] Gutachten vom 11.04.1949 (Reparation for Injuries Suffered in the Service of the United Nations), ICJ-Reports 1949, 174ff., 184.

[14] *Nicolaysen*, EuR 1966, S. 129ff., 142; *Böhm*, Kompetenzauslegung, S. 217; unklar *Simon*, L'interprétation judiciaire, S. 403ff.

[15] Gutachten vom 11.07.1950, ICJ-Reports 1950, 127ff.; aus diesem Grund waren die VN schließlich auch befugt, das Mandat zu beenden, s. Gutachten vom 21.06.1971, ICJ-Reports 1971, 15ff., 47.

[16] Gutachten v. 20.07.1962, ICJ-Reports 1962, 151ff., 168.

[17] Separate Opinion zum Gutachten v. 20.07.1962, ICJ-Reports 1962, 151ff., 198ff., 208; gleichermaßen erachtete der IGH das „Committee on South West Africa“, das von der Generalversammlung eingesetzt worden war, um diese mit Informationen über Süd-West-Afrika zu versorgen, für zuständig, Anhörungen im Falle von Petitionen vorzunehmen, s. Gutachten v. 01.06.1956, ICJ-Reports 1956, 22f., 30.; s. dazu auch *Simon*, L'interprétation judiciaire, S. 404ff.

Damit kann auch im Recht der internationalen Organisationen von einer grundsätzlichen Anerkennung von „resulting powers" ausgegangen werden.

3. *Methodische Aspekte der Ableitung von „resulting powers"*

Nunmehr sollen die methodischen Aspekte der Gewinnung von „resulting powers" dargestellt werden.

a) Methodisch gesehen werden „resulting powers" regelmäßig durch Gesamt- oder Rechtsanalogie zu einzelnen oder allen Bestimmungen einer Verfassung[18] gewonnen, so auch aus den Grundentscheidungen der Verfassung[19] bzw. durch „Ableitung aus einer gewissen Evidenz der Höherwertigkeit der Bundesinteressen vor den Gliedstaatsinteressen im Hinblick auf die nur aus geschriebenem Verfassungsrecht erschließbaren verfassungsgestaltenden Grundentscheidungen für den Bundesstaat mit seinen Ausprägungen der Staatlichkeit des Gesamtstaates und aus den verfassungsgestaltenden Grundentscheidungen über die näheren Differenzierungen der bundesstaatlichen Ordnung".[20]

Die Rechts- oder Gesamtanalogie[21] gewinnt aus einer oder mehreren Regeln einen „allgemeinen Grundsatz", wobei jede einzelne Regel nur als ein Anwendungsfall dieses Grundsatzes unter mehreren erscheint.[22] Damit handelt es sich auch bei „resulting powers" um eine Methode, die ihren Ausgangspunkt im geschriebenen Recht findet.[23]

b) Zwar stellt sich in einem besonderen Maße die Frage, inwieweit Analogien in einem durch ein Vertragssystem geschaffenen Rechtssystem zulässig sind.

---

[18] *Küchenhoff*, DVBl 1951, S. 585ff., 619, spricht in diesem Zusammenhang auch von Gesetzesanalogie; für diese Untersuchung soll unter Anlehnung an *Bullinger*, AöR 1971, S. 237ff., 280ff. der Begriff der Gesamt- oder Rechtsanalogie zugrunde gelegt werden; vgl. auch *Böhm*, Kompetenzauslegung, S. 204.

[19] Solche Grundentscheidungen sind Rechtsquellen nach deutschem Verfassungsrecht, s. *Wolff/Bachof*, Verwaltungsrecht I, § 25 II.

[20] S. *Küchenhoff*, AöR 1957, S. 413ff., 472, 478f.

[21] Bzw. Induktion; dieser Begriff wird beispielsweise bevorzugt von *Canaris*, Lücken, S. 97f.; dazu kritisch *Larenz*, Methodenlehre, S. 368f.; diese im deutschen Recht ursprünglich von der Zivilrechtsdogmatik erarbeiteten Begriffe werden als Bestandteil der Allgemeinen Rechtslehre z.B. auch im Verfassungsrecht angewandt: „Unterschiede bestehen hierbei zwischen den einzelnen Rechtsgebieten ... nur in den Gegenständen, nicht in den Mitteln der Rechtsgewinnung", *Küchenhoff*, DVBl 1951, S. 585ff., 617; vgl. auch *Ehmke*, VVdStRL 20, S. 53ff.; ähnlich wohl *Kutscher*, Begegnung von Justiz und Hochschule, S. 1ff., 31.

[22] Vgl. insoweit *Böhm*, Kompetenzauslegung, S. 205 m.w.N.

[23] Gelegentlich werden „resulting powers" im deutschen Verfassungsrecht aus der „Natur der Sache" abgeleitet, vgl. die Darstellung bei *Böhm*, Kompetenzauslegung, S. 201ff., u.H.a. BVerfGE 3, 421; 11, 89, 98f.; 12, 205, 215; der Begrif der „Natur der Sache" allein ist jedoch zu ungenau und läßt die zugrunde liegende Ableitung nicht erkennen; dazu *Bullinger*, AöR 1971, S. 237ff., 280f., der „eine sorgsam an der gegebenen Sachstruktur von Kompetenznormen und ihrem speziellen Kompetenzsinn orientierte Analogie" empfiehlt.

Gegen die Zulässigkeit von Analogieschlüssen im Vertragsrecht (und damit auch im Bereich des EWGV) könnte sprechen, daß die Parteien beim Vertragsschluß die von ihnen eingegangenen konkreten Verpflichtungen genau normiert und deren Umfang von vornherein so festgelegt haben, daß diese zwar einer Auslegung im Lichte der Vertragsziele zugänglich sind, daß aber eine über den Wortlaut hinausgehende, durch Analogieschluß herzuleitende „Neubegründung" von Verpflichtungen nicht zulässig sein soll.

Wie Bernhardt[24] festgestellt hat, kommt diesen Prinzipien zwar bei rechtsgeschäftlichen und politischen Verträgen, bei denen der subjektive Willen der Parteien im Vordergrund der Auslegung steht, eine erhöhte Bedeutung zu. Anderes muß aber für auf lange Dauer angelegte rechtsetzende Verträge gelten. Wenn diese Verträge die ihnen zukommenden Funktionen erfüllen sollen, müssen die subjektiven Auslegungselemente hinter Auslegungsprinzipien zurücktreten, die an den objektiven Kriterien der Gerechtigkeit, der Vermeidung von Willkür und von Wertbrüchen orientiert sind. Insofern könnte möglicherweise von einem „verobjektivierten" Willen der Vertragsparteien zu sprechen sein: Bei der Entscheidung für die Errichtung eines Wertsystems kann unterstellt werden, daß die Parteien — implizit — die zur Erhaltung und Förderung dieses Wertsystems notwendig werdenden Verpflichtungen auf sich genommen haben.

II. Sanktionsbefugnis als „resulting power" internationaler Organisationen?

Damit stellt sich die Frage, ob aus „resulting powers" im oben beschriebenen Sinn eine Sanktionsbefugnis des „Bundes" oder der „Zentralgewalt" hergeleitet werden kann, auch wenn eine solche Befugnis nicht ausdrücklich in der „Verfassung" enthalten ist. Zunächst soll untersucht werden, inwieweit internationalen Organisationen ein solches Recht zugestanden wird. Denn anerkanntermaßen ist die Gemeinschaft kein Bundesstaat,[25] und andererseits besteht weitgehend Einigkeit darüber, daß sie gegenüber internationaler Organisationen herkömmlicher Art eine Reihe von Besonderheiten aufweist,[26] letztlich ein „Mehr" darstellt.[27] Wenn sich ergeben sollte, daß herkömmlichen internationalen Organisationen eine Sanktionsbefugnis schon kraft ihrer Existenz zusteht, so würde in bezug auf die Gemeinschaft möglicherweise „erst recht" das gleiche gelten können.

---

[24] Auslegung, S. 21 ff.

[25] *Bleckmann*, Europarecht, S. 298 f.; *Ipsen*, Gemeinschaftsrecht, S. 189; *Constantinesco*, EGR I, S. 290; *Seidl-Hohenveldern*, Internationale Organisationen, S. 7.

[26] *Bleckmann*, Europarecht, S. 301 ff.; *Seidl-Hohenveldern*, Internationale Organisationen, S. 7 f.; *Ipsen*, Gemeinschaftsrecht, S. 193 f.; *Constantinesco*, EGR I, S. 290.

[27] Vorsichtiger z.B. *Meng*, Recht der Internationalen Organisationen, S. 182; s.a. *Seidl-Hohenveldern*, Internationale Organisationen, S. 7: „Für jedes einzelne der in den Verträgen über die Errichtung der Gemeinschaften enthaltenen Opfern an Souveränität lassen sich jedoch Vorbilder im Recht anderer internationaler Organisationen finden."

1. Literaturmeinungen

Ausgangspunkt der Überlegungen ist zunächst, daß internationale Organisationen gegenüber ihren Mitgliedstaaten über die Kompetenzen verfügen, die ihr in der jeweiligen Satzung zugewiesen sind.[28] In welchem Umfang solche Kompetenzen bestehen, muß dabei ggfs. durch Auslegung ermittelt werden.[29]

Zum Teil wird bei der Frage der Sanktionsgewalt eine sehr souveränitätsfreundliche Auffassung vertreten. In bezug auf die Möglichkeit, Rechte der Mitgliedstaaten zu suspendieren oder sie gar aus der Organisation auszuschließen, wenn keine ausdrückliche Vorschrift in der Satzung enthalten ist, stellt Singh[30] fest, daß das Völkerrecht keine dahingehende Vermutung enthalte. Das ergebe sich aus dem fundamentalen Grundsatz, daß ein Staat nur durch ausdrücklich vorgesehene Regeln eines Statuts gebunden sein könne, da er sich auch nur solchen Regeln unterworfen habe.

Die gegenteilige Auffassung äußert Schermers, wenn er schreibt:

> „The possibility of expulsion may be considered as an implied power of every international Organisation to defend itself against a situation which would prevent it from functioning."[31]

Daraus schließt er:

> „When the stronger sanction is permitted, the weaker one should be acceptable.",

bejaht also letztlich auch die Suspension von Mitgliedschaftsrechten.[32] Zur Unterstützung zieht er hilfsweise die Überlegung heran, daß sämtliche universellen Organisationen Bedingungen für die Zulassung von Mitgliedern aufgestellt hätten. Wenn ein Staat diese Bedingungen nicht erfülle, sei ihm der Erwerb der Mitgliedschaft verwehrt. Deshalb sei es nicht unlogisch, einem Staat die Mitgliedschaft zu entziehen, wenn er diese Bedingungen nicht mehr erfülle oder gegen sie verstoße.[33] In ähnlicher Weise hat Fenwick die Auffassung vertreten, daß ein Ausschluß zulässig sei.

---

28 Vgl. z.B. *Ehlermann*, Rev. belge droit int. 1984-1985-1, S. 96ff.; 97; *Verhoeven*, Rev. belge droit int. 1984-1985-1, S. 79ff.; 85; *ders.*, CDE 1984, S. 259ff., 270f.

29 *Verhoeven*, CDE 1984, S. 259ff., 271; *Schermers*, Institutional Law, S. 364.

30 Termination of Membership, S. 809; auch *Bowett*, Law of International Institutions, S. 392f., spricht sich prinzipiell gegen eine Ausschlußmöglichkeit aus, sofern diese nicht satzungsmäßig vorgesehen ist.

31 Institutional Law, S. 76; so auch *Khan*, Implied powers of the United Nations, S. 124. Methodisch gesehen liegt hier ein Fall der „resulting powers" vor; das Selbstverteidigungsrecht kann sich nur aus der Summe der Kompetenzen einer Organisation, aus ihrem „Wesen" ergeben.

32 Institutional Law, S. 729; ohne nähere Begründung wird ein solches Recht trotz Fehlens einer vertraglichen Norm bejaht von *Zarb*, Les institutions spécialisées, S. 538.

33 Institutional Law, S. 81.

„(t)he right to exclude a member of an organisation for violations of the provisions of its charter is thus held to be implied in the very statement of the rights and duties set forth as constituting the conditions of membership and the objectives of the organization.“[34]

Ein weiterer Grund für die Zulässigkeit solcher Maßnahmen wird darin gesehen, daß schließlich auch das Gründungsinstrument internationaler Organisationen gewohnheitsrechtlich abänderbar und möglicherweise ein Sanktionsrecht bereits gewohnheitsrechtlich anerkannt sei.[35] Gelegentlich wird auch auf das Recht der Verträge und den Grundsatz inadimplenti non est adimplendum zurückgegriffen. Dessen Anwendung wird z.T. dahingehend modifiziert, daß eine solche Maßnahme entsprechend Art.60 WVK nur durch alle anderen Mitgliedstaaten beschlossen und durchgeführt werden könne. Dies sei notwendig, um eventuellen Mißbräuchen oder willkürlichen Handlungen vorzubeugen.[36] Es wird jedoch auch vertreten, daß solche Maßnahmen entgegen den Vorschriften der Satzung aufgrund mehrheitlicher Beschlußfassung ergehen könnten, nämlich dann, wenn auch für eine Statutenänderung Mehrheitsbeschlüsse ausreichend seien.[37] Oppermann stellt des weiteren fest, daß man im Hinblick auf den völkerrechtlichen Grundsatz der clausula rebus sic stantibus „ganz allgemein ein ungeschriebenes Ausschlußrecht bei keiner internationalen Organisation a limine und gänzlich verneinen“ könne.[38] Tomuschat schließlich erachtet es für grundsätzlich zulässig, im Verhältnis zwischen internationalen Organisationen und ihren Mitgliedstaaten die Regeln der Repressalie bzw. die Einrede des nicht erfüllten Vertrages ggfs. analog anzuwenden.[39]

2. *Praxis*

Auch die Praxis bietet kein einheitliches Bild. Es ist häufig vorgekommen, daß Organisationen, deren Statuten die Möglichkeit eines Ausschlusses nicht vorsahen, zunächst den Weg der Statutenänderung beschritten haben, um einen späteren Ausschluß zu ermöglichen. Dies war z.B. der Fall bei der ICAO, die am 27. Mai 1947 beschloß, eine Satzungsänderung herbeizuführen, um Spanien auszuschließen. Spanien schied jedoch freiwillig aus, bevor es zu einem Ausschluß kommen konnte.[40] Gleichermaßen beschloß die ILO im Jahre 1964 eine Satzungsänderung des Inhalts, daß nunmehr eine Zwei-Drittel-Mehrheit für den Ausschluß eines Mitgliedstaates ausreichen würde, sofern dieser bereits aus den VN ausgeschlossen oder in bezug auf den die VN festgestellt hätten, daß er eine Politik der Rassendiskriminierung verfolge. Südafrika schied mit

---

[34] *Fenwick*, AJIL 1962, S. 469ff., 474.

[35] So wohl auch *Sohn*, HarvardLRev 1963-1964, S. 1381ff., 1421.

[36] *Leben*, Sanctions privatives, S. 263f.

[37] *Fenwick*, AJIL 1962, S. 469ff., 473.

[38] Berichte DGVR Nr. 17, S. 53ff., 87.

[39] *Tomuschat*, FS Mann, S. 439ff., 451f.; *ders.*, EuR 1977, S. 157ff., 163.

[40] Nachweise bei *Schermers*, Institutional Law, S. 79f.

Wirkung vom 11.03.1966 aus der ICAO aus, bevor entsprechende Maßnahmen ergriffen werden konnten.[41]

Es gibt jedoch auch Beispiele, in denen ein Ausschluß vorgenommen wurde, ohne daß das formelle Verfahren der Satzungsänderung durchgeführt worden wäre. Im September 1979 wurde Südafrika mit einem Stimmenverhältnis von 77 zu 44 bei 13 Enthaltungen aus der UPU ausgeschlossen, obwohl eine dahingehende satzungsmäßige Bestimmung fehlte.[42] Viele Mitglieder erachteten diesen Ausschluß jedoch als illegal und erklärten, daß sie mit Südafrika auch weiterhin wie mit allen anderen Mitgliedern der UPU verkehren würden.[43] In diesem Zusammenhang kann auch der faktische Ausschluß Südafrikas von der Teilnahme an der Generalversammlung der Vereinten Nationen durch die Nichtanerkennung der Akkreditierung der südafrikanischen Delegation im Jahr 1974 genannt werden;[44] im Jahr 1978 wurde Südafrika aus dem Gouverneursrat der Internationalen Atomenergie-Organisation (IAEA) ausgeschlossen.[45]

Erwähnt sei ferner, daß die Regierungsdelegation Südafrikas im Oktober 1986 von der Teilnahme an der XXV. Internationalen Rotkreuzkonferenz ausgeschlossen wurde;[46] unmittelbar in Anschluß an die Konferenz stellte

---

[41] Nachweise und weitere Beispiele bei *Schermers*, Institutional Law, S. 79f.

[42] Vgl. dazu *Schermers*, Institutional Law, S. 81; *Wassermann*, JWTL 1980, S. 78ff., 80.

[43] Vgl. z.B. die Stellungnahme der (damals) neun Mitgliedstaaten der EG, Antwort auf die Schriftl. Anfrage Nr. 948/78 der Abgeordneten Lizin, ABl. EG 1980 C 41/17; im Jahr 1981 trat Südafrika der UPU auf der Grundlage des Art. 11 (1) der Satzung wieder bei. Die Vorschrift sieht vor, daß jedes Mitglied der VN der UPU beitreten kann. Im Jahr 1984 wurde auf dem Kongress in Hamburg eine Resolution verabschiedet, in der der Ausschluß aus dem Jahr 1979 wiederum bekräftigt wurde, Res. C 7; die Resolution wurde mit einfacher Mehrheit mit 77 gegen 46 bei 10 Enthaltungen gefaßt; vgl. die Wiedergabe des Wortlauts bei *Heunis*, United Nations, S. 482; dagegen sprachen sich z.B. aus die Bundesrepublik Deutschland und Kanada, vgl. die Nachweise bei *Heunis*, a.a.O., S. 484.

[44] Dazu *Klein*, VN 1975, S. 51ff.; *Ziccardi Capaldo*, RivDI 1985, S. 299ff., 301ff.; s.a. *Halberstam*, AJIL 1984, S. 179ff.; gleiches wurde im Hinblick auf die Delegation Israels im Jahr 1982 erfolglos versucht, vgl. dazu etwa *Ziccardi Capaldo*, RivDI 1985, S. 299ff., 303, dort insb. FN 15; *Halberstam*, AJIL 1984, S. 179ff. m.w.N.; *Ku*, VN 1986, S. 134ff., 136f.; vgl. auch die Darstellung bei *Heunis*, United Nations, S. 189ff. mit zahlreichen Nachweisen.

[45] Zur Organisationsstruktur der IAEA vgl. nur *Verdross/Simma*, Völkerrecht, S. 211ff.; Text der Satzung in UNTS 276, S. 4ff.; Südafrika ist allerdings weiterhin Mitglied in der Organisation, vgl. BGBl. Fundstellennachweis B, Stand 31.12.1987; am 5. Dezember 1979 wurde die Akkreditierung der südafrikanischen Delegation zurückgewiesen, vgl. insoweit *Heunis*, United Nations, S. 473ff.; 1980 wurde Südafrika von der Teilnahme an der Generalkonferenz ausgeschlossen, vgl. den dokumentarischen Nachweis in EA 1980, Z 9. Der Versuch, Südafrika im Jahr 1979 aus der World Intellectual Property Organisation (WIPO) auszuschließen, scheiterte, weil die erforderliche Zweidrittelmehrheit nicht zustande kam, vgl. insoweit *Heunis*, a.a.O., S. 486f. Die Satzung der WIPO sieht lediglich vor, daß ein Mitgliedstaat bei Zahlungsrückstand ausgeschlossen werden kann bzw. daß in einem solchen Fall seine Mitgliedschaftsrechte suspendiert werden können.

[46] Dazu *Gillessen*, EA 1987, S. 199ff.; bevor es zu der Abstimmung über den Antrag Kenias kam, erklärten sich 51 Delegationen nicht bereit, an einer „unzulässigen

allerdings der Präsident des Internationalen Komitees vom Roten Kreuz in einem Brief an den südafrikanischen Staatspräsidenten fest, daß der Aussperrungsbeschluß mit den Statuten und Zielen des Roten Kreuzes unvereinbar sei.[47]

Ähnlich wurde auch in der OAS im Jahre 1962 im Hinblick auf Kuba verfahren. Die Charta der OAS enthielt keine Bestimmung über den Ausschluß von Mitgliedern. Dennoch wurde Kuba ausgeschlossen, und zwar mit einem Abstimmungsverhältnis von 14 zu 1 mit 6 Enthaltungen. Allerdings lautete die Formulierung nicht, daß „Kuba" ausgeschlossen werde, sondern vielmehr, daß die gegenwärtige Regierung Kubas von der Teilnahme im inter-amerikanischen System ausgeschlossen sei.[48]

3. *Stellungnahme*

Die Praxis zeigt, daß der Ausschluß von Mitgliedern aus einer Organisation oder die Suspension ihrer Rechte ein sehr seltenes Ereignis ist, selbst wenn ausdrückliche Satzungsbestimmungen vorhanden sind.[49] Noch seltener werden solche Maßnahmen ergriffen, wenn keine entsprechenden Bestimmungen existieren; hier ist im Regelfall der Weg der Satzungsänderung eingeschlagen worden. Die staatlichen Reaktionen zeigen, daß Sanktionen ohne satzungsmäßige Ermächtigungsgrundlage weitgehend mit Skepsis betrachtet werden.[50] Aber auch soweit solche Maßnahmen für zulässig gehalten werden, sind die die Begründungen überwiegend so formuliert, daß sie der Souveränität der betroffenen Staaten Rechnung tragen. Dies gilt insbesondere für die Verweise

---

Abstimmung über einen statutenwidrigen Antrag teilzunehmen", vgl. *Gillessen*, a.a.O., S. 199ff., 200; dies stellt insoweit allerdings keinen klassischen Fall des Ausschlusses aus einer internationalen Organisation dar, da die Internationale Rotkreuzkonferenz (bestehend aus dem internationalen Komitee des Roten Kreuzes, den Vertretern der nationalen Rotkreuzgesellschaften, der Liga der Rotkreuzgesellschaften sowie den Signatarstaaten der Genfer Abkommen zum Schutz der Kriegsopfer aus dem Jahr 1949) kein eigenständiges Völkerrechtssubjekt i.S.e. internationalen Organisation und auch kein Organ einer solchen Organisation ist, vgl. statt vieler *Verdross/Simma*, Völkerrecht, S. 253f.

[47] Vgl. insoweit *Gillessen*, EA 1987, S. 199ff., 120.

[48] Der Wortlaut der Erklärungen der Tagung der Außenminister von Punta del Este vom 22.-23. Januar 1962 ist abgedruckt in AJIL 1962, S. 601ff., 610ff.; dazu *Fenwick*, AJIL 1962, S. 469ff.; zu den Zweifeln an der Rechtmäßigkeit vgl. die Rede des Kubanischen Delegierten im Sicherheitsrat der UN am 14.03.1962, Official Records, 992nd meeting, S. 17-21; s.a. *Ott*, Public International Law, S. 374.

[49] Weitere Nachweise bei *Schermers*, Institutional Law, S. 73ff.; *Leben*, Sanctions privatives, S. 175ff., 215ff.; s.a. *Oppermann*, Berichte DGVR Nr. 17, S. 53ff.

[50] Weitere Nachweise bei *Bowett*, Law of International Institutions, S. 393; vgl. auch *Gillessen*, EA 1987, S. 199ff.; *Halberstam*, AJIL 1984, S. 179ff.; vgl. etwa betr. den Ausschluß Südafrikas aus der Generalversammlung der VN im Jahr 1974 die Stellungnahme des deutschen Repräsentanten *v. Wechmar*, UN Doc. A/PV.2281, S. 95f., sowie die Stellungnahme des Repräsentanten des Vereinigten Königreiches, *Richard*, UN Doc. A/PV.2281, S. 27f.; s. dazu im übrigen die Nachweise bei *Heunis*, United Nations, S. 219ff.; s.a. betr. den Ausschluß Südafrikas aus der UPU *Heunis*, a.a.O., S. 480ff.

auf Art.60 WVK bzw. den Grundsatz inadimplenti non est adimplendum.[51] Soweit Leben unter Hinweis auf Art.60 WVK fordert, daß entsprechende Beschlüsse immer nur einstimmig — unter Stimmausschluß des betroffenen Mitgliedstaates — gefaßt werden dürften,[52] kommt darin deutlich zum Ausdruck, daß solche grundlegenden Entscheidungen nur durch Konsens aller anderen Vertragsparteien herbeigeführt werden sollen. Soweit im Falle von Kuba ein mehrheitlich beschlossener Ausschluß für zulässig gehalten wurde, geschah dies mit dem besonderen Hinweis darauf, daß die tatsächlichen Mehrheitsverhältnisse auch für eine Satzungsänderung ausgereicht hätten.[53] Dem liegt der Gedanke zugrunde, daß der betreffende Staat durch seinen Beitritt bereits von vornherein einer Souveränitätsbeschränkung zugestimmt haben soll, da er sich mit der Änderung der Satzung durch Mehrheitsbeschluß einverstanden erklärt habe. Ein mit entsprechender Mehrheit gefaßter Beschluß könne aus diesem Grund seine Rechte nicht beeinträchtigen. Noch deutlicher wird die Berücksichtigung staatlicher Belange, wenn die Zulässigkeit solcher Maßnahmen mit der gewohnheitsrechtlichen Abänderbarkeit der Satzungen begründet wird.[54] Eine solche kann schließlich nur mit Zustimmung der Vertragsparteien herbeigeführt werden. Auch der Hinweis auf die clausula rebus sic stantibus[55] führt zur Anwendung eines mittlerweile in Art.62 WVK kodifizierten Rechtsinstituts, das primär für die Anwendung zwischen den Vertragsparteien konzipiert ist.[56]

Wenn in diesem Zusammenhang von Befugnissen einer internationalen Organisation gesprochen wird, kann daher berechtigterweise die Frage aufgeworfen werden, ob es sich um Akte handelt, die der Organisation als juristischer Person zuzurechnen sind oder nicht vielmehr den Vertragsparteien, d.h. den Mitgliedstaaten. In vielen Fällen wird sich eine klare Unterscheidung kaum treffen lassen. Zwar handelt es sich bei den durch die Satzung geschaffenen Organen einer internationalen Organisation um eigene Organe der Organisation, die rechtlich gesehen keine gemeinsamen Organe der Mitgliedstaaten darstellen und die einen eigenen Willen, nämlich den Willen der Organisation, bilden. Dies ist besonders deutlich in den Fällen, in denen die Organe weisungsunabhängig und ungebunden sind, wie etwa der Generalsekretär nach Art.100 der Charta der Vereinten Nationen oder die Mitglieder der EWG-Kommission nach Art.157 Abs.2 EWGV. In dem extremen Gegenbeispiel, in dem die Mitglieder des entscheidungsbefugten Organs weisungsgebunden sind und das Prinzip der Einstimmigkeit herrscht, läßt sich eine Organhandlung, d.h.

---

51 Zum Verhältnis dieses Grundsatzes zu Art. 60 WVK vgl. *Simma*, ÖZöffR 1970, S. 5ff.

52 *Leben*, Sanctions privatives, S. 263f., dort besonders deutlich in FN 93.

53 *Fenwick*, AJIL 1962, S. 469ff., 474.

54 *Sohn*, HarvardLRev 1963-1964, S. 1381ff., 1420ff.

55 *Oppermann*, Berichte DGVR Nr. 17, S. 53ff., 87.

56 Zur clausula vgl. *Verdross/Simma*, Völkerrecht, S. 526ff. m.w.N; *Vamvoukos*, Termination of Treaties, S. 60ff.

der Organwille, nur noch begrifflich vom Mitgliederwillen unterscheiden; in solchen Fällen wird der Wille der Mitglieder als Wille des Organs fingiert,[57] wobei diese Fiktion möglicherweise für Haftungsfragen relevant sein kann.[58] Ob in solchen Fällen eine Organentscheidung oder eine Entscheidung der Mitgliedstaaten vorliegt, wird letztlich nur dem im Gründungsvertrag zum Ausdruck kommenden Willen der Mitgliedstaaten zu entnehmen sein. Ggfs. kann noch erwogen werden, ob je nach Lage der Dinge aus dem Verhalten der Mitgliedstaaten zu folgern ist, daß diese eine — nach allgemeinem Völkerrecht grundsätzlich zulässige[59] — formlose Änderung der Satzung herbeiführen wollten und deshalb ihr Verhalten als Organhandlung zu werten ist.

Bei den oben erörterten Begründungen ist bemerkenswert, daß eine genaue Untersuchung der satzungsmäßigen Kompetenzen der Organisation fehlt und daß ein unmittelbarer Rückgriff auf das Verhalten der Mitgliedstaaten erfolgt. Eine Handlungsbefugnis der Organisation wird letztlich deshalb angenommen, weil die Mitgliedstaaten nach allgemeinem Völkerrecht handeln dürfen. Dies kann aber angesichts der zahlreichen Unterschiede zwischen Staaten und Organisationen nicht befriedigen. Wenn man die vielfach befürwortete eigene Rechtspersönlichkeit einer internationalen Organisation ernst nimmt, muß eine strikte Trennung zwischen der Organisation und ihren Mitgliedstaaten vorgenommen werden. Wie der IGH in seinem berühmten Gutachten im Bernadotte-Fall[60] zum Ausdruck gebracht hat, sind Rechte und Befugnisse einer Organisation keineswegs zwangsläufig inhaltsgleich mit den Rechten und Befugnissen der Staaten. Auch und gerade die Kompetenzen im „Innenbereich“, d.h. im Verhältnis zu den Mitgliedstaaten, müssen ihre Grundlage in der Satzung haben.[61]

Dieser Grundgedanke klingt in der Begründung von Schermers an, der die Befugnis zum Ausschluß aus dem Gebot der Funktionsfähigkeit einer internationalen Organisation ableitet.[62] Sofern diese ernsthaft bedroht sei, müsse der Organisation im Wege der Selbstverteidigung zugestanden werden, der Gefahr durch Ausschluß des obstruierenden Staates zu begegnen. Ob dies allgemeine Geltung beanspruchen kann, ist aber zweifelhaft, wenn man auf die Befugnisse der Organisation und nicht auf die der Mitgliedstaaten als Vertragsparteien abstellt. Zweifel erheben sich vor allem im Hinblick auf den Grundsatz der staatlichen Souveränität,[63] der maßgeblichen Einfluß auf die Ausprägung der

---

[57] *Meng*, Recht der Internationalen Organisationen, S. 47f.

[58] Im EG-Bereich würden die Mitgliedstaaten als Organ der EG (Ministerrat) auftreten. Als solche wären sie auch der Kontrolle des EuGH unterworfen, so daß insoweit auch machtpolitisch gesehen nicht von einer reinen Staatengesamtheit ausgegangen werden könnte, vgl. *Bleckmann*, in: Ress, Souveränitätsverständnis, S. 33ff., 46.

[59] *Verdross/Simma*, Völkerrecht, S. 505ff. m.w.N.

[60] IGH v. 11.04.1949, ICJ-Reports 1949, 174ff.

[61] Dazu auch *Schumacher*, RIW 1970, S. 539ff., 541f.

[62] Institutional Law, S. 76.

[63] Dazu *Verdross/Simma*, Völkerrecht, S. 223ff., 274ff.

Völkerrechtsordnung hat.[64] Allein aus dem Beitritt zu bzw. der Errichtung einer Organisation durch die beteiligten Staaten kann nicht gefolgert werden, daß dieser nunmehr beliebige Kompetenzen zur Verfügung stehen sollen. Gerade im Bereich der internationalen Organisationen besteht ein Spannungsverhältnis zwischen dem Eigenleben der Organisation einerseits und der Souveränität der Mitgliedstaaten andererseits. Dies zeigt sich schon an den zahlreichen Kontroversen über die Rechtmäßigkeit der Handlungen internationaler Organisationen. Daß die durch dieses Spannungsverhältnis zwangsläufig entstehenden Konflikte in jedem Einzelfall einer adäquaten Lösung zugeführt werden müssen, steht außer Frage. Dies gilt auch und gerade für den Fall, daß einerseits die Funktionsfähigkeit der Organisation und andererseits der Anspruch des Staates auf Achtung seiner souveränen Rechte auf dem Spiel stehen. Dabei muß letztlich die Fragestellung lauten, ob dem Eigenleben und der Funktionsfähigkeit der Organisation oder dem Interesse des Staates der Vorrang gebühren. Da sich die Befugnisse der Organisation aus dem Gründungsvertrag ableiten, müssen daher auch die Gründungsverträge als Maßstab herangezogen werden. Nur aus ihnen kann sich eine Höherwertigkeit der Organisationsbefugnisse ergeben. Ob dies zu bejahen ist, muß in jedem Einzelfall durch die Auslegung der Verträge ermittelt werden.

Insoweit ist Tomuschat zuzustimmen, wenn er sich für die (analoge) Anwendung der Regeln über die Repressalie bzw. der Einrede des nicht erfüllten Vertrages zwischen internationalen Organisationen und ihren Mitgliedstaaten ausspricht.[65] Dies versteht sich von selbst, soweit Verträge wie z.B. Sitzabkommen zwischen der Organisation und ihren Mitgliedern in Frage stehen, da diese außerhalb des durch die Satzung begründeten Mitgliedschaftsverhältnisses anzusiedeln sind. Des weiteren führt Tomuschat wörtlich aus, unter Hinweis auf die Ordnungsfunktionen des Völkerrechts:

> „Soweit die Gemeinschaften Hoheitsbefugnisse wahrnehmen, die ihrem materiellen Inhalt nach von entsprechenden staatlichen Hoheitsbefugnissen nicht unterschieden sind, wird man sie der Geltung des allgemeinen Völkerrechts unterstellen müssen ... Auf der Gegenseite wird man ihnen auch die allgemein zulässigen völkerrechtlichen Sanktionsmittel zugestehen müssen.“[66]

Dieses bezieht sich in der relevanten Passage zwar auf das Verhältnis zwischen Gemeinschaft und Drittstaaten. Entscheidend ist aber die Formulierung: „soweit die Gemeinschaften Hoheitsbefugnisse wahrnehmen“. Tomuschat fährt fort:

> „Wohingegen sich die Gemeinschaften qualitativ von einem Staatswesen unterscheiden ... stehen ihnen insoweit nicht die nach allgemeinem Völkerrecht gegebenen Handlungsbefugnisse zu.“[67]

---

[64] Statt vieler *Bleckmann*, AVR 1985, S. 450ff., 464ff. m.w.N.; *Seidl-Hohenveldern*, RdC 1986 III, S. 21ff., 43ff.

[65] *Tomuschat*, FS Mann, S. 439ff., 451f.; *ders.*, EuR 1977, S. 157ff., 163.

[66] *Tomuschat*, EuR 1977, S. 157ff., 163.

Darin kommt deutlich zum Ausdruck, daß die Regeln des Völkerrechts nur dann zur Anwendung gelangen können, wenn bestimmte „satzungsmäßige“ Kompetenzen der Gemeinschaft vorhanden sind. Überträgt man dies auf andere internationale Organisationen, kommt es also auch dort auf die satzungsmäßig vorgegebenen Befugnisse an. Gleiches muß aber auch für das Innenverhältnis zwischen Organisation und Mitgliedstaaten gelten.[68] Die Grundsätze über die Repressalie bzw. die Einrede des nicht erfüllten Vertrages können dort zur Anwendung gelangen, wo der internationalen Organisation bereits eine Handlungsbefugnis bzw. Handlungsermächtigung eingeräumt ist. Sie können aber nicht dazu dienen, solche Ermächtigungen zu schaffen.

Diese möglicherweise sehr legalistische Beurteilung rechtfertigt sich aus der Überlegung, daß jede andere Auffassung unübersehbare Konsequenzen nach sich ziehen würde. Die Gründung einer internationalen Organisation würde für jeden Vertragsstaat zum unkalkulierbaren Risiko, sobald im Gründungsstatut nicht das Einstimmigkeits-, sondern das Mehrheitsprinzip festgelegt wird. Werden der Organisation bestimmte Befugnisse übertragen, so kann sie auch — in gewissen Grenzen — die Regeln für die Ausübung dieser Befugnisse festlegen. In diesem Rahmen können durchaus Elemente der Repressalie bzw. der Reziprozität zur Anwendung gelangen. Gehört es zu den Aufgaben einer Organisation, Dienstleistungen einer bestimmten Art zu erbringen, kann sie auch ohne satzungsmäßige Ermächtigung berechtigt sein, diese so lange zurückzubehalten, bis der betreffende Staat die von der Organisation aufgestellten Bedingungen für die Erbringung der Dienstleistungen erfüllt. Weigert sich ein Staat, seine Beiträge zu entrichten, mag sich die Organisation ferner zu Recht weigern, ihn an der Beschlußfassung über den Haushalt teilnehmen zu lassen.

Die Zuerkennung einer „allgemeinen“ Sanktionsbefugnis ohne Grundlage in der Satzung wegen Verstoßes gegen Grundsätze des Gründungsvertrages bzw. wegen Verletzung von „Rechten“ der Organisation würde Grundfragen des Verhältnisses zwischen Mitgliedstaaten und Organisation berühren. Sie würde dieses Grundverhältnis, dessen Ausgestaltung nach dem Willen der Mitgliedstaaten im Gründungsvertrag niedergelegt ist, durch die Einführung eines weiteren, subordinationsrechtlichen Elements qualitativ ändern. Dies gilt in besonderem Maße für Handlungen wie den Ausschluß oder auch die Suspension sämtlicher mitgliedschaftlicher Rechte. Es muß aber auch für weniger einschneidende Maßnahmen wie die Vorenthaltung von Zahlungen oder anderen Dienstleistungen oder die Ermächtigung anderer Mitgliedstaaten zum Ergreifen von „vertragswidrigen“ Maßnahmen gelten, sofern diese nicht von einer

---

[67] *Tomuschat*, EuR 1977, S. 157ff., 164.

[68] *Tomuschat*, FS Mann, S. 439ff., 449: „Es ist eine Selbstverständlichkeit, daß der Vertrag über die Gründung einer Internationalen Organisation, wenn er den sachlichen Auftrag dieser Internationalen Organisation umschreibt, damit auch gleichzeitig die Grenzen ihres rechtlich zulässigen Handlungsspielraums markiert.“ *Ders.*, a.a.O., S. 450: „... die Staaten (legen) durch ihr im Vertragstext fixiertes Einverständnis Aufgabe wie Schranken einer von ihnen ins Leben gerufenen Internationalen Organisation (fest)...“.

vertraglichen Ermächtigung gedeckt sind (oder sofern sich deren Zulässigkeit nicht wie in den gerade genannten Beispielen aus dem Sachzusammenhang ergibt). Denn auch solche Maßnahmen dienen dazu, entgegen den Gründungsverträgen ein Element des Zwangs in die Beziehungen zwischen Organisation und Mitgliedern einzuführen. Gerade die qualitative Ausgestaltung dieses Grundverhältnisses zwischen Organisation und Mitgliedstaaten kann aber nicht Sache der Organisation sein, sofern sich im Gründungsvertrag keine Anhaltspunkte dafür finden. Die Ausgestaltung des Grundverhältnisses bleibt vielmehr Sache der Mitgliedstaaten; nur so kann auch dem Grundsatz der staatlichen Souveränität Rechnung getragen werden.

4. „*Mißbrauch*" *gegebener Befugnisse*

Ein besonderes Problem liegt im übrigen noch in der Konstellation, daß ein Organ einer internationalen Organisation die ihm nach dem Statut zugesprochenen Rechte benützt, um einen Sanktionseffekt zu erreichen, der nach den eigentlichen Sanktionsvorschriften (sofern diese existieren) nicht erreicht werden könnte.[69] Als Beispiel sei die Befugnis eines Organs (z.B. der Generalversammlung) genannt, regionale oder spezialisierte Konferenzen einzuberufen. Die Bestimmung der Teilnehmer könnte in willkürlicher Weise erfolgen, so daß die Teilnahme nicht nach objektiven Kriterien ermöglicht wird. Gleiches gilt für die Dienstleistungen, die von einer Organisation erbracht werden; ebensolche Erwägungen können bei der Entscheidung über die Anerkennung der Delegierten eines Landes bei einer Konferenz eine Rolle spielen. Sofern solche Entscheidungen nicht nach objektiven Kriterien gefällt werden, sondern eine Beeinträchtigung der Gleichheit zwischen den Mitgliedstaaten und eine Beschneidung ihrer Rechte aus der Beteiligung an der Organisation herbeiführen, kann erwogen werden, ob es sich um ein unzulässiges „détournement de procédure"[70] handelt, wenn solche Handlungsweisen in den Statuten nicht vorgesehen sind.[71] Dieses Problem sollte hier aber nur aufgezeigt werden, da es zunächst für die Frage einer allgemeinen Sanktionsbefugnis nichts hergibt.

5. *Ergebnis*

Im Ergebnis bleibt daher festzuhalten, daß es keine „generelle" Sanktionsgewalt internationaler Organisationen gegenüber ihren Mitgliedstaaten gibt, sondern daß sich eine solche nur aus den Gründungsverträgen ergeben kann. Dieses Ergebnis wird, soweit ersichtlich, durch die Praxis nicht widerlegt. In welchem Umfang Sanktionsbefugnisse zu bejahen sind, muß daher durch die Auslegung des jeweiligen Vertrages ermittelt werden.

---

[69] Dazu *Leben*, Sanctions privatives, S. 264f.; *Schermers*, Institutional Law, S. 128ff.; *Verdross/Simma*, Völkerrecht, S. 86.

[70] *Fawcett*, BYIL 1957, S. 311ff.

[71] S.a. die Stellungnahme des Conseiller Juridique der VN, A.G. XXVth Session, Doc. A/8160; *Halberstam*, AJIL 1984, S. 179ff.; *Ginther*, Berichte DGVR Nr. 17, S. 7ff., 32ff.

III. „Resulting powers" der Gemeinschaft

Nach dem oben Gesagten kann nicht von einer „allgemeinen" Sanktionsbefugnis internationaler Organisationen ausgegangen werden. Deshalb kommt ein „erst recht"-Schluß für die Gemeinschaft nicht in Frage. Es bedarf vielmehr der genauen Untersuchung, ob sich aus dem Vertrag Anhaltspunkte für eine solche Befugnis ergeben.

Die Europäische Gemeinschaft wird gemeinhin als „supranationale Organisation" bezeichnet.[72] Es wird die Frage gestellt, ob die Mitgliedstaaten noch „Herren der Verträge" sind.[73] Durch den EWG-Vertrag sei eine eigenständige Rechtsordnung gegründet worden;[74] jedenfalls aber weise die Gemeinschaft gegenüber „normalen" internationalen Organisationen eine Reihe von Besonderheiten auf, die ihr ein erhöhtes Maß an Eigenständigkeit gewähren würden.[75] Bei der Europäischen Gemeinschaft liegt daher die Frage umso näher, ob sich eine allgemeine Sanktionsbefugnis im Wege von „resulting powers" aus deren Gesamtqualität ableiten läßt.

1. Zulässigkeit der Ableitung von „resulting powers" im Rahmen des EWGV

Zunächst muß geklärt werden, ob „resulting powers" im o.g. Sinne überhaupt im Gemeinschaftsrecht zur Anwendung gelangen können. Wie bereits dargelegt, werden „resulting powers" unter Anknüpfung an vorhandene Kompetenzen gewonnen. Ähnlich wie bei „implied powers" besteht also zunächst eine Vermutung für die Zulässigkeit dieser Methode. Allerdings ist zu untersuchen, ob sich aus dem Vertrag selbst ein Verbot dieser Auslegung ergibt, oder ob der Fall der „resulting powers" von Art.235 erfaßt wird.

a) Ein Verbot der Anwendung von „resulting powers" könnte sich zunächst aus der Struktur der vertraglichen Kompetenzzuweisungen ergeben. Gelegentlich wird aus der Existenz des Art.235 sowie aus dem im Vertrag fixierten Prinzip der begrenzten Einzelermächtigung (compétence d'attribution) gefolgert, daß der Gemeinschaft über die ausdrücklich zuerkannten Befugnisse hinausgehende Kompetenzen nur im Rahmen des Art.235 zuwachsen könnten.[76] Soweit dabei auf den „Willen der Vertragsparteien" Bezug genommen wird, muß dem aber entgegengehalten werden, daß die Zuständigkeiten der Gemeinschaftsorgane zwar die Grenzen des Willens der Mitgliedstaaten bezeichnen, in deren Umfang

---

[72] Vgl. nur *Seidl-Hohenveldern*, Internationale Organisationen, S. 7f.

[73] S. statt vieler *Everling*, FS Mosler, S. 173ff. m.w.N.

[74] *Everling*, FS Mosler, S. 173ff.; s.a. *Nöll*, Völkerrechtssubjektivität, S. 25ff., mit zahlreichen weiteren Nachweisen.

[75] *Seidl-Hohenveldern*, Internationale Organisationen, S.7f.

[76] *Strohmaier*, Befugnisse, S. 138f., 156, 158; *Kovar*, Pouvoir réglementaire, S. 134; *Behrens*, Rechtsgrundlagen, S. 47, bejaht einen Ausschluß im Hinblick auf "resulting powers„.

sie auf die Ausübung ihrer Hoheitsrechte verzichtet haben. Andererseits ist es „ebenso gewiß das Ziel der Vertragsgründer, den Gemeinschaften alle nötigen Befugnisse zur vollständigen Ausübung der ihnen übertragenen Kompetenzen zu gewähren“.[77] So begründet Ophüls[78] u.a. auch das Prinzip der dynamischen Auslegung mit dem historischen Willen der Vertragspartner. Aus der Existenz des Art.235, der in sich neutral formuliert ist,[79] kann daher ebensowenig gegen die Existenz von „resulting powers“ wie gegen „implied powers“ hergeleitet werden.[80]

Auch das in Art.4 Abs.1 Satz2 zum Ausdruck gebrachte Prinzip der begrenzten Einzelermächtigung spricht nicht gegen das Konzept der „resulting powers“. Wie bereits bei der Prüfung von „implied powers“ dargelegt, ergibt sich daraus nur, daß die Organe nach Maßgabe der ihnen zugewiesenen Befugnisse handeln. Für den jeweiligen Umfang der Befugnisse ist daraus nichts herzuleiten.[81]

Allenfalls könnte aus der Gesamtschau der enumerierten Zuständigkeiten auf ein Verbot der durch Rechtsanalogie bzw. Induktion zu gewinnenden „resulting powers“ zu schließen sein. Allein aus einer abschließenden Aufzählung kann jedoch noch nicht auf ein generelles Analogieverbot geschlossen werden. Wie Böhm zutreffend bemerkt, hätten sonst weder in den USA noch in der Bundesrepublik „resulting powers“ zur Begründung von Kompetenzen dienen dürfen. Bundesverfassungen enthalten Kompetenzverteilungen, die regelmäßig abschließend gedacht sind, und aus dieser Aufzählung wird keineswegs auf ein generelles Induktions- bzw. Analogieverbot geschlossen.[82] Vielmehr kommt es jeweils nur darauf an, ob im Einzelfall ein Induktionsverbot besteht. Ein generelles Induktionsverbot bei der Gemeinschaft könnte somit nur dann anzunehmen sein, wenn alle Einzelkompetenzen als abschließende Formulierungen sowohl hinsichtlich der Voraussetzungen als auch der Rechtsfolgen verfaßt wären. Jedoch sind eine ganze Reihe von Ermächtigungen umfassend formuliert. Den Organen werden ganze Sachgebiete zur selbständigen Wahrnehmung überwiesen, ohne daß der Inhalt der dabei zu verfolgenden Politik, bis auf allgemein gehaltene Grundsätze, in irgendeiner wesentlichen Frage vorbestimmt wäre. Beispiele sind etwa die Handelspolitik, die Agrarpolitik oder die Rechtsangleichung. Eine Reihe von Vorschriften ermächtigen die Gemeinschaft, „alle zweckdienlichen Maßnahmen“ zu ergreifen. Ein generelles Verbot

---

77 *Nicolaysen*, EuR 1966, S. 129ff., 136f.

78 FG Müller-Armack, S. 279ff., 289.

79 Art. 235 setzt voraus, daß die für die Erreichung der Vertragsziele notwendigen Befugnisse nicht vorgesehen sind; dies kann sowohl ausdrückliche wie auch stillschweigende Befugnisse umfassen.

80 Ebenso *Böhm*, Kompetenzauslegung, S. 209f.

81 *Böhm*, Kompetenzauslegung, S. 210; *Gericke*, Rechtsetzungsbefugnisse, S. 103 m.w.N.

82 *Böhm*, Kompetenzauslegung, S. 211.

der „resulting powers“ im Gemeinschaftsrecht kann deshalb nicht angenommen werden.[83]

b) Wenn daher „resulting powers“ nach der Systematik des Vertrages nicht ausgeschlossen sind, so ist doch auch hier zu fragen, ob sie nicht ggfs. inhaltsgleich mit Art.235 sind und ihre Anwendung deshalb außerhalb des Verfahrens des Art.235 nicht in Betracht kommt.

Gegen eine Anwendbarkeit von „resulting powers“ neben Art.235 wendet sich Priebe.[84] Zur Begründung führt er aus, daß die dem Art.235 zugrunde liegende Rechtsfindungsmethode der Ableitung stillschweigender Befugnisse aus den allgemeinen Bestimmungen des Vertrages der „resulting powers“-Doktrin entspreche, und daß es konsequent sei, eine Anwendung dieser Theorie neben Art.235 grundsätzlich abzulehnen. Zur näheren Begründung verweist Priebe[85] auf Strohmaier.[86] Strohmaier wiederum weist gerade auf den Unterschied aus methodischer Sicht zwischen „resulting powers“ und Art.235 hin. „Resulting powers“ würden in der Regel im Wege der Analogie aus bereits vorhandenen Kompetenzen abgeleitet, während Art.235 dann eingreife, wenn Auslegung und Rechtsfortbildung nicht mehr möglich seien.[87] Dennoch verneint Strohmaier aus Gründen der „Zweckmäßigkeit“ die Anerkennung von „resulting powers“, weil diese „von den Voraussetzungen des Art.235 ... abhängig“ seien.[88]

Daß diese Auffassung in sich widersprüchlich ist und daher nicht zu überzeugen vermag, bedarf keiner näheren Begründung. Entweder besteht rechtliche Identität zwischen Art.235 und „resulting powers“, oder es besteht keine Identität. Wenn aber keine Identität besteht, bieten „Zweckmäßigkeitserwägungen“ kein rechtlich zwingendes Argument, um „resulting powers“ dennoch unter Art.235 zu subsumieren.[89]

Auch Behrens[90] verneint die Anwendbarkeit von „resulting powers“ im Gemeinschaftsrecht. „Resulting powers“ könnten sich nur durch einen Rückgriff auf die aus dem geschriebenen Verfassungsrecht ableitbaren Grundentscheidungen für den Bundesstaat ergeben. Eine solche Grundentscheidung sei aber dem Gemeinschaftsrecht angesichts der Geltung des Prinzips der begrenzten Einzelermächtigung nicht zu entnehmen. Deshalb sei auch ein Schluß von vorgeblichen Grundentscheidungen auf die Kompetenz der Gemeinschaft nicht möglich. Aus dem Wesen der Gemeinschaftsverfassung folge gerade, daß die

---

[83] Im Ergebnis ebenso *Nicolaysen*, EuR 1966, S. 129ff., 141.

[84] Entscheidungsbefugnisse, S. 162f.

[85] Entscheidungsbefugnisse, S. 162, FN 526.

[86] *Strohmaier*, Befugnisse, S. 138ff.

[87] So auch *Böhm*, Kompetenzauslegung, S. 212.

[88] *Strohmaier*, Befugnisse, S. 138, 140.

[89] Im Ergebnis ebenso *Böhm*, Kompetenzauslegung, S. 212f.

[90] *Behrens*, Rechtsgrundlagen, S. 46ff.

Gemeinschaftsorgane nur über begrenzte Zuständigkeiten verfügen sollten; daher könne auch nur der Ausschluß von „resulting powers“ bzw. von Zuständigkeiten kraft Natur der Sache wesensgemäß sein. Alle Grundentscheidungen im Gemeinschaftsrecht, aus denen sich Zuständigkeiten kraft Natur der Sache ergeben könnten, seien zumindest ansatzweise in den Grundsätzen und Zielbestimmungen der Gemeinschaften enthalten. Zu deren Realisierung seien gerade die Art.235 EWGV, 203 EAGV und 95 EGKSV geschaffen worden. Daraus folge, daß sich die möglichen Bezugspunkte von „resulting powers“ und der Lückenklauseln nahezu vollständig decken würden.

Im übrigen sei zu berücksichtigen, daß es bei der Zuerkennung von „resulting powers“ im Verfassungsrecht der Bundesstaaten nicht darum gehe, gänzlich neue Hoheitsrechte zu begründen, sondern lediglich um die Aufteilung von Hoheitsrechten zwischen Bund und Ländern. Die Existenz der Hoheitsrechte selbst sei wegen der originären Allzuständigkeit des Staates nicht zweifelhaft.[91] Anders sei die Lage bei den Europäischen Gemeinschaften. Die Gewährung von Zuständigkeiten kraft Natur der Sache bzw. „resulting powers“ käme einer stillschweigenden Übertragung von Hoheitsrechten der Mitgliedstaaten auf die Gemeinschaft gleich. Dies hätten die Vertragsschöpfer durch die Schaffung des Systems der abgegrenzten Zuständigkeiten gerade vermeiden wollen.

Dem ist zuzugeben, daß die Begründung von „resulting powers“ aus einer Evidenz der Höherwertigkeit von Bundesinteressen im Gemeinschaftsrecht nicht uneingeschränkt Geltung beanspruchen kann.[92] Bei der Gemeinschaft können im Vergleich zu Staaten naturgemäß nur „rudimentäre Ansätze eines eigenen Wesens“[93] vorliegen. Dabei ist allerdings denkbar, daß sich aus einer Mehrzahl von Zuständigkeiten ein derartiges Maß an Eigenexistenz ergibt, daß daraus notwendig weitere Befugnisse erwachsen.[94] Eine solche Eigenexistenz ist aber keineswegs identisch mit den Vertragszielen i.S.d. Art.235.[95]

In der Hauptsache muß jedoch gegen die Schlußfolgerungen Behrens' eingewandt werden, daß er den Begriff und die Funktion von „resulting powers“ falsch einschätzt. Wie er selber[96] ausführt, erfolgt die Ableitung von „resulting powers“ entweder durch Rechts- oder Gesamtanalogie aus den in der Verfassung enthaltenen ausdrücklichen Kompetenzen, oder sie ergeben sich aus „evident höherwertigen Bundesinteressen“. Zumindest dann, wenn „resulting powers“ aus vorhandenen Kompetenzen abgeleitet werden, wird das Prinzip der begrenzten Einzelermächtigung nicht durchbrochen. „Resulting powers“ werden ja gerade aus einem allgemeinen Grundsatz hergeleitet, der in den

91 So auch *Nicolaysen*, EuR 1966, S. 129ff., 140.

92 *Böhm*, Kompetenzauslegung, S. 214.

93 So *Nicolaysen*, EuR 1966, S. 129ff., 141.

94 Vgl. *Nicolaysen*, EuR 1966, S. 129ff., 141.

95 *Böhm*, Kompetenzauslegung, S. 213.

96 *Behrens*, Rechtsgrundlagen, S. 46.

vorhandenen Kompetenzen enthalten ist.[97] Solche im EWGV enthaltenen allgemeinen Grundsätze bzw. Grundentscheidungen können daher zulässigerweise als Ansatzpunkte für die Ableitung von „resulting powers" herangezogen werden.

Unter diesem Aspekt muß auch Behrens' Einwand hinsichtlich des Verzichts der Mitgliedstaaten auf ihre Hoheitsrechte zurückgewiesen werden. Der Umfang dieses Verzichts ergibt sich aus dem Vertragswerk selbst.[98] „Resulting powers" gehen allein vom gesetzten Recht aus, bleiben also im Rahmen des Vertragswerkes und sind als solche vom Vertrag gedeckt.[99]

Im Ergebnis bleibt daher festzuhalten, daß „resulting powers" vom Vertrag gedeckt und auch nicht durch Art.235 „kanalisiert" sind. Art.235 knüpft an die Aufgabe und Ziele der Gemeinschaft an, mithin an Bestimmungen, die selber keine Kompetenzen verleihen, während sich „resulting powers" aus ausdrücklich verliehenen Kompetenzen ergeben. Art.235 findet daher erst dann Anwendung, wenn weder die Methode der „implied powers" noch die Methode der „resulting powers" eine Kompetenz der Gemeinschaft begründen können.

c) Auch aus der Rechtsprechung des EuGH lassen sich Fälle zitieren, in denen das Prinzip der „resulting powers" Anwendung findet.

In den Rs 20/59 und 25/59[100] handelte es sich um parallel gelagerte Fälle, die in der Begründung fast wörtlich übereinstimmen. Darin ging es u.a. um die Frage, welche Rechtsetzungsbefugnisse der Hohen Behörde auf dem Gebiet des Transportwesens gemäß Art.70 Abs.3 EGKSV für sich in Anspruch nehmen konnte. Zwar verneinte der EuGH im Ergebnis die Rechtmäßigkeit der in Frage stehenden Handlung der Hohen Behörde:

> „Aus diesem Grundsatz läßt sich jedoch nicht herleiten, daß die Hohe Behörde ermächtigt wäre, im Entscheidungswege eine Präventivkontrolle einzuführen und in diesem Zusammenhang anzuordnen, daß die Frachttafeln oder Frachten zu veröffentlichen sind; eine derartige Zuständigkeit trüge Ausnahmecharakter und hätte einen Verzicht der Staaten auf entsprechenden Kompetenzen zur Voraussetzung, wie er im Vertrag weder ausdrücklich noch stillschweigend seinen Niederschlag gefunden hat ..."[101]

Interessant ist jedoch die vorhergehende Fragestellung des EuGH. Nachdem er festgestellt hatte, daß sich nach dem Wortlaut des Vertrages auf dem Gebiet des Transportwesens keine Rechtsetzungsbefugnis ergebe, prüfte er weiterhin, ob sich Rechtsetzungsbefugnisse

---

[97] S. *Böhm*, Kompetenzauslegung, S. 214.

[98] *Ehring*, in: GBT, Art. 235, S. 759.

[99] S. *Böhm*, Kompetenzauslegung, S. 215.

[100] EuGH v. 15.07.1960, Rs 20/59 (Italien/Hohe Behörde), Slg. 1960 (VI), 681 ff.; v. 15.07.1960, Rs 25/59 (Niederlande/Hohe Behörde), Slg. 1960 (VI), 743 ff.

[101] EuGH v. 15.07.1960, Rs 20/59 (Italien/Hohe Behörde), Slg. 1960 (VI), 681 ff., 710 f.

> „nicht stillschweigend aus anderen Bestimmungen des Vertrages oder aus seinem Gesamtzusammenhang“[102]

herleiten ließen. Gerade dies ist aber, insbesondere in bezug auf den Gesamtzusammenhang, auch die Fragestellung für die Ableitung von „resulting powers“.[103]

Ein weiterer Anwendungsfall ist die Rs 8/73[104], in der es um die Frage nach der Rechtsgrundlage der VO (EWG) Nr. 803/68 des Rates vom 27.8.1968 über den Zollwert von Waren[105] ging. In der Verordnung war Art. 235 als Rechtsgrundlage angegeben worden, und es wurde u.a. die Frage gestellt, ob dies zulässig sei oder ob nicht vielmehr andere Vertragsvorschriften herangezogen werden müßten. In den Entscheidungsgründen führte der Gerichtshof aus:

> „Zwar rechtfertigt das wirksame Funktionieren der Zollunion eine weite Auslegung der Art.9, 27, 28, 111 und 113 des Vertrages sowie der Befugnisse, welche diese Bestimmungen den Organen übertragen, um ihnen eine zusammenhängende Regelung der Außenhandelsbeziehungen durch einseitige Maßnahmen wie auch durch Vereinbarungen zu ermöglichen, doch durfte der Rat zu Recht davon ausgehen, daß der Rückgriff auf das Verfahren des Art.235 im Interesse der Rechtssicherheit zulässig war, zumal die fragliche Verordnung während der Übergangszeit erlassen wurde ...“[106]

Der EuGH ging also davon aus, daß es nicht erforderlich war, die Verordnung auf Art.235 zu stützen, da sich die Befugnis der Gemeinschaft bereits aus dem Gesamtkomplex der genannten Regelungen ergab. Dies stellt methodisch eine Rechtsfortbildung im Wege der Gesamt- oder Rechtsanalogie dar, mithin einem geradezu klassischen Fall der Ableitung von „resulting powers“ aus einer Anzahl von ausdrücklich verliehenen Befugnissen.[107]

Im Urteil Kramer[108] findet sich ein weiteres Beispiel für die Anwendung von „resulting powers“. Zwar ging es im wesentlichen um die Frage der Außenkompetenz der Gemeinschaft. Für diese war jedoch Voraussetzung, daß im vertraglichen Innenbereich überhaupt eine Befugnis der Gemeinschaft zur

---

102 EuGH v. 15.07.1960, Rs 20/59 (Italien/Hohe Behörde), Slg. 1960 (VI), 681 ff, 708.

103 Dieses Urteil wird in der Regel als Anwendungsfall für “implied powers„ zitiert, vgl. *Rabe*, Verordnungsrecht, S. 149f.; *Strohmaier*, Befugnisse, S. 147; *Schwartz*, in: GBTE, Art. 235 Rdz. 27; dies dürfte aber daran liegen, daß nicht immer eine hinreichend scharfe Trennung zwischen “implied„ und “resulting powers„ vorgenommen wird; wie hier z.B. *Böhm*, Kompetenzauslegung, S. 260.

104 EuGH v. 12.07.1973, Rs 8/73 (Massey-Ferguson), Slg. 1973, 897ff.

105 ABl. 1968 L 148/6.

106 EuGH v. 12.07.1973, Rs 8/73 (Massey-Ferguson), Slg. 1973, 897ff., 907, sowie die Schlußanträge des Generalanwalts *Trabucchi*, der die Regelung bereits “aus dem Gesamtkomplex der Gemeinschaft auf dem Gebiet der Zölle übertragenen Befugnisse und Zuständigkeiten herzuleiten„ vermag, a.a.O., S. 912ff.

107 Wie hier *Böhm*, Kompetenzauslegung, S. 265ff.

108 EuGH v. 14.07.1976, Rs 3, 4 und 6/76 (Kramer), Slg. 1976, 1279ff.; dazu *Tomuschat*, EuR 1977, S. 157ff., 159.

Erhaltung der biologischen Schätze des Meeres einschließlich der Festsetzung und Zuteilung von Fangquoten bestand. Im Wege einer umfangreichen Vertragsexegese verwies der EuGH auf die Art.3 d, 38 Abs.3 i.V.m. Anhang II, Art. 39, 43 Abs.2 sowie die Begründungserwägungen der Verordnungen Nr. 2141/70 und Nr. 2142/70 und zusätzlich auf Art. 102 der Beitrittsakte. Aus der Gesamtheit dieser Bestimmungen folgerte der EuGH, daß die Gemeinschaft im Innenverhältnis befugt sei, alle Maßnahmen im o.g. Sinne zu treffen. Er fährt fort:

> „Zwar gilt Art. 5 der VO Nr. 2141/70 nur für ein geographisch begrenztes Fischereigebiet, doch folgt aus Art.102 der Beitrittsakte, aus Art.1 der genannten Verordnung sowie aus der Natur der Sache, daß sich die sachliche Regelungsbefugnis der Gemeinschaft ... auch auf die Fischerei auf hoher See erstreckt. Die Erhaltung der biologischen Schätze der Meere kann wirksam und zugleich gerecht nur durch eine Regelung sichergestellt werden, die für alle interessierten Staaten einschließlich der Drittländer verbindlich ist.“[109]

Auch hier handelt es sich bei der Begründung der Innenkompetenz der Gemeinschaft um eine Anwendung von „resulting powers“. Der Hinweis auf eine Reihe von Vertragsvorschriften und gerade auf die Natur der Sache zeigen, daß es um das Auffinden eines allgemeinen Rechtssatzes aus der großen Anzahl der zitierten Vorschriften ging, zumal Art.5 der VO 2141/70 sich auf ein geographisch begrenztes Gebiet bezog, während die im Streit stehende Befugnis umfassender war.[110]

d) Zusammenfassend ergibt sich die Zulässigkeit der Methode der „resulting powers“ im Gemeinschaftsrecht; dieses Ergebnis wird auch durch die Rechtsprechung des EuGH getragen.

2. Sanktionsbefugnis als „resulting power“

Nachfolgend soll untersucht werden, ob sich aus „resulting powers“ eine (allgemeine) Sanktionsbefugnis der Gemeinschaft ergeben kann. Dabei soll geprüft werden, ob sich aus dem Vertrag Anhaltspunkte für die Existenz einer solchen Befugnis finden lassen, wobei der Vertrag allerdings auch im Hinblick auf Gegenprinzipien untersucht werden muß.

---

[109] EuGH v. 14.07.1976, Rs 3, 4 und 6/76 (Kramer), Slg. 1976, 1279ff., 1311.

[110] Im Grunde genommen stellt das Urteil einen Anwendungsfall von “resulting powers„ und von “implied powers„ dar. Die Innenkompetenz der Gemeinschaft folgt aus “resulting powers„; aus der so gewonnenen (Einzel-)Kompetenz wird im Wege der “implied powers„ weiter auf die Außenbefugnis der EG geschlossen. Die Grundsätze des Kramer-Urteils wurden in einer Reihe von weiteren Urteilen des EuGH bestätigt, vgl. EuGH v. 16.02.1978, Rs 61/77 (Kommission/Irland), Slg. 1978, 417ff. mit Anmerkung *Beutler*, EuR 1977, S. 259; v. 04.10.1978, Rs 141/78 (Frankreich/ Vereinigtes Königreich und Irland), Slg. 1979, 2923ff.; v. 10.07.1980, Rs 32/79 (Kommission/ Großbritannien), Slg. 1980, 2403ff.; v. 30.11.1982, Rs 287/81 (Kerr), Slg. 1982, 4053ff.

Die Fragestellung muß lauten, ob sich aus dem Vertragswerk ergibt, daß dem Eigenleben und der Funktionsfähigkeit der Gemeinschaft in „Notfällen“ gegenüber dem Interesse der Mitgliedstaaten an der Beachtung ihrer souveränen Rechte Vorrang gebührt. Der Vertrag muß also auf Wertungen untersucht werden, aus denen ersichtlich wird, daß eine Höherwertigkeit des Gemeinschaftsinteresses im Vergleich zu den nationalstaatlichen Interessen der Mitgliedstaaten besteht. Aus einer solchen Höherwertigkeit müßte auf ein „Selbstverteidigungsrecht“ der Gemeinschaft[111] geschlossen werden können, das es ihr ermöglichen würde, dieses Gemeinschaftsinteresse notfalls mit Zwangsmaßnahmen bis hin zum Ausschluß durchzusetzen.[112] Zum Zwecke der Untersuchung soll dabei eine Gesamtschau der vorhandenen Kompetenzen und der im Vertrage zum Ausdruck kommenden Grundentscheidungen vorgenommen werden. Zuvor muß jedoch geklärt werden, welche Mittel der Gemeinschaft im Falle des Falles zur Verfügung stehen könnten.

a) Bei der Frage, welcher Mittel sich die Gemeinschaft zur Durchsetzung ihrer Interessen bedienen könnte, darf das vertraglich verankerte Prinzip der begrenzten Einzelermächtigung nicht außer Acht gelassen werden. Dieses besagt, daß die Gemeinschaft zur Erfüllung der ihr zugewiesenen Aufgaben bzw. Kompetenzen einer speziellen Handlungsermächtigung bedarf. Ist der Gemeinschaft in einem spezifischen Sachbereich lediglich die Ermächtigung zum Erlaß von nicht verbindlichen Empfehlungen erteilt worden, so kann sie in diesem Sachbereich keine „stärkeren“ Mittel wie z.B. den Erlaß von Verordnungen oder Richtlinien einsetzen.[113] Dann wäre vielmehr ein Anwendungsfall des Art. 235 gegeben.[114]

Für die Ableitung von zusätzlichen Kompetenzen im Wege der „implied powers“ hat dies zur Konsequenz, daß auch implizierte Kompetenzen nur mit den Mitteln ausgeübt werden können, die für die Ausübung der „Haupt-Kompetenz“ vorgesehen sind. Aus „implied powers“ kann niemals ein „stärkeres“ Mittel deduziert werden als dasjenige, welches in der auf die Hauptkompetenz bezogenen Ermächtigung genannt ist.[115] Damit stellt sich nun die Frage, ob und in welcher Form bei der Ableitung von „resulting powers“ eine Mittelbegrenzung stattfindet. Auch „resulting powers“ werden aus geschriebenem Recht

---

[111] *Schwarze*, EuR 1983, S. 1 ff., 31: „right of taking emergency action“ unter Hinweis auf *Smit-Herzog*, Vol. 6, 6-363; s.a. *Meier*, NJW 1974, S. 391 ff., 393 f.

[112] Vorliegend wird die Auffassung vertreten, daß Zwangsmaßnahmen jedenfalls nicht immer von zweifelhaftem Wert sind.

[113] *Ipsen*, Gemeinschaftsrecht, S. 426 ff.; *Constantinesco*, EGR I, S. 261 ff.; *Nicolaysen*, EuR 1966, S. 129 ff., 135.

[114] Es ist mittlerweile unbestritten, daß dieser auch dann zur Anwendung gelangen kann, wenn die Gemeinschaft zwar über Befugnisse verfügt, diese aber „nicht ausreichen“, d.h. nicht stark genug sind, vgl. *Schwartz*, in: GBTE, Art. 235 Rdz. 41 ff. m.w.N.; *Grabitz*, in: Grabitz, EWGV, Art. 235 Rdz. 48 ff. m.w.N.

[115] *Nicolaysen*, EuR 1966, S. 129 ff., 135.

abgeleitet,[116] wobei Ausgangspunkt mehrere oder alle ausdrücklichen Kompetenzen bzw. die hinter den Regelungen stehenden Grundgedanken sein können.

Aufgrund des Prinzips der begrenzten Einzelermächtigung muß auch bei „resulting powers" gelten, daß keine stärkeren Mittel zur Anwendung gelangen dürfen als jene, die für die als Ausgangspunkt der Ableitung anzusehenden Kompetenzen vorgesehen sind. Es sei daran erinnert, daß „resulting powers" im Wege der Gesamt- oder Rechtsanalogie aus mehreren oder allen Kompetenzzuweisungen gewonnen werden; der so gefundene gemeinsame Grundgedanke muß so beschaffen sein, daß sich jede einzelne Ausgangsnorm nur als ein Anwendungsfall des gemeinsamen Grundgedankens darstellt.[117]

Wenn sich die Mittel aus den jeweils den einzelnen Kompetenznormen zuzuordnenden Ermächtigungen ergeben, bedeutet dies für die Ausübung von „resulting powers", daß zulässigerweise alle diejenigen Mittel verwendet werden dürfen, die ihrerseits zur Ausübung der der Ableitung zugrunde liegenden (mehreren oder allen) Kompetenzen vorgesehen sind. Ist also zur Ausübung der Kompetenz A das Mittel der Empfehlung vorgesehen und zur Ausübung der Kompetenz B das Mittel der Verordnung, und wird aus den Kompetenzen A und B der gemeinsame Grundgedanke gewonnen und die „resulting power" C abgeleitet, so muß zur Ausübung der „resulting power" C sowohl das Mittel der Empfehlung als auch das Mittel der Verordnung zur Verfügung stehen.

Nun mag hiergegen der Einwand erhoben werden, daß damit schließlich und letztlich doch das Prinzip der begrenzten Einzelermächtigung durchbrochen werde, weil die Kompetenz A nur durch das Mittel der Empfehlung verwirklicht werden dürfe, während für die daraus abgeleitete „resulting power" C auf einmal das — stärkere — Mittel der Verordnung zur Verfügung stehen solle. Eine solche Argumentation würde aber übersehen, daß die „resulting power" C ebenso gleichberechtigt aus der Kompetenz B abgeleitet wird und daß für diese Kompetenz B eine Ermächtigung für die Benutzung des Mittels der Verordnung gegeben ist. Betrachtet man die Angelegenheit aus diesem Blickwinkel, ergibt sich die Zulässigkeit und implizierte Ermächtigung für die Anwendung des Mittels der Verordnung. Dies führt auch keinesfalls dazu, daß nun im Rahmen der Kompetenz A ebenfalls das Mittel der Verordnung benutzt werden dürfte. „Resulting powers" begründen eine andere, zusätzliche, wenn auch nicht ausdrücklich, so doch implizit im Vertrag enthaltene Kompetenz, die nicht mit den ausdrücklich zugewiesenen Kompetenzen identisch ist. Für die ausdrücklich zugewiesenen Kompetenzen bleibt es beim jeweils dafür vorgesehenen Mittel. Schwierigkeiten bei der Abgrenzung zwischen einer geschriebenen Kompetenz einerseits und der im Wege von „resulting powers" gewonnenen Kompetenz andererseits können sich zwar ergeben, sind jedoch durch eine sorgfältige Normauslegung behebbar. Das — immer gegebene — Risiko einer

---

[116] *Böhm*, Kompetenzauslegung, S. 205 m.w.N.

[117] *Böhm*, Kompetenzauslegung, S. 205 m.w.N.

subjektiven Wertung ist kein rechtlich überzeugendes Argument, mit der eine Methode von vornherein für unzulässig erklärt werden müßte.

Das oben gefundene Prinzip entspricht auch dem gemeinschaftsrechtlichen Grundsatz des „effet utile“, wonach die Auslegung und Anwendung des Vertrages mit Blick auf den größtmöglichen Nutzen für die Ziele der europäischen Einigung erfolgt.[118]

Je weiter also die Basis ist, die als Ausgangspunkt für die Ableitung von „resulting powers“ dient, desto umfangreicher und zahlreicher sind auch die zur Ausübung der so gewonnenen Kompetenz verfügbaren Mittel. Günstigstenfalls stünden der Gemeinschaft bei der hier interessierenden Frage der Sanktionsmöglichkeiten sämtliche im Vertrag angelegten Handlungsformen zur Verfügung. In Betracht käme etwa die Nichtauszahlung von Geldmitteln, der Erlaß von sanktionierenden Rechtsakten, möglicherweise die Suspendierung von mitgliedschaftlichen Rechten und Pflichten oder die Ermächtigung anderer Mitgliedstaaten zum Ergreifen von Abwehrmaßnahmen bzw. ggfs. sogar der Ausschluß. Hier soll nur ergänzend bemerkt werden, daß die Gemeinschaft dabei gehalten wäre, u.a. den Grundsatz der Verhältnismäßigkeit[119] zu beachten.

b) Die Anwendbarkeit der o.g. Mittel setzt aber zunächst voraus, daß sich aus der Auslegung des EWGV tatsächlich eine entsprechende „resulting power“, eine Gemeinschaftskompetenz, ergeben kann. Zunächst sollen Inhalt und Tragweite der ausdrücklich zugewiesenen Kompetenzen daraufhin untersucht werden.

Erster Ansatzpunkt sind die Bestimmungen über die Verfolgung von Vertragsverletzungen durch die Gemeinschaftsorgane, nämlich Art. 169 ff. des Vertrages. Dadurch wird eine weitreichende Funktion der Kommission begründet, die Mitgliedstaaten wegen Vertragsverletzungen „an die Kandare“ zu nehmen. Das Bemerkenswerte an diesem System im Vergleich zu vielen anderen internationalen Organisationen ist die Existenz der obligatorischen Gerichtsbarkeit des EuGH, die als solche auch nie in Frage gestellt worden ist und die den EuGH befähigt, Vertragsverletzung mit bindender Wirkung festzustellen.

Jedoch kann der tatsächliche Umfang der vorhandenen Kompetenzen nicht nur nach dem Wortlaut der Vertragsbestimmungen bemessen werden. Zu Recht hat Constantinesco auf die im Vertrag angelegte „dynamisch integrierende Dimension“ der Gemeinschaft hingewiesen; der dadurch eingeleitete Einigungsprozeß bildet „kein Sein, sondern ein Werden“.[120] Umfang und Inhalt der Kompetenzen müssen daher jeweils mit Blick auf die „Verfassungswirklichkeit“

---

118 Dazu *Böhm*, Kompetenzauslegung, S. 72ff. m.w.N.; *Pernice*, in: Grabitz, EWGV, Art. 164 Rdz. 27 m.w.N.

119 Vgl. insoweit etwa den Überblick bei *Pernice*, in: Grabitz, EWGV, Art. 164 Rdz. 101 m.w.N.

120 *Constantinesco*, EGR I, S. 310.

bestimmt werden.[121] Im Hinblick auf die Komponente der Rechtswahrung und Rechtsdurchsetzung lassen sich dabei folgende Merkmale feststellen. Der EuGH hat im Laufe der Zeit durch die bekannte Rechtsprechung zur unmittelbaren Wirkung[122] und zum Vorrang des Gemeinschaftsrechts[123] Mechanismen entwickelt, die die Rechtsbefolgung auch gegen den Willen der jeweiligen Mitgliedstaaten sichern. Weigert sich ein Mitgliedstaat, einer gemeinschaftsrechtlichen Verpflichtung nachzukommen, so können nach der o.g. Rechtsprechung unmittelbare, durch das Gemeinschaftsrecht begründete Rechte und Pflichten des einzelnen Marktbürgers entstehen, die er vor den nationalen Gerichten geltend machen kann und die von diesen zu wahren sind. Im Extremfall führt dies zur Nichtanwendung von gemeinschaftswidrigem nationalen Recht. Dies ist eine mittlerweile überwiegend[124] gesicherte und als Tatsache akzeptierte Rechtsposition, die eine nicht unbeträchtliche Sanktionsmöglichkeit der Gemeinschaft im Interesse der Durchsetzbarkeit des Rechts darstellt.[125]

Aus alledem läßt sich der Grundgedanke entnehmen, daß die Gemeinschaft für die Durchführung sowie für die Durchsetzung des Rechts auch gegen den Willen der betroffenen Mitgliedstaaten zu sorgen hat. Diese Aufgabenzuweisung ist treffend in Art.155 Unterabs.1 und Art.164 umschrieben worden. Danach hat die Kommission für die Anwendung des Vertrags Sorge zu tragen, und der Gerichtshof sichert die Wahrung des Rechts. Dadurch wird verdeutlicht, daß es sich um eine echte und ureigenste Gemeinschaftsaufgabe handelt.[126] Die mit der Erfüllung der Aufgabe betrauten Organe sind die beiden unabhängigen, „echten" Gemeinschaftsorgane; diesen obliegt es, die Durchsetzung des Gemeinschaftsrechts zu garantieren.

Aus dem oben Gesagten läßt sich die im Vertrag verankerte Entscheidung entnehmen, daß die Sicherung des Rechts der Gemeinschaft übertragen worden ist. Die Einhaltung des Rechts ist eine der Grundvoraussetzungen für die Funktionsfähigkeit der Gemeinschaft,[127] wobei die Erhaltung und Weiterent-

---

[121] Nach *Constantinesco*, EGR I, S. 311 kann es die genannte dynamisch integrierende Dimension der Gemeinschaft mit sich bringen, daß deren Rechtsnatur sich im Zuge der Entwicklung grundlegend ändern, gleichsam fortentwickeln kann.

[122] EuGH v. 05.02.1963, Rs 26/62 (van Gend & Loos), Slg. 1963 (IX), 1 ff.; vgl. statt vieler dazu *Nicolaysen*, Gemeinschaftsrecht, S. 8 ff. m.w.N.; *Bleckmann*, Europarecht, S. 236 ff., 249 ff.

[123] EuGH v. 15.07.1964, Rs 6/64 (Costa/ENEL), Slg. 1964 (X), 1251 ff.; dazu statt vieler *Nicolaysen*, Gemeinschaftsrecht, S. 11 ff. m.w.N.; *Bleckmann*, Europarecht, S. 236 ff.; aus neuerer Zeit auch *Everling*, DVBl 1985, S. 1201 ff.

[124] S. demgegenüber allerdings BFH v. 16.07.1981, EuR 1981, S. 442 ff. mit Anm. *Millarg*; Cohn Bendit-Entscheidung des franz. Conseil d'Etat v. 22.12.1978, EuR 1979, S. 292 ff. mit Anm. *Bieber*, sowie die spätere Entscheidung des BFH v. 25.04.1985, EuR 1985, S. 191 ff.; dazu *Tomuschat*, EuR 1985, S. 346 ff.

[125] Ausdrücklich als Zwangsmittel bezeichnet z.B. von *Bleckmann*, RIW 1978, S. 91 ff.

[126] So auch *Ipsen*, Gemeinschaftsrecht, S. 222.

[127] Zur Funktionsfähigkeit als Verfassungsprinzip der Gemeinschaft vgl. *Ipsen*, Gemeinschaftsrecht, S. 200, 277 f., 280 ff.; *Nicolaysen*, Gemeinschaftsrecht, S. 12 und 64.

wicklung der Funktionsfähigkeit ihrerseits wiederum eine im Vertragswerk enthaltene Grundentscheidung ist.[128] Sie kommt in den zahlreichen Vorschriften zum Ausdruck, die die Gemeinschaft zum Erlaß aller zweckdienlichen Vorschriften im Rahmen eines bestimmten Sachgebietes ermächtigen;[129] sie zeigt sich in der Existenz des Art.235, der der Gemeinschaft quasi „unbegrenzte“, d.h. lediglich durch die Ziele des Vertrages eingegrenzte Befugnisse einräumt;[130] auch die zahlreichen Schutz- und Notstandsklauseln des Vertrages[131] bringen letztlich nichts anderes zum Ausdruck, als daß den Mitgliedstaaten im „langfristigen“ Interesse der Funktionsfähigkeit des Gemeinsamen Marktes und der Erreichung der damit verbundenen Ziele eine „kurzfristige“ Abweichung von den Grundsätzen des Vertrages zur Regulierung von bestehenden Schwierigkeiten gestattet werden soll. Schließlich bestimmt Art. 5 ausdrücklich, daß die Mitgliedstaten die Verwirklichung der Vertragsziele nicht gefährden dürfen. Entsprechend ist auch die Rechtsprechung des EuGH getragen von dem Grundsatz des „effet utile“[132] und dem Prinzip der dynamischen,[133] am Zweck des Vertrages orientierten Auslegung.

Angesichts dieser Grundsatzentscheidungen ist zu fragen, ob sich daraus Rückschlüsse auf die Höherwertigkeit des Gemeinschaftsinteresses im Vergleich zum jeweiligen nationalstaatlichen Interesse der Mitgliedstaaten ziehen lassen. Wenn das der Fall ist, könnte möglicherweise mit Schermers[134] von einer „implied (bzw. resulting) power of sanction“ gesprochen werden bzw. mit Schwarze,[135] Ehlermann[136] und Smit-Herzog[137] von einem gemeinschaftsrechtlichen (da im Vertrag begründeten) „right of taking emergency action“, also von einem Selbstverteidungsrecht der Gemeinschaft.

Über die Rechtsnatur und Qualität der Gemeinschaft existieren zahlreiche Abhandlungen. Die Gemeinschaft(en) seien „Zweckverbände funktioneller Integration“.[138] Im Vergleich zu anderen internationalen Organisationen wür-

---

128 S. dazu auch *Schwarze*, EuR 1982, S. 133ff., 141f.

129 Z.B. Art. 74 Abs. 1 oder Art. 84 Abs. 2 EWGV.

130 Dazu *Everling*, EuR Sonderheft 1976, S. 2ff.; *Schwartz*, EuR Sonderheft 1976, S. 27ff.; *Tomuschat*, EuR Sonderheft 1976, S. 45ff.; s.a. *Grabitz*, in: Grabitz, EWGV, Art. 235 Rdz. 4ff. m.w.N.

131 Dazu *Weber*, Schutznormen und Wirtschaftsintegration, S. 91ff., 221ff.

132 Dazu statt vieler *Böhm*, Kompetenzauslegung, S. 72ff. m.w.N.; *Pernice*, in: Grabitz, EWGV, Art. 164 Rdz. 27 m.w.N.

133 S. *Böhm*, Kompetenzauslegung, S. 86ff. m.w.N.; s.a. *Bleckmann*, NJW 1982, S. 1177ff., 1180; der Begriff geht in der Literatur zurück auf *Ophüls*, FG Müller-Armack, S. 279ff., 288ff.

134 Institutional Law, S. 76.

135 EuR 1983, S. 1ff., 31.

136 EuR 1984, S. 113ff., 120.

137 Commentary, Vol. 6, 6-363; s.a. *Meier*, NJW 1974, S. 391ff., 393f.

138 *Ipsen*, Gemeinschaftsrecht, S. 196; *Zuleeg*, FS Carstens, S. 289ff. spricht auch von „Integrationsverbänden“.

den sie sich durch Aufgaben und Zielbestimmung abheben,[139] das Zusammenwirken struktureller und organistorischer Einzelelemente bewirke einen qualitativen[140] und nicht bloß einen quantitativen Unterschied. Als „Zweckschöpfungen mit wirtschaftlichem Inhalt, politischer Tragweite und juristischen Formen“ besäßen „die EWG eine tiefgreifende Originalität“, seien ein „Novum“.[141] Die Gemeinschaften seien „integrierende Organisationen, und aus diesem Grund“ sei „eine Zuordnung zum einen oder anderen Modell“ nicht möglich.[142] Andere wiederum qualifizieren die Gemeinschaft als internationale Organisation, die zwar eine Reihe von Besonderheiten aufweise, aber dennoch nicht anders als eine solche zu bewerten sei.[143]

Zwar können aus diesen Aussagen zur Rechtsnatur der Gemeinschaft keine unmittelbaren Rückschlüsse auf den Stellenwert des Gemeinschaftsinteresses gezogen werden; andererseits beleuchten sie doch in ausreichendem Maße maßgebliche Charakteristika der Gemeinschaft, die wiederum als Indizien für den dem Gemeinschaftsinteresse vertraglich zugedachten Rang dienen können. Wie bereits dargelegt, kann auch eine Höherwertigkeit von Gemeinschaftsinteressen im Vergleich zu den nationalen Interessen der Mitgliedstaaten nur aus den dem Vertrag zu entnehmenden Grundentscheidungen herauskristallisiert werden, die sich wiederum aus der Art und dem Umfang der zugewiesenen Befugnisse ableiten lassen müssen. Dabei ist zu berücksichtigen, daß sich die Gemeinschaft entsprechend der dem Vertrag eigenen Finalität in einem immer stärkeren Maße fortentwickelt hat; daß es zu einer Vielzahl von faktischen und rechtlichen Verflechtungen gekommen ist, so daß die Frage nicht unberechtigt erscheint, ob sie sich mittlerweile dem vielbeschworenen „point of no return“[144] genähert hat mit der Folge, daß faktisch (und rechtlich) eine Auflösung nicht mehr stattfinden kann;[145] daß die Gemeinschaft in immer stärkerem Maße subordinationsrechtliche Züge aufweist, die an eine staatliche Zwangsordnung und nicht an die auf dem Konsensprinzip beruhende Völkerrechtsordnung erinnern.[146] Aus dem Vertrag ergibt sich (auch) die Grundentscheidung für das Ziel der europäischen Integration, die das Bild der Gemeinschaft entscheidend prägt. Aus ihm sowie aus der „Verfassungswirklichkeit“ ergibt sich zugleich, daß diese Ziele im Einzelfall auch gegen den Willen einzelner Mitgliedstaaten durchgesetzt werden können und müssen.

---

[139] *Ipsen*, Gemeinschaftsrecht, S. 193.

[140] *Ipsen*, Gemeinschaftsrecht, S. 194.

[141] *Constantinesco*, EGR I, S. 310.

[142] *Constantinesco*, EGR I, S. 290.

[143] Z.B. *Bleckmann*, Europarecht, S. 301 ff.; *Seidl-Hohenveldern*, Internationale Organisationen, S.7f.

[144] Dazu *Everling*, FS Mosler, S. 173ff., 186ff. m.w.N.

[145] Dazu *Everling*, FS Mosler, S. 173ff. m.w.N.

[146] S. *Bleckmann*, GS Constantinesco, S. 61ff., 62.

Ausdruck dessen ist auch das in zahlreichen Vertragsbestimmungen zum Ausdruck kommende Prinzip der Mehrheitsentscheidungen. Dessen wechselhaftes, durch die sog. Luxemburger Beschlüsse[147] geprägtes Schicksal soll hier nicht im einzelnen nachgezeichnet werden.[148] Jedenfalls bestehen gute Gründe für die Hoffnung, daß das Mehrheitsprinzip wieder häufiger angewandt wird.[149]

Wenn auch kein Versuch unternommen werden soll, die Qualität der Gemeinschaft umfassend zu analysieren, so belegen die dargestellten Merkmale doch, daß dem Gemeinschaftsinteresse insoweit der Vorrang vor einzelstaatlichen Interessen einzuräumen ist. Die vertragliche Struktur mit den in ihr zum Ausdruck kommenden Grundentscheidungen läßt den Schluß zu, daß der Gemeinschaft im Gemeinschaftsinteresse Sanktionsmittel zur Verfügung stehen sollten.[150]

3. Grenzen der Gewinnung von „resulting powers“

Es fragt sich aber, ob einer solchermaßen im Wege der „resulting powers“ herzuleitenden Befugnis möglicherweise vertragsimmanente Begrenzungen entgegenstehen. Zwar enthält der Vertrag kein ausdrückliches Verbot von Zwangsmaßnahmen;[151] ein solches Verbot könnte sich jedoch implizit aus einzelnen Normen oder Grundentscheidungen des Vertrages oder auch möglicherweise schon aus dessen Schweigen ergeben. Der Vertrag ist mithin auf solche „implied limitations“ zu untersuchen.

a) Der Begriff der „implied limitations“ stammt, wie auch der korrespondierende Begriff der „implied“ oder „resulting powers“ aus dem amerikanischen Bundesstaatsrecht.[152] Es handelt sich auch dabei um eine Auslegungsmethode, die sich damit befaßt, Beschränkungen der Befugnisse staatlicher Organe, die im Verfassungstext nicht ausdrücklich aufgeführt sind, durch Untersuchung der entsprechenden Verfassungsnormen auf die in ihnen logischerweise implizierten Begrenzungen aufzufinden.[153] Wie Kruse ausführt, können „auch im eigenen

---

[147] V. 29.01.1966, veröffentlicht u.a. in EuR 1966, S. 73f.

[148] Vgl. dazu statt vieler *Schweitzer*, in: Grabitz, EWGV, Art. 148 Rdz. 10ff. m.w.N.

[149] Insbesondere durch die Einheitliche Europäische Akte, und dort besonders im Bereich des Binnenmarktes, s. Bull. EG Beilage 2/86; s. dazu *Ehlermann*, Integration 1986, S. 101ff.; vgl. insoweit auch *De Ruyt*, Commentaire, S. 111ff., 149ff.; zweifelnd *Pescatore*, EuR 1986, S. 153ff., 155, 165.

[150] *Mühlenhöfer*, in: GB, Art. 171 Rdz. 2, S. 127f.: es sei Sache der zuständigen EG-Organe, „ob und gegebenenfalls welche Maßnahmen sie im Rahmen der ihnen übertragenen Befugnisse anzuwenden haben, um einen Staat zur Einhaltung seiner Verpflichtung zu bewegen“.

[151] Art. 192 Abs. 1 gibt insoweit nichts her. Zwar verweist Art. 187 für die Urteile des Gerichtshofes auf Art. 192; vorliegend geht es jedoch nicht um die Zwangsvollstreckung eines (vollstreckbaren) Urteils i.e.S.; vgl. im übrigen zu Art. 192 *Grabitz*, in: Grabitz, EWGV, Art. 192 Rdz. 5ff.

[152] Dazu *Kruse*, AVR 1953/54, S. 169ff., 179ff. m.w.N.

[153] *Kruse*, AVR 1953/54, S. 169ff., 171.

Bereich der Unionsverfassung ... den der Union übertragenen Befugnissen Beschränkungen kraft Implikation gegenübertreten“.[154] Der amerikanischen Jurisprudenz sei es unvorstellbar, daß man aus der Verfassung nur Befugnisse, aber keine Beschränkungen herauskonstruieren sollte, obwohl diese genausogut zum ungeschriebenen Verfassungsrecht gehörten.[155]

Dieses zeige sich gerade am Beispiel der dem Wortlaut nach unbeschränkten treaty-making power der Union.[156]

Anwendungsfall der Lehre von den implizierten Begrenzungen ist also, daß dem „Bund“ eine durch ausdrückliche Vorschriften nicht begrenzte Kompetenz zugewiesen ist. Trotz der scheinbar unbegrenzten Kompetenzzuweisung kann sich aus ihr selbst oder aus anderen „Verfassungsnormen“ implizit ergeben, daß dieser Kompetenz Grenzen gezogen sind. Anhaltspunkte für die Anwendung dieser Lehre finden sich auch im Völkerrecht. Im Certain-Expenses-Gutachten prüfte der IGH, ob unter „expenses“ der VN nicht alle, sondern nur bestimmte Ausgaben der Organisation zu verstehen seien:

> „... in both cases, it is contended, the qualifying adjective „regular“ or „administrative“ should be understood to be implied. Since no such qualification is expressed in the text of the Charter, it could be read in, only if such qualification must necessarily be implied from the provisions of the Charter considered as a whole, or from some particular provision thereof which makes it unavoidable to do so in order to give effect to the Charter.“[157]

Von der lediglich einschränkenden Auslegung unterscheidet sich dieser als teleologische Reduktion zu bezeichnende Vorgang dadurch, daß sich die einschränkende Auslegung noch im Rahmen des möglichen Wortlauts hält, während die Reduktion über den Wortlaut hinausgeht[158] (bzw. den Wortlaut einschränkt). Das Gebot der teleologischen Reduktion, mithin die „implied limitation“, kann sich dabei zum einen aus der durch Auslegung zu ermittelnden ratio der einzelnen, dem Wortlaut nach eine unbeschränkte Befugnis vermitteln-

---

[154] AVR 1953/54, S. 169ff., 180; die im zitierten Text enthaltene Hervorhebung stammt von *Kruse*, a.a.O. Der von Kruse, a.a.O., gesondert hervorgehobene Aspekt, daß durch die Zuerkennung von „implied powers“ gleichzeitig implizite Kompetenzbeschränkungen der Gliedstaaten auftreten, ist selbstverständlich. Er bedarf an dieser Stelle jedoch keiner gesonderten Erörterung. Ob und in welchem Umfang solche “implizierten„ Kompetenzverluste oder “implied limitations„ hinzunehmen sind, ergibt sich auch wiederum aus der Verfassung selbst und ist im Wege der Auslegung zu ermitteln.

[155] AVR 1953/54, S. 169ff., 180.

[156] AVR 1953/54, S. 169ff., 180ff. m.w.N.

[157] Gutachten v. 20.07.1962, ICJ-Reports 1962, 147ff., 159; dies dürfte der in der deutschen Lehre bekannten „teleologischen Reduktion“ entsprechen, vgl. *Larenz*, Methodenlehre, S. 375. Eine Regel bedarf entgegen ihrem Wortsinn, aber gemäß der immanenten Teleologie eines Gesetzes einer im Text nicht enthaltenen Einschränkung; die auf diese Weise bestehende „verdeckte Lücke“ wird durch Hinzufügung der sinngemäß geforderten Einschränkung ausgefüllt.

[158] Ähnlich wohl *Kruse*, AVR 1953/54, S. 169ff., 179ff.; vgl. im deutschen Recht z.B. *Larenz*, Methodenlehre, S. 375ff.

den Norm ergeben.[159] Nach der oben gewählten Abgrenzung von „implied powers“ und „resulting powers“ kann dieser Fall als wahre „implied limitation“ bezeichnet werden. Begrenzungen können sich aber auch aus dem Sinn und Zweck einer anderen Norm, aus dem Zusammenspiel mehrerer anderer Normen, aus dem hinter diesen anderen Normen stehenden Grundgedanken oder aus Grundentscheidungen des Gesetzes bzw. der Verfassung ergeben,[160] wobei solchermaßen begründete Begrenzungen hier als „resulting limitations“ bezeichnet werden sollen. Ob solche „resulting limitations“ bestehen und wie weit sie die Reduktion der Befugnisnorm fordern, ist wiederum durch Auslegung zu ermitteln. Methodisch gesehen wird dabei das gleiche Verfahren angewandt wie bei der Ermittlung von „implied“ bzw. „resulting powers“.[161] Eine „implied limitation“ wird durch Auslegung der Befugnisnorm selbst ermittelt. „Resulting limitations“ können sich wiederum durch Auslegung einer anderen Norm ergeben oder im Wege der Rechts- oder Gesamtanalogie durch die zu ermittelnden Grundgedanken und -entscheidungen, die hinter mehreren oder allen (anderen) Normen stehen.

An dieser Stelle wird nicht verkannt, daß vorliegend nicht untersucht wird, ob eine dem Wortlaut nach weitgefaßte Befugnis einzuschränken ist. Vielmehr wurde die hier in Frage stehende Befugnis im Wege der „resulting powers“ herausgearbeitet. Sofern dem Vertrag Gegenprinzipien der oben bezeichneten Art zu entnehmen sind, würde es sich nicht um die Vornahme einer teleologischen Reduktion handeln, sondern methodisch gesehen um das Auffinden eines „Gegenprinzips“, das die Ableitung von „resulting powers“ von vorneherein für den hier interessierenden Fall verbieten würde. Da „resulting powers“ im Wege der Rechts- oder Gesamtanalogie gewonnen werden, ein Analogieschluß dann aber unzulässig ist, wenn für den jeweiligen Fall eine gegenteilige Wertung des Gesetzgebers ermittelt werden kann,[162] wäre auch die Annahme von „resulting powers“ in diesem Falle unzulässig.

Materiell gesehen handelt es sich jedoch in beiden Fällen um einen ähnlich gelagerten Vorgang, nämlich um die Bestimmung der „Grenzen“ einer Befugnis bzw. deren zulässigen Ausmasses. Die „Grenzen“ müssen gleichermaßen aus dem Gesetzes- bzw. Vertragswerk ermittelt werden. In der Methode der Auffindung dieser Grenzen können daher keine Unterschiede bestehen; in beiden Fällen werden „an sich“ im Vertragswerk oder der Verfassung angelegte Befugnisse „reduziert“.

---

159 So im deutschen Recht etwa *Larenz*, Methodenlehre, S. 376.

160 Der IGH hat beides für möglich erachtet, vgl. IGH v. 20.07.1962, ICJ-Reports 1962, 147ff., 159. 161)*Kruse*, AVR 1953/54, S. 169ff., 170 spricht von „Gleichartigkeit“ des Vorgehens.

162 In diesem Falle wäre schon nicht von einer planwidrigen „Lücke“, die die Voraussetzung der Zulässigkeit der Analogie ist, auszugehen; s. dazu z.B. *Bothe*, FS Mosler, S. 111ff. 117ff.; *Bleckmann*, Grundprobleme, S. 219ff.; im deutschen Recht z.B. *Larenz*, Methodenlehre, S. 366.

Gegen die hier gewählte Vorgehensweise könnte nun zwar vorgebracht werden, daß die genannten „Begrenzungen“ zuerst hätten ermittelt werden müssen, da dann auf jeden Fall über diesen Punkt hinaus „resulting powers“ unzulässig wären. Dabei dürfte es sich aber um einen Streit um Worte handeln. Im Ergebnis kann es keinen Unterschied machen, ob man zunächst im Wege der „resulting powers“ Befugnisse feststellt und diese dann wieder „reduziert“ oder ob solche Befugnisse von vorneherein unter Hinweis auf die „Grenzen“ verneint werden. Denn in beiden Fällen steht die Art und Weise der Ermittlung der „Grenzen“ im Vordergrund.

b) Gegen die oben aufgezeigte Methode der Ermittlung von Befugnisbegrenzungen können auch im Bereich des EWGV keine Bedenken bestehen, und zwar unabhängig davon, ob es sich um eine „implied“ bzw. „resulting limitation“ im eigentlichen Sinne der teleologischen Reduktion einer Befugniszuweisung handelt oder ob die Grenzen für „resulting powers“ geprüft werden. Zwar könnte dadurch der „effet utile“ mancher Vorschriften eingeschränkt werden. Andererseits handelt es sich auch bei dieser Ermittlung von Begrenzungen um eine Auslegungsmethode, die ihren Ausgangspunkt im geschriebenen Recht findet, letztlich also um eine als solche wertindifferente Methode juristischer Technik. Ihrer Anwendung auch außerhalb des nationalen Verfassungsrechts können deshalb keine Einwände entgegenstehen.[163]

Auch im Rahmen des EWGV wurde eine Kompetenzaufteilung zwischen der Gemeinschaft und den Mitgliedstaaten vorgenommen, und auch hier geht es darum, den Umfang und die Grenzen der EG-Zuständigkeiten zu definieren.[164] Im Grunde genommen besagt die Lehre von den „implied limitations“ — ebenso wie die Lehre von den „implied powers“ — nur eine Selbstverständlichkeit[165]: Der Umfang der Zuständigkeiten der Zentralgewalt sowie die ihr zur Realisierung der Zuständigkeit zur Verfügung stehenden Mittel werden durch die Verfassung begründet. Die Lehre der „implied“ oder „resulting powers“ kann keine zusätzlichen, nicht im Verfassungstext enthaltenen Befugnisse verleihen, und ihre Ableitung erfolgt nach Maßgabe des Verfassungstextes, also auch nach Maßgabe der verfassungsmäßigen, expliziten oder implizierten Begrenzungen.

Auch die Rechtsprechung des EuGH, obwohl durchgängig vom Gedanken des größtmöglichen Nutzens für die Gemeinschaft geprägt, trägt dem Prinzip der vertragsimmanenten Begrenzungen Rechnung, und zwar sowohl im Hinblick auf die Befugnisbegrenzungen, die sich aus dem Vertragswerk selbst ergeben, als auch im Hinblick auf solche, die sich aus den nach wie vor verbleibenden Kompetenzen der Mitgliedstaaten ergeben.

In der Rs 804/79 hat der EuGH erkannt, daß die „Strukturprinzipien“ des Vertrages erfordern, daß „die Gemeinschaft unter allen Umständen imstande

---

[163] *Kruse*, AVR 1953/54, S. 169ff., 182 zu der Frage der „implied limitations“ i.e.S.

[164] S. z.B. *Kaiser*, EuR 1980, S. 97ff.

[165] Zu „implied powers“ s. *Nicolaysen*, EuR 1966, S. 129ff., 134.

bleibt, ihren Verantwortlichkeiten unter Beachtung der vom Vertrag geforderten wesentlichen Gleichgewichtsverhältnissen nachzukommen“.[166] Die in diesem Fall fraglichen Kompetenzen der Kommission durften — so muß der Hinweis des EuGH verstanden werden — nicht dergestalt ausgedehnt werden (auch nicht mit Blick auf die Funktionsfähigkeit der Gemeinschaft), daß die vom Vertrag vorgegebene Verteilung der Befugnisse zwischen Rat und Kommission umgestürzt wurde.[167] Letztlich muß im Lichte der „implied limitations“ bzw. „vertraglichen Begrenzungen“ auch die gesamte Rechtsprechung des EuGH zur Abgrenzung der Zuständigkeiten der Gemeinschaft von der Zuständigkeit der Mitgliedstaaten gesehen werden. Die Grenzen für die Gemeinschaftszuständigkeit sind nicht nur durch ausdrückliche Verbotsnormen bestimmt, sondern, als Ausfluß des Prinzips der begrenzten Einzelermächtigung, durch die verbleibenden Kompetenzen der Mitgliedstaaten. Ein Kompetenzverzicht muß aus dem Vertrag ersichtlich sein. So hat der EuGH in der bereits zitierten Rs 20/59 ausgeführt:

> „... eine derartige Zuständigkeit ... hätte einen Verzicht der Staaten auf entsprechende Kompetenzen zur Voraussetzung, wie er im Vertrag weder ausdrücklich noch stillschweigend seinen Niederschlag gefunden hat.“[168]

c) Ausgangspunkt der nachfolgenden Überlegungen muß daher sein, daß der EWGV kein ausdrückliches Verbot einer allgemeinen Sanktionsbefugnis enthält. Zwar ist eine solche auch nicht ausdrücklich vorgesehen, würde aber der Struktur und der „Verfassungswirklichkeit“ der Gemeinschaft entsprechen. Es fragt sich daher, ob und unter welchen Gesichtspunkten eine Einschränkung oder ein Verbot einer solchen „resulting power“ vorliegt.

aa) Fraglich erscheint zunächst, ob die durch den EWGV begründeten individuellen Rechte einzelner Marktbürger gegen eine solche Sanktionsbefugnis sprechen. Dieser Gedanke ist von Everling[169] aufgeworfen worden, wenn auch in einem anderen Zusammenhang. Nach Everling stellen die durch den EWGV begründeten Rechte der Individuen einen gravierenden Einwand gegen die Annahme einer völkerrechtlich begründeten Sanktionskompetenz der Mitgliedstaaten dar. Jede solche Zwangsmaßnahme der Mitgliedstaaten könne einen Eingriff in solche Individualrechte mit sich bringen. Dies sei unzulässig, da diese Rechte von der Gemeinschaft eingeräumt seien und die Mitgliedstaaten darüber nicht mehr verfügen dürften. Daran läßt sich die Frage anschließen, ob die Gemeinschaft selber in einem Maße an die „Marktbürgerrechte“ gebunden ist, daß daraus ein Verbot von Gemeinschaftsmaßnahmen resultiert, die solche Rechte beeinträchtigen würden. Dagegen spricht aber die Systematik des

---

[166] V. 05.05.1981, Slg. 1981, 1045ff., 1074; dazu *Schwarze*, EuR 1982, S. 133ff.

[167] So auch *Schwarze*, EuR 1982, S. 133ff., 142; s.a. zum gemeinschaftsrechtlichen Prinzip des institutionellen Gleichgewichts *Priebe*, Entscheidungsbefugnisse, S. 76ff. mit umfangr. Nachweisen.

[168] V. 15.07.1960, Rs 20/59 (Italien/Hohe Behörde), Slg. 1960 (VI), 681ff., 710f.

[169] FS Mosler, S. 173ff., 182.

Vertrages selbst, worin zum Ausdruck kommt, daß solche Individualrechte nicht unter allen Umständen unangetastet bleiben müssen. Zur Begründung sei allein auf die zahlreichen Schutz- und Notstandsklauseln im EWG-Vertrag verwiesen,[170] die den Mitgliedstaaten in bestimmten Situationen mit Ermächtigung der Gemeinschaftsorgane ein Abweichen von den Grundprinzipien des Vertrages gestatten.

Aus neuerer Zeit soll nur das Urteil des EuGH in der Rs 59/84[171] genannt werden, worin er die Ermächtigung nach Art.115 zum Ergreifen von innergemeinschaftlichen Schutzmaßnahmen eines Mitgliedstaats ausdrücklich anerkannt hat, obwohl dadurch zwangsläufig Freiheitsrechte der Importeure betroffen sein mußten.

Etwas anderes kann möglicherweise für Grundrechte im eigentlichen Sinne gelten. Deren Geltung im Rahmen des Gemeinschaftsrechts ist inzwischen unumstritten.[172] Aber auch hier gilt, daß Einschränkungen aus Gründen des allgemeinen Wohls zulässig sind.[173] Nur ergänzend sei darauf hingewiesen, daß sowohl nach der EMRK[174] als auch nach dem System der Menschenrechtspakte der Vereinten Nationen[175] in Krisensituationen eine Reihe von Grundrechtsgewährleistungen abdingbar sind.[176] Als Ergebnis ist daher festzuhalten, daß aus der Existenz von Individualrechten keine Einschränkung der Sanktionsgewalt der Gemeinschaft folgt.

---

[170] Dazu *Weber*, Schutznormen und Wirtschaftsintegration, S. 91ff., 221ff.

[171] EuGH v. 05.03.1986, Rs 59/84 (Tezi Textiel), n.n.v.; s. *Vedder*, in: Grabitz, EWGV, Art. 115 Rdz. 4ff. m.w.N.

[172] EuGH v. 12.11.1969, Rs 29/69 (Stauder), Slg. 1969, 419ff., 425; EuGH v. 14.05.1974, Rs 4/73 (Nold), Slg. 1974, 491ff., 507; EuGH v. 13.12.1979, Rs 44/79 (Hauer), Slg. 1979, 3727ff.; Gemeinsame Grundrechtserklärung vom 05.04.1977 des EP, Rats und Kommission, ABl. 1977 C 103/1; dazu *Hilf*, EuGRZ 1977, S. 158ff.; s.a. *Pescatore*, RTDE 1981, S. 618ff., 634f.; *Bahlmann*, FS Carstens, S. 17ff.

[173] S. statt vieler zum gesamten Komplex der Grundrechte im Gemeinschaftsrecht *Pernice*, in: Grabitz, EWGV, Art. 164 Rdz. 42ff. m.w.N.; *Dauses*, ELRev 1985, S. 398ff.

[174] Die ohnehin keine unbeschränkte Gewährleistung der Grundrechte enthält, sondern solche Einschränkungen zuläßt, die in einer demokratischen Gesellschaft notwendig sind, s. dazu *Hailbronner*, FS Mosler, S. 359ff.; Text in UNTS, Bd. 213, S. 221; vgl. für die Bundesrepublik BGBl. 1952 II S. 686, 953, geänd. durch Prot. Nr. 3 v. 06.05.1963, BGBl. 1968 II S. 1116, in Kraft seit 21.09.1970, BGBl. II S. 1315, und Prot. Nr. 5 v. 20.01.1966, BGBl. 1968 II S. 1120, in Kraft seit 20.12.1971, BGBl. 1972 II S. 105.

[175] Internationaler Pakt über bürgerliche und politische Rechte vom 19.12.1966, BGBl. 1973 II, S. 1533; f. weitere Änderungen und Datum des Inkrafttretens für die Bundesrepublik vgl. Fundstellennachweis B, BGBl. Teil II, abgeschlossen am 31.12.1987; Internationaler Pakt über wirtschaftliche, soziale und kulturelle Rechte v. 19.12.1966, BGBl. 1973 II, S. 1569; f. weitere Änderungen und Datum des Inkrafttretens für die Bundesrepublik vgl. Fundstellennachweis B, BGBl. Teil II, abgeschlossen am 31.12.1987.

[176] Vgl. Art. 4 des Paktes über bürgerliche und politische Rechte, Art. 15 EMRK. Art. 2 Abs. 1 des Paktes über wirtschaftliche, soziale und kulturelle Rechte lautet insoweit: „Jeder Vertragsstaat verpflichtet sich ... unter Ausschöpfung aller seiner Möglichkeiten, Maßnahmen zu treffen, um nach und nach mit allen geeigneten Mitteln die volle Verwirklichung der in diesem Pakt anerkannten Rechte zu erreichen.“

bb) Möglicherweise stellt aber das Schweigen des Vertrages in der Frage der Sanktionsmöglichkeit ein Hindernis für die Annahme einer im o.g. Sinne weitreichenden „resulting power" dar.

(1) Nach der Rechtsprechung des EuGH muß ein Schweigen des Vertrages, also eine Lücke, nicht unbedingt im Sinne einer negativen Entscheidung und eines Verbots der Lückenfüllung gedeutet werden. Dies wird besonders deutlich in der Rechtsprechung des EuGH zur Anfechtbarkeit und gerichtlichen Überprüfbarkeit von Akten des Europäischen Parlaments. Bekanntlich lautet Art.173 Abs.1 Satz 1:

> „Der Gerichtshof überwacht die Rechtmäßigkeit des Handelns des Rates und der Kommission, soweit es sich nicht um Empfehlungen oder Stellungnahmen handelt."

Eine Überprüfbarkeit von Handlungen des Parlaments ist in diesem Artikel nicht vorgesehen. Dennoch hat der EuGH in mehreren Entscheidungen Klagen gegen das Parlament für zulässig erachtet. Erstmals mußte sich der EuGH im sog. Sitzurteil[177] mit dieser Frage auseinandersetzen. Das Parlament hatte eine Entschließung über sein institutionelles Funktionieren und die Organisation seines Sekretariats gefaßt.[178] Deren Inhalt veranlaßte Luxemburg zur Klage mit der Begründung, daß darin ein Eingriff in die gem. Art.216 den Regierungen der Mitgliedstaaten vorbehaltene Befugnis zur Bestimmung des Sitzes der Organe liege.[179]

Die Passivlegitimation des Parlaments war zwar in Art.38 EGKSV vorgesehen, nicht aber in den korrespondierenden Art.173 EWGV bzw. Art.136 EGAGV.[180] Der EuGH erklärte die Klage dennoch für zulässig, da das Parlament ein den drei Gemeinschaften gemeinsames Organ sei und daher zwangsläufig im Bereich aller drei Verträge handele, wenn es eine Entschließung mit dem oben beschriebenen Inhalt fasse. Folglich würden die Zuständigkeiten des Gerichtshofs und die Klagemöglichkeiten, die in Art.38 Abs.1 EGKSV vorgesehen seien, auch für Handlungen wie die streitige Entschließung gelten, die gleichzeitig und in unteilbarer Weise die Bereiche der drei Verträge beträfen.[181]

---

[177] EuGH v. 10.02.1983, Rs 230/81 (Luxemburg/EP), Slg. 1983, 255ff.; s.a. die Folgeentscheidung v. 10.04.1984, Rs 108/83 (Luxemburg/EP), Slg. 1984, 1945ff.; bereits im Urteil v. 15.09.1981, Rs 208/80 (Lord Bruce of Donington / Eric Gordon Aspden), Slg. 1981, 2205ff. hatte der EuGH im Wege des Vorabentscheidungsverfahrens nach Art. 177 über die Rechtsgültigkeit einer Handlung des Parlaments zu entscheiden.

[178] ABl. C 234/22 v. 14.09.1981.

[179] Zu den gem. Art. 216 getroffenen — vorläufigen — Regelungen vgl. die Übersicht bei *Schweitzer*, in: Grabitz, EWGV, Art. 216 Rdz. 3-5.

[180] Zur Frage der gerichtlichen Kontrolle von Akten des Parlaments bereits vor Erlaß des hier erörterten Urteils s. *Pescatore*, RTDE 1978, S. 581ff.; *Glaesner*, FS Carstens, S. 115ff.; zur Kommentierung des Urteils vgl. etwa *Beutler*, EuR 1983, S. 284-292.

[181] Gegen eine solche Auslegung der Verträge, allerdings vor Erlaß des hier besprochenen Urteils, noch *Streil*, in: BBPS, Die Europäische Gemeinschaft, (2. Aufl. 1982) S. 232; ähnlich *Plender*, YBEurL 1982, S. 57ff., 78.

In späteren Urteilen hat der EuGH nochmals zu der Frage der gerichtlichen Überprüfbarkeit von Akten des Europäischen Parlaments Stellung genommen. In dem Streit um die Verteilung von Wahlkampfkostenerstattungen durch das Europäische Parlament[182] erklärte der EuGH die Klage der Partei „Les Verts-parti écologiste“ gegen einen Beschluß des Präsidiums des Europäischen Parlaments für zulässig. Er hob zunächst hervor, daß die Europäische Wirtschaftsgemeinschaft eine

> „Rechtsgemeinschaft der Art ist, daß weder die Mitgliedstaaten noch die Gemeinschaftsorgane der Kontrolle darüber entzogen sind, ob ihre Handlungen im Einklang mit der Verfassungsurkunde, dem Vertrag, stehen.“[183]

Er fährt fort, daß

> „(e)ine Auslegung von Art. 173 EWG-Vertrag, die die Handlungen des Europäischen Parlaments aus dem Kreis der anfechtbaren Handlungen ausschlösse, ... zu einem Ergebnis führen (würde), das sowohl dem Geist des Vertrags, wie er in Art. 164 Ausdruck gefunden hat, als auch seinem System zuwiderliefe. Die Handlungen des Europäischen Parlaments könnten in diesem Falle nämlich — ohne daß die Möglichkeit bestünde, sie durch den Gerichtshof überprüfen zu lassen — in die Zuständigkeiten der Mitgliedstaaten oder der anderen Organe eingreifen oder die Grenzen überschreiten, die den Zuständigkeiten ihres Urhebers gezogen sind. Daher ist festzustellen, daß gegen Handlungen des Europäischen Parlaments, die Dritten gegenüber Rechtswirkungen entfalten sollen, die Nichtigkeitsklage erhoben werden kann.“[184]

In dem kurz darauf ergangenen Urteil zur Frage der Befugnis des Europäischen Parlaments zur Erhöhung der nichtobligatorischen Ausgaben[185] stellte der EuGH unter Berufung auf das oben genannte Urteil “Les Verts-parti écologiste / Europäisches Parlament„[186] nur kursorisch fest, daß die Nichtigkeitsklage gegen Handlungen des Europäischen Parlaments zulässig sei, sofern diese Akte die gerade zitierten Voraussetzungen erfüllen würden.[187]

Der EuGH führte insbesondere im Urteil über die Wahlkampfkostenerstattungen[188] aus, daß sich aus Art. 164 EWGV sowie aus dessen anderen Bestimmungen über die gerichtliche Überprüfbarkeit von Rechtsakten der EG-

---

[182] EuGH v. 23.04.1986, Rs 294/83 (Les Verts-parti écologiste/EP), n.n.v.; dazu *Sedemund/Montag*, NJW 1987, S. 546ff., 547.

[183] Rdz. 23 des Urteils v. 23.04.1986, Rs 294/83, n.n.v.

[184] Rdz. 25 des Urteils v. 23.04.1986, Rs 294/83, n.n.v.

[185] V. 03.07.1986, Rs 34/86 (Rat/EP), n.n.v.; dazu *Sedemund/Montag*, NJW 1987, S. 546ff., 547.

[186] V. 23.04.1986, Rs 294/83, n.n.v.; dazu *Sedemund/Montag*, NJW 1987, S. 546ff., 547.

[187] Rdz. 5 des Urteils v. 03.07.1986, Rs 34/86 (Rat/EP), n.n.v. Die Aktivlegitimation des EP im Rahmen einer Untätigkeitsklage war bereits vom EuGH in der Rs 13/83, Urteil v. 22.05.1985 (Verkehrspolitik), Slg. 1985, 1513ff., bejaht worden; dazu *Erdmenger*, EuR 1985, S. 375ff.

[188] V. 23.04.1986, Rs 294/83 n.n.v.; dazu *Sedemund/ Montag*, NJW 1987, S. 546ff., 547.

Organe klar erkennen lasse, daß solche Akte der Überprüfung zugänglich sein müßten. Dieser Gedanke sei offenbar auch Bestandteil des EGKSV. Gerade aus Art.38 EGKSV lasse sich deutlich entnehmen, daß auch Handlungen des Parlaments der gerichtlichen Kontrolle unterliegen müßten. Bei der Anwendung auf den konkreten Fall stellte der EuGH fest, daß die ratio bzw. der Geist und das System des Vertrages es geböten, entgegen dem Wortlaut des Art. 173 auch eine Nichtigkeitsklage gegen Handlungen des Parlaments für zulässig zu erklären.

(2) Zur richtigen Einordnung der oben beschriebenen Rechtsprechung ist es erforderlich, eine kurze Beschreibung des tatsächlichen Hintergrundes vorzunehmen. Sowohl Art.173 EWGV als auch Art.146 EAGV sehen ausdrücklich nur Klagen gegen Akte des Rates und der Kommission vor, während in Art.38 des zeitlich früher abgeschlossenen EGKSV auch Klagen gegen Handlungen des Parlaments für zulässig erachtet werden. Nach der ursprünglichen Fassung des EWGV und des EAGV konnten jedoch nur der Rat und die Kommission Akte mit rechtlicher Wirkung erlassen, nicht hingegen das Parlament.[189] Im Gegensatz dazu waren rechtlich bindende Akte des Parlaments im Bereich des EGKSV zumindest bei der Vertragsänderung nach Art.95 Abs.4 EGKSV denkbar.[190] Im Rahmen des EWGV durfte daher die gerichtliche Anfechtbarkeit von Akten des Parlaments entbehrlich erscheinen. Dagegen spricht auch nicht die Tatsache, daß schon die ursprüngliche Fassung des EWGV dem Parlament die Befugnis der Entscheidung über einen Mißtrauensantrag gegen die Kommission einräumte (Art.144 EWGV, 114 EAGV). Wenngleich die Kommissionsmitglieder bei einem Mißtrauensvotum rechtlich verpflichtet sind, ihr Amt niederzulegen, handelt es sich beim Mißtrauensantrag letztlich um einen politischen Akt, der einer gerichtlichen Überprüfung kaum zugänglich sein dürfte.[191] Die Befugnisse des Parlaments haben sich erst längere Zeit nach dem Abschluß der Römischen Verträge erweitert, und zwar in einem Umfang, der von den Vertragsgründern offenbar nicht vorhergesehen wurde. Insbesondere durch die Verträge vom 22.4.1970[192] und vom 22.7.1975[193] wurden dem Europäischen Parlament im Rahmen des Art. 103 EWGV und den entsprechenden Vorschriften in den anderen Verträgen materielle Haushaltsbefugnisse übertragen.[194] Dadurch wurde das Europäische Parlament in die Lage versetzt, einen substantiellen Einfluß auf den Haushalt der Gemeinschaften zu nehmen; insbesondere liegt seitdem das letzte Wort bei der Entscheidung über die sog. nicht-obligatorischen

[189] Vgl. dazu *Glaesner*, FS Carstens, S. 115ff., 119.; s. zum Hintergrund über die ursprüngliche Uneinigkeit der Gründerstaaten über die Rolle des Parlaments *Küsters*, Gründung, S. 462ff.

[190] Sog. kleine Vertragsrevision gem. Art. 95 EGKSV.

[191] So *Glaesner*, FS Cartens, S. 115ff., 119ff.

[192] ABl. 1970 L 94/19.

[193] ABl. 1977 L 359/1.

[194] Zum Hintergrund und der darauffolgenden Praxis vgl. im einzelnen z.B. *Läufer*, in: Grabitz/Läufer, Das Europäische Parlament, S. 119ff.

Ausgaben beim Parlament, und dieses kann aus gewichtigen Gründen den Gesamtentwurf des Haushalts ablehnen. Das Parlament hat den ihm danach gegebenen Handlungsspielraum in vollem Umfang ausgenützt. Darin wurde es ohne Zweifel bestärkt durch das als Ergebnis der ersten Direktwahlen im Jahre 1979[195] sowie der späteren Wahlen hervorgerufene neue Selbstverständnis als demokratisch legitimiertes Repräsentativorgan mit dem Auftrag, die Interessen der Völker Europas zu wahren. Dies hat zu häufigen — regelmäßigen — Konflikten zwischen Parlament und Rat im Haushaltsverfahren geführt, woran sich auch durch das sog. Trilogverfahren[196], das im Jahre 1982 eingeführt wurde, nichts geändert hat.[197] Das Parlament hat auch außerhalb des Haushaltsverfahrens versucht, sein politisches Gewicht zu verstärken,[198] im rechtsetzenden Bereich insbesondere durch das sog. Konzertierungsverfahren,[199] das ihm ein größeres Mitspracherecht (wenn auch keine endgültige Entscheidungsbefugnis) sichern sollte.

Aus diesen — zum Zeitpunkt des Vertragsabschlusses nicht vorhersehbaren — Gegebenheiten läßt sich erkennen, wie grundlegend sich die Rolle des Parlaments im Vergleich zu der ursprünglichen Lage gewandelt hat. Die Ablehnung einer gerichtlichen Kontrolle rechtserzeugender Handlungen des Parlaments wäre mit dem in den Verträgen verankerten Prinzip der Rechtsgemeinschaft unvereinbar gewesen. Die Tatsache, daß dieses Prinzip in den Verträgen verkörpert ist sowie die Tatsache, daß dem Parlament ursprünglich keine Befugnis zur Setzung verbindlicher Akte zukam, rechtfertigte den Schluß, daß eine gerichtliche Überprüfung von Parlamentsakten jedenfalls nicht von vorneherein ausgeschlossen sein sollte. Dies zeigt auch der Vergleich mit Art.38 EGKSV. Das Schweigen des Vertrages konnte vom Gerichtshof daher zulässigerweise als (unbeabsichtigte) Lücke im Vertrag angesehen werden, zu deren Schließung er befugt war. Aus den Vorschriften des Vertrages hat der Gerichtshof einen allgemeinen Grundsatz gewonnen und diesen im Wege der Analogie auf den konkreten Fall angewandt.

(3) Es fragt sich jedoch, ob die der oben beschriebenen Rechtsprechung zugrunde liegenden Gedanken auch bei der Frage der Sanktionsbefugnis zum Tragen kommen können. Für die Rechtsprechung zur Passivlegitimation des Parlaments ist kennzeichnend, daß das Schweigen des Vertrages nicht als ein Gegenprinzip verstanden werden mußte, das den Analogieschluß verboten hätte

---

[195] Akte vom 20.09.1976, ABl. 1976 L 278/1.

[196] Gemeinsame Erklärung vom 30.06.1982, ABl. 1982 C 94.

[197] Vgl. zur neuen Rechtslage Art. 6-12 EEA, Bull. EG Beilage 2/86; aus jüngster Zeit das Urteil des EuGH v. 03.07.1986, Rs 34/86 (Rat/EP), n.n.v.; dazu *Sedemund/Montag*, NJW 1987, S. 546ff., 547.

[198] Vgl. dazu detailliert *Läufer*, in: Grabitz/Läufer, Das Europäische Parlament, S. 157ff.

[199] Gemeinsame Erklärung vom 04.03.1975, ABl. 1975 C 89. Vgl. im übrigen auch die erweiterte Mitsprachebefugnis des EP im Rahmen der durch die EEA eingeführten Vertragsänderungen, Text in Bull. EG Beilage 2/86.

bzw. dessen Umfang eingeschränkt hätte. Es ist gerade das Wesen der Analogie, daß sie es ermöglichen soll, nicht geregelte Fälle einer gerechten Lösung zuzuführen.[200] Sie ist dann unzulässig, wenn der Gesetzgeber — hier die Gründerstaaten — bewußt eine gegenteilige Wertung vorgenommen hat.[201] Auch „resulting powers“ werden im Wege der Analogie gewonnen; der Umfang der so zu gewinnenden Befugnisse kann daher nur so weit gehen, wie es der Vertrag erlaubt.

Zu untersuchen ist deshalb, ob das Schweigen des Vertrages im Hinblick auf Sanktionsbefugnisse der Gemeinschaft ein Gegenprinzip darstellt, ob ihm also eine bewußte gegenteilige Entscheidung entnommen werden kann.

Zu bedenken ist zunächst, daß der EGKSV der zeitlich frühere Vertrag ist und daß in ihm eine Sanktionsmöglichkeit vorgesehen ist.[202] Wenn in dem zeitlich späteren EWGV keine entsprechende Regelung enthalten ist, deutet dies bereits auf eine bewußte Entscheidung der Gründerstaaten gegen die Übernahme der Sanktionsermächtigung hin. Dem könnte allerdings entgegengehalten werden, daß die gerichtliche Kontrolle von Akten des Parlaments ebenfalls nur im zeitlich früher abgeschlossenen EGKSV ausdrücklich vorgesehen war, nicht dagegen in den späteren Römischen Verträgen. Wie jedoch oben dargelegt, konnte auf die ausdrückliche Benennung des Parlaments in Art. 173 EWGV verzichtet werden, weil das Parlament nach der ursprünglichen Vertragskonzeption nicht in der Lage war, rechtlich verbindliche Handlungen vorzunehmen. Es war nach der ursprünglichen Vertragsausgestaltung nicht vorstellbar, daß jemals ein Bedürfnis bestehen würde, Handlungen des Parlaments auf ihre Rechtmäßigkeit hin zu kontrollieren.

Umgekehrt ist es nicht vorstellbar, daß die Gründerstaaten bei der Erarbeitung der Römischen Verträge die Folgen von Vertragsverletzungen nicht bedacht haben. Gerade die Bestimmungen über das Vertragsverletzungsverfahren in den Art.169ff. zeigen, daß dieses Thema Gegenstand der Diskussionen gewesen ist. Wenn eine dem Art.88 EGKSV entsprechende Vorschrift nicht übernommen wurde, so deuten die gesamten Umstände darauf hin, daß es sich um eine bewußte Entscheidung handelte.

Die Schwierigkeit bei der Klärung dieser Frage besteht nun allerdings darin, daß die Materialien zum EWGV einesteils nicht veröffentlicht sind,[203] da die

[200] Vgl. *Larenz*, Methodenlehre, S. 365. „Die Übertragung gründet sich darauf, daß infolge ihrer Ähnlichkeit in den für die gesetzliche Bewertung maßgebenden Hinsichten beide Tatbestände gleich zu bewerten sind, also auf die Forderung der Gerechtigkeit, Gleichartiges gleich zu behandeln.“

[201] Dies würde i.S.v. *Larenz*, Methodenlehre, S. 366, 369 ein „Gegenprinzip“ darstellen, das eine Analogie verbieten könnte.

[202] Die Vorschrift des Art. 88 EGKSV ist allerdings nie zur Anwendung gelangt, so daß sie, wie bereits erwähnt, in zutreffender Weise als „dead letter“ bezeichnet worden ist, vgl. *Bebr*, Development, S. 326.

[203] S. *v.d.Groeben*„ Aufbaujahre, S. 6; s. zum Sekundärrecht VO Nr. 354/83 des Rates vom 15.02.1983 über die Freigabe der historischen Archive der EWG und der EAG, nach

dreißigjährige Sperrfrist noch nicht abgelaufen ist. Zum anderen ist ein großer Teil der Materialien zerstört worden[204] oder unterliegt ungeachtet des Ablaufs der Dreißig-Jahres-Frist weiterhin der Geheimhaltung. Die amtlichen Begründungen der Regierungen der Gründerstaaten[205] geben keinen Aufschluß zu dieser Frage, ebensowenig wie der Spaak-Bericht[206] aus dem Jahr 1956, der Grundlage für die späteren Verträge war.

Für die nicht erfolgte Übernahme lassen sich jedoch eine Reihe von möglichen Gründen heranziehen, die auch den Schilderungen der am Erarbeitungsprozeß beteiligten Persönlichkeiten entnommen werden können.

Einmal stellte der EGKSV ein gegenständlich eng umgrenztes Vertragswerk dar, im Rahmen dessen auch die Legislativbefugnisse der zuständigen Organe im einzelnen und detailliert vorgegeben waren.[207] Im Gegensatz dazu handelte es sich beim EWGV um einen viel umfassenderen Plan für eine marktwirtschaftlich gesteuerte Integration[208] mit weitreichenden Organbefugnissen und der in vielen Teilen anvisierten Möglichkeiten der Mehrheitsentscheidungen. Die Verfasser des EWGV mußten zwangsläufig die Schwierigkeiten anerkennen, die damit verbunden waren, einen derartigen Plan zögernden und widerstrebenden

der die Öffentlichkeit Zugang zu allen Schriftstücken der Gemeinschaft erhält, sofern sie älter als 30 Jahre sind und keinem Geheimschutz unterliegen; s. auch *Küsters*, Gründung, insb. die Nachweise auf S. 521 ff.

204 *Plender*, YBEurL 1982, S. 57ff., 62.

205 Für die Bundesrepublik s. Begründung der deutschen Bundesregierung, BT-Drucks. 3440, 2. Wahlperiode (1953-1957); Begründung der belgischen Regierung, Chambre des Représentants, Sess. 1956-1957, Doc. 727 No. 1; der französischen Regierung, Assemblée Nationale, 3eme Législature, Sess.Ord. de 1956-1957, Doc.No. 4676 (Annexe au procès-verbal de la séance du 26 mars 1957); der italienischen Regierung, Camera dei Deputati, Legislatura II, Doc.No. 2814; der luxemburgischen Regierung, Chambre des Députés, Sess.Ord. 1956-1957, Doc-No. 637; der niederländischen Regierung, Tweede Kamer der Staten-Generaal, Zitting 1956-1957, Doc. 4725 No. 10; sämtliche Begründungen sind im Wortlaut wiedergegeben in: *Neri/Sperl*, Traité institutant la Communauté; zu dieser Frage wurde weiterhin Einsicht genommen in die im Literaturverzeichnis aufgeführten Aktenbestände des Politischen Archivs des Auswärtigen Amtes in Bonn.

206 Bericht der Delegationsleiter an die Außenminister („Spaak-Bericht") vom 21.04.1956, Dok. MAE 120 d/56 (Korr.), Brüssel 1956, dort insb. S. 25-29 zu den institutionellen Fragen. Sowohl Herr *Dr. von der Groeben* (Präsident der Arbeitsgruppe Gemeinsamer Markt) als auch Herr *Dr. Mühlenhöver* (Leiter der deutschen Delegation im Redaktionskomitee), die beide maßgeblich an der Ausarbeitung des EWGV beteiligt waren, konnten sich nicht erinnern, daß diese Frage ernsthaft zur Diskussion gestanden hätte. In Gesprächen jeweils im April bzw. Mai 1987 meinten beide Herren, daß die Aufnahme einer solchen Bestimmung sicherlich schon wegen der starken Souveränitätsvorbehalte Frankreichs von vorneherein gescheitert wäre. Im übrigen sei die Frage der Institutionen nachrangig behandelt worden, da Aspekte der materiellen Regelung im Vordergrund gestanden hätten.

207 Vgl. dazu etwa den Bericht des Ausschusses für Wirtschaftspolitik, BT-Drucks. 2950 (1. Legislaturperiode), zu Drucks. 2950, S. 5.

208 Vgl. den sog. Spaak-Bericht v. 21.04.1956, Dok. MAE 120 d/56 (Korr.), Brüssel 1956, S. 3ff.

politischen Kräften gegenüber durchzusetzen. Die Konsequenz war, daß der EWGV den Regierungen nur die Souveränitätsverluste zumuten durfte, die unumgänglich waren, um der Gemeinschaft die Erfüllung der von allen grundsätzlich gebilligten Vertragsziele zu ermöglichen.[209]

Zum anderen dürfte auch das in den fünfziger Jahren wiedererstarkte Selbstbewußtsein der Staaten für die Tatsache von Bedeutung sein, daß für die Nichtbefolgung eines Urteils keine Sanktionen im Vertrag vorgesehen wurden.[210] Damit einher geht die im EWGV stärker als im EGKSV ausgestaltete Rolle des vorgerichtlichen Verfahrens, an das wohl die Erwartung geknüpft wurde, daß auf diesem Wege schon vor der offiziellen Befassung des Gerichtshofs eine Einigung erzielt werden würde, wodurch eine öffentliche Bloßstellung der Mitgliedstaaten vermieden werden sollte.[211]

Es ist, wie Daig zu Recht bemerkt, nicht anzunehmen, daß die Mitgliedstaaten bewußt ein „Hintertürchen“ für dauernde ungestrafte Vertragsverletzungen offenhalten wollten.[212] Vielmehr kann wohl davon ausgegangen werden, daß sie unterstellt haben, eine mit der Autorität des Gerichtshofs festgestellte Vertragsverletzung werde selbstverständlich stets unverzüglich ausgeräumt werden,[213] eine Erwartung, die sich bislang auch überwiegend erfüllt hat.[214]

Anders als bei der gerichtlichen Angreifbarkeit von Handlungen des Parlaments ergab sich in diesem Fall nicht schon aus der Struktur des Vertrages, daß eine Situation, in der ein Staat ein Urteil des Gerichtshofs mißachtet, nie würde aufkommen können. Diese Möglichkeit mußte vielmehr von vornherein miteinbezogen werden. Die Mitgliedstaaten mögen auf die unbedingte Erfüllung der Verpflichtungen aus einem Urteil des Gerichtshofes vertraut haben; dessen sicher konnten sie jedoch nicht sein. Daß sie dennoch keine Vorsorge für diese Fälle durch eine Handlungsermächtigung für die Gemeinschaft getroffen haben, mag zum einen tatsächlich an diesem Vertrauen gelegen haben. Zum anderen zeigt es aber gerade, daß — vielleicht wegen dieses Vertrauens, aber eher wohl wegen Befürchtungen für die nationalstaatliche Souveränität — bewußt auf die Einfügung einer solchen Vorschrift verzichtet wurde, der Gemeinschaft also bewußt ein solches Recht nicht zugestanden wurde.

---

209 Dazu *v.d.Groeben*, Aufbaujahre, S. 23f.

210 Vgl. *Daig*, in: Handbuch Europäische Wirtschaft, I A 63, Art. 169 Ziff. III 2.

211 S. a. *Tizzano*, in: QMT, Anm. 3 zu Art. 169, der allerdings den EWGV in bezug auf die Sanktionsmöglichkeiten als einen deutlichen Rückschritt gegenüber dem EGKSV bezeichnet, a.a.O., Anm. 2 zu Art. 171.

212 Handbuch Europäische Wirtschaft, I A 63, Art. 169 Ziff. III 2.

213 S. *Daig*, in: Handbuch Europäische Wirtschaft, I A 63, Art. 169 Ziff. III.2; *Wohlfarth*, in: WEGS, Art. 171 Anm. 1.

214 Vgl. die Nachweise im 21. Gesamtbericht über die Tätigkeit der Europäischen Gemeinschaften 1987; ausführlicher im Vierten Jahresbericht der Kommission an das Europäische Parlament über die Kontrolle der Anwendung des Gemeinschaftsrechts 1986, Dok. KOM (87) 205 endg., ABl. 1987 C 338/1.

Hierin zeigt sich also ein deutlicher Unterschied zu den oben erörterten Entscheidungen. Dort lag eine zum Zeitpunkt des Vertragsabschlusses nicht erkennbare, „unbewußte" Lücke des Rechtsschutzsystems vor; hier hingegen deutet alles darauf hin, daß eine „bewußte" Entscheidung gegen die Übernahme einer dem Art.88 EGKSV entsprechenden Vorschrift und damit gegen eine gemeinschaftsrechtliche Sanktionsbefugnis im Rahmen des EWGV vorlag.

(4) Nun wird allerdings bei der Auslegung des Gemeinschaftsrechts durch den EuGH als dem dazu berufenen Organ der Methode der historischen, am Willen der Gründerstaaten ausgerichteten Auslegung keine große Bedeutung zugemessen.[215] Der EuGH bevorzugt vielmehr eine dynamische, am „effet utile" orientierte Auslegung und Rechtsfindung, die auch des öfteren — wie gezeigt – über den Wortlaut der Vorschriften hinausgeht.[216] Nach Everling hat „Richterrecht ... im Gemeinschaftsrecht notwendig einen weiteren Anwendungsbereich (als im nationalen Bereich) und findet weniger als dort Orientierung und Grenze im gesetzten Recht".[217]

Jedoch ist allen den Fällen, in denen der EuGH über die Grenzen des Wortlauts hinausgegangen ist, gemeinsam, daß den Verträgen selbst keine gegenteilige Wertung entnommen werden konnte. Dies gilt z.B. auch für die sog. AETR-Rechtsprechung,[218] in deren Verlauf bekanntlich der Gedanke des Parallelismus der Innen- und Außenkompetenzen der Gemeinschaft begründet wurde. Dem Schweigen des Vertrages konnte in diesem Falle keine explizite Entscheidung gegen eine solche Kompetenz entnommen werden, so daß den Mitgliedstaaten im Interesse einer funktionsfähigen Gemeinschaft die damit einhergehenden Kompetenzverluste trotz fehlender ausdrücklicher Vertragsbestimmungen zugemutet werden konnten.[219] Ähnliche Erwägungen müssen auch für die grundlegenden Entscheidungen zur unmittelbaren Wirkung[220] und zum

---

[215] Vgl. *Streil*, in: BBPS, Die Europäische Gemeinschaft, S. 221 f.; *Plender*, YBEuRL 1982, S. 57ff.; s.a. *Mertens de Wilmars*, CDE 1986, S. 5ff.; *Kutscher*, Begegnung von Justiz und Hochschule, S. 22ff.; a.A. hins. der Berücksichtigungspflicht f.d. Gemeinschaftsorgane noch *Ophüls*, FG Müller-Armack, S. 279ff., 286ff.

[216] Zu den Auslegungsmethoden des Gerichtshofs s.a. *Böhm*, Kompetenzauslegung, S. 72ff.; *Bleckmann*, GS Constantinesco, S. 61 ff.; zur Praxis des EuGH vgl. auch *Everling*, RabelsZ 1986, S. 193ff.; *ders.*, FS Ipsen, S. 595ff., 601; *Dumon*, Begegnung von Justiz und Hochschule, S. 1ff.; *Bleckmann*, RIW 1987, S. 929ff.

[217] RabelsZ 1986, S. 193ff., 207; insofern erscheint bemerkenswert, daß in den anderen Mitgliedstaten häufig keine Unterscheidung zwischen Auslegung und Rechtsfortbildung getroffen wird, sondern daß beides mit dem Begriff „Interpretation" bezeichnet wird, vgl. *Constantinesco*, EGR I, S. 807ff.; s. als Beispiel *Dumon*, Begegnung von Justiz und Hochschule, S. 1ff.

[218] EuGH v. 31.03.1971, Rs 20/70 (AETR), Slg. 1971, 263; dazu *Sasse*, EuR 1971, 208ff.; EuGH v. 14.07.1976, Rs 3, 4 und 6/76 (Kramer), Slg. 1976, 1297ff.; EuGH v. 26.04.1977, Gutachten 1/76 (Stillegungsfonds), Slg. 1977, 743ff.

[219] Ähnlich *Schwarze*, Befugnis zur Abstraktion, S. 198f.

[220] Grundlegend EuGH v. 05.02.1963, Rs 26/62 (van Gend & Loos), Slg. 1963 (IX), 1ff.

Vorrang des Gemeinschaftsrechts[221] gelten; jedenfalls ließ sich aus dem Vertrag selbst nicht entnehmen, daß solchen Prinzipien grundsätzliche Einwendungen entgegenstünden.

Soweit aber dem Vertrag selbst gegenteilige Wertungen zu entnehmen waren, sind sie vom Gerichtshof nicht übergangen worden.[222] Anzumerken ist, daß der EuGH offenbar auch selber davon ausgeht, daß der Gemeinschaft keine Sanktionsbefugnis zukommt. In den „suggestions sur l'Union Européenne“[223] bezeichnete er das Fehlen von Vorschriften zur Urteilsdurchsetzung als

„lacune du traité de Rome“.

IV. Zwischenergebnis

Eine Sanktionsbefugnis der Gemeinschaft aus „resulting powers“ kann daher nicht angenommen werden, obwohl sie der Struktur der Gemeinschaft und den im Gemeinschaftsrecht verankerten Grundentscheidungen entsprechen würde.

---

[221] EuGH v. 15.07.1964, Rs 6/64 (Costa/ENEL), Slg. 1964 (X), 1251ff.

[222] S. z.B. das zitierte Urteil zur Sitzfrage des EP, EuGH v. 10.02.1983, Rs 230/81 (Luxemburg/ EP), Slg. 1983, 255ff. oder das ebenfalls genannte Urteil zu den „implied powers der Kommission“, EuGH v. 05.05.1981, Rs 804/79 (Kommission/Großbritannien), Slg. 1981, 1045ff. Zu den der Rechtsfindung durch den EuGH gesetzten Grenzen s.a. *Schwarze*, Befugnis zur Abstraktion, S. 219f. m.w.N.

[223] Bull. EG Beilage 9/75, S. 17.; der EuGH hat an gleicher Stelle angeregt, eine dem Art. 88 EGKSV ähnliche Vorschrift in den EWGV aufzunehmen.

§ 3 Artikel 235

Zu überlegen ist ferner, ob die Gemeinschaft unter Berufung auf Art.235 Sanktionsmaßnahmen ergreifen kann. Wie oben gezeigt, ergibt sich weder unter dem Aspekt der „implied powers“ noch unter dem der „resulting powers“ eine allgemeine Sanktionsbefugnis, obwohl eine Höherwertigkeit der Gemeinschaftsinteressen im EWGV angelegt ist. Damit könnte i.S.d. Art.235 ein Fall vorliegen, wonach ein Tätigwerden der Gemeinschaft zur Verwirklichung eines ihrer Ziele notwendig ist, ohne daß die dafür erforderlichen Befugnisse im Vertrag enthalten sind.

Jedoch stellt sich bei der Anwendung des Art. 235 als Grundlage für gemeinschaftsrechtliche Sanktionen schon rein praktisch das Problem der Einstimmigkeit.

Zum anderen ist zu überprüfen, ob Art. 235 eine ausreichende Basis für derartige Handlungsweisen abgeben würde. Oben wurde eine Sanktionsbefugnis aus „resulting powers“ verneint, weil das Schweigen des Vertrages als eine eindeutige Gegenentscheidung zu deuten ist. Unter Berücksichtigung dieses Aspektes würde die Inanspruchnahme des Art. 235 eine Vertragsänderung darstellen. Allerdings ist umstritten, ob im Rahmen des Art. 235 Vertragsänderungen bzw. „Vertragsdurchbrechungen“[1] zulässig sind. Zum Teil wird eine Zulässigkeit strikt verneint,[2] zum Teil wird sie — in Grenzen — befürwortet.[3] Als solche Grenzen werden genannt, daß auf der Grundlage des Art.235 nicht der „Charakter“ des Vertrages geändert werden könne bzw. daß es nicht zulässig sei, eine vertragliche Regelung „im Grundsatz umzukehren“.[4] Über Art. 235 dürfe nicht das im Vertrag vorgesehene Verhältnis zwischen den Organen verschoben und keine neuen Organe geschaffen werden, die befugt seien, Rechtsakte gegenüber Mitgliedstaaten und Bürgern zu setzen;[5] die „Identität“

---

[1] *Grabitz*, in: Grabitz, EWGV, Art. 235 Rdz. 6.

[2] *Tomuschat*, EuR Sonderheft 1976, S. 45ff., 49f., 55; *Wohlfarth*, in: WEGS, Art. 235 Anm. 5; *Schumacher*, RIW 1970, S. 539ff., 543; s. schon *Merkel*, Rat und Kommission, S. 93: „Art. 235 (kann) nicht als Kompetenz-Kompetenz gewertet werden...“.

[3] *Grabitz*, in: Grabitz, EWGV, Art. 235 Rdz. 6; *Beutler*, in: BBPS, Die Europäische Gemeinschaft, S. 76f.; *Behrens*, Rechtsgrundlagen, S. 271, 282; *Ehring*, in GBT, Art. 235 Anm. IV 3; *Constantinesco*, EGR I, S. 280; *Priebe*, Entscheidungsbefugnisse, S. 102; *Everling*, EuR Sonderheft 1976, S. 2ff., 14ff.

[4] *Everling*, EuR Sonderheft 1976, S. 2ff., 16.

[5] *Everling*, EuR Sonderheft 1976, S. 2ff., 15; für einen weniger großzügigen Gebrauch des Art. 235, sobald dadurch Regelungen mit unmittelbarer Wirkung für Einzelne entstehen, auch *Tomuschat*, EuR Sonderheft 1976, Diskussionsbericht, S. 68ff., 69.

der Gemeinschaft dürfe nicht in Frage gestellt werden.[6] Jedenfalls sei aufgrund des Art. 235 eine ausdrückliche, den Wortlaut einer Vertragsvorschrift ändernde Maßnahme nicht zulässig; inwieweit materielle Abweichungen von vertraglichen Regeln gestattet seien, lasse sich nur anhand der einzelnen Tatbestandsmerkmale des Art. 235 und der dabei anzuwendenden Auslegungsprinzipien beurteilen.[7] Auch im Vertrag erwähnte Kompetenzen der Mitgliedstaaten hinderten insoweit nicht die Anwendung des Art. 235.[8]

Es spricht manches dafür, eine solch weite Auslegung und Anwendung des Art. 235 im Hinblick auf die Fortentwicklung der Integration zu bejahen. Aber auch bei Berücksichtigung dieses Gesichtspunktes kann sich aus Art. 235 keine Befugnis für die Gemeinschaft ergeben, Sanktionsmaßnahmen zu beschließen. Diese würden zum einen nicht nur einen Mitgliedstaat, sondern auch dessen Bürger unmittelbar betreffen können. Hinzu kommt, daß die Frage der Sanktionsgewalt das Grundverhältnis zwischen Gemeinschaft und Mitgliedstaaten betrifft. Die Zuerkennung von Sanktionsmöglichkeiten würde den „Charakter" der Gemeinschaft entscheidend ändern und einen qualitativen Sprung[9] im Verhältnis zwischen Gemeinschaft und Mitgliedstaaten bewirken. Solche grundlegenden Fragen sind jedoch, wie es die Existenz der Art. 236 und Art. 237 belegt, der Beschlußfassung durch die Mitgliedstaaten vorbehalten. Entscheidend ist aber schließlich, daß, wie oben gezeigt, das Schweigen des Vertrages eine eindeutig zum Ausdruck kommende Wertung der Mitgliedstaaten gegen eine Sanktionsbefugnis enthält.

Wenn es unzulässig ist, eine vertragliche Regelung „im Grundsatz umzukehren",[10] muß dies auch für das Schweigen des Vertrages gelten, sofern diesem Schweigen angesichts der Gesamtumstände eine eindeutige Aussage entnommen werden kann. Eine derartige Vertragsänderung müßte von den Mitgliedstaaten, nicht aber von einem Organ der Gemeinschaft vorgenommen werden.[11]

Über Art. 235 kann also keine Sanktionsermächtigung für die Gemeinschaft gewonnen werden.

---

[6] *Ehring*, in: GBT, Art. 235 Anm. IV 3.

[7] *Grabitz*, in: Grabitz, EWGV, Art. 235 Rdz. 6.

[8] *Grabitz*, in: Grabitz, EWGV, Art. 235 Rdz. 42; *Schwartz*, in: GBTE, Art. 235 Rdz. 23f.

[9] Vgl. *Tizzano*, in: QMT, Art. 171 Anm. 2, S.1234.

[10] *Everling*, EuR Sonderheft 1976, S. 2ff., 16.

[11] Zu den Folgerungen aus dem Demokratie- und Rechtsstaatsprinzip für die Auslegung des Art. 235 s. *Grabitz*, in: Grabitz, EWGV, Art. 235 Rdz. 24 m.w.N.

§ 4 Schaffung einer Ermächtigungsgrundlage durch Sekundärrecht

Nachdem oben festgestellt wurde, daß sich aus dem Vertrag keine allgemeine Ermächtigung zur Vornahme von Sanktionsmaßnahmen herleiten läßt und daß auch Art. 235 eine solche nicht beinhaltet, bleibt zu untersuchen, ob sich die Gemeinschaft eine solche Ermächtigungsgrundlage durch Erlaß von Sekundärrecht selbst schaffen kann. Denkbar ist zum einen die Schaffung einer Regelung im Rahmen des Art. 235. Darin könnten die Voraussetzungen für ein Handeln der Gemeinschaft aufgestellt werden und diese bei Vorliegen der Voraussetzungen zu bestimmten Maßnahmen ermächtigen.

Denkbar ist aber auch (und wegen des in Art. 235 enthaltenen Einstimmigkeitserfordernisses wahrscheinlicher), daß die Gemeinschaft in einem Sachbereich, in dem ihr ohnehin weite Regelungsbefugnisse zugewiesen sind, Sanktionen vorsieht.

I. Zulässigkeit von Sanktionen in begrenztem Umfang

Es gibt zahlreiche Sachbereiche, in denen die Gemeinschaft ein umfassendes Regelungswerk erlassen kann und in denen sie zulässigerweise an die Nichteinhaltung bestimmter Vorschriften bestimmte Rechtsfolgen im Sinne von Sanktionen geknüpft hat oder knüpfen könnte.

Als Beispiel seien die Regelungen genannt, die von der Gemeinschaft im Bereich der Fondsverwaltung erlassen wurden.

1. EAGFL

Schon 1962 wurde durch die VO Nr. 25 über die Finanzierung der gemeinsamen Agrarpolitik[1] ein einheitlicher Europäischer Ausrichtungs- und Garantiefonds für die Landwirtschaft gegündet. Er besteht aus den Abteilungen „Garantie“, die die marktpolitischen Ausgaben trägt, und „Ausrichtung“, die die strukturpolitischen Ausgaben finanziert.

Die Abteilung Garantie finanziert die Ausfuhrerstattungen und die Interventionen auf dem Binnenmarkt, die in Übereinstimmung mit den Gemeinschaftsbestimmungen von den Mitgliedstaaten vorgenommen bzw. gewährt worden sind.[2] Die laufende Finanzierung durch die Garantie erfolgt über nationale, von

[1] V. 04.04.1962, ABl. 030 v. 20.04.1962, S. 991, mehrfach geändert.

den Mitgliedstaaten bestimmte Zahlstellen. Diese bestreiten ihre Ausgaben aus Gemeinschaftsmitteln, die ihnen monatlich über die Mitgliedstaaten als Vorschüsse zugewiesen werden.[3] Dies sind in der Bundesrepublik z.B. das Hauptzollamt Hamburg-Jonas (Ausfuhrerstattungen, Währungsausgleichbeträge); die Bundesanstalt für landwirtschaftliche Marktordnung — BALM — in Frankfurt (öffentliche Interventionen) und das Bundesamt für Ernährung und Forstwirtschaft in Frankfurt (direkte Beihilfen). Die Ausgaben der Zahlstellen sind nach Ende des Haushaltsjahres Gegenstand des Rechnungsabschlusses.[4] Die Entscheidungen darüber trifft die Kommission in eigener Verantwortung nach einfacher Anhörung des EAGFL-Ausschusses; sie erkennt dabei nur Finanzierungen an, die in Übereinstimmung mit den Gemeinschaftsregelungen vorgenommen worden sind.[5] Werden die Ausgaben von der Gemeinschaft im Rechnungsabschluß nicht anerkannt, gehen sie zu Lasten der nationalen Haushalte.[6] Damit verfügt die Gemeinschaft über ein sehr wirksames Instrument, die Mitgliedstaaten zur genauen Anwendung des Gemeinschaftsrechts anzuhalten.

Ähnliches gilt auch im Rahmen der Abteilung Ausrichtung. Die Ausgaben der Abteilung Ausrichtung betragen insgesamt etwa nur 5% der Ausgaben zur Marktstützung.[7] Sie gewährt im wesentlichen Beteiligungen zur Finanzierung von vom Rat beschlossenen „Gemeinsamen Maßnahmen". Diese werden teilweise von der Gemeinschaft und teilweise von den Mitgliedstaaten finanziert. Die Finanzierung durch die Gemeinschaft erfolgt einerseits in indirekter Weise, d.h. durch Rückerstattung eines Teils der Ausgaben an die Mitgliedstaaten; andererseits gibt es auch die direkte Finanzierung gegenüber den Subventionsempfängern durch die Gemeinschaft.[8] Auch hier richtet sich die Rechtslage bei Unregelmäßigkeiten nach der VO Nr. 729/70.[9]

Die Wiedereinziehung zu Unrecht direkt ausgezahlter Beträge muß nach dem jeweiligen Recht der Mitgliedstaaten erfolgen; auch hier gilt, daß die Gemeinschaft nur dann den Verlust zu tragen hat, wenn dieser nicht auf einem den Mitgliedstaaten anzulastenden Versäumnis oder einer Unregelmäßigkeit

---

[2] Art. 2 und 3 VO Nr. 729/70, ABl. 1970 L 94/13; die Interventionen sind im Anhang zur VO Nr. 1883/78, ABl. 1978 L 216/78 aufgeführt.

[3] Art. 4, 5 Abs. 2 a VO Nr. 729/70, ABl. 1970 L 94/13.

[4] Art. 5 Abs. 2 b VO Nr. 729/70, ABl. 1970 L 94/13; VO Nr. 1723/72, ABl. 1972 L 186/1; zum Rechnungsabschlußverfahren s. *Scherer*, EuR 1986, S. 52ff.; s. auch *Mögele*, NJW 1987, S. 1118ff.

[5] Art. 2 und 3 VO Nr. 729/70, ABl. 1970 L 94/13.

[6] Vgl. im einzelnen z.B. die Urteile EuGH v. 17.04.1986, Rs 133/84 (Rechnungsabschluß EAGFL), n.n.v.; v. 27.02.1985, Rs 55 und 56/83 (Rechnungsabschluß EAGFL), Slg. 1985, 683ff., 703ff.

[7] Nachweise bei *Gilsdorf*, in: Grabitz, EWGV, Art. 40 Rdz. 99, 111.

[8] Vgl. z.B. VO Nr. 355/77 v. 15.02.1977, ABl. 1977 L 51/1, mehrfach geändert.

[9] Zur Informationspflicht der MS bei Unregelmäßigkeiten s. weiter VO Nr. 283/72, ABl. 1972 L 36/1; VO Nr. 1468/81, ABl. 1981 L 144/1; RL 76/308, ABl. 1976 L 73/18.

beruht.[10] Bei der indirekten Finanzierung findet dann ggfs. keine Rückerstattung statt.[11]

2. *Europäischer Sozialfonds*

Der Europäische Sozialfonds wurde unmittelbar durch den Vertrag errichtet (Art. 123-128 EWGV) und stellt das finanzpolitische Instrument der Europäischen Sozialpolitik dar. Er verfolgt allerdings keine umfassende sozialpolitische Zielsetzung, sondern sein Aufgabengebiet liegt überwiegend im Bereich der Arbeitsmarktpolitik; er gehört zu den strukturfördernden Finanzinstrumenten der Gemeinschaft und verfolgt daher ähnliche Ziele wie der EAGFL (Abteilung Ausrichtung).[12]

Nach Art. 124 EWGV obliegt die Verwaltung des Fonds der Kommission; insbesondere entscheidet sie über die Zahlungsanträge der Mitgliedstaaten und leistet die Zahlungen.[13] Dies schließt die Möglichkeit ein, daß Zahlungen nur innerhalb einer bestimmten Frist gegen Nachweis der Durchführung der geförderten Maßnahmen geleistet werden. Die Kommission hat sich für den Fall der Nichteinhaltung bestimmter Fristen das Recht vorbehalten, u.U. sogar die Zahlung eines bereits zugesagten Zuschusses zu verweigern.[14] Hinsichtlich der Auswahl der Vorhaben unter den zuschußfähigen Anträgen folgt die Kommission, deren Sache diese Auswahl ist, den jährlich vor dem 01.05. veröffentlichten Leitlinien für die Verwaltung des Europäischen Sozialfonds.[15] Für ohne Rechtsgrund empfangene Leistungen des Europäischen Sozialfonds haften die Mitgliedstaaten subsidiär.[16]

---

[10] Art. 8 Abs. 2 VO Nr. 729/70, ABl. 1970 L 94/13.

[11] Art. 2 und 3 der VO Nr. 729/70, ABl. 1970 L 94/13.

[12] Zum Überblick über die Entwicklung und Tätigkeiten des Sozialfonds vgl. *Jansen*, in: Grabitz, EWGV, vor Art. 123; zum Aufgabenkatalog s. Art. 1 Abs. 2 des Beschlusses Nr. 83/516 EWG, ABl. 1983 L 289/38, geändert durch Beschluß Nr. 85/568, ABl. 1985 L 370/40, i.V.m. Art. 1 der VO Nr. 2950/83, ABl. 1983 L 289/1, mehrfach geändert.

[13] Als Antragsteller können allein die MS auftreten, nicht aber die Träger der geförderten Maßnahmen selbst, Art. 5 Abs. 5 VO Nr. 2950/83 des Rates v. 17.10.1983, ABl. 1983 L 289/1.

[14] S. Art. 6 der Entscheidung 83/676 der Kommission v. 22.12.1983, ABl. 1983 L 377/1 mit nunmehr 10-monatiger Ausschlußfrist; s. *vorher* Art. 4 der Entscheidung 78/706 der Kommission v. 27.07.1978, ABl. 1978 L 238/20, geändert durch Entscheidung 82/541 der Kommission v. 26.07.1982, ABl. 1982 L 236/21 infolge des Urteils des EuGH v. 26.02.1982, Rs 44/81 (BRD/ Kommission), Slg. 1982, 1855ff., 1877.

[15] Ausdrücklich vorgesehen in Art. 6 Abs. 2 des Beschlusses 83/516, ABl. 1983 L 289/38; vgl. etwa für die Jahre 1984 bis insg. 1988 Leitlinien v. 22.12.1983, ABl. 1984 C 5/2; fortgeschrieben durch Mitteilung der Kommission, ABl. 1984 C 126/3; Beschluß Nr. 85/261 EWG v. 30.04.1985, ABl. 1985 L 133/26 betr. die Leitlinien für die Jahre 1986 bis 1988.

[16] Art. 6 Abs. 2 S. 2 VO Nr. 2950/83 des Rates v. 17.10.1983, ABl. 1983 L 289/1.

3. *Zulässigkeit solcher Regelungen*

Diese Regelungen sind ohne Zweifel statthaft. Soll die Verwaltung der Fonds gesichert und effektiv durchgeführt werden, bedarf es der Festsetzung von Ausschlußfristen sowie der Regelung der Voraussetzungen, unter denen eine Zahlung erfolgen bzw. nicht erfolgen kann.[17]

II. Grenzen der Zulässigkeit

Fraglich ist aber, ob die Gemeinschaft — um bei den o.g. Beispielen zu bleiben — in die Regelungen über die Fondsverwaltung eine Vorschrift aufnehmen könnte, nach der die Auszahlung der Mittel davon abhängig wäre, daß die Mitgliedstaaten auch ihren übrigen vertraglichen Verpflichtungen nachkämen. Formal gesehen würde es sich dabei um ein zulässiges Mittel, nämlich Festsetzung der Zahlungsmodalitäten, handeln. Die Festlegung der Auszahlungsmodalitäten ist eine Befugnis, die der Gemeinschaft zweifellos zusteht.[18] Jedoch ist fraglich, ob ein solches Mittel zu dem — nicht auf den spezifischen Sachbereich der Fondsverwaltung beschränkten — Zweck verwendet werden kann, die Mitgliedstaaten allgemein zu vertragskonformem Verhalten zu veranlassen.

Eine solche Vorschrift könnte wegen des gemeinschaftsrechtlich verankerten Verbots des Ermessensmißbrauchs (détournement de pouvoir, Art.173 Abs. 1)[19] nichtig sein. Grundsätzlich liegt nach der Rechtsprechung des EuGH ein Ermessensmißbrauch nur dann vor, wenn anzunehmen ist, daß die Regelung zu anderen als den in ihr angegebenen Zwecken getroffen wurde.[20] Jedoch greift die

---

[17] Vgl. des weiteren betr. den *Europäischen Fonds für währungspolitische Zusammenarbeit* die Nachweise bei *Krämer*, in: Grabitz, EWGV, Art. 105 Rdz. 39ff.; *Ehlermann*, EuR 1983, S. 193ff.; *Leygues*, RevMC 1975, S. 153ff.; betr. den *Europäischen Regionalfonds* vgl. *Stabenow*, in: Grabitz, EWGV, Anhang I Rdz. 73ff. m.w.N.; *de Witte*, CMLRev 1986, S. 419ff.; *Drygalski*, DVBl 1986, S. 809ff.; s.a. *Croxford/Wise/Chalkley*, JCMStudies 1987, S. 25ff.; zum *Europäischen Entwicklungsfonds* vgl. *Vedder*, in: Grabitz, EWGV, Art. 238 Rdz. 29; Art. 136 Rdz. 2 jeweils m.w.N.; zur *Europäischen Investitionsbank*, deren Satzung in Art. 26 eine Beschlußfassung des Rates der Gouverneure über das Aussetzen von Zahlungen vorsieht, vgl. *Krämer*, in: Grabitz, EWGV, nach Art. 130. Eine weitere Möglichkeit für die Kommission, Druck auf die Mitgliedstaaten auszuüben, besteht darin, daß sie als Bedingung für die Gewährung bestimmter Vorteile fordert, daß nationale, dem Gemeinschaftsrecht widersprechende Regelungen aufgehoben werden. Im Jahre 1961 verweigerte sie die Erteilung einer Genehmigung zur Anwendung von Schutzmaßnahmen im Rahmen des Art. 226, solange Belgien und Luxemburg bestimmte Importabgaben auf die betroffenen Produkte erhoben; vgl. EuGH v. 14.12.1962, Rs 2 und 3/62 (Lebkuchen), Slg. 1962 (VIII), 867ff.; s. dazu *Schermers*, Institutional Law, S. 727.

[18] S. das bereits erwähnte Urteil des EuGH v. 26.05.1982, Rs 44/81 (BRD/Kommission), Slg. 1982, 1855ff., 1877.

[19] S. dazu *Bleckmann*, FS Kutscher, S. 25ff.; *Clever*, Ermessensmißbrauch, S. 1ff.; s.a. *Wenig*, in: Grabitz, EWGV, Art. 173 Rdz. 51; *Joliet*, Contentieux, S. 102ff.

[20] EuGH v. 21.06.1984, Rs 69/83 (Lux), Slg. 1984, 2447ff., 2465f.; EuGH v.

Regel des Ermessensmißbrauchs dann erst durch, wenn es sich um ein subjektiv rechtswidriges Ziel oder einen subjektiv rechtswidrigen Zweck handelt,[21] so insbesondere auch, wenn die Gemeinschaft im Hinblick auf solche Ziele tätig wird, deren Verfolgung in der entsprechenden Ermächtigung nicht vorgesehen ist.[22] Darüber hinaus läßt das Vorliegen eines rechtswidrigen Zieles die Maßnahme dann nicht rechtswidrig werden, wenn mit ihr noch andere rechtmäßige Zwecke verfolgt werden und das rechtwidrige Ziel nicht bestimmend ist.[23]

Schon im Hinblick darauf wäre eine „allgemeine" Sanktionsregelung als ermessensmißbräuchlich einzustufen. Das Ziel der Regelungen im Bereich der Fondsverwaltung müßte es sein, das ordnungsgemäße Funktionieren des Fonds zu gewährleisten; zu diesem Zweck ist der Gemeinschaft auch die jeweilige Befugnis erteilt worden. Das Ziel, die Mitgliedstaaten auch in weiterem Umfang zum vertragskonformen Verhalten zu bewegen, wäre von den entsprechenden Ermächtigungen nicht gedeckt.[24]

III. Zwischenergebnis

Damit ist es der Gemeinschaft auf der Grundlage des EWGV verwehrt, sich auf der Grundlage des Sekundärrechts eine allgemeine Sanktionsbefugnis zu schaffen.

05.05.1966, Rs 18 und 35/66 (Gutmann), Slg. 1966, 154ff., 176; EuGH v. 21.12.1954, Rs 2/54 (Italien/Hohe Behörde), Slg. 1954/55 (I), 81ff., 111.

[21] EuGH v. 12.01.1984, Rs 266/82 (Turner), Slg. 1984, 1ff., 13; EuGH v. 07.12.1976, Rs 23/76 (Pellegrini), Slg. 1976, 1807ff., 1820.

[22] EuGH v. 21.06.1958, Rs 13/57 (Wirtschaftsvereinigung), Slg. 1958 (IV), 273ff., 312f.; schon EuGH v. 21.12.1954, Rs 2/54 (Italien/Hohe Behörde), Slg. 1954/55 (I), 81ff., 111.

[23] EuGH v. 29.11.1956, Rs 8/55 (Fédéchar), Slg. 1955-1956 (II), 297ff., 313f.

[24] S. zu der Problematik bei internationalen Organisationen generell *Leben*, Sanctions privatives, S. 264ff., der auf S. 266 von „détournement de procédure" spricht; s.a. *Schermers*, Institutional Law, S. 724ff., „misuse of powers".

§ 5 Unbeachtlichkeit der vertraglichen Grenzen wegen des besonderen Charakters der Gemeinschaft

Möglicherweise könnten aber die zahlreichen Besonderheiten der Gemeinschaft eine insgesamt andere Beurteilung erfordern. Die Gemeinschaft weist eine Reihe von Charakteristika auf, die sie in keinesfalls unbeträchtlichem Maße von dem Normalbild internationaler Organisationen unterscheiden, so daß sich ihre Bezeichnung als „supranationale Organisation" eingebürgert hat.[1] Diese Charakteristika sind, um nur einige der hervorstechendsten Merkmale zu nennen, die unmittelbare Wirkung[2] des Gemeinschaftsrechts im nationalen Recht der Mitgliedstaaten, aufgrund deren die „Gemeinschaftsbürger"[3] unmittelbare Rechte und Pflichten innehaben können. Ferner zählt dazu die Existenz der obligatorischen „Verfassungsgerichtsbarkeit"[4] des EuGH, der auf diese Weise die einheitliche Anwendung und Auslegung des Rechts sichert, sowie das Prinzip des Vorrangs des Gemeinschaftsrechts.[5] Weiter sind zu nennen das eigenständige, z.T. inhaltlich kaum begrenzte Gesetzgebungsrecht,[6] die vertragliche Verankerung des Majoritätsprinzips,[7] die in gewissem Umfang gegebene Finanzautonomie[8] sowie die Weisungsungebundenheit der obersten Organe, die zur Wahrung der gemeinsamen Interessen errichtet sind, nämlich Kommission und Rat.[9] Es fragt sich jedoch, ob diese Besonderheiten es rechtfertigen, der Gemeinschaft entgegen der vertraglichen Regelung eine allgemeine Sanktions-

---

[1] Vgl. nur *Seidl-Hohenveldern*, Internationale Organisationen, S. 7f.

[2] EuGH v. 05.02.1963, Rs 26/62 (Van Gend & Loos), Slg. 1963 (X), 1ff.; statt vieler dazu *Nicolaysen*, Gemeinschaftsrecht, S. 8ff.; *Bleckmann*, Europarecht, S. 236ff., 249ff., jeweils m.w.N.

[3] S. *Zuleeg*, GS Sasse, S. 55ff., 70; oder auch „Marktbürger", s. *Ipsen*, Gemeinschaftsrecht, S. 69.

[4] Zum Charakter der Gemeinschaftsverträge als Verfassungsrecht s. *Pescatore*, FS Kutscher, S. 319ff.; s.a. *Schwarze*, in: Eine Verfassung für Europa, S. 15ff., 23ff.

[5] EuGH v. 15.07.1964, Rs 6/64 (Costa/ENEL), Slg. 1964 (X), 1251ff.; dazu statt vieler *Nicolaysen*, Gemeinschaftsrecht, S. 11ff. m.w.N.; *Bleckmann*, Europarecht, S. 236ff.; s.a. *Grabitz*, in: Grabitz, EWGV, Art. 189 Rdz. 26ff. m.w.N.; *Everling*, DVBl 1985, S. 1201ff.

[6] S. dazu schon *Everling*, EuR Sonderheft 1976, S.1ff., 3ff.; *ders.*, EuR 1987, S. 214ff., 217ff.

[7] Vgl. dazu den Überblick bei *Schweitzer*, in: Grabitz, EWGV, Kommentierung zu Art. 148; sowie *ders.*, a.a.O., Rdz. 10ff. zu dem sog. Luxemburger Kompromiß.

[8] Vgl. insoweit den Überblick bei *Magiera*, in: Grabitz, EWGV, Art. 201 Rdz. 1ff.

[9] S. nur den Wortlaut des Art. 167 bzw. des Art. 10 Fusionsvertrag vom 08.04.1965, abgedruckt u.a. bei *Hummer*, in: Grabitz, EWGV, unter Art. 157.

befugnis zuzuerkennen, ihr also ein „Selbstverteidigungsrecht" einzuräumen,[10] obwohl dies „an sich" mit dem Gründungsvertrag nicht vereinbar wäre.

Ein solches „Selbstverteidungsrecht" könnte — entgegen der Entscheidung der Gründerstaaten — möglicherweise dann gegeben sein, wenn die Gemeinschaft den „point of no return"[11] überschritten hat und die Mitgliedstaaten nicht mehr als „Herren der Verträge"[12] angesehen werden könnten. Denn dann wäre es gerechtfertigt, von einer originären und nicht mehr von dem Willen der Gründerstaaten abgeleiteten Eigenexistenz zu sprechen. Wenn die Gemeinschaft eine solche originäre Eigenexistenz besitzt, sie also als wahrhaft eigene Persönlichkeit existiert, dann wäre zu erwägen, ob ihr kraft dieser originären Existenz das Recht zustehen könnte, ihre Existenz und Funktionsfähigkeit zu verteidigen (ohne daß ihr damit kraft dieser eigenständigen Existenz „automatisch" weitere Rechte wie die Befugnis, ihre sachlichen Zuständigkeiten eigenmächtig zu ändern, zufließen müßten).

Soweit ersichtlich, fehlt es bislang in der Literatur an einer umfassenden Untersuchung darüber, ob einer von Staaten geschaffenen Organisation schon allein wegen ihrer faktischen Unauflösbarkeit eigene, neue Befugnisse zuwachsen können.[13] Eine solche Fragestellung unter Einbeziehung des Elements der Faktizität erscheint jedoch durchaus gerechtfertigt. Beispielsweise kommt es im Völkerrecht für die Begründung der Völkerrechtssubjektivität eines neuen Staates (und damit für die Begründung einer Reihe von Rechten und Verpflichtungen) entscheidend auf das faktische Kriterium der Dauerhaftigkeit und Effektivität der Staatsgewalt, also auf die „Existenz" des neuen Staates an.[14]

Da eine Existenz der Gemeinschaft ohne Mitgliedstaaten schon tatsächlich nicht möglich ist, kann eine derartige, vom alleinigen Legitimationsgrund der Verträge losgelöste Eigenexistenz nur bejaht werden, wenn die Entscheidung der Mitgliedstaaten zugunsten der Errichtung der Gemeinschaft irreversibel ist, wenn die Mitgliedstaaten eben nicht „Herren der Verträge" sind.

Unter der Fragestellung, ob die Mitgliedstaaten noch „Herren der Verträge" sind, wird zum einen diskutiert, ob sie außerhalb des Rahmens des Art. 236 noch befugt sind, Vertragsänderungen vorzunehmen,[15] ob sie, obwohl der Vertrag

---

[10] *Schwarze*, EuR 1983, S. 1ff., 31: „right of taking emergency action", u.H.a. *Smit/Herzog*, Commentary Vol. 6, 6-363; s.a. *Meier*, NJW 1974, S. 391ff., 393f.; *Ehlermann*, EuR 1984, S. 113ff., 120f.

[11] *Constantinesco*, EGR I, S. 182, 328; s.a. *Ipsen*, GS Constantinesco, S. 283ff.

[12] Dazu insb. *Everling*, FS Mosler, S. 173ff.; *Zuleeg*, GS Sasse, S. 55ff., 57ff.

[13] Hinsichtlich möglicher Rechtsfolgen für internationale Organisationen, die an faktische Gegebenheiten anknüpfen, vgl. *Oppermann*, Berichte DGVR Nr. 17, S. 53ff.; *Mosler*, ZaöRV 1976, S. 6ff., 24; *Ress*, in: Ress, Souveränitätsverständnis, S. 11ff., 17; s.a. *Krüger*, DÖV 1959, S. 721ff.; *Zuleeg*„ GS Sasse, S. 55f.

[14] Vgl. statt vieler *Verdross/Simma*, Völkerrecht, S. 599ff. m.w.N.

[15] Dagegen *Constantinesco*, EGR I, S. 193f.; *Everling*, FS Mosler, S. 173ff., 188; *Schwarze*, EuR 1983, S. 1ff., 14; *Sorensen*, FS Kutscher, S. 415ff., 432; *Jacot-Guillarmod*,

entsprechende Vorschriften nicht enthält,[16] einseitig aus dem Vertrag ausscheiden können[17] bzw. diesen auflösen können,[18] kurz, ob sie noch nach allgemeinen völkerrechtlichen Grundsätzen über das Kind ihrer Schöpfung nach Gutdünken verfügen können. Dazu werden die unterschiedlichsten Auffassungen vertreten. Auch hinsichtlich einer Vertragsänderung innerhalb des verfahrensrechtlichen Rahmens des Art. 236 wird erwogen, ob dem Inhalt der Vertragsänderung Grenzen gesetzt sind,[19] ob also der „acquis communautaire"[20] unter allen Umständen erhalten bleiben muß.

Die rechtlichen Aspekte dieser Fragestellung können an dieser Stelle jedoch vernachlässigt werden. Entscheidend ist, ob die Gemeinschaft in ihrer Existenz rein tatsächlich vom Willen der Mitgliedstaaten unabhängig geworden ist. Auch wenn die Mitgliedstaaten unter rechtlichen Gesichtspunkten nicht mehr über die Gemeinschaft verfügen könnten, würde dies allein nicht ausreichen, um eine

---

Droit communautaire, S. 11f., 45f.; *Louis*, CDE 1980, S. 553ff., 558; *Ipsen*, Gemeinschaftsrecht, S. 102; dafür, wenn auch mit Einschränkungen, *Zuleeg*, GS Sasse, S. 55ff., 58ff.; *ders.*, FS Carstens, S. 289ff., 300; uneingeschränkt dafür *Bleckmann*, EuR 1981, S. 101ff., 117; *Seidl-Hohenveldern*, Internationale Organisationen, S. 234f.; wohl auch *Tomuschat*, BK, Art. 24 Rdz. 48, 99; *Meng*, Recht der Internationalen Organisationen, S. 121; *Wohlfarth*, in: WEGS, Art. 236 Anm. 2; *Vedder*, in: Grabitz, EWGV, Art. 236 Rdz. 26.

[16] Art. 240 EWGV enthält die Bestimmung, daß der Vertrag „auf unbegrenzte Zeit" gilt. Daraus wurde z.T. hergeleitet, daß dies so verstanden werden müsse, daß die Geltungsdauer offengelassen worden sei, daß der Vertrag also jederzeit nach den Regeln des allgemeinen Völkerrechts aufhebbar sei, vgl. etwa *Dagtoglou*, FS Forsthoff, S. 77ff.; s.a. *Malawer*, JWTL 1974, S. 17ff. Dazu statt vieler *Everling*, FS Mosler, S. 173ff., 183; *Schwarze*, EuR 1983, S. 1ff., 17f.

[17] Dagegen *Everling*, FS Mosler, S. 173ff., 183f.; *Schwarze*, EuR 1983, S. 1ff., 16ff.; *Ipsen*, Gemeinschaftsrecht, S. 99f.; *Beutler*, in: BBPS, Die Europäische Gemeinschaft, S. 72f.; *Constantinesco*, EGR I, S. 180f.; differenzierend bzgl. der einseitigen Kündigung und anderer Ausscheidungsgründe *Schweitzer*, in: Grabitz, EWGV, Art. 240 Rdz. 5; *Hilf*, in: GBTE, Art. 240 Anm. 8ff.; *Meier*, NJW 1974, S. 391ff. Für ein Recht zur Kündigung und der Berufung auf die clausula rebus sic stantibus *Gauland*, NJW 1974, S. 1034ff.; *Dagtoglou*, FS Forsthoff, S. 77ff.; *Doehring*, DVBl 1979, S. 633ff., 637.; *Bentivoglio*, in: QMT, Art. 240 Anm. 1; *Tomuschat*, BK, Art. 24 Rdz. 48, 99. Dafür, wenn auch mit Einschränkungen *Zuleeg*, GS Sasse, S. 55ff., 60ff.

[18] Für die Unauflöslichkeit der Gemeinschaft *Beutler*, in: BBPS, Die Europäische Gemeinschaft, S. 72; differenzierend *Hilf*, in: GBTE, Art. 240 Rdz. 7, nach dessen Auffassung es sich bei Art. 240 um einen Programmsatz handelt, der sich bei zunehmender Integrationsdichte bis hin zu einem Gebot der Unauflöslichkeit entwickelt; ähnlich *Schweitzer*, in: Grabitz, EWGV, Art. 240 Rdz. 4, wonach eine Auflösung des Vertrages im Einvernehmen aller Parteien so lange möglich ist, bis aufgrund fortgeschrittener Integrationsdichte der Gemeinschaft die völkerrechtliche Komponente des Vertrages vollständig überwunden ist.

[19] Vorsichtig *Everling*, FS Mosler, S. 173ff., 190, der bei fortschreitender Integration eine Vertragsänderung nur noch unter erschwerten Voraussetzungen für zulässig erachten will; ablehnend jedoch *Ehlermann*, EuR 1984, S. 113ff., 123; *Vedder*, in: Grabitz, EWGV, Art. 236 Rdz. 4; *Zuleeg*, GS Sasse, S. 55ff., 58 mit Nachweisen für die gegenteilige Auffassung; *v. Arnim*, in: GBTE, Art. 236 Rdz. 2, 3.

[20] Zum „acquis communautaire" s. *Pescatore*, RTDE 1981, S. 617ff.

Existenz der Gemeinschaft aus eigener Kraft zu bejahen. Eine solche wäre nur denkbar, wenn die Mitgliedstaaten auch aus tatsächlichen Gründen gehindert wären, eine Auflösung der Gemeinschaft und damit eine Vernichtung ihrer Existenz zu beschließen.

Würde man bei der rein rechtlichen Betrachtungsweise stehenbleiben, würde man sich zugleich dem Vorwurf der Verkennung der Strukturen des Vertrages wie auch der Blindheit gegenüber tatsächlichen und politischen Faktoren aussetzen. Der EWGV ist zutreffend als ein „traité cadre" bezeichnet worden,[21] nach dessen Technik die Vervollkommnung und genaue Ausgestaltung des Gemeinschaftsrechts der fortlaufenden Sekundärgesetzgebung der Organe sowie der Entscheidungspraxis des Gerichtshofs überlassen werden sollte.[22] Seiner Konzeption nach ist er angelegt auf „den immer engeren Zusammenschluß der Völker Europas".[23] Schon der „dynamische Charakter"[24] des Vertrages gebietet die Beachtung der Realitäten; die Frage, ob die Mitgliedstaaten noch „Herren der Verträge" sind, kann daher nur mit Blick auf den tatsächlichen Entwicklungsstand beantwortet werden.[25] Zu Recht wird in diesem Zusammenhang auf das im Laufe der Zeit im Rahmen der Gemeinschaftsrechtsordnung geschaffene kohärente Rechtssystem[26] hingewiesen sowie auf die besondere Qualität dieser Rechtsordnung.[27] Der rechtlichen Verknüpfung entspricht auch die immer stärkere wirtschaftliche Verflechtung zwischen den Mitgliedstaaten.[28] Die Auswirkungen der Errichtung der Gemeinschaft bleiben dabei nicht auf das Sachgebiet der Wirtschaft beschränkt, sondern greifen, ausgehend vom wirtschaftlichen Kern, auf viele andere Sachgebiete über.[29]

Auch außerhalb des eigentlichen Geltungsbereiches des Gemeinschaftsrechts bewegen sich die Mitgliedstaaten nicht mehr vollkommen frei; soweit solche Handlungen geeignet sind,[30] Auswirkungen auf die Gemeinschaft zu haben, kann das Gebot der Gemeinschaftstreue nach Art. 5 die Mitgliedstaaten zur Beachtung der Gemeinschaftsinteressen verpflichten.[31] Korrespondierend la-

---

[21] *Nicolaysen*, Gemeinschaftsrecht, S. 6; *Beutler*, in: BBPS, Die Europäische Gemeinschaft, S. 40.

[22] *Schwarze*, FS Carstens, S. 259ff., 260; s. dazu *Hilf*, Organisationsstruktur, S. 224ff.

[23] S. die Präambel des EWGV. Vgl. insoweit *Everling*, FS Kutscher, S. 155ff., 156-158; *Zuleeg*, FS Carstens, S. 289ff., 298.

[24] *Constantinesco*, EGR I, S. 310f.

[25] Ebenso *Everling*, FS Mosler, S. 173ff., 187; *Schwarze*, EuR 1983, S. 1ff., 34; s.a. *Hilf*, in: GBTE, Art. 240 Rdz. 7; *Schweitzer*, in: Grabitz, EWGV, Art. 240 Rdz. 4; *Tomuschat*, BK, Art. 24 Rdz. 48, jeweils m.w.N.

[26] *Everling*, FS Mosler, S. 173ff., 177.

[27] S. etwa *Ehlermann*, FS Carstens, S. 81ff.; *Schwarze*, EuR 1983, S. 1ff., jeweils m.w.N.; *Zuleeg*, FS Carstens, S. 289ff., 298.

[28] *Zuleeg*, FS Carstens, S. 289ff., 298 m.w.N.

[29] Vgl. dazu *Everling*, RabelsZ 1986, S. 193ff.; *ders.*, EuR 1987, S. 214ff.; *Zuleeg*, FS Carstens, S. 289ff., 298.

[30] Vgl. etwa *Everling*, GS Constantinesco, S. 133ff.

gern sich „um das Gefüge der Gemeinschaft ... Ringe einer engeren Zusammenarbeit der Mitgliedstaaten an“[32]; bezeichnenderweise hat auch die Europäische Politische Zusammenarbeit (EPZ) in jüngster Zeit durch die Einheitliche Europäische Akte eine formelle Verbindung mit der Gemeinschaft erfahren.[33] Jedoch ist fraglich, ob dies schon ausreicht, um eine „Irreversibilität der Existenz“[34] der Gemeinschaft anzunehmen.[35]

Die Stellungnahmen in der Literatur sind insoweit eher vorsichtig,[36] wenn nicht ablehnend.[37] Letztlich beruht die Funktionsfähigkeit der Gemeinschaft, ihre Effektivität und damit ihre Existenz auf der Akzeptanz der von ihr ausgeübten Hoheitsgewalt durch die Mitgliedstaaten.[38] Bis heute steht jedenfalls noch nicht fest, daß der „point of no return“ erreicht,[39] d.h. den Mitgliedstaaten wegen der damit verbundenen Konsequenzen ein Ausscheiden oder eine Vertragsauflösung nicht nur rechtlich, sondern auch tatsächlich und objektiv unmöglich ist. Die Akzeptanz der Mitgliedstaaten kann (noch) nicht als unumstößliche Tatsache stets und in jeder Situation als vorgegeben betrachtet werden. So lange aber ist die Gemeinschaft vom guten Willen der Mitgliedstaaten abhängig und so lange kann von einer „Irreversibilität der Existenz“ nicht gesprochen werden.[40] Daraus folgt aber auch, daß der Gemeinschaft nicht schon kraft ihrer Existenz gleichsam „originäre“ Befugnisse zustehen,[41] sondern daß sie nach wie vor an die vertraglichen Vorgaben gebunden ist.

---

[31] *Everling*, FS Mosler, S. 173ff., 178; s. aus jüngster Zeit EuGH v. 15.01.1986, Rs 44/84 (Hurd/Europäische Schule), Slg. 1986, 29ff.

[32] *Zuleeg*, FS Cartens, S. 289ff., 295; s.a. *Bothe*, FS Schlochauer, S. 761ff.

[33] Text der EEA in Bull. EG Beilage 2/86; dazu *Sedemund/Montag*, NJW 1987, S. 546ff.; *Jacque*, RTDE 1986, S. 575ff.; s.a. *De Ruyt*, Commentaire, S. 219ff.

[34] *Everling*, FS Mosler, S. 173ff., 187.

[35] *Tomuschat*, BK, Art. 24 Rdz. 48 bezweifelt, ob ein Verlust des „pouvoir constituant“ der Mitgliedstaaten allein im Wege des „gleitenden“ Übergangs überhaupt denkbar ist.

[36] S. statt vieler *Everling*, FS Mosler, S. 173ff., 187ff. m.w.N.

[37] Vgl. statt vieler *Schweitzer*, in: Grabitz, Art. 240 Rdz. 4 m.w.N.; *Tomuschat*, BK, Art. 24 Rdz. 48; *Ehlermann*, FS Carstens, S. 81ff., 83: „Die Verträge bedingen noch heute die Existenz der Gemeinschaft“.

[38] *Zuleeg*, FS Carstens, S. 289ff., 297; ähnlich *Nöll*, Völkerrechtssubjektivität, S. 145; zu internationalen Organisationen allgemein s. *Mosler*, Berichte DGVR Nr. 4, S. 39ff., 70.

[39] *Constantinesco*, EGR I, S. 182, 328: „Der point of no return ist noch nicht erreicht...“; dazu auch *Ipsen*, GS Constantinesco, S. 283ff.; *Ress*, in: Ress, Souveränitätsverständnis, S. 11ff., 18: „Damit gewinnt die Souveränitätsfrage ... die Bedeutung einer Entscheidungsreserve auf dem Boden der Vermutung, daß primäre Staatlichkeit und Souveränität so lange fortbestehen, bis der rechtliche und tatsächliche Befund der Entwicklung das Gegenteil erweist.“

[40] Ähnlich *Ress*, in: Ress, Souveränitätsverständnis, S. 11ff., 18.

[41] Zur Sonderstellung von „dauerhaften“ und „notwendigen“ internationalen Organisationen vgl. insoweit *Ress*, in: Ress, Souveränitätsverständnis, S. 11ff., 17: „wenn Organisationen dauerhaft und notwendig sind, nehmen sie eine andere Stellung ein, als

ihnen die Theorie der abhängigen Völkerrechtssubjekte derzeit zuweist."; s.a. die Thesen von *Oppermann*, Berichte DGVR Nr. 17, S. 53ff.; *Mosler*, ZaöRV 1976, S. 6ff., 24; *Schermers*, Institutional Law, S. 81 f. unterscheidet zwischen „Organizations of universal character" und „closed organizations". Bei Organisationen mit universellem Charakter stünden einem Ausschluß ohne Grundlage in der Satzung weitaus schwerwiegendere Gründe entgegen als bei solchen Organisationen, die ohnehin nur einer begrenzten Mitgliederzahl offenstünden.

§ 6 Allgemeine Strukturprinzipien

Wenn nach alledem davon auszugehen ist, daß der EWGV selbst keine Grundlage für eine gemeinschaftsrechtliche Sanktionsbefugnis enthält und daß auch ein in der Persönlichkeit der Gemeinschaft begründetes Selbstverteidigungsrecht auf EWG-vertraglicher Grundlage nicht in Betracht kommt, so bleibt zu überlegen, ob der Gemeinschaft ein Rückgriff auf außervertragliche Rechtsgrundlagen gestattet sein kann.

Dabei kommt zunächst unter dem Gesichtspunkt der Einheit der Gemeinschaftsverträge eine analoge Anwendung des Art.88 EGKSV in Betracht; eine weitere Überlegung wäre, ob die Gemeinschaft entsprechend bundesstaatlichen Gesichtspunkten auf das Institut des Bundeszwangs im Sinne eines Gemeinschaftszwangs zurückgreifen könnte; schließlich ist zu erörtern, ob sich die Gemeinschaft gegenüber ihren Mitgliedstaaten auf völkerrechtliche Grundsätze berufen kann.

I. Einheit der Verträge: Analoge Anwendung des Art. 88 EGKSV

Wenn nach dem oben Gesagten im EWGV selbst keine Sanktionsbefugnisse enthalten sind, bleibt zu überlegen, ob eine analoge Anwendung des Art.88 EGKSV im Bereich des EWGV möglich ist. Diese Möglichkeit könnte sich aus dem Gesichtspunkt der „Einheit der Verträge“ ergeben.

1. Verfahren nach Art. 88 EGKSV

Im Gegensatz zu den Vorschriften des EWGV eröffnet Art. 88 EGKSV die Möglichkeit, Zwangsmaßnahmen gegen vertragsbrüchige Mitgliedstaaten einzuleiten. Zunächst stellt, anders als im EWGV, die Kommission mittels einer Entscheidung[1] nach Art. 88 EGKSV fest, daß der betreffende Mitgliedstaat ihrer Auffassung nach seinen Verpflichtungen aus dem EGKSV nicht nachgekommen ist. Danach obliegt es dem Mitgliedstaat, seine Verpflichtungen innerhalb der in der Entscheidung festgesetzten Frist zu erfüllen oder gegen die Entscheidung Klage vor dem EuGH zu erheben. Sofern der Mitgliedstaat seine Verpflichtungen nicht erfüllt oder mit der Klage abgewiesen wird, kann die

[1] Der Begriff der Entscheidung i.S.d. EGKSV ist in Art. 14 Abs. 2 EGKSV definiert. Danach sind „Die Entscheidungen ... in allen ihren Teilen verbindlich.“ Dem Begriff der Entscheidung i.S.d. EGKSV entspricht daher sowohl die Verordnung nach Art. 189 EWGV als auch die Entscheidung nach Art. 189 EWGV, die jeweils allgemein bzw. für den Entscheidungsadressaten verbindlich sind.

Kommission nach Art. 88 Abs. 3 EGKSV nach einer mit Zweidrittelmehrheit erteilten Zustimmung des Rates verschiedene Maßnahmen ergreifen.

Zum einen kann sie Zahlungen aussetzen, die sie zugunsten des betreffenden Staates vorzunehmen hat (Art. 88 Abs. 3 Ziff. a). Zum anderen kann sie in Abweichung von dem in Art. 4 EGKSV niedergelegten Diskriminierungsverboten selbst Maßnahmen ergreifen oder die anderen Mitgliedstaaten zum Ergreifen vom Maßnahmen ermächtigen, um die Wirkungen der festgestellten Verletzung auszugleichen.[2]

Wenngleich diese Vorschrift bisher nie zur Anwendung gelangte[3] und daher — im politischen Sinne — zu Recht als „dead letter" bezeichnet worden ist,[4] handelt es sich dennoch um eine „fleet in being", die zumindest die rechtliche Möglichkeit des zwangsweisen Vorgehens eröffnet,[5] auch wenn Fragen der politischen Opportunität bisher Zurückhaltung geboten haben.

2. *Analoge Anwendbarkeit*

Damit bleibt zu überlegen, ob im Rahmen des EWGV auf Art. 88 EGKSV zurückgegriffen werden kann. Es ist zu fragen, ob sich die Kommission auf Art.88 stützen könnte, um Zwangsmaßnahmen gegen einen vom Gerichtshof wegen einer Vertragsverletzung verurteilten Mitgliedstaat zu ergreifen.

a) Für eine solche Rückgriffsmöglichkeit könnte dabei der Gesichtspunkt der Einheit der Gemeinschaftsverträge[6] sprechen. Auch wenn die Gemeinschaften ursprünglich durch drei verschiedene Verträge zu verschiedenen Zeitpunkten gegründet wurden,[7] so könnte die gegenseitige institutionelle und rechtliche Durchdringung mittlerweile in einem derartig erheblichen Maße erfolgt sein, daß es gerechtfertigt wäre, auch im juristischen Sinne von „der Europäischen

---

[2] Zum Verfahren nach Art. 88 EGKSV vgl. *Audretsch*, Supervision, S. 80f.; *Ipsen*, Gemeinschaftsrecht, S. 235; *Rasquin*, Les manquements, S. 22ff.; *Bebr*, Development of Judicial Control, S. 321ff.

[3] Vgl. nur den 21. Gesamtbericht über die Tätigkeit der Europäischen Gemeinschaften, der keinerlei Hinweise darauf enthält.

[4] *Bebr*, Development of Judicial Control, S. 326; ihm folgend *Schwarze*, EuR 1983, S. 1ff., 19.

[5] Diese Möglichkeit wurde zumindest in der Gründungszeit des EGKSV überwiegend als unproblematisch empfunden, vgl. z.B. den Bericht des Ausschusses für Wirtschaftspolitik, BT-Drucks. 2950 (1. Wahlperiode), S. 7f.; s.a. die Amtliche Begründung der Bundesregierung zum EGKSV, Anlage 3 zu BT-Drucks. 2401 (1. Wahlperiode); ferner die Begründungen der belgischen Regierung, in: Pol.Arch. Abt. 2, Schuman-Plan, Bd. 179, S. 42; der französischen Regierung, a.a.O., Bd. 180, S. 43; der italienischen Regierung, a.a.O., Bd. 181, S. 13; der luxemburgischen Regierung, a.a.O., Bd. 182, S. 20; sowie der niederländischen Regierung, a.a.O., Bd. 183, S. 135f. Allerdings wiesen Frankreich und Belgien besonders darauf hin, daß die Sanktionen gegen Staaten mit einem Höchstmaß von Garantien umgeben seien.

[6] S. dazu *Bleckmann*, EuR 1978, S. 95ff.

[7] So z.B. *Schwarze*, EuR 1983, S. 1ff., 29.

Gemeinschaft" zu sprechen.[8] Dies könnte zur Konsequenz haben, daß die drei Gemeinschaftsverträge zusammen eine einheitliche „Verfassung" oder „Grundakte" darstellen, daß die gleichen Grundsätze im Bereich aller drei Verträge zur Geltung kommen und daß die Gemeinschaft zur Erfüllung der ihr obliegenden Aufgaben gleichmäßig auf die in allen drei Verträgen enthaltenen Befugnisse und Ermächtigungen zurückgreifen kann.

In der Literatur hat sich insbesondere Bleckmann[9] ausführlich mit dem Thema der Einheit der Verträge auseinandergesetzt, wenngleich die Frage auch bei anderen Autoren angeschnitten wird.[10] Bleckmann kommt zu dem Ergebnis, daß eine einheitliche Europäische Rechtsordnung existiere, deren Trägerin eine „Europäische Gemeinschaft im weiteren Sinne" sei.[11] Diese sei „eine internationale Organisation mit nur embryonaler Rechtspersönlichkeit und mit nur embryonalen Befugnissen".[12] Man könne sich aber auch, ähnlich wie die Völkerrechtsgemeinschaft als „Trägerin" der Völkerrechtsordnung bezeichnet werde, obwohl die Völkerrechtsgemeinschaft keine einheitliche Rechtsperson darstelle, die Europäische Gemeinschaft als die Gesamtheit der Beziehungen im Raum der europäischen Gemeinschaften denken, der keine Rechtspersönlichkeit entspreche.[13]

Diese Konstruktion hat nach Bleckmann u.a. zur Folge, daß die Gründungsverträge und die Sekundärakte der drei Verträge als Teile eines umfassenden Gesamtvertrages begriffen werden, so daß zwischen ihnen die Regeln der systematischen Auslegung zur Anwendung gelangen können. Sie müßten wie die sich einander strukturell ähnelnden Gesetze eines einzigen Gesetzgebers behandelt werden.[14] Insbesondere würden die zwischen den drei Gemeinschaften bestehenden engen institutionellen und materiellen Verknüpfungen eine „inter-

---

[8] Dies ist im täglichen Sprachgebrauch mittlerweile weitgehend üblich geworden, vgl. nur *Everling*, FS Mosler, S. 173ff., 174, FN. 4. Die Praxis der Organe erscheint demgegenüber gelegentlich etwas unübersichtlich. Das Amt für amtliche Veröffentlichungen der Europäischen Gemeinschaften spricht neuerdings vom „Gerichtshof der Europäischen Gemeinschaft", vgl. Zeitschrift 5/1986, in der Sammlung Europäische Dokumentation; s. demgegenüber etwa „Einundzwanzigster Gesamtbericht über die Tätigkeit der Europäischen Gemeinschaften", vorgelegt von der „Kommission der Europäischen Gemeinschaften", Brüssel/Luxemburg 1988; allerdings geht die Einheitliche Europäische Akte, Bull. EG Beilage 2/86 auch weiterhin von drei Gemeinschaften aus.

[9] EuR 1978, S. 95ff.; *ders.*, Europarecht, S. 9-11; *ders.*, GS Constantinesco, S. 61ff., 72. S. aber auch *Constantinesco*, EGR I, S. 163-168.

[10] *Pipkorn*, in: BBPS, Die Europäische Gemeinschaft, S. 176; *Bieber*, in: Eine Verfassung für Europa, S. 49ff., 63; *Schwarze*, EuR 1983, S. 1ff., 29; *Kutscher*, Begegnung von Justiz und Hochschule, S. 1ff., 24.

[11] EuR 1978, S. 95ff., 102. Für eine Anerkennung der drei Verträge als einheitliches Verfassungssystem auch *Bieber*, in: Eine Verfassung für Europa, S. 49ff., 63; ähnlich *Zuleeg*, in: GBTE, Art. 1 Rdz. 33.

[12] EuR 1978, S. 95ff., 102.

[13] EuR 1978, S. 95ff., 102.

[14] EuR 1978, S. 95ff., 103.

vertragliche" systematische Auslegung rechtfertigen,[15] wie auch die erkennbare Gesamtkonzeption ähnlicher Funktionsmodelle für die Gemeinschaftsorgane und die in den Verträgen vorgenommene Begründung paralleler Freiheiten auf wettbewerbswirtschaftlicher Grundlage.[16] Dies hätte zur Konsequenz, daß zur Auslegung des einen Vertrages grundsätzlich auf die Regeln des anderen Vertrages zurückgegriffen werden kann, soweit in dem einen Vertrag eine Vorschrift enthalten ist, die in den Regeln des anderen Vertrages fehlt oder soweit in einem Vertrag eine Regelung klarer zum Ausdruck gelangt als in dem anderen Vertrag.[17] Letztlich sei auch der Analogieschluß zwischen den Verträgen wegen der genannten strukturellen Ähnlichkeiten gestattet.[18]

Für eine so verstandene Einheit der Verträge lassen sich auch Anhaltspunkte in der Rechtsprechung des EuGH finden. Dieser zieht nach dem Prinzip der Einheit des Gemeinschaftsrechts auch die jeweils anderen Verträge zur Auslegung einer Vorschrift heran.[19] In einer Reihe von Entscheidungen wird die Ähnlichkeit der Verträge hervorgehoben, wodurch eine Wechselwirkung der Verträge in Auslegungsfragen bewirkt wird.[20] Bereits in einer Entscheidung aus dem Jahre 1958 stellte der Gerichtshof fest, daß es wegen der grundsätzlichen Einheit, die den drei Gemeinschaften zugrunde liege, unerläßlich sei, jeden der Verträge im Lichte der beiden anderen zu interpretieren.[21] Die Ecksteine der Gemeinschaftsrechtsordnung, nämlich der Vorrang des Gemeinschaftsrechts und dessen unmittelbare Wirkung, gelten im Anwendungsbereich eines jeden der drei Verträge.[22] Auch zur Lückenfüllung im Bereich des Gemeinschaftsrechts hat der EuGH gelegentlich im Wege der Analogie auf Grundsätze der jeweils anderen Verträge zurückgegriffen.[23]

---

[15] *Bleckmann*, Europarecht, S. 10; so auch *Pipkorn*, in: BBPS, Die Europäische Gemeinschaft, S. 176.

[16] *Bleckmann*, Europarecht, S. 10; *Streil*, in: BBPS, Die Europäische Gemeinschaft, (2. Aufl. 1982) S. 232, ist dabei wohl der Auffassung, der EWGV sei wegen Art. 232 EWGV als lex generalis anzusehen.

[17] *Bleckmann*, Europarecht, S. 10; *ders.*, in: GS Constantinesco, S. 61ff., 73ff.

[18] *Bleckmann*, NJW 1982, S. 1177ff., 1181.

[19] Vgl. schon EuGH v. 16.12.1960, Rs 6/60 (Humblet), Slg. 1960 (VI), 1163ff., 1185, 1196; v. 12.05.1964, Rs 101/63 (Wagner), Slg. 1964 (X), 417ff., 432; GA *Lagrange*, Schlußanträge in den verb. Rs 3-18, 25 und 26/58 (Barbara), Slg. 1960 (VI), 458; GA *Roemer*, Schlußanträge in den verb. Rs 27 und 39/59 (Campolongo), Slg. 1960 (VI), 873f.; s. dazu *Zuleeg*, EuR 1969, S. 97ff., 102f.

[20] S. zusätzlich EuGH v. 18.05.1962, Rs 13/60 (Geitling), Slg. 1962 (VIII), 177ff., 214; dazu *Constantinesco*, EGR I, S. 167f.; zum Vertragsvergleich s. auch *Hoffmann-Becking*, Normaufbau und Methode, S. 332ff.

[21] EuGH v. 13.06.1958, Rs 9/56 (Meroni/Hohe Behörde), Slg. 1958 (IV), 9ff., 27; s.a. die Entschließung des Europäischen Parlamentes vom 16.02.1978 zu einer einheitlichen Bezeichnung für die Gemeinschaft, ABl. 1978 C 63/36; s. auch *Louis*, Rechtsordnung, S. 5ff.

[22] S. dazu *Louis*, Rechtsordnung, S. 6; *Mertens de Wilmars*, CDE 1986, S. 5ff., 18f.

[23] Dazu *Bleckmann*, NJW 1982, S. 1177ff., 1181 m.w.N.; *Hoffmann-Becking*, Normaufbau, S. 332ff. m.w.N.

b) Wenn demnach von einer durch die drei Verträge geschaffenen einheitlichen Rechtsordnung ausgegangen werden kann, stellt sich des weiteren die Frage, ob dies auch einen Rückgriff auf eine Ermächtigungsgrundlage in einem anderen Vertrag rechtfertigen kann, sofern die Verletzung des einen Vertrages in Frage steht. Damit ist die analoge Anwendbarkeit des Art.88 EGKSV im Rahmen des EWGV zu prüfen.[24]

Bleckmann selbst hebt die Notwendigkeit hervor, bei der „intervertraglichen" systematischen Auslegung sowie der Analogie, die durch die grundsätzliche innere Einheit und die einheitliche Wertordnung der Verträge prinzipiell legitimiert seien, Vorsicht walten zu lassen. Unter Umständen könne nämlich in der Tatsache, daß in einem der Verträge eine Norm fehle, die in dem anderen Vertrag enthalten sein, eine bewußte Entscheidung gegen die Existenz und Anwendbarkeit dieser Norm zu sehen sein.[25]

Eine Analogie scheidet dann aus, wenn sich aus dem Gesetz eine gegenteilige Entscheidung ergibt, mithin ein „Gegenprinzip"[26] eingreift. Betrachtet man die drei Verträge als Werk eines „einheitlichen Gesetzgebers"[27], so ist nach den Ausführungen in § 2 dieser Arbeit festzustellen, daß das Schweigen des EWGV als eine bewußte Entscheidung gegen die Übernahme der Sanktionsvorschrift des Art. 88 EGKSV zu deuten ist. Folglich scheidet eine analoge Anwendung des Art.88 EGKSV im Bereich des EWGV schon aus diesen Erwägungen aus.[28]

Die Rechtsprechung des EuGH trägt, wie oben gezeigt, zum einen den Gemeinsamkeiten der drei Verträge Rechnung. Auf der anderen Seite finden sich aber auch eine Reihe von Entscheidungen, die auf die Unterschiede zwischen den Bestimmungen der Verträge abstellen.[29] Darin kommt zum Ausdruck, daß die Ähnlichkeit der Verträge nicht dazu führen darf, daß eine Verwischung der vertraglich beabsichtigten strukturellen Unterschiede bzw. der Unterschiede im Anwendungsbereich und in der Spannweite und Intensität der Integration stattfindet.[30]

Gerade auch bei der Vertragsvergleichung läßt sich, sofern nur der Bereich eines Vertrages betroffen ist, eine Zurückhaltung des EuGH erkennen. Der

---

[24] Zur intervertraglichen analogen Anwendung von Vertragsvorschriften s.a. *Arnold*, FW 1986, S. 54ff., 74f.

[25] *Bleckmann*, Europarecht, S. 10; *ders.*, in: GS Constantinesco, S. 61ff., 73ff.

[26] So ausdrücklich im deutschen Recht *Larenz*, Methodenlehre, S. 366; beim Eingreifen eines solchen Gegenprinzips fehlt es an einer ausfüllungsbedürftigen Lücke, vgl. insoweit auch *Bleckmann*, Europarecht, S. 10.

[27] *Bleckmann*, EuR 1978, S. 95ff.

[28] Im Ergebnis ebenso *Schwarze*, EuR 1983, S. 1ff., 29.

[29] Zu den Unterschiedlichkeiten eingehend *Constantinesco*, EGR I, S. 163f.

[30] S. insoweit EuGH v. 14.12.1962, Rs 16 und 17/62 (Confédération nationale), Slg. 1962 (VIII), 960ff.; v. 15.07.1960, Rs 42, 45 und 48/59 (Lachmüller), Slg. 1960 (VI), 965ff., 989; v. 10.05.1960, Rs 27, 28 und 29/58 (Compagnie des Hauts Fourneaux), Slg. 1960 (VI), 513ff., 540.

EuGH verneinte in einem Fall[31] die Zulässigkeit der Klage einer Arbeitnehmerorganisation gegen den Rat. Die Klägerin focht einen Beschluß des Rates an, in dem dieser nach Art.18 EGKSV die Erzeuger- und Arbeitnehmerorganisationen benannt hatte, denen das Recht zustand, Kandidaten für die Besetzung des Beratenden Ausschusses nach dem EKSV zu benennen; die Klägerin war in dem Beschluß des Rates nicht aufgeführt worden. Der EuGH befand, daß nach Art. 33 EGKSV nur Klagen gegen Maßnahmen der Kommission zulässig seien, nicht aber gegen Maßnahmen des Rates. Die Klägerin gehöre auch nicht zum Kreis der Klageberechtigten nach Art.38 EGKSV, der nur die Mitgliedstaaten oder die Kommission erwähne.[32] Dem EuGH sei es nicht gestattet, von sich aus die Rechtsgrundlagen seiner Zuständigkeit zu ändern; die Klage sei daher abzuweisen. Bemerkenswert an diesem Urteil ist, daß der EuGH es offenbar gar nicht erwogen hat, die Vorschriften des EWGV oder des EAGV im Wege des Analogieschlusses heranziehen, obwohl dies - gerade im Bereich des Rechtsschutzes[33]- nahegelegen hätte.[34] Allerdings konnte angesichts der bestehenden detaillierten Regelung auch nicht vom Bestehen einer unbeabsichtigten „Lücke“ ausgegangen werden.[35]

c) Somit scheidet also eine analoge Anwendbarkeit des Art.88 EGKSV im Rahmen des EWGV aus.

Die so gefundene Antwort wird dabei noch durch die Überlegung bestärkt, daß schon qualitative Unterschiede einerseits zwischen dem Rückgriff auf eine Norm des anderen Vertrages, um damit eine Auslegungshilfe zu gewinnen, und andererseits dem Heranziehen einer Ermächtigungsgrundlage allgemeiner Art, die im ersten Vertrag nicht in dieser Form enthalten ist, bestehen. Die Frage der Ermächtigung zur Verhängung von Sanktionen berührt Grundlagen des Verhältnisses der Europäischen Gemeinschaft zu ihren Mitgliedstaaten[36]. Eine analoge Anwendung des Art.88 EGKSV im EWGV würde dieses Grundverhältnis in erheblichem Maße umgestalten. Für grundlegende Fragen bleibt es aber,

---

[31] V. 17.02.1977, Rs 66/76 (CFDT/Rat), Slg. 1977, 305ff.

[32] Slg. 1977, 305ff., 310; s. dazu die Schlußanträge von GA *Reischl*, a.a.O., S. 813.

[33] Gerade im Bereich des Rechtsschutzes hat der EuGH stets den Grundsatz vertreten, daß bei Schweigen des Vertrages die Bestimmungen über das Klagerecht extensiv zu verstehen sind; vgl. dahingehend die genaue Analyse der einschlägigen älteren Rechtsprechung bei *Schwarze*, Befugnis zur Abstraktion, S. 216ff.; s. aus der neueren Zeit die Urteile des EuGH zur Passivlegitimation des Parlaments, insb. EuGH v. 23.04.1986, Rs 294/83 (Les Verts-parti écologiste/EP), n.n.v.; v. 03.07.1986, Rs 34/86 (Rat/EP), n.n.v.

[34] Ein weiteres Beispiel, in dem der EuGH die analoge Anwendung eines allgemeinen Grundsatzes abgelehnt hat, ist die Rs 38/79 v. 05.03.1980 (Nordmark), Slg. 1980, 643; umgekehrt wurde eine Analogie für zulässig erachtet etwa in der Rs 64/74, v. 20.02.1975 (Reich), Slg. 1975, 261 ff.; in diesem Sinne auch EuGH v. 29.11.1973, Rs 31/71 (Gigante), Slg. 1973, 1353ff.

[35] S. im übrigen zur Frage der Sanktionsmöglichkeit im Bereich des EWGV die bereits erwähnte Stellungnahme des EuGH in Bull. EG Beilage 9/75, S. 17.

[36] Vgl. insoweit *Tizzano*, in: QMT, Art. 171 Anm. 2, S. 1234.

wie sich aus der Existenz der Art. 236 und Art. 237 ergibt, bei der Entscheidungsbefugnis der Mitgliedstaaten.

Dieses Ergebnis widerspricht auch nicht dem Konzept der Einheit der Verträge im Sinne einer „einheitlichen Verfassungsordnung". Im nationalen Recht etwa der Bundesrepublik Deutschland ist es eine Selbstverständlichkeit, daß die Ermächtigung zum Erlaß belastenden Verwaltungshandelns, die für ein sachlich umgrenztes Gebiet vorgesehen ist, keinesfalls im Wege der Analogie auf weitere, andere Sachgebiete übertragen werden kann[37], ohne daß dadurch die Einheitlichkeit der Rechtsordnung insgesamt in Frage gestellt würde.

II. Gemeinschaftszwang

Eine Sanktionsgewalt der Gemeinschaft könnte, nachdem sie aus den Verträgen selbst nicht entnommen werden kann, unter einem anderen Blickwinkel zu bejahen sein.

In Betracht kommt eine im Wege der Analogie vorzunehmende Übertragung des Prinzips des Bundeszwangs auf die Gemeinschaft. Die Gemeinschaft wäre zwar rein tatsächlich zur Ausübung physischer Gewalt nicht in der Lage,[38] sondern eine Sanktionsgewalt gegen Mitgliedstaaten würde sich im wesentlichen auf die Änderung von Rechtsbeziehungen beschränken müssen.[39] Insofern würde eine Befugnis zur Ausübung von "Gemeinschaftszwang„ eine andere Qualität aufweisen als der Bundeszwang zwischen Bund und Ländern, da dem Bund im Regelfall physische Zwangsmittel zur Verfügung stehen.[40] Jedoch

---

[37] Das ergibt sich schon aus dem Grundsatz des Vorbehaltes des Gesetzes für belastendes Verwaltungshandeln, vgl. statt vieler zur Erforderlichkeit einer ausreichenden Ermächtigungsgrundlage *Wolff/Bachof*, Verwaltungsrecht I, § 30 III a und b. Entsprechend gilt im Gemeinschaftsrecht das Prinzip der begrenzten Einzelermächtigung, jeder Eingriff bedarf einer besonderen Ermächtigungsgrundlage, die in der Begründung des Aktes aufgeführt sein muß, vgl. *Schumacher*, RIW 1970, S. 539ff. Allenfalls kann in Ermangelung einer spezialgesetzlichen Grundlage auf eine Generalklausel zurückgegriffen werden. Im Verhältnis zum EGKSV ist der EWGV als der sachlich umfassendere und allgemeinere Vertrag anzusehen, wie sich aus Art. 232 zeigt, vgl. *Streil*, in: BBPS (2. Aufl. 1982), Die Europäische Gemeinschaft, S. 232; wohl auch *Zuleeg*, in: GBTE Art. 1 Rdz. 22; kritisch *Constantinesco*, EGR I, S. 163ff. Gerade im EWGV findet sich jedoch keine Sanktionsermächtigung.

[38] S. *Ehlermann*, FS Carstens, S. 81ff., 83.

[39] Mit Ausnahme etwa der Nichtzahlung von Geldern; ansonsten kämen in Betracht die Suspension von Mitgliedschaftsrechten, die Ermächtigung anderer Mitgliedstaaten zum Ergreifen von Gegenmaßnahmen bzw. der Ausschluß aus der Gemeinschaft.

[40] Vgl. z.B. Art. I sec. 8 Klausel 15 der Verfassung der USA, in: *Blaustein/Flanz*, Stand Nov. 1981; Art. 37 GG. In bezug auf Art. 37 wird gesagt, daß das Mittel des Bundeszwanges in einem föderalistisch aufgebauten Staat nicht entbehrlich sei, da Vorsorge gegen diejenigen Bundesmitglieder getroffen werden müsse, die sich gegen das Bundesverhältnis richteten, vgl. *Maunz*, in: MDH, Art. 37 Rdz. 9 (Stand der Bearbeitung des Art. 37: 1960). Zu den entsprechenden Vorschriften in den Verfassungen der Schweiz,

umfaßt der Bundeszwang auch die Möglichkeit, die Bundesinteressen mit weniger stringenten Mitteln durchzusetzen.[41] Insoweit kann also eine analoge Heranziehung dieses Instituts im Gemeinschaftsrecht erwogen werden. Voraussetzung eines Analogieschlusses wäre freilich auch hier die Vergleichbarkeit der zu regelnden Sachverhalte sowie die Existenz einer „Regelungslücke" im Gemeinschaftsrecht. Da das Gemeinschaftsrecht keine staatliche Rechtsordnung darstellt,[42] wäre zunächst zu erörtern, ob die Füllung von Lücken einer Rechtsordnung durch Übernahme von Problemlösungen aus anderen Rechtsordnungen erfolgen kann, ob also die Übertragbarkeit von Lösungen zwischen zwei Rechtsordnungen zulässig ist.[43] Die grundsätzliche Zulässigkeit einer solchen Analogie zwischen Gemeinschaftsrecht und Bundesstaatsrecht dürfte wohl in Anbetracht zahlreicher struktureller Vergleichbarkeiten[44] nicht von vornherein auszuschließen sein.[45]

Jedoch liegt nach dem oben Gesagten hinsichtlich der Sanktionsbefugnis der Gemeinschaft gerade keine Regelungslücke, sondern eine bewußt vorgenommene gegenteilige Wertung vor, mithin ein Gegenprinzip, welches eine Analogie ausschließt.[46]

Zudem kann letztlich aus der Ähnlichkeit der Struktur der Gemeinschaft mit derjenigen eines Bundesstaates kein Aufschluß über ihre Befugnisse gewonnen werden. Zwar könnte gefragt werden, ob die Gemeinschaft unter Umständen deshalb nicht an das vertragliche „Sanktionsverbot" gebunden ist, weil sie einem Bundesstaat in den wesentlichen Strukturen qualitativ gleichwertig ist; sie könnte dann möglicherweise — quasi als Ausfluß dieser „bundesstaatlichen" Qualität — gleichsam automatisch befugt sein, „Bundeszwang" auszuüben, ohne daß es auf entgegenstehende vertragliche Wertungen ankäme.

Dann müßte zunächst die Feststellung getroffen werden können, daß die Befugnis zur Ausübung von „Bundeszwang" eine zwingende Folge der Bundesstaatsqualität ist; ferner wär eine genaue Klärung des Inhalts des Begriffs „Bundesstaat" erforderlich. Gegen eine solche Automatik spricht dabei schon,

---

Kanada und Australien s. *Bothe*, Kompetenzstruktur, S. 135f.; s.a. die Texte in der Sammlung *Blaustein/Flanz*.

[41] Grundlegend *Kunz*, Staatenverbindungen, S. 697-713 mit zahlreichen Nachweisen; weitere Nachweise bei *Bothe*, Kompetenzstruktur, S. 133f.

[42] S. nur *Ipsen*, Gemeinschaftsrecht, S. 189ff.

[43] Zum Verhältnis etwa des Völkerrechts zum Bundesstaatsrecht s. *Bothe*, FS Mosler, S. 111ff.

[44] Dazu *Constantinesco*, EGR I, S. 352ff.; *Riklin*, Staatenverbindungen, S. 352f.; *Grabitz*, in: Grabitz/Läufer, Das Europäische Parlament, S. 345ff.; *Ipsen*, Gemeinschaftsrecht, S. 190f.

[45] S. *Ipsen*, Gemeinschaftsrecht, S. 190f.

[46] *Bleckmann*, RIW 1978, S. 91ff., verwirft die analoge Anwendbarkeit des Prinzips des Bundeszwanges, da sie wegen der politischen und rechtlichen Bedeutung einer solchen Vertragsergänzung verfehlt sei.

daß zahlreiche Bundesverfassungen dem Bund eine solche Zwangsbefugnis ausdrücklich zuweisen.[47]

Letztlich gibt aber die oben aufgeworfene Fragestellung für eine mögliche Sanktionsbefugnis der Gemeinschaft nichts her. Das ergibt sich aus folgenden Überlegungen.

Grundsätzlich ist ein Staat bei der Ausübung seiner staatlichen Befugnisse an die Vorgaben der Verfassung gebunden; die Verfassung wird als grundlegende Apparatur und Instrument der Kontrolle des Machtprozesses bezeichnet.[48] Auch und gerade im Bundesstaat werden die jeweiligen Befugnisse des Bundes einerseits und der Glieder andererseits durch die Verfassung festgelegt.[49] In den zahlreichen Abhandlungen zu der Definition eines Bundesstaats und zur Abgrenzung eines Bundesstaats vom Staatenbund werden jeweils eine Reihe von Kriterien aufgestellt, die erfüllt sein müssen, damit begrifflich ein Bundesstaat vorliegt.[50] Das Ergebnis der Untersuchung der Bundesstaatsqualität

---

[47] Art. I Sec. 8 No. 15 der Verfassung der USA, in: *Blaustein/Flanz*, Stand Nov. 1981; Art. 73 Ziff. 11, 12 der Verfassung der UdSSR, in: *Blaustein/Flanz*, Stand Sept. 1978; Art. 355, 365 der Verfassung von Indien, in: *Blaustein/ Flanz*, Stand Nov. 1980; Art. 37 GG; *Nawiasky*, Bundesstaat als Rechtsbegriff, S. 90, hat insoweit ausgeführt, daß jede Zwangsausübung gegen die Glieder ohne positive verfassungsmäßige Grundlage von Bundesrechts wegen vollkommen ausgeschlossen sei.

[48] S. nur *Löwenstein*, Verfassungslehre, S. 127, 158; *Stern*, Staatsrecht I, S. 621, bezeichnet die Verfassung als rechtliche Grundordnung des Staates.

[49] *Stern*, Staatsrecht I, S. 484; *ders.*, a.a.O., S. 487, stellt fest, daß die Bundesstaatlichkeit zwar überall Gemeinsamkeiten aufweise, „doch sind die Ausgestaltungen unterschiedlich, etwa in der Kompetenzverteilung, ... in den Ingerenzmöglichkeiten des Bundes auf die Gliedstaaten, in der politischen oder gerichtlichen Austragung von Streitigkeiten ..."; *Löwenstein*, Verfassungslehre, S. 298, weist ausdrücklich darauf hin, daß die wesentlichen Grundlagen der föderativen Beziehungen in der Verfassungsurkunde niedergelegt sind; *ders.*, a.a.O., S. 295 stellt fest, daß die Existenz föderativer Schranken die Macht des Oberstaats gegenüber den Gliedstaaten und umgekehrt beschränkt.

[50] Nach *Héraud*, Les principes du fédéralisme, S. 62ff., kommt es entscheidend darauf an, daß die Kompetenz-Kompetenz beim Bund liege, ferner auf die Geltung des Mehrheitsprinzips im Gegensatz zum Erfordernis der Einstimmigkeit, auf die obligatorische Zuständigkeit eines obersten Gerichts zur Verfassungsinterpretation sowie auf die Unmittelbarkeit der Beziehungen zwischen den Bürgern der Gliedstaaten und dem Kollektiv; *Hay*, Federalism, S. 80ff., stellt entscheidend auf die Existenz einer Verfassungsgerichtsbarkeit und den Vorrang des Bundesrechts ab; *Seidl-Hohenveldern*, Internationale Organisationen, S. 10, sieht den entscheidenden Unterschied zum Staatenbund darin, daß die Kompetenz-Kompetenz beim Bund liege und im vollständigen Souveränitätsverlust der Gliedstaaten; *Riklin*, S. 104, spricht von einer Reihe von Kriterien, die Indizien für die Bejahung der Bundesstaatsqualität darstellen können und nennt dabei die Anwendung völkerrechtlicher oder staatsrechtlicher Grundsätze bei der Auslegung des Statuts, die Zentralisation der auswärtigen Beziehungen sowie die Ausübung unmittelbarer Hoheitsbefugnisse. Wesentliche Kriterien seien ferner, daß die Kompetenz-Kompetenz beim Gesamtverband verbleibe, daß das Statut nach staatsrechtlichen Kriterien aufgehoben werde, ganz entscheidend aber sei die Effektivität der staatlichen Ordnung; s. des weiteren *Stern*, Staatsrecht I, S. 484ff. und *Bothe*, Kompetenzstruktur, S. 8ff., jeweils mit zahlreichen weiteren Nachweisen; s.a. *Cansacchi*, Mélanges Gidel, S. 91ff.; *Cardis*, Fédéralisme, S. 86ff.; *Grabitz*, in: Grabitz/Läufer, Das Europäische Parlament, S. 349ff.

bestimmter Gebilde hängt also entscheidend davon ab, welche Kriterien als wesentlich angesehen werden; so kann es gelegentlich vorkommen, daß nach dem Ergebnis einer Untersuchung die Bundesstaatsqualität eines Gebildes verneint wird, obwohl die untersuchten Staaten nach dem eindeutigen und klar erklärten Willen ihrer Verfassungen Bundesstaaten sind.[51]

Alle diese Untersuchungen gehen von vorgegebenen Erscheinungsformen der staatlichen Kompetenzverteilung zwischen Bund und Ländern aus. Damit ist aber auch klar, daß in einem Bundesstaat die Aufteilung und Zuordnung der jeweiligen Befugnisse nicht Ausfluß der Bundesstaatsqualität sind, sondern daß vielmehr die (aufgrund welcher Kriterien auch immer vorgenommene) Einordnung als Bundesstaat Konsequenz einer vorgegebenen, sich also aus der Verfassung ergebenen Verteilung der Staatstätigkeiten ist.[52] Die Befugnisse des „Bundes“ ergeben sich also stets (explizit oder implizit) aus der Verfassung. Aus der Tatsache, daß zwei Gebilde als „Bundesstaat“ eingeordnet werden, folgt keineswegs zwangsläufig die Identität der Befugnisse[53] der jeweiligen „Zentralgewalten“.

Daraus folgt aber auch die Unergiebigkeit der obigen Fragestellung im Hinblick auf eine Sanktionsbefugnis der Gemeinschaft. Auch im Bundesstaat ergibt sich der Umfang der Befugnisse des „Bundes“ explizit oder zumindest implizit aus der Verfassung. Wenn insoweit eine Parallele gezogen wird, folgt daraus nur, daß sich eine Sanktionsbefugnis der Gemeinschaft aus ihrer „Verfassung“ ergeben müßte. Allein die strukturelle Ähnlichkeit mit einem „Bundesstaat“ ist daher nicht maßgeblich für die Bestimmung von Art und Umfang der Gemeinschaftsbefugnisse[54]. Diese müßten sich vielmehr, wie bereits festgestellt, aus der „Verfassung“[55] selbst ergeben.

---

[51] Nachweise bei *Bothe*, Kompetenzstruktur, S. 9 m.w.N.

[52] *Löwenstein*, Verfassungslehre, S. 299.

[53] *Bothe*, Kompetenzstruktur, S. 10: „Die Einordnung eines bestimmten Staates unter diese "Definition„ (vorher wurde eine Reihe von Elementen genannt, die üblicherweise bei der Definition des Bundesstaatsbegriffs gebraucht werden) ist eine question of degree, die Grenzen sind fließend. Bundesstaatliche Verfassungen pflegen einen Kompromiß zwischen zentrifugalen und zentripetalen Tendenzen darzustellen, doch die Ausgestaltung dieses Kompromisses kann sehr verschieden sein.“

[54] Vgl. insoweit *Ipsen*, Gemeinschaftsrecht, S. 190, der zunächst die strukturelle Vergleichbarkeit der Gemeinschaft mit einem Bundesstaat grundsätzlich bejaht und ausführt: „In der Summierung dieser Analogien liegt der Grund für die Versuchung, auf die bundesstaatliche oder bundesstaatsartige Rechtsnatur der Gemeinschaften zu schließen und aus dieser Konzeption "rückkoppelnd„ wiederum Folgerungen zu deduzieren, die die Bundesstaatlichkeit als solche herzugeben vermag.“ Er fährt auf S. 310 fort: „Soweit solche Analogie aber mit der Behauptung, aus der Vergleichbarkeit allein ergebe sich die Bundesstaats-Natur der Gemeinschaften oder mindestens eine Vorstufe hierzu, zugleich zu der Folgerung bemüht wird, *also* (Hervorhebung v. Ipsen) bemesse sich ihre Zuordnung in den Mitgliedstaaten durchweg nach bundesstaatlichen Verfassungsprinzipien, entbehrt sie der Grundlage.“ Nach *Ipsen*, a.a.O., S. 189 wird der Bundesstaat nicht allein durch seine Strukturierung bzw. seine Fähigkeit zur Setzung von Durchgriffsnormen qualifiziert; es komme vielmehr auf die Innehabung von Kompetenzfülle und -dichte bis hin zur

III. Rückgriff auf völkerrechtliche Grundsätze

Zu überlegen ist noch, ob die Gemeinschaft auf Vertragsverletzungen ihrer Mitglieder unter Berufung auf allgemeine völkerrechtliche Grundsätze reagieren könnte. In Betracht kämen insoweit das Institut der Repressalie,[56] die Anwendung des Art.60 WVK bzw. des Grundsatzes inadimplenti non est adimplendum,[57] die „Gegenseitigkeit" im Sinne von Riphagen[58] oder die clausula rebus sic stantibus,[59] wobei im Hinblick auf die vertragsrechtlichen Grundsätze des Art. 60 WVK bzw. der clausula gesondert zu prüfen wäre, ob diese nicht ohnehin nur unter den Mitgliedstaaten als Vertragsparteien — und damit nicht zwischen Mitgliedstaaten und Gemeinschaft — Anwendung finden könnten. Allen diesen Grundsätzen ist gemeinsam, daß bei Vorliegen ihrer Voraussetzungen die „an sich" gegebene Rechtswidrigkeit einer Handlung entfällt.

Kompetenz-Kompetenz an. Auf. S. 190 stellt er fest: „Wenn aber nicht die Strukturierung, sondern das Kompetenzmaß darüber befindet, ob der Verband Bundesstaat ist — oder dies nicht ist —, vermag strukturelle Vergleichbarkeit allein keine Folgerungen zu rechtfertigen, die die Analogie zum Bundesstaat herzugeben vermöchte." Ergänzend sei darauf hingewiesen, daß einige Autoren die Existenz einer Zwangsgewalt des Bundes als eines der Wesensmerkmale des Bundesstaates voraussetzen, vgl. etwa *Riklin*, Staatenverbindungen, S. 124; *Grabitz*, in: Grabitz/Läufer, Das Europäische Parlament, S. 354; *Cansacchi*, Mélanges Gidel, S. 103. Wenn dem zuzustimmen wäre, wenn also eine zentrale Zwangsgewalt als konstituierendes Merkmal eines Bundesstaates anzusehen wäre, dann würde sich die Annahme, daß eine solche Zwangsgewalt Ausfluß der Bundesstaatsqualität sein kann, ohnehin a priori verbieten. Denn entweder müßte sich dann die Befugnis zur Ausübung von Zwangsgewalt explizit oder implizit aus der Verfassung ergeben, womit dann die Existenz eines Bundesstaates zu bejahen wäre, oder sie wäre nicht in der Verfassung enthalten, womit dann aber auch kein Bundesstaat vorläge.

[55] Zur Wortwahl des Begriffes der „Verfassung" s. statt vieler *Zuleeg*, FS Carstens, S. 289ff., 298ff. m.w.N.; *Bleckmann*, in: Ress, Souveränitätsverständnis, S. 33ff., 58ff.

[56] Vgl. dazu statt vieler *Verdross/Simma*, Völkerrecht, S. 907ff.; s.a. *Tomuschat*, ZaöRV 1973, S. 179ff. zu den innerstaatlichen Aspekten der Durchführung einer Repressalie; *Partsch*, WV III, S. 103ff.; *Bleckmann*, FS Schlochauer, S. 193ff. sowie Draft Articles on State Responsibility der ILC, YBILC 1980 II 2, S. 30ff.

[57] Dazu und zur Abgrenzung *Simma*, ÖZöffR 1970, S. 5ff.; *Verdross/Simma*, Völkerrecht, S. 511ff.; *Sinclair*, Vienna Convention, S. 181ff., 188ff.; die WVK ist in Kraft getreten am 27.01.1980; deutscher Text in BGBl 1985 II, S. 926ff.; s.a. das Namibia-Gutachten des IGH v. 21.06.1971, ICJ-Reports 1971, 15ff., 46 zur gewohnheitsrechtlichen Anerkennung der Befugnis zur Aufhebung oder Suspendierung eines Vertrages als Rechtsfolge seiner Verletzung unter Heranziehung des damals noch nicht in Kraft getretenen Art. 60 WVK, IGH v. 18.8.1972, ICJ-Reports 1972, 45ff., 62ff., 67f.

[58] *Riphagen*, 6th Report, YBILC 1985 II 1, S. 3-19; Art. 8 des Zweiten Teils des ILC-Entwurfs zur Staatenverantwortlichkeit, YBILC 1984 II 2, S. 100 FN 322; s.a. Report of the ILC on the work of its 37th session, YBILC 1985 II 2, S. 19ff.; Report of the ILC on its 38th session, YBILC 1986 II 2, S. 35ff.; s.a. *Simma*, AVR 1986, S. 357ff., 385ff.

[59] *Verdross/Simma*, Völkerrecht, S. 526ff. m.w.N.; *Sinclair*, Vienna Convention, S. 192ff.; Kommentar der ILC zu Art. 62 WVK, YBILC 1966 II, S. 258, damals Draft Article 59; s.a. die Stellungnahme des IGH in den Fisheries Jurisdiction Cases v. 02.02.1973, ICJ-Reports 1973, 1ff., 18, 63.

Dabei ist zunächst zu berücksichtigen, daß das Völkerrecht ursprünglich nur Staaten berechtigte und verpflichtete, da nur Staaten als Völkerrechtssubjekte, d.h. Träger völkerrechtlicher Rechte und Pflichten, in Betracht kamen[60]. Spätestens seit dem Gutachten des IGH über „Wiedergutmachung für im Dienst der Vereinten Nationen erlittene Schäden"[61] dürfte jedoch allgemein anerkannt sein, daß auch internationale Organisationen Völkerrechtssubjekte sein können.[62]

1. Internationale Organisationen als Rechtsträger im Völkerrecht

Allein aus der Bejahung der Völkerrechtssubjektivität einer internationalen Organisation folgt indes nicht automatisch, daß die Organisation durch das Völkerrecht in gleichem Maße wie Staaten berechtigt und verpflichtet wäre.[63] Auf internationale Organisationen ist nicht zwangsläufig die Gesamtheit völkerrechtlicher Normen anwendbar, die für Staaten gelten.[64] Dies versteht sich von selbst für solche Normen des Völkerrechts, die bestimmte staatliche Strukturen voraussetzen, wie etwa die territoriale Souveränität oder die Gebietshoheit.[65]

Die alleinige Zuerkennung der Völkerrechtssubjektivität einer internationalen Organisation besagt zunächst nur, daß diese überhaupt Trägerin völkerrechtlicher Rechte und Pflichten ist, ohne deren Umfang bestimmen zu können.[66] Der Inhalt und Umfang ihrer völkerrechtlichen Rechte und Pflichten ergibt sich nicht unmittelbar aus dem Völkerrecht, sondern aus den entsprechenden, im Gründungsvertrag enthaltenen Zuweisungsakten der Gründerstaaten.[67]

---

[60] Vgl. insoweit den Überblick bei *Nöll*, Völkerrechtsubjektivität, S. 7-16.

[61] Gutachten v. 11.04.1949, ICJ-Reports 1949, 174ff.

[62] *Mosler*, Berichte DGVR Nr. 4, S. 39ff., beschreibt diese Vorgänge mit der nun schon klassisch zu nennenden Formulierung der „Erweiterung des Kreises der Völkerrechtssubjekte". Vgl. zur Übersicht über die verschiedenen Auffassungen zur Art des Erwerbs der Völkerrechtssubjektivität internationaler Organisationen und deren Konsequenzen für die Zuordnung völkerrechtlicher Rechte und Pflichten *Nöll*, Völkerrechtssubjektivität, S. 35-60; s.a. *Verdross/Simma*, Völkerrecht, S. 249ff.; *Seidl-Hohenveldern*, Internationale Organisationen, S. 35ff.; *Faßbender*, ÖZöffR 1986, S. 17ff.; s.a. Report of the ILC on the work of its 37th session, YBILC 1985 II 2, S. 65ff.; dort auf S. 67 s. Draft Article betr. die „Legal Personality" einer internationalen Organisation des Special Rapporteur *Diaz-Gonzales*; s.a. Preliminary Report des Special Rapporteur *Diaz-Gonzalez*, A/CN.4/370 and Corr. 1 sowie 2nd Report, A/CN.4/391 and Add. 1, Add. 1/Corr. 1, Add. 1/Corr. 2 betr. Relations between States and International Organisations; Report of the ILC on the work of its 38th session, YBILC 1986 II 2, S. 64 m.w.N.

[63] Dazu *Bleckmann*, ZaöRV 1977, S. 107ff. m.w.N.

[64] S. *Bothe*, ZaöRV 1977, S. 122ff., 126.

[65] *Seidl-Hohenveldern*, Internationale Organisationen, S. 39; *Bothe*, ZaöRV 1977, S. 122ff., 126.

[66] *Nöll*, Völkerrechtssubjektivität, S. 138, spricht insoweit unter Hinweis auf Mosler, Berichte DGVR 4, S. 39ff., 53, von einer „leere(n) begriffstechnische(n) Hülse".

[67] *Nöll*, Völkerrechtssubjektivität, S. 138 m.w.N.

In diesem Sinne ist also die Rechtspersönlichkeit der internationalen Organisationen bzw. deren Völkerrechtssubjektivität aus dem Willen der Gründerstaaten abgeleitet.[68] Die Gründerstaaten können die Anwendbarkeit bestimmter Normen auf die Organisation ausschließen; internationale Organisationen besitzen Rechtsfähigkeit und Handlungsfähigkeit nur in dem Umfang, der zur Erfüllung ihrer Funktionen notwendig und ausreichend ist.[69] Daraus folgt zunächst, daß internationale Organisationen zwar Völkerrechtssubjekte sind, soweit ihnen die Völkerrechtsfähigkeit im Gründungsinstrument ausdrücklich oder implizit verliehen worden ist;[70] der Umfang der Völkerrechtsubjektivität kann jedoch begrenzt sein.

Sofern der Organisation nach dem Gründungsvertrag eine bestimmte Handlungs- und Rechtsfähigkeit eingeräumt worden ist (wie z.B. die Fähigkeit zum Vertragsabschuß mit anderen Völkerrechtssubjekten oder zur Vornahme anderer völkerrechtlicher Handlungen[71]), stellt sich die weitere Frage, in welchem Umfang die Organisation bei der Ausübung dieser Befugnisse an die geltenden Regeln des allgemeinen Völkerrechts gebunden ist bzw. auch umgekehrt, inwieweit ihr durch die Innehabung dieser Befugnisse völkerrechtliche Rechte zuwachsen können. Z.B. dürfte anerkannt sein, daß der Satz pacta sunt servanda auch für von internationalen Organisationen abgeschlossene Verträge gilt[72] und daß sich aus dem Inhalt des solchermaßen abgeschlossenen Vertrages sowohl Rechte als auch Pflichten für die Organisation ergeben[73].

---

[68] *Seidl-Hohenveldern*, Internationale Organisationen, S. 39; *Bothe*, ZaöRV 1977, S. 122ff., 127; *Verdross/Simma*, Völkerrecht, S. 249 m.w.N.; *Seyerstedt*, Objective International Personality, S. 28, behauptet dagegen, daß internationale Organisationen eine originäre, unmittelbar vom Völkerrecht verliehene Völkerrechtssubjektivität besitzen, wenn sie effektiv als von ihren Mitgliedern unabhängige Wirkungseinheiten existieren; s.a. *Schermers*, Institutional Law, S. 774ff.; dagegen aber überzeugend *Nöll*, Völkerrechtssubjektivität, S. 122ff.; *Rama-Montaldo*, BYIL 1970, S. 111 ff. Zur Frage der Anerkennung internationaler Organisationen durch Drittstaaten vgl. *Seidl-Hohenveldern*, Internationale Organisationen, S. 43f., 80ff. m.w.N., sowie *Bernhardt*, EuR 1983, S. 199ff.

[69] Vgl. *Mosler*, Berichte DGVR Nr. 4, S. 39ff.; IGH v. 11.04.1949 (Reparation for Injuries), ICJ-Reports 1949, 174ff., 182: „as being essential to the performance of its duties".

[70] *Verdross/Simma*, Völkerrecht, S. 249ff. m.w.N.

[71] Wobei die Möglichkeit zur Vornahme internationaler Handlungen sicher Voraussetzung für die Anerkennung der Völkerrechtspersönlichkeit einer internationalen Organisation ist, vgl. nur *Seidl-Hohenveldern*, Internationale Organisationen, S. 42.

[72] *Zemanek*, Das Vertragsrecht der internationalen Organisationen, S. 46ff.; s. im übrigen z.B. Draft Articles on Treaties Concluded between States and International Organizations or between International Organizations, YBILC 1980 II 2, S. 64ff.; nunmehr ist die darauf basierende „Vienna Convention on the Law of Treaties between States and International Organizations or between International Organizations" zur Unterzeichnung aufgelegt, vgl. dazu umfassend *Vierdag*, AVR 1987, S. 82ff. sowie *Isak/Loibl*, ÖZöffR 1987, S. 49ff.

[73] Vgl. generell zur Begründung der Verbindlichkeit des Völkerrechts für internationale Organisationen *Bleckmann*„ ZaöRV 1977, S. 107ff. m.w. Beispielen.

Aus dem oben Gesagten folgt, daß internationale Organisationen nur in dem Umfang Träger völkerrechtlicher Rechte und Pflichten sein können, wie es sich aus den im Vertrag enthaltenen Befugniszuweisungen ergibt. Die Völkerrechtssubjektivität allein besagt prinzipiell also nichts über den Umfang der Kompetenzen einer internationalen Organisation. Die Befugnisse selbst ergeben sich aus dem Gründungsstatut; die Organisation kann daher auch gegenüber ihren Mitgliedstaaten nur die Befugnisse ausüben, die ihr explizit oder zumindest implizit zugewiesen sind.[74]

In diesem Zusammenhang könnte die Frage gestellt werden, wie die Beziehungen zwischen einer internationalen Organisation und ihren Mitgliedstaaten überhaupt rechtlich zu qualifizieren sind.[75] Für die Zwecke der vorliegenden Untersuchung soll dieses Problem jedoch dahingestellt bleiben. Denn jedenfalls ist es ausgeschlossen, daß eine internationale Organisation auf allgemeine völkerrechtliche Prinzipien wie etwa das Instrument der Repressalie zurückgreifen kann, um gegen ihre Mitgliedstaaten vorzugehen, da damit eine — unzulässige — Befugniserweiterung vorgenommen werden würde.[76] Völkerrechtliche Rechtfertigungsgründe können eine fehlende Befugnis bzw. Ermächtigung nicht ersetzen.

2. *Besonderheiten der Gemeinschaft*

Es fragt sich jedoch, ob dies in gleichem Maße für die Gemeinschaft Geltung beansprucht. Diese unterscheidet sich, wie bereits mehrfach betont, in einem nicht unerheblichen Maße vom Normalbild internationaler Organisationen. Während sich die Berufung internationaler Organisationen auf völkerrechtliche Rechtfertigungsgründe außerhalb ihrer vertraglich vorgegebenen Befugnisse verbietet, könnte bei der Gemeinschaft eine andere Beurteilung geboten sein. Das würde aber voraussetzen, daß die Gemeinschaft, anders als andere internationale Organisationen, ihre Befugnisse nicht ausschließlich aus ihrem Gründungsvertrag herleitet. Staaten stehen einander grundsätzlich gleichberechtigt gegenüber; die originäre Hoheitsgewalt als kennzeichnendes Merkmal des Staates wird im Regelfall (nur) durch seine Verfassung bzw. das Gebot zur Achtung der Menschenrechte begrenzt.[77] Ein Rückgriff der Gemeinschaft auf

---

[74] Allgemeine Auffassung, vgl. nur *Verhoeven*, Rev. belge droit int. 1984-1985-1, S. 79ff., 85 ff; *Ehlermann*, Rev. belge droit int. 1984-1985-1, S. 96ff., 97.

[75] Vgl. etwa die Referate von *Ginther* und *Oppermann*, Berichte DGVR Nr. 17, S. 7ff., S. 53ff.; s.a. *Bernhardt*, Berichte DGVR Nr. 12, S. 7ff. sowie *Miehsler*, Berichte DGVR Nr. 12, S. 47ff.

[76] S. dazu schon oben § 2 II 1 und 3; hiervon scharf zu trennen ist die Frage, inwieweit die Handlung einer internationalen Organisation, die diese im Rahmen der ihr zustehenden Befugnisse z.B. gegenüber einem Drittstaat vorgenommen hat, mit den völkerrechtlichen Grundsätzen über die Repressalie (oder andere Rechtfertigungsgründe) übereinstimmt. Vgl. zu diesem Aspekt des Problems etwa *Vehoeven*, Rev. belge droit int. 1984-1985-1, S. 79ff.; *Ehlermann*, Rev. belge droit int. 1984-1985-1, S. 96ff.

[77] Dazu *Grabitz*, in: Grabitz/Läufer, Das Europäische Parlament, S. 353 m.w.N.

völkerrechtliche Grundsätze schiene nur dann gerechtfertigt, wenn ihr eine ähnlich originäre, vom Willen der Mitgliedstaaten unabhängige Existenzlegitimation zukäme. Wie jedoch bereits dargestellt, ist die Gemeinschaft in ihrer Existenz nach wie vor von der Akzeptanz der Mitgliedstaaten abhängig; von einer Existenz kraft eigenen Rechts kann daher nicht gesprochen werden. Folglich scheidet auch ein Rückgriff auf allgemeine Grundsätze des Völkerrechts aus, da diese nicht dazu dienen können, fehlende Befugnisse zu ersetzen.

Es wäre im übrigen noch fraglich, ob dann, wenn eine derartige Eigenexistenz der Gemeinschaft zu bejahen wäre, ein Rückgriff auf völkerrechtliche Grundsätze nötig oder überhaupt zulässig wäre. Denn in einem solchen Fall ließe sich ein „Selbstverteidigungsrecht" der Gemeinschaft gegebenenfalls unter gemeinschaftsrechtlichen Gesichtspunkten begründen. Und unabhängig von der rechtlichen Beurteilung des Verhältnisses des Gemeinschaftsrechts zum Völkerrecht besteht jedenfalls weitgehend Einigkeit darüber, daß das Gemeinschaftsrecht als lex specialis Vorrang vor dem Völkerrecht beansprucht.[78] Dem Verhältnis zwischen Gemeinschaftsrecht und Völkerrecht soll jedoch erst im Zweiten Hauptteil dieser Arbeit nachgegangen werden.

IV. Zwischenergebnis

Eine Sanktionsbefugnis der Gemeinschaft läßt sich daher auch nicht auf außervertragliche Rechtsgrundlagen stützen. Weder kommen eine analoge Anwendung des Art. 88 EGKSV noch eine Analogie zum Bundeszwang in Betracht. Auch ein Rückgriff auf völkerrechtliche Grundsätze scheidet aus.

---

[78] Vgl. insoweit an dieser Stelle statt vieler *Schwarze*, EuR 1983, S. 1 ff., 5 m.w.N. sowie *Everling*, FS Mosler, S. 173 ff., 174 mit zahlreichen weiteren Nachweisen.

Zweiter Hauptteil

Sanktionsmaßnahmen der Mitgliedstaaten

§ 7 Sanktionen auf gemeinschaftsrechtlicher Grundlage

Nachdem festgestellt wurde, daß der Gemeinschaft — mit Ausnahme von eng umgrenzten Bereichen — keine allgemeine Sanktionsbefugnis zusteht, bleibt zu fragen, ob dann jedenfalls die Mitgliedstaaten Maßnahmen ergreifen dürfen, um einen „widerspenstigen" Vertragspartner zur Vertragstreue anzuhalten oder ihn im schlimmsten Falle aus der Gemeinschaft auszuschließen. Zu fragen ist dabei zunächst nach den möglichen Rechtsgrundlagen einer solchen Handlungsweise. Vorrangig stellt sich dabei die Frage, ob der EWGV selbst solche Handlungsmöglichkeiten vorsieht, da dies eine systemimmanente Konfliktlösung ermöglichen würde. Einer solchen würde unabhängig von dem Streit um die Rechtsnatur der Gemeinschaft zumindest in Anlehnung an den Grundsatz der lex specialis der Vorzug vor anderen, völkerrechtlichen Handlungsgrundlagen gebühren. Wenn sich jedoch herausstellt, daß das Gemeinschaftsrecht keine derartigen Regelungen zur Verfügung stellt, muß untersucht werden, ob die Mitgliedstaaten im Bereich des EWGV auf die Handlungsinstrumentarien des allgemeinen Völkerrechts zurückgreifen können. Dabei muß zunächst geprüft werden, ob das Gemeinschaftsrecht einen Rückgriff auf das allgemeine Völkerrecht von vornherein ausschließt. Erst in einem weiteren Schritt wäre zu überlegen, welche Sanktionsmechanismen des Völkerrechts nach ihren eigenen Voraussetzungen als Rechtsgrundlage in Betracht kommen könnten. Sodann müßte schließlich untersucht werden, ob die Besonderheiten des Gemeinschaftsrechts bei der Anwendung solcher Sanktionen Berücksichtigung finden müssen, und inwieweit infolgedessen gewisse Modifikationen bei der Ausübung in Betracht zu ziehen sind.

Demnach bedarf es zunächst der Untersuchung, ob sich aus dem Gemeinschaftsrecht eine Rechtsgrundlage für mitgliedstaatliche Sanktionsmaßnahmen wegen Vertragsbruchs eines anderen Mitgliedstaates ableiten läßt.

I. Art. 224, 225

Es wurde bereits darauf hingewiesen, daß Frowein[1] nach Maßgabe der Art. 224, 225 in bestimmten Situationen eine mitgliedstaatliche Reaktion mit Störungsabwehrcharakter für zulässig erachtet.[2] Frowein hat insbesondere den

---

[1] EuR 1983, S. 301 ff., 312 ff.

Fall ins Auge gefaßt, daß sich eine mitgliedstaatliche Verfassungsordnung, etwa durch einen Putsch, ändert und danach nicht mehr den gemeinschaftsrechtlichen demokratischen Erfordernissen entspricht. Ein solcher Putsch stelle eine Notstandslage i.S.d. Art. 224 dar. Freie Wahlen zum Parlament, aber auch die Bildung der nationalen Regierungen, die im Rat entscheidende Funktionen wahrzunehmen haben, durch freie Wahlen gehörten zu der von allen Gemeinschaftsinstitutionen anerkannten und gemeinschaftsrechtlich zu fördernden Mindesthomogenität zwischen den Mitgliedstaaten. Die Errichtung einer Diktatur in einem Mitgliedstaat beeinträchtige daher notwendig das Funktionieren des Gemeinsamen Marktes i.S.v. Art. 224. Unter diesen Voraussetzungen könnten sich daher die übrigen Mitgliedstaaten ins „Benehmen" setzen und auch ohne Zustimmung des betroffenen Staates Gegenmaßnahmen ergreifen. Diese könnten zu Suspendierungen von Gemeinschaftsrecht führen. Jedenfalls könne aber eine Verfassungsänderung weg von der vorausgesetzten Homogenität der Gemeinschaftsstaaten als Mißbrauch i.S.d. Art.225 angesehen werden. Damit sei auch das Verfahren nach Art. 225 anwendbar, das wiederum zur Suspendierung einiger oder aller Vertragsrechte führen könne.[3]

Zwar differenziert Frowein zwischen der oben beschriebenen Fallkonstellation und „normalen" Verstößen gegen Vertragsverpflichtungen.[4] Die Bewahrung rechtsstaatlich-demokratischer Verfassungsverhältnisse sei keine unmittelbare Rechtspflicht aus den Verträgen. Daher scheide ein Vertragsaufsichtsverfahren nach Art. 169 zunächst aus. Beim Verfahren nach Art.169 bzw. bei normalen Vertragsverstößen würde die Heranziehung völkerrechtlicher Grundsätze von vielen als Grundlage für Sanktionsmaßnahmen anderer Mitgliedstaaten verneint.[5]

Froweins Thesen bezüglich der Zulässigkeit von Sanktionsmaßnahmen bei grundlegenden Verfassungsänderungen in einem Mitgliedstaat sind als „äußerst kühn"[6], wenn nicht gar als „sachlich-rechtliche Überdehnung"[7] bezeichnet worden.[8] Ohne zu dieser Frage abschließend Stellung nehmen zu wollen ist zu bemerken, daß sich seine Ausführungen jedenfalls im möglichen Rahmen des

---

[2] Erster Hauptteil, § 1 III 2.

[3] S. insbesondere Frowein, EuR 1983, S. 301ff., 313f.; s.a. *Ehlermann*, EuR 1984, S. 113ff., 121; sowie den Diskussionsbericht zum Vortrag Froweins in EuR 1984, S. 98ff.

[4] EuR 1983, S. 301ff., 311.

[5] EuR 1983, S. 301ff., 311 u.H.A. EuGH v. 13.11.1964, Rs 90 und 91/63 (Kommission/Luxemburg und Belgien), Slg. 1964 (X), 1329ff.; *Ipsen*, Gemeinschaftsrecht, S. 100f.; *Everling*, FS Mosler, S. 173ff., 183; *Schwarze*, EuR 1983, S. 1ff.

[6] *Ehlermann*, EuR 1984, S. 113ff., 121: „Froweins Konstruktion ist äußerst kühn, aber sie hat das große Verdienst, die Antwort auf meine Frage aus dem geschriebenen Vertragsrecht zu entwickeln."

[7] *Klein*, RIW 1985, S. 291ff., 294.

[8] Zu weiteren kritischen Stimmen s.a. die Diskussion zu den Äußerungen *Froweins* in EuR 1984, S. 98ff. Gegen eine extensive Interpretation des Art. 224 s.a. EuGH v. 19.12.1968, Rs 13/68 (Salgoil), Slg. 1968, 680ff., 694.

Wortlauts der Art.224, 225 halten. Aus den genannten Artikeln leitet Frowein keine generelle Sanktionsbefugnis ab, sondern untersucht, ob die einzelnen Voraussetzungen dieser Regelungsvorbehalte zugunsten der Mitgliedstaaten[9] vorliegen.

Eine gleichartige Verfahrensweise ist jedenfalls auch bei der Prüfung der Frage geboten, ob die Nichterfüllung von Urteilen des EuGH Maßnahmen anderer Mitgliedstaaten nach Art. 224, 225 nach sich ziehen kann.

Erforderlich wäre, daß die Nichtbefolgung des Urteils eine Maßnahme darstellt, die der betroffene Mitgliedstaat zur Abwendung einer der in Art. 224 beschriebenen Notstandssituationen ergreift. Zunächst müßte also eine der genannten Situationen vorliegen, nämlich entweder eine schwerwiegende innerstaatliche Störung der öffentlichen Ordnung, Krieg oder eine ernste, eine Kriegsgefahr darstellende internationale Spannung oder aber das Erfordernis der Erfüllung einer völkerrechtlichen Verpflichtung im Hinblick auf die Aufrechterhaltung des Friedens und der internationalen Sicherheit.[10].

Sofern eine solche Situation schon tatsächlich nicht vorliegt, würde Art. 224 bereits seinen eigenen Voraussetzungen nach nicht eingreifen. Art. 225 könnte demgegenüber Anwendung finden, wenn sich ein Mitgliedstaat zu Unrecht auf das Vorliegen der Voraussetzungen des Art.224 beruft.[11]

Wenn hingegen eine Notstandssituation zu bejahen wäre, ergibt sich die Anwendbarkeit des Verfahrens des Art.224. Auch hier besteht bei Mißbrauchsverdacht die in Art.225 vorgesehene Möglichkeit der Anrufung des EuGH.[12]

Allerdings ergibt sich auch hier das Dilemma, daß Art. 225 als Abschluß des Verfahrens ein Urteil des EuGH vorsieht. Damit ist noch nichts über die Handlungsbefugnisse der anderen Mitgliedstaaten gesagt.

Zunächst trifft unzweifelhaft jeden Staat, der „Maßnahmen" i.S.d. Art. 224 ergreift, die Verpflichtung, die anderen Mitgliedstaaten davon zu benachrichtigen. Auf diese Weise wird die Grundlage für Konsultationen geschaffen,[13] die dem Zweck dienen sollen, ein gemeinsames Vorgehen aller Staaten zu bewirken. Erst dann, wenn die gemeinsamen Konsultationen scheitern, kann sich für die

---

9 *Klein*, RIW 1985, S. 291ff., 294; *Weber*, Schutznormen und Wirtschaftsintegration, S. 226; *Kißler*, Wirtschaftssanktionen, S. 266ff.; s.a. *Hummer*, in: Grabitz, EWGV, Art. 224 Rdz. 2.

10 S. zu den Voraussetzungen im einzelnen z.B. *Hummer*, in: Grabitz, EWGV, Art. 224 Rdz. 3.

11 S. dazu *Hummer*, in: Grabitz, EWGV, Art. 225 Rdz. 5ff.; *Daig* in: GBT, Art. 225 Anm. 5; *Smit/Herzog*, Commentary, 225.04; a.A. *Matthies*, in: GBTE, Art. 225 Rdz. 6, 2. Abs.

12 Art. 225 kann Anwendung finden sowohl dann, wenn — irrtümlich oder ermessensmißbräuchlich — das Vorliegen einer entsprechenden Notstandssituation angenommen wird als auch dann, wenn die Maßnahmen selbst von den vertraglichen Grundsätzen abweichen, vgl. dazu die in der vorherigen FN 11 zitierten Autoren.

13 S. *Hummer*, in: Grabitz, EWGV, Art. 224 Rdz. 4.

anderen Mitgliedstaaten die Frage stellen, ob sie einseitige Handlungen vornehmen können.[14]

Wenn eine Einigung mit dem Staat, der Sondermaßnahmen ergreift, nicht möglich ist, wird die Möglichkeit des gemeinsamen Vorgehens der übrigen Mitgliedstaaten überwiegend bejaht.[15] Dabei besteht im Grundsatz Einigkeit, daß solche Handlungen nicht bei allen Aspekten mit den Vertragsvorschriften übereinstimmen müssen. Andererseits müssen sie aber auch von dem Ziel getragen sein, die durch die einseitigen Maßnahmen verursachten Auswirkungen auf den Gemeinsamen Markt so gering wie möglich zu halten.[16] Art.224 ermöglicht damit letztlich eine delikate Ausbalancierung zwischen den sicherheitspolitischen Interessen eines Mitgliedstaates einerseits und den Belangen des Gemeinsamen Marktes andererseits. Er trägt dem Faktum Rechnung, daß die Pflicht zur Vertragserfüllung mit legitimen Aspekten der sicherheitspolitischen Bedürfnisse eines Mitgliedstaates bzw. dessen völkerrechtlichen Verpflichtungen kollidieren kann.[17]

Daraus folgt aber auch, daß die gemeinschaftlichen Maßnahmen der übrigen Mitgliedstaaten zwar darauf gerichtet sein dürfen, Störungen abzuwehren, die von den einseitigen Maßnahmen des betroffenen Staates ausgehen können. Nicht gedeckt wären im Rahmen des Art. 224 jedoch Maßnahmen mit dem Zweck, den „Störer“ zur „Vertragskonformität“ zu bewegen.

Das ergibt sich aus nachfolgenden Überlegungen. Hält sich ein Mitgliedstaat innerhalb der Grenzen des Art. 224, liegt keine Vertragsverletzung vor. Demzufolge wäre die Ausübung von Zwang durch die übrigen Mitgliedstaaten als rechtswidrig anzusehen. Aus der Existenz des Art. 224 muß sich auch für diese das Gebot zur Respektierung der besonderen Situation ihres Vertragspartners ergeben. Soweit demgegenüber der Verdacht besteht, daß der betreffende Mitgliedstaat die in Art. 224 vorgesehenen Befugnisse mißbraucht, ist sowohl für die Kommission als auch für die anderen Mitgliedstaaten gemäß Art. 225 Abs. 2 der Weg zum EuGH eröffnet.[18] Damit scheidet aber nach den relevanten

[14] Dies wird unterschiedlich beurteilt. Dafür sprechen sich aus *Smit/Herzog*, Commentary, 224.05; *Hummer*, in: Grabitz, EWGV, Art. 224 Rdz. 5; *Matthies*, in: GBTE, Art. 224 Rdz. 4, letzter Abs.; *Frowein*, EuR 1983, S. 301 ff., 313; wohl auch *Daig*, in: GBT, Art. 224 Anm. 2; a.A. *Gori*, in: QMT, Art. 224, S. 1636.

[15] So die in der vorherigen FN 14 genannten Autoren einschließlich *Gori*, a.a.O.

[16] *Matthies*, in: GBTE, Art. 224 Rdz. 4: „Das gemeinsame Vorgehen kann darin bestehen, daß die übrigen Mitgliedstaaten ... andere Maßnahmen mit dem Ziel treffen, den Gemeinsamen Markt zwischen den Mitgliedstaaten aufrechtzuerhalten, ohne die Wirksamkeit der von einem Mitgliedstaat getroffenen Maßnahme zu beeinträchtigen.“; *Daig*, in: GBT, Art. 224, Anm. 2 Abs. 3: „Die gemeinsamen oder aufeinander abgestimmten Schritte der Mitgliedstaaten haben ... dem Funktionieren des Gemeinsamen Marktes zu dienen.“

[17] S. nur *Hummer*, in: Grabitz, EWGV, vor Art. 223-225 Rdz. 1.

[18] Die Formulierung: „*kann* den Gerichtshof *unmittelbar* anrufen“ ist dahingehend zu verstehen, daß in diesem Rahmen auf das Vorverfahren verzichtet werden kann, da der betroffene Mitgliedstaat bereits in den vorangegangenen Konsultationen (an denen die

gemeinschaftsrechtlichen Grundsätzen zumindest bis zum Erlaß des Urteils durch den EuGH jede Zwangsmaßnahme im eigentlichen Sinne durch die übrigen Mitgliedstaaten aus. Denn der EuGH ist die von Gemeinschaftsrechts wegen berufene Instanz, eine Vertragsverletzung festzustellen. Für die Rechtslage nach Erlaß eines solchen Urteils aber enthalten die Art. 224, 225 keine Anhaltspunkte.

Frowein hat nun die Auffassung vertreten, daß bei Verstoß der Verfassung eines Mitgliedstaats gegen demokratische Grundsätze ein Verfahren gemäß Art. 225 eingeleitet werden könne. Im Zuge dieses Verfahrens könne der EuGH nach Art. 186 einstweilige Anordnungen treffen, die (auch) in einer Suspendierung einiger oder aller Vertragsrechte bestehen könnten.[19] Hierbei ist zum einen die Frage zu stellen, ob der EuGH im Wege der einstweiligen Anordnung Regelungen erlassen darf, obwohl er gemäß Art. 171 grundsätzlich auf die Feststellung einer Vertragsverletzung beschränkt ist.[20] Zum anderen würde damit aber, überträgt man dies in den hier interessierenden Bereich der Weigerung eines Mitgliedstaates, einem bereits ergangenen Urteil nachzukommen, eine Befugnis des EuGH und damit der Gemeinschaft zur Verhängung von Sanktionen in der Form von Druckmitteln vorausgesetzt. Daß aber eine solche „allgemeine" Sanktionsbefugnis der Gemeinschaft nicht besteht, wurde bereits im Ersten Hauptteil dieser Arbeit begründet.

II. Allgemeine Rechtsgrundsätze des Gemeinschaftsrechts

Möglicherweise sind die Mitgliedstaaten aber aufgrund eines allgemeinen Rechtsgrundsatzes des Gemeinschaftsrechts befugt, Sanktionsmaßnahmen zu ergreifen. Eine solche Möglichkeit ist in der Literatur mehrfach angedeutet worden,[21] ohne daß jedoch eine genauere Untersuchung über die Herkunft oder

---

Kommission zu beteiligen ist, vgl. *Hummer*, in: Grabitz, EWGV, Art. 224 Rdz. 4; ebenso *Matthies*, in: GBTE, Art. 224 Rdz. 4 Abs. 2) Gelegenheit hatte, seinen Rechtsstandpunkt darzulegen. Als andere Alternative steht allen Beteiligten auch das Verfahren nach Art. 169ff. offen, s. *Hummer*, in: Grabitz, EWGV, Art. 225 Rdz. 8; *Matthies* in: GBTE, Art. 225 Rdz. 5: Der Unterschied der beiden Verfahren liegt lediglich im Verzicht auf bzw. der Anwendung des Vorverfahrens; auch im Rahmen des Art. 225 bleiben die übrigen Verfahrensvorschriften anwendbar.

[19] *Frowein*, EuR 1983, S. 301ff., 313f.

[20] S. z.B. die Schlußanträge des Generalanwalts *Mayras* in den Rs 31/77 R und 53/77 R, EuGH v. 21.05.1977, Slg. 1977, 921ff.; 928ff.; generell zum Verfahren nach Art. 186 s. *Borchardt*, CMLRev 1985, S. 203ff.; s.a. die Zurückhaltung des EuGH bei der von der Kommission beantragten einstweiligen Anordnung beim sog. Schaffleischfall, EuGH v. 25.09.1979, Rs 232/78 (Kommission/Frankreich), Slg. 1979, 2729ff.; Beschluß v. 28.03.1980, Rs 24 und 97/80 (Kommission/Frankreich), Slg. 1980, 1319ff. im Rahmen des von der Kommission wegen Nichtbeachtung des ersten Urteils eingeleiteten erneuten Vertragsverletzungsverfahrens. Frankreich hatte das Urteil des EuGH nicht befolgt. Der EuGH lehnte den Erlaß einer einstweiligen Anordnung ab mit der Begründung, daß eine solche nicht erforderlich sei, weil der Gegenstand des begehrten Beschlusses im wesentlichen dem bereits ursprünglich erlassenen Urteil entspreche.

den Geltungsgrund eines derartigen gemeinschaftsrechtlichen Grundsatzes vorliegt.

Zunächst ist es erforderlich, zwischen zwei Arten von „allgemeinen Grundsätzen" zu differenzieren. Zum einen sollen unter „allgemeinen Rechtsgrundsätzen" solche Grundsätze verstanden werden, die Lösungen für Fragen enthalten, die sich in vergleichbarer Weise in allen Rechtsordnungen stellen. Bei deren Entwicklung und Herausarbeitung muß daher (auch) auf gemeinschaftsrechtsexterne Erkenntnismittel zurückgegriffen werden.[22] Beispielsfälle für solche Art von allgemeinen Rechtsgrundsätzen sind insbesondere die vom EuGH herausgearbeiteten gemeinschaftsrechtlichen Grundrechtsgewährleistungen sowie auch rechtsstaatliche Grundsätze wie z.B. der Rechtssicherheit oder des Verhältnismäßigkeitsprinzips.[23] Diese wurden vom EuGH insbesondere mit Blick auf die gemeinsamen Verfassungstraditionen der Mitgliedstaaten oder auch auf die Grundsätze der EMRK entwickelt.[24]

Zum anderen sollen unter „allgemeinen Grundsätzen des Gemeinschaftsrechts" solche verstanden werden, die sich auf spezifisch gemeinschaftsrechtliche Probleme beziehen und daher ausschließlich aus Geist und System des EWGV zu entwickeln sind.[25] Als Beispiele dafür werden das Prinzip des Vorrangs des Gemeinschaftsrechts[26] oder auch das „Verfassungsprinzip" der „Gemeinschaftstreue" [27] genannt.

Vorliegend ist zunächst zu überlegen, ob im nationalen Recht der Mitgliedstaaten begründete Rechtsinstitute wie etwa das Recht der Personengesellschaften (insbesondere das Recht zum Ausschluß eines Gesellschafters unter bestimmten Umständen)[28] oder der Wegfall der Geschäftsgrundlage als An-

---

[21] Vgl. z.B. *Frowein*, EuR 1983, S. 301 ff., 314; ähnlich wohl auch *Schwarze*, EuR 1983, S. 1 ff.; 31, u.H.a. *Lecourt*, L'Europe des juges, S. 304; *Everling*, FS Mosler, S. 173 ff., 183; s. aber auch *Meier*, NJW 1974, S. 391 ff., 393, der „die Anwendung außervertraglicher Rechtsbehelfe im Wege einer lückenfüllenden Auslegung der Verträge" und daher auch eine „Berufung auf allgemeine völkerrechtliche Grundsätze" für „durchaus denkbar" erachtet.

[22] S. *Daig*, in: GBTE, Art. 164 Rdz. 14; s.a. *Hoffmann-Becking*, Normaufbau und Methode, S. 351.

[23] Vgl. statt vieler dazu die Übersicht bei *Pernice*, in: Grabitz, EWGV, Art. 164 Rdz. 42 bis 101; *Daig*, in: GBTE, Art. 164 Rdz. 13 ff., jeweils m.w.N.; s.a. *Everling*, DVBl 1983, S. 649 ff.

[24] S. insbesondere EuGH v. 11.12.1970, Rs 11/70 (Internationale Handelsgesellschaft), Slg. 1970, 1125 ff., 1135; EuGH v. 14.05.1974, Rs 4/73 (Nold), Slg. 1974, 491 ff., 502; EuGH v. 13.12.1979, Rs 44/79 (Hauer), Slg. 1979, 3727 ff., 3745.

[25] Z. Unterscheidung vgl. *Daig*, in: GBTE, Art. 164 Rdz. 13 ff.; *Lecheler*, Allgemeine Rechtsgrundsätze, S. 56 ff., 145 ff.

[26] *Daig*, in: GBTE, Art. 164 Rdz. 14 FN 20; *Lecheler*, Allgemeine Rechtsgrundsätze, S. 164 ff. m.w.N. und Beispielen.

[27] Vgl. *Grabitz*, in: Grabitz, EWGV, Art. 5 Rdz. 15 m.w.N.

[28] Vgl. *Lecourt*, L'Europe des juges, S. 304: „Six personnes fondent une société. Trois autres se joignent à elles. Un jour l'une d'elles prétend reprendre une partie de son apport

haltspunkt für die Existenz eines allgemeinen Rechtsgrundsatzes dienen können, aufgrund dessen die Mitgliedstaaten gemeinschaftsrechtlich befähigt wären, auf Vertragsverletzungen eines anderen Mitgliedstaates zu reagieren.

Selbst wenn aber in allen Rechtsordnungen der Mitgliedstaaten solche Grundsätze enthalten wären, erschiene eine Übertragbarkeit auf das Verhältnis der Mitgliedstaaten untereinander ausgeschlossen.

Betrachtet man die Gemeinschaftsrechtsordnung als autonome Rechtsordnung, die ihren Geltungsgrund nicht im Völkerrecht, sondern in einer „Gemeinschaftsverfassung" findet, würde es sich vorliegend um ein „gemeinschaftsspezifisches" Problem handeln. Die Frage, ob in einem System mit föderalen Ansätzen, dessen Verfassung keine Sanktionsmöglichkeit vorsieht, Zwangsmaßnahmen gegen ein Mitglied des Verbundes ausgeübt werden können, stellt sich in vergleichbarer Weise allenfalls im Verfassungssystem der Bundesrepublik Deutschland. Dort sind jedoch Reaktionen der anderen Länder gegen ein „verfassungsbrüchiges" Land ausgeschlossen; vielmehr ist nach Art. 37 GG das Institut des Bundeszwangs vorgesehen.

Wenn daher unter diesen Umständen von einem „gemeinschaftsspezifischen" Problem auszugehen ist, muß die Lösung aus dem Geist und dem System des Vertrages entwickelt werden, nicht aber mit Blick auf die Rechtsordnungen der Mitgliedstaaten. Der EWGV enthält zwar Regelungen über die Grundrechte und Grundpflichten der Mitgliedstaaten, aber keine Bestimmung über mitgliedstaatliche Sanktionsmaßnahmen. Aus der „Verfassung" der Gemeinschaft läßt sich auch kein allgemeiner Grundsatz entnehmen, wonach die Mitgliedstaaten befähigt sein könnten, Druckmittel auszuüben. Auch aus Art.5 läßt sich nicht herleiten, daß es Sache der Mitgliedstaaten sein soll, für eine machtlose Gemeinschaft zu handeln.[29] Wie bereits an anderer Stelle ausgeführt, verleiht Art.5 keine Rechte, sondern setzt das Bestehen von Rechten voraus, deren Ausübung er beeinflussen kann.[30] Somit scheidet eine Sanktionsbefugnis der Mitgliedstaaten auch auf der Grundlage eines „allgemeinen Grundsatzes des Gemeinschaftsrechts" aus diesen Gründen aus.

Sofern man demgegenüber die Gemeinschaftsrechtsordnung als Bestandteil des Völkerrechts ansieht, ist zu beachten, daß allgemeine Rechtsgrundsätze aus den staatlichen Rechtsordnungen grundsätzlich nur zur Lückenfüllung beim Fehlen positiver Normen herangezogen werden,[31] insbesondere zur Begründung von Nebenpflichten gewohnheitsrechtlicher oder vertraglicher Verpflich-

---

pour en disposer unilatéralement en faveur des tiers, tout en continuant à participer aux avantages de la société. Se trouverait-il un juge, en quelque pays que ce soit, pour sanctionner cette prétention? Pourquoi en serait-il autrement, si les associés sont non de simples particuliers, mais des Etats?"; s.a. *Meier*, NJW 1974, S. 391ff., 393f.

[29] So auch *Stein*, Autorität, S. 53ff., 74f.

[30] Erster Hauptteil, § 1 III 3.

[31] Vgl. *Ress*, in: Lexikon des Rechts, S. 216ff., 218; s.a. *Mosler*, ZaöRV 1976, S. 6ff., 41ff.; *Ress*, ZaöRV 1976, S. 227ff., 258ff.

tungen.[32] Abgesehen von der Frage der Übertragbarkeit innerstaatlicher Grundsätze ins Völkerrecht[33] scheidet eine Anwendung allgemeiner Rechtsgrundsätze daher aus, soweit bereits Normen des Vertragsrechts oder des Völkergewohnheitsrechts existieren.

Die Fragen der Reaktion auf Vertragsverletzungen haben unter anderem sowohl im Recht der Repressalien als auch im Recht der Verträge (Art. 60 WVK bzw. der Grundsatz in adimplenti non est adimplendum) eine vertrags- bzw. gewohnheitsrechtliche Regelung erfahren.[34] Schon deshalb erübrigt sich eine Heranziehung allgemeiner Rechtsgrundsätze.

Im Ergebnis bleibt daher festzuhalten, daß sich aus allgemeinen Rechtsgrundsätzen des Gemeinschaftsrechts keine mitgliedstaatliche Sanktionsbefugnis herleiten läßt,[35] wobei an dieser Stelle dahinstehen kann, ob das Gemeinschaftsrecht als automone Rechtsordnung oder als Bestandteil der Völkerrechtsordnung anzusehen ist.

III. Zwischenergebnis

Eine Sanktionsbefugnis der Mitgliedstaaten auf gemeinschaftsrechtlicher Grundlage läßt sich damit weder unter Berücksichtigung der Art. 224, 225 noch anhand allgemeiner Rechtsgrundsätze des Gemeinschaftsrechts begründen.

---

[32] So z.B. die vertraglichen Nebenpflichten aus Treu und Glauben, vgl. *Hailbronner*, ZaöRV 1976, S. 190ff., 206f. m.w.N.; s.a. *Jaenicke*, WV III, S. 771.

[33] Dazu z.B. *Bothe*, ZaöRV 1976, S. 280ff., 294ff.

[34] Vgl. dazu an dieser Stelle statt vieler *Simma*, ÖZöffR 1970, S. 5ff.

[35] Im übrigen wäre zu bedenken, daß sich auch bei allgemeinen Grundsätzen des Gemeinschaftsrechts bzw. gemeinschaftsrechtl. allgemeinen Rechtsgrundsätzen solche Elemente der Unsicherheit ergeben würden, die von vielen in bezug auf die Regeln des Völkerrechts betont werden.

§ 8 Anwendbarkeit von Völkerrecht im Rahmen des EWGV

Nachdem das Gemeinschaftsrecht für die hier interessierende Frage der Handlungsmöglichkeiten der Mitgliedstaaten keine Lösung bereithält, ist zu überlegen, ob im Bedarfsfall auf völkerrechtliche Sanktionsmechanismen zurückgegriffen werden kann. Diese Fragestellung ist eng mit der Frage nach der Rechtsnatur der Gemeinschaft und der Qualität der Gemeinschaftsrechtsordnung verknüpft, die sowohl die Rechtsprechung des EuGH als auch die Literatur in hohem Maße beschäftigt hat.

I. Rechtsprechung des EuGH

Vor einer Auseinandersetzung mit den im Schrifttum vertretenen Auffassungen soll zunächst die Rechtsprechung des EuGH auf diesbezügliche Äußerungen hin untersucht werden. Eine solche Vorgehensweise entspricht der dem EuGH vom EWGV zugewiesenen Rolle der Rechtswahrung und der authentischen Interpretation zum Zweck der einheitlichen Auslegung und Anwendung des Vertragswerkes. Dabei soll zunächst eine knappe Darstellung der Grundzüge der Rechtsprechung erfolgen, soweit sie sich mit einseitigen Sanktionsmöglichkeiten der Mitgliedstaaten befaßt. Im Anschluß daran sollen die allgemeinen Aussagen des EuGH zum Verhältnis des Gemeinschaftsrechts zum Völkerrecht zusammengefaßt werden.

1. Einseitige Maßnahmen der Mitgliedstaaten im Bereich des EWGV

Bereits zu einem sehr frühen Zeitpunkt hatte der EuGH Gelegenheit, sich mit der Frage der einseitigen Reaktionsmöglichkeiten der Mitgliedstaaten auf (vermeintliche) Vertragsverletzungen auseinanderzusetzen. Der am häufigsten zitierte Fall[1] betrifft die Rechtssachen 90 und 91/63.[2] Belgien und Luxemburg hatten sich in dem gegen sie angestrengten Vertragsverletzungsverfahren mit dem Einwand, gestützt auf das allgemeine Völkerrecht, verteidigt, daß schließlich der Gemeinschaft selbst eine Vertragsverletzung zur Last zu legen sei. Der Gerichtshof entschied:

---

[1] S. *Böhm*, Kompetenzauslegung, S. 20; *Jacobs*, European Community Law, S. 7; *Schwarze*, EuR 1983, S. 1 ff., 21 spricht von „leading case“; *Däubler*, NJW 1968, S. 325 ff., 331.

[2] EuGH v. 13.11.1964, Rs 90 und 91/63 (Kommission / Belgien und Luxemburg), Slg. 1964 (X), 1329 ff.

„Ein solcher Zusammenhang zwischen den Verpflichtungen der Rechtsunterworfenen kann jedoch für das Gemeinschaftsrecht nicht anerkannt werden, denn der Vertrag schafft nicht nur wechselseitige Verpflichtungen zwischen den verschiedenen Rechtssubjekten, für die er gilt, sondern er stellt eine neue Rechtsordnung auf, nach der sich die Befugnisse, Rechte und Pflichten der Rechtssubjekte sowie die zur Feststellung und Ahndung etwaiger Rechtsverletzungen erforderlichen Verfahren bestimmen. Soweit nicht ausdrücklich etwas anderes vorgesehen ist, ergibt sich daher aus der dem Vertrag zugrunde liegenden Gesamtauffassung, daß es den Mitgliedstaaten verboten ist, sich selbst ihr Recht zu verschaffen."[3]

Dieses Urteil hatte zunächst nur mitgliedstaatliche Reaktionsmaßnahmen gegen vermeintliche Rechtsverletzungen durch die Gemeinschaft zum Gegenstand. Daß ein Verbot einseitiger Maßnahmen aber auch im Verhältnis der Mitgliedstaaten untereinander gelte, hat der EuGH in einer Reihe von späteren Urteilen hervorgehoben,[4] so insbesondere auch im sog. „Schaffleisch-Urteil".[5]

Nach dieser Rechtsprechung ist es den Mitgliedstaaten verboten, sich selbst ihr Recht zu verschaffen. Sie sind vom EuGH auf die im Vertrag vorgesehenen Verfahren und Lösungsmöglichkeiten verwiesen worden,[6] wobei der Rückgriff auf völkerrechtliche Prinzipien auszuscheiden hat.

---

[3] EuGH v. 13.11.1964, Rs 90 und 91/63 (Kommission / Belgien und Luxemburg), Slg. 1964 (X), 1329ff., 1344.

[4] EuGH v. 14.12.1971, Rs 7/71 (Versorgungsagentur), Slg. 1971, 1003ff.; EuGH v. 13.07.1972, Rs 48/71 (Kommission / Italien — Kunstschätze II), Slg. 1972, 529ff., 535; EuGH v. 07.02.1973, Rs 39/72 (Kommission / Italien), Slg. 1973, 101ff., 115: „Auch berechtigen Schwierigkeiten beim Vollzug eines Rechtsaktes der Gemeinschaft einen Mitgliedstaat nicht, sich einseitig von der Beachtung seiner Verpflichtungen loszusagen."; EuGH v. 26.02.1976, Rs 52/75 (Kommission / Italien), Slg. 1976, 277ff., 284f.: „Ein Mitgliedstaat kann sich im übrigen nicht auf die etwaige Verspätung anderer Mitgliedstaaten bei der Erfüllung der aus einer Richtlinie erwachsenden Verpflichtungen berufen, um die — auch nur zeitweilige — Nichterfüllung seiner eigenen Verpflichtungen zu rechtfertigen. Der Vertrag hat nämlich nicht nur wechselseitige Verpflichtungen zwischen den verschiedenen Rechtssubjekten, für die er gilt, geschaffen, sondern er hat eine neue Rechtsordnung aufgestellt, nach der sich die Befugnisse, Rechte und Pflichten der Rechtssubjekte sowie die zur Feststellung und Ahndung etwaiger Rechtsverletzungen erforderlichen Verfahren bestimmen."; EuGH v. 22.03.1977, Rs 78/76, Slg. 1977, 595ff., 613: „... kann dies nicht damit gerechtfertigt werden, daß andere Mitgliedstaaten dieser Verpflichtung ebenfalls nicht nachkommen. Die Auswirkungen mehrfacher Wettbewerbsverzerrungen auf den Handelsverkehr zwischen den Mitgliedstaaten heben sich nicht gegenseitig auf, sondern kumulieren sich, wodurch die schädlichen Folgen für den Gemeinsamen Markt vergrößert werden."; EuGH v. 07.02.1979, Rs 128/78 (Kommission / Großbritannien — Fahrtenschreiber), Slg. 1979, 419ff., 429.

[5] EuGH v. 25.09.1979, Rs 232/78 (Kommission / Frankreich — Schaffleisch), Slg. 1979, 2729ff., 2739; s.a. im gleichen Fall die spätere einstweilige Anordnung, Rs 24 und 97/80 R, v. 28.03.1980, Slg. 1980, 1319ff., 1333; s.a. die einstweilige Anordnung v. 04.03.1982, Rs 42/82 R (Kommission / Frankreich), Slg. 1982, 841ff., 653f.; EuGH v. 09.06.1982, Rs 95/81 (Kommission / Italien — Kaution), Slg. 1982, 2187ff., 2201f.; EuGH v. 22.03.1983, Rs 42/82 (Kommission / Frankreich), Slg. 1983, 1013ff.

[6] Vgl. dazu umfassend *Schwarze*, EuR 1983, S. 1ff., 20ff.; *Everling*, FS Mosler, S. 173ff., 182ff.; *Böhm*, Kompetenzauslegung, S. 20f.

2. *Allgemeiner Ausschluß der Geltung völkerrechtlicher Grundsätze im Bereich des EWGV*

Das Gemeinschaftsrecht enthielt ursprünglich in vielen Bereichen lediglich eine Einigung im Grundsätzlichen, war also auf die stete Fortentwicklung und Vervollkommnung angelegt.[7] Schon in den Anfängen der Rechtsprechung zum Montanvertrag wies Generalanwalt Lagrange darauf hin, daß zur Vervollständigung der Gemeinschaftsrechtsordnung sowohl Anleihen beim internationalen Recht als auch beim nationalen Recht der Mitgliedstaaten erfolgen könnten:

> „was die Quellen des internen Rechts dieser Gemeinschaft anbelangt, so steht dem offenbar nichts im Wege, daß man sie gegebenenfalls im internationalen Recht suche, normalerweise jedoch und am häufigsten wird man sie eher im innerstaatlichen Recht der verschiedenen Mitgliedstaaten finden."[8]

Lagrange empfahl vorzugsweise den Rückgriff auf die Rechtsordnungen der Mitgliedstaaten, da die allgemeinen Rechtsgrundsätze des Völkerrechts notwendigerweise viel verschwommener wären, weil sie in einem weltweiten Rahmen gesucht werden müßten.[9] Bis auf wenige Ausnahmen hat der EuGH im Laufe der Zeit die Lücken im Gemeinschaftsrecht nahezu ausschließlich mit Blick auf die nationalen Rechtsordnungen der Mitgliedstaaten geschlossen, unter Vermeidung des Rückgriffs auf die allgemeinen Grundsätze des Völkerrechts.[10] In seiner berühmt gewordenen Rechtsprechung zur Rechtsnatur der Gemeinschaft stellte er bereits im Jahre 1963 in der Entscheidung Van Gend & Loos fest:[11]

> „Aus alledem ist zu schließen, daß die Gemeinschaft eine neue Rechtsordnung des Völkerrechts darstellt, zu deren Gunsten die Staaten, wenn auch in begrenztem Rahmen, ihre Souveränitätsrechte eingeschränkt haben, eine Rechtsordnung, deren Rechtssubjekte nicht nur die Mitgliedstaaten, sondern auch die Einzelnen sind."

Wenn der EuGH dort noch von einer „neuen Rechtsordnung des Völkerrechts" sprach, charakterisierte er die Gemeinschaftsrechtsordnung wenig später als „eigene Rechtsordnung", unter Aufgabe des Begriffes „Rechtsordnung des Völkerrechts". So entschied er in der nicht weniger berühmten Entscheidung Costa ./. ENEL:[12]

---

[7] Vgl. dazu *Hilf*, Organisationsstruktur, S. 224ff.

[8] Schlußanträge zur Rs 8/55, EuGH v. 16.7.1956 (Fédéchar), Slg. 1955-1956 (II), 201 ff, 266ff.; s.a. z.B. die Schlußanträge des Generalanwalts *Mancini* v. 07.12.1982 zur Rs 230/81, EuGH v. 10.02.1983 (Luxemburg / Europäisches Parlament), Slg. 1983, 255ff., 293ff., 295; EuGH v. 15.01.1985, Rs 253/83 (Kupferberg), Slg. 1985, 157ff.; weitere Nachweise bei *Schwarze*, EuR 1983, S. 1ff., 10ff.

[9] Schlußanträge zur Rs 8/55, EuGH v. 16.07.1956 (Fédéchar), Slg. 1955-1956 (II), 201ff., 266ff., 267f.

[10] Dazu insb. *Schwarze*, EuR 1983, S. 1ff., 11ff.; zur untergeordneten Rolle des Völkerrechts bei der Bildung des Gemeinschaftsrechts s.a. *Hilf*, Organisationsstruktur, S. 228; *Böhm*, Kompetenzauslegung, S. 16; *Everling*, FS Mosler, S. 173ff., 177.

[11] EuGH v. 05.02.1963, Rs 26/82 (van Gend & Loos), Slg. 1963 (IX), 1ff., 25.

[12] EuGH v. 15.07.1964, Rs 6/64 (Costa / ENEL), Slg. 1964 (X), 1251ff., 1269f.

„Zum Unterschied von gewöhnlichen internationalen Verträgen hat der EWG-Vertrag eine eigene Rechtsordnung geschaffen, die bei seinem Inkrafttreten in die Rechtsordnungen der Mitgliedstaaten aufgenommen worden und von ihren Gerichten anzuwenden ist. Denn durch die Gründung einer Gemeinschaft für unbegrenzte Zeit, die mit eigenen Organen, mit der Rechts- und Geschäftsfähigkeit, mit internationaler Handlungsfähigkeit und insbesondere mit echten, aus der Beschränkung der Zuständigkeit der Mitgliedstaaten oder der Übertragung von Hoheitsrechten der Mitgliedstaaten auf die Gemeinschaft herrührenden Hoheitsrechten ausgestattet ist, haben die Mitgliedstaaten, wenn auch auf einem begrenzten Gebiet, ihre Souveränitätsrechte beschränkt und so einen Rechtskörper geschaffen, der für ihre Angehörigen und sie selbst verbindlich ist.

Diese Aufnahme der Bestimmungen des Gemeinschaftsrechts ändert das Recht der einzelnen Mitgliedstaaten und, allgemeiner, Wortlaut und Geist des Vertrages haben zur Folge, daß es den Staaten unmöglich ist, gegen eine von ihnen auf der Grundlage der Gegenseitigkeit angenommene Rechtsordnung nachträglich einseitige Maßnahmen ins Feld zu führen ... Die Staaten haben somit dadurch, daß sie nach Maßgabe der Bestimungen des Vertrages Rechte und Pflichten, die bis dahin ihren inneren Rechtsordnungen unterworfen waren, der Regelung durch die Gemeinschaftsrechtsordnung vorbehalten haben, eine endgültige Beschränkung ihrer Hoheitsrechte bewirkt..."

Die gesamte darauffolgende Rechtsprechung läßt erkennen, daß der EuGH die Gemeinschaftsrechtsordnung als eigenständiges, sich selbst genügendes, objektives Rechtssystem versteht, das die Befugnisse, Rechte und Pflichten der Rechtssubjekte und insbesondere die zur Feststellung und Verfolgung von Rechtsverletzungen erforderlichen Verfahren umfassend regelt.[13] Mit Blick auf die Rechtsprechung des EuGH wird gefolgert, daß die Rechts- und Verfassungsordnung der Gemeinschaft so umfassend sei, daß sie keine Ergänzung durch andere Ordnungsprinzipien zulasse.[14]

II. Literatur

In der Literatur besteht ein breites Spektrum von Stimmen, die die Anwendbarkeit der Regeln des allgemeinen Völkerrechts im gemeinschaftsrechtlichen Bereich teils ablehnen, teils befürworten. Soweit ersichtlich, besteht jedoch auch bei den Befürwortern der Rückgriffsmöglichkeit auf das allgemeine Völkerrecht grundsätzlich Einigkeit darüber, daß zunächst die innergemeinschaftlichen Verfahren ausgeschöpft sein müssen, bevor das Völkerrecht als „ultima ratio" zur Anwendung gelangen kann, da das Gemeinschaftsrecht als Sonderrecht eine Vorrangstellung beanspruche.[15] Die jeweils unterschiedlichen Begründungen für die einzelnen Standpunkte sollen nachfolgend näher beleuchtet werden.

---

[13] S. insb. EuGH v. 26.02.1976, Rs 52/75 (Kommission / Italien), Slg. 1976, 277ff., 284f.; vgl. auch z.B. EuGH v. 09.02.1982, Rs 270/80 (Polydor), Slg. 1982, 329ff.; EuGH v. 29.04.1982, Rs 17/81 (Pabst & Richartz), Slg. 1982, 1331ff.; EuGH v. 05.05.1981, Rs 804/79 (Kommission / Großbritannien und Nordirland), Slg. 1981, 1045ff.

[14] *Böhm*, Kompetenzauslegung, S. 21; *Everling*, FS Mosler, S. 173ff., 182.

[15] S. *Everling*, FS Mosler, S. 173ff., 174 m.w.N.

1. *Integrationsfreundliche Auffassung*

Insbesondere Ipsen hat nachhaltig die Auffassung vertreten, daß das Gemeinschaftsrecht weder zum Völkerrecht noch zum Staatsrecht zähle.[16] Grundlage der Gemeinschaft sei kein völkerrechtlicher Vertrag, sondern ein lediglich Vertragsformen verwendender Gesamtakt staatlicher Integrationsgewalt. Die Gemeinschaftsgründung sei Verfassungsgebung; die Mitgliedstaaten könnten mithin nicht mehr nach völkerrechtlichen Regeln beliebig über die Gemeinschaft disponieren.[17] Wörtlich bemerkt Ipsen zur Rechtsnatur der Gemeinschaft:

> „Die Gemeinschaft und das Gemeinschaftsrecht heben sich in ihren Aufgaben- und Zielbestimmungen von den sonstigen internationalen Organisationen und ihrem Recht ab durch ihre den Verfassungsauftrag der Mitgliedstaaten quantitativ und qualitativ beeinflussende Entnationalisierung öffentlicher Aufgaben ... Ihre Rechtsordnung ist — anders als die bei sonstigen internationalen Organisationen — eine nach Herkunft und Geltungsgrund originäre. Dem Völkerrecht gegenüber ist sie eine ebenso eigenständige Rechtsordnung wie gegenüber dem Staatsrecht."[18]

Daraus leitet er den Ausschluß der allgemeinen Grundsätze des Völkerrechts im Gemeinschaftsrecht ab. Für die hier interessierende Frage gilt, daß sich Sanktionen bei Vertragsverletzungen ausschließlich nach Gemeinschaftsrecht, nicht aber nach allgemeinem Völkerrecht bestimmen sollen.[19]

Auch Pescatore stellt auf die Besonderheiten der Rechtsnatur des Gemeinschaftsrechts ab. Diese sei von einer anderen Qualität als die Völkerrechtsordnung.[20] Während jenes auf der Grundlage der Kooperation und des Konsensprinzips errichtet sei, sei die Gemeinschaftsrechtsordnung durch die Charakteristika der Solidarität und der Integration gekennzeichnet.[21] Der Rückgriff auf die allgemeinen Grundsätze des Völkerrechts im Gemeinschaftsrecht würde einen „facteur de désintégration" bilden;[22] es gelte, die Einführung eines solchen „Trojanischen Pferdes" in den Gemeinschaftsrechtskreis zu vermeiden.[23]

---

[16] *Ipsen*, Gemeinschaftsrecht, S. 7.

[17] *Ipsen*, Gemeinschaftsrecht, S. 100f.

[18] *Ipsen*, Gemeinschaftsrecht, S. 7.

[19] *Ipsen*, Gemeinschaftsrecht, S. 531; daß das Gemeinschaftsrecht als eigene Rechtsordnung anzusehen sei wird ferner betont etwa von *Nöll*, Völkerrechtssubjektivität, S. 23ff.; *Hoffmann*, DÖV 1967, S. 433ff., 434; *Everling*, FS Kutscher, S. 173ff., auf dessen Begründung noch näher einzugehen sein wird; *Böhm*, Kompetenzauslegung, S. 15; *Kutscher*, Begegnung von Justiz und Hochschule, S. 1ff., 33; s.a. *ders.*, EuR 1981, S. 392ff., 410; weitere Nachweise bei *Schwarze*, EuR 1983, S. 1ff., FN 2.; vgl. auch *Beutler*, in: BBPS, Die Europäische Gemeinschaft, S. 73. 20)*Pescatore*, RTDE 1981, S. 617ff.

[21] *Pescatore*, CMLRev 1970, S. 167ff., 169; s.a. *Meessen*, CMLRev 1976, S. 485ff.

[22] *Pescatore*, L'Ordre juridique, S. 165; s.a. *Jacot-Guillarmod*, Droit communautaire, S. 47.

[23] *Pescatore*, FS Mosler, S. 661ff., 663 FN 5.

Everling begründet den Ausschluß der völkerrechtlichen Sanktionsmöglichkeiten damit, daß die Gemeinschaftsrechtsordnung nach „Struktur, Inhalt und Umfang" bereis ein „derart eigenständiges und vervollständigtes Normensystem" darstelle, daß sie die Anwendung ergänzender Regelungen des allgemeinen Völkerrechts ausschließe.[24] Darüber hinaus sei zu beachten, daß aus dem Gemeinschaftsrecht auch für die Bürger der Mitgliedstaaten unmittelbare Rechte entstanden seien. Verschaffe sich ein Mitgliedstaat im Wege der Retorsion selbst sein Recht, so würde er damit zugleich die Rechte der Bürger treffen, die in dem schädigenden Mitgliedstaat lebten und die eigene, nicht mehr von diesem Mitgliedstaat abhängige und daher auch nicht mehr gegenüber diesem Mitgliedstaat entziehbare Rechte innehätten.[25]

Zusammenfassend kann gesagt werden, daß der Rückgriff auf völkerrechtliche Grundsätze und damit auf das Völkerrecht als Rechtsgrundlage für mitgliedstaatliche Sanktionsmaßnahmen im wesentlichen mit folgenden Begründungen ausgeschlossen wird:

— die Eigenständigkeit bzw. Autonomie der Rechtsnatur der Gemeinschaft und ihres Rechts,

— die strukturellen Unterschiede zwischen Völkerrecht und Gemeinschaftsrecht,

— das in sich geschlossene Rechtssystem bzw. Regelwerk,

— die Gefahr der Desintegration der Gemeinschaft,

— die individuellen Rechte der Marktbürger.

2. Völkerrechtsfreundliche Auffassung

Demgegenüber finden sich auch eine Reihe von Autoren, die die — subsidiäre — Anwendbarkeit des Völkerrechts im Rahmen des Gemeinschaftsrechts nach wie vor befürworten. Auch hier finden sich bei aller Übereinstimmung im Ergebnis unterschiedliche Begründungen:

An einer klassisch völkerrechtlichen Auffassung hält Tomuschat fest. Für ihn stellt die Gemeinschaft eine internationale Organisation dar, wenn auch mit allen Merkmalen der Supranationalität i.S.d. Art.24 GG.[26] Zur Beurteilung der Gemeinschaft müsse man in erster Linie von den äußeren Rechtsformen ausgehen. Solange die Rechtsgrundlage von einem völkerrechtlichen Vertrag gebildet werde, der von allen Mitgliedstaaten als in den möglicherweise erschwerten, aber dennoch üblichen Formen des völkerrechtlichen Vertragsrechts aufhebbar erachtet werde, sei die Grenze zum Bundesstaat nicht

---

[24] *Everling*, FS Mosler, S. 173ff., 178ff., 182; ablehnend auch *Constantinesco*, EGR I, S. 180ff.

[25] *Everling*, FS Mosler, S. 173ff., 182; zustimmend *Schwarze*, EuR 1983, S. 1ff., 23.

[26] BK, Art. 24 Rdz. 42.

überschritten.[27] Die Mitgliedstaaten seien jedenfalls im völkerrechtlichen Sinne Herren der Verträge und damit der Gemeinschaft geblieben, da sich die Gemeinschaft bisher nicht von ihrer völkervertragsrechtlichen Grundlage gelöst habe.[28]

Zu dem gleichen Ergebnis gelangt Meng, der wörtlich schreibt:

„Die These von der Autonomie ist ein Idealbild, kein normativer Befund."[29]

Er betrachtet das Recht der internationalen Organisationen und auch das Gemeinschaftsrecht als eine Entwicklungsstufe des Völkerrechts, ordnet es also dem Völkerrecht zu.[30] Das ergebe sich daraus, daß der Geltungsgrund des Gemeinschaftsrechts vom Geltungsgrund des Völkerrechts abhängig sei. Zwar habe sich der Rechtserzeugerkreis gegenüber dem Völkerrecht erweitert; dies sei aber vermittels völkerrechtlicher Kompetenznormen erfolgt.[31]

Auch Bleckmann vertritt die Auffassung, daß die Regeln des Völkerrechts innerhalb der Gemeinschaft für die Beziehungen der Mitgliedstaaten gelten, soweit das Gemeinschaftsrecht selbst keine besonderen Regelungen bereithalte.[32] Er verweist ebenfalls darauf, daß das Gemeinschaftsrecht auf völkerrechtlichen Verträgen beruhe und daß deshalb so lange von seinem völkerrechtlichen Charakter ausgegangen werden müsse, bis einschlägige Indizien gegen eine solche Qualifizierung sprächen.[33]

Einen vollständig anderen Ansatz, wenngleich auch von einem völkerrechtlichen Ausgangspunkt aus, hat Simma in jüngerer Zeit verfolgt.[34] Er hat zunächst das von Sonderberichterstatter Riphagen im Rahmen der Arbeiten der International Law Commission zu Fragen der Staatenverantwortlichkeit erarbeitete Konzept der „self-contained regimes"[35] analysiert. Nach der Vorstellung Riphagens stellt das Völkerrecht nicht ein einziges Rechtssystem dar. Gerade bei der Frage nach den Rechtsfolgen einer Völkerrechtsverletzung müsse differenziert werden. Das Völkerrecht bestehe aus einer Vielzahl von mehrfach

---

[27] BK, Art. 24 Rdz. 48.

[28] BK, Art. 24 Rdz. 48, 99.

[29] *Meng*, Recht der Internationalen Organisationen, S. 167.

[30] *Meng*, Recht der Internationalen Organisationen, insb. S. 119ff., 162ff. m.w.N.

[31] *Meng*, Recht der Internationalen Organisationen, S. 211.

[32] DÖV 1978, S. 391ff.; *ders.*, Europarecht, S. 118ff.; *ders.*, JIR 1975, S. 300ff.; *ders.*, EuR 1981, S. 101ff., 108; *ders.*, in: Ress, Souveränitätsverständnis, S. 33ff., 43ff.; *ders.*, RIW 1978, S. 91ff.

[33] *Bleckmann*, Europarecht, S. 302; auch *Seidl-Hohenveldern*, Internationale Organisationen, S. 7f., 219ff. betrachtet die Gemeinschaft grundsätzlich als internationale Organisation mit allen einschlägigen Konsequenzen; s.a. *Simma*, FS von der Heydte, S. 628ff.; *Zuleeg*, GS Sasse, S. 55ff., 58f.; *ders.*, FS Carstens, S. 289ff.

[34] NYIL 1985, S. 111ff.

[35] Insb. *Riphagen*, 3rd Report, YBILC 1982 II 1, S. 22ff.; *ders.*, 4th Report, YBILC 1983 II 1, S. 3ff.

miteinander verknüpften Subsystemen. Jedes Subsystem könne spezifische Sekundärnormen enthalten, die die Rechtsfolgen der Verletzung einer völkerrechtlichen Primärnorm, also einer Norm, die materielle Verpflichtungen enthält, regeln. Soweit aber solche Spezialregeln existierten, schlössen sie die Anwendbarkeit anderer, genereller Sekundärnormen über die Rechtsfolgen einer Völkerrechtsverletzung aus, ebenso wie den Rückgriff auf die Sekundärnormen eines anderen Subsystems. Solche anderen Normen könnten nur subsidiär zur Anwendung gelangen, etwa dann, wenn das in Frage stehende Subsystem keine eigenen relevanten Sekundärnormen enthalte oder insgesamt „versage".[36] In diesem Zusammenhang ist auch mehrfach die Bezeichnung „self-contained regime" gebraucht worden. Simma schlägt vor, das Konzept der „self-contained regimes" wie folgt zu verstehen.[37] Nicht jedes Subsystem im o.g. Sinne sei ein „self-contained regime". So könnten vielmehr nur solche Subsysteme bezeichnet werden, die ein umfassendes Regelwerk von Sekundärnormen enthielten, die die Rechtsfolgen einer Rechtsverletzung vollständig und lückenlos regelten und damit einen Rückgriff auf andere Rechtsfolgenregeln ausschlössen.[38] Nachfolgend untersucht Simma, ob die Gemeinschaft ein in diesem Sinne zu verstehendes „self-contained regime" darstelle. Sein Ansatz weist insoweit gewisse Ähnlichkeiten mit der von Everling[39] verfolgten Fragestellung auf, die oben bereits dargelegt wurde. Simma kommt zu einem negativen Ergebnis. Im Gemeinschaftsrecht bestünden keine Regelungen, die die Rechtsfolgen einer Mißachtung von Urteilen des Gerichtshofs bestimmten. Angesichts dieser Tatsache sei, wenn auch mit bestimmten Einschränkungen, ein Rückgriff auf die allgemeinen Regeln des Völkerrechts zulässig.[40]

Bernhardt scheint eine vermittelnde Auffassung zu vertreten. Die Mitgliedstaaten seien insoweit nicht mehr Herren der Verträge, als eine Reihe von völkerrechtlichen Auslegungsregelungen, so insbesondere die Berücksichtigung des dem Vertragsabschluß nachfolgenden Verhaltens der Staaten, im Gemeinschaftsrecht unanwendbar seien.[41] Andererseits bleibe aber der völkerrechtliche Ursprung erhalten, wobei allerdings auf dieser Basis eine eigenständige Rechtsordnung der Gemeinschaft entstanden sei. Dabei bestehe diese Eigenständigkeit nicht darin, daß die Verfassung der Gemeinschaft die völkerrechtliche Basis verdrängt habe und nunmehr eine neue, unabhängige Geltungsgrundlage des Gemeinschaftsrechts darstelle. Die Eigenständigkeit der Rechtsordnung liege darin, daß die Verträge und die dadurch ausgelöste Dynamik zu einer

---

36 S. dazu *Simma*, NYIL 1985, S. 111ff., 115ff. m.w.N.

37 *Simma*, NYIL 1985, S. 111ff., 117ff.

38 S.a. *Zoller*, Peacetime Unilateral Remedies, S. 84ff., 89.

39 FS Mosler, S. 173ff.

40 *Simma*, NYIL 1985, S. 111ff., 128f.; s.a. *Stein*, Autorität, S. 53ff., 73ff.; vgl. auch *Klein*, RIW 1985, S. 291ff.; *Weber*, Schutznormen und Wirtschaftsintegration, S. 446ff.; *Karpenstein*, in: Grabitz, EWGV, Art. 171 Rdz. 19ff.

41 FS Kutscher, S. 17ff., 21; *ders.*, FS Bindschedler, S. 229ff., 235f.

Vielzahl von Normen geführt hätten, die weder im Völkerrecht, im Recht der internationalen Organisationen noch im staatlichen Recht vergleichbare Parallelen fänden.[42]

Daneben seien noch solche Autoren genannt, die den Rückgriff auf völkerrechtliche Normen (auch) wegen des sonst entstehenden rechtlichen Vakuums und den daraus resultierenden Gefahren für unerläßlich halten,[43] wobei zum Teil darauf verwiesen wird, daß das Gemeinschaftsrecht dann ohnehin gewisse Modifizierungen bewirke.[44]

Im wesentlichen finden sich also drei Begründungen für die Anwendbarkeit des allgemeinen Völkerrechts zwischen Mitgliedstaaten im gemeinschaftsrechtlichen Rahmen:

— die Völkerrechtsnatur des Gründungsvertrages, von dem sich die Gemeinschaft nicht gelöst hat, und die daraus folgende Zuordnung des Gemeinschaftsrechts zum Völkerrecht,

— die Tatsache, daß das Gemeinschaftsrecht eben kein in sich abgeschlossenes System von Rechtsfolgenormen enthalte,

— und der Hinweis auf die Gefahren, die mit einem Verzicht auf jegliche Möglichkeit zur Ausübung von Zwang verbunden wären.

III. Stellungnahme

Nachdem die wesentlichen Argumente für und wider die Anwendbarkeit der allgemeinen Regeln des Völkerrechts herausgefiltert worden sind, sollen sie auf ihre jeweilige Brauchbarkeit hin untersucht werden.

1. Desintegrationsgefahr

Das Argument der Desintegrationsgefahr hat für sich genommen keinen selbständigen rechtlichen Bedeutungsgehalt. Vielmehr ist es als ein Postulat oder moralischer Appell zu verstehen, dem augenfällige Wertungen zugrunde liegen.

---

[42] *Bernhardt*, FS Bindschedler, S. 229ff., 233; ähnlich *Ress*, in: Ress, Souveränitätsverständnis, S. 11ff., 15f., 18; s. im übrigen auch *v. Simson*, FS Kutscher, S. 481ff., der als den konstituierenden Akt die Unterwerfung unter eine voraussehbare Zwangsläufigkeit ansieht; ähnlich wie *Bernhardt* auch *Nöll*, Völkerrechtssubjektivität, S. 26ff., der zwischen der Völkerrechtsqualität (und entspr. Abänderbarkeit) der Gründungsverträge einerseits und dem parallelisierten eigenen (primären) Recht der Gemeinschaft andererseits unterscheidet. Das Gemeinschaftsrecht stelle insofern eine eigene Rechtsordnung dar, als sie originär und effektiv sei. „Die supranationale EG ist folglich eine internationale Organisation mit eigenständiger Rechtsordnung.", a.a.O., S. 31.

[43] Z.B. *Jacobs*, European Community Law, S. 27ff.; *Däubler*, NJW 1968, S. 325ff., 331.

[44] Z.B. *Simma*, NYIL 1985, S. 111ff., 128; *Stein*, Autorität, S. 53ff., 73ff.

Konkret geht es um die Frage der „Nützlichkeit“ von Sanktionsmöglichkeiten im Hinblick auf die Ziele der europäischen Integration überhaupt. Hier kann in der Tat die Frage gestellt werden, ob die Ausübung von Zwang oder gar der Ausschluß geeignet sein mag, diese Ziele voranzutreiben. Unzweifelhaft liegt es maßgeblich am politischen Willen der Mitgliedstaaten, ob und in welchem Umfang Fortschritte auf dem Weg zu einem geeinten Europa erzielt werden. Fehlt dieser Wille, muß ein solcher Tatbestand unweigerlich zur Stagnation führen. Zu Recht kann gefragt werden, ob Zwang das geeignete Mittel ist, um diesen Willen herbeizuführen oder sogar zu ersetzen. Andererseits ist aber zu bedenken, daß auch staatliche Rechtsordnungen nicht ohne Zwang auskommen können. Dem Verzicht der Einzelnen auf die Möglichkeit zur Selbsthilfe steht die Einrichtung eines staatlichen Verfahrens mit der Möglichkeit der Zwangsvollstreckung gegenüber. Eine solche Vollstreckungsmöglichkeit ist gemeinschaftsrechtlich gerade nicht vorgesehen und eingerichtet worden.

Würde man daraus allein ein Verbot jeglicher Selbsthilfemaßnahmen seitens der Mitgliedstaaten folgern, so käme dies einer vollkommenen Entrechtung gleich. Die anderen Mitgliedstaaten hätten keinerlei Schutz- und Handlungsmöglichkeit, wenn ein einzelner Staat aus dem Regime des Gemeinschaftsrechts ausscheren würde und z.B. eine Reihe von Maßnahmen gleicher Wirkung wie mengenmäßige Beschränkungen (Art.30) aufrechterhalten oder seine Unternehmen in vertragswidriger Weise zu Lasten der übrigen Wettbewerbsteilnehmer subventionieren würde. Ganz im Gegenteil würde der vertragsbrüchige Staat zu Lasten des Gemeinsamen Marktes und der weiterreichenden Integrationsziele einen Vorteil davontragen und damit seinerseits die Gefahr der Desintegration oder zumindest der Gefährdung des „acquis communautaire“ hervorrufen. Bestünde keinerlei Möglichkeit, wenn schon nicht für die Gemeinschaft, so doch für die übrigen Mitgliedstaaten, den Vertragsbrecher notfalls mit Zwang zum Rückkehr zum Recht zu bewegen oder, falls dies wegen der dadurch wiederum erzeugten Nachteile für den Gemeinsamen Markt auszuschließen sein sollte, ihn im Interesse der Erhaltung des Integrationsbestands als ultima ratio aus der Gemeinschaft auszuschließen, bestünde jedenfalls genauso eine „Gefahr der Desintegration“ wegen Machtlosigkeit. Eine „Nützlichkeit“ von Sanktionen kann also nicht unter allen Umständen verneint werden.

Der Rückgriff auf allgemeine Grundsätze des Völkerrechts würde also nicht notwendigerweise eine „Gefahr der Desintegration“ bedeuten, sondern, u.U. im Zusammenspiel mit den besonderen Grundsätzen des Gemeinschaftsrechts, etwaige Gegenmaßnahmen auch und gerade zugunsten der Gemeinschaft in geordnete Bahnen lenken können.

Zusammenfassend kann daher festgehalten werden, daß das Postulat der „Gefahr der Desintegration“ auch unter Außerachtlassung rechtlicher Aspekte unbegründet erscheint oder sich zumindest das moralisch gleichwertige Postulat der „Desintegration durch Machtlosigkeit“ entgegenhalten lassen muß.

2. *Rechtsnatur der Gemeinschaft / eigene Rechtsordnung*

Unzweifelhaft weist die Gemeinschaft zahlreiche Merkmale auf, die sie von herkömmlichen internationalen Organisationen unterscheidet, und ebenso unzweifelhaft ist sie kein Staat. Dabei stellt sich die Frage, ob diese Besonderheiten ausreichen, um den Ausschluß der allgemeinen Regeln des Völkerrechts zwischen den Mitgliedstaaten zu begründen. Die Begriffe der besonderen „Rechtsnatur" und der „eigenständigen Rechtsordnung" bedürfen daher genauerer Analyse.

Beide Begriffe sind eng miteinander verknüpft.

Betrachtet man die Gemeinschaft als internationale Organisation, ist ihre „Rechtsnatur" also die einer solchen Organisation, könnte auch das Gemeinschaftsrecht, vergleichbar dem internen Recht internationaler Organisationen, im Ergebnis dem Völkerrecht zuzuordnen sein;[45] die Beziehungen zwischen den Mitgliedstaaten würden grundsätzlich weiter vom Völkerrecht regiert.

Geht man jedoch von der Eigenständigkeit der Gemeinschaft als supranationaler Organisation aus, so kann daraus auch die Eigenständigkeit des Gemeinschaftsrechts folgen mit der Konsequenz, daß die unmittelbare Anwendbarkeit des Völkerrechts zwischen den Mitgliedstaaten zu verneinen wäre.

a) Insoweit wird vertreten, die Gemeinschaft sei eine „internationale Organisation mit eigenständiger Rechtsordnung".[46] Zwar verdanke die Gemeinschaft ihre Existenz völkerrechtlichen Verträgen, so daß die Zugehörigkeit ihrer Rechtsordnung zum Völkerrecht nahezuliegen scheine. Die Qualifizierung des Gründungsaktes könne aber nicht einzig maßgebliches Kriterium für die Einordnung des Gemeinschaftsrechts sein; das beweise die rechtstheoretische Erklärbarkeit der Vorgänge bei der Entstehung eines Bundesstaats. Auch hier sei der Gründungsvertrag dem Völkerrecht zuzuordnen, und niemand bestreite, daß die Verfassung (der Gründungsvertrag) und das in Übereinstimmung mit ihr entstandene Recht kein Völkerrecht, sondern Staatsrecht sei.[47] Der Grund liege in der Rezeption durch die Organe der neu geschaffenen Staatenverbindung, die dann den Inhalt des völkerrechtlichen Gründungsvertrages als eigenes Recht anwenden würden. Wenn die so geschaffene Ordnung effektiv sei, sei durch diesen Vorgang der Parallelisierung eine neue Rechtsordnung mit eigener Grundnorm entstanden.[48]

Die Zugehörigkeit einer Norm zu einer Rechtsordnung bestimme sich durch ihre Ableitung von einer anderen der Rechtsordnung zugehörenden Norm; alle

---

[45] Strittig, vgl. insoweit an dieser Stelle nur die Referate von *Bernhardt* und *Miehsler*, Berichte DGVR Nr. 12, S. 7ff., 47ff.; s.a. *Meng*, Recht der Internationalen Organisationen, S. 177ff.

[46] *Nöll*, Völkerrechtssubjektivität, S. 31.

[47] *Nöll*, Völkerrechtssubjektivität, S. 25.

[48] *Nöll*, Völkerrechtssubjektivität, S. 26.

Normen einer Rechtsordnung seien schließlich auf die Grundnorm zurückzuführen, die der Rechtsnorm ihre Geltungskraft verleihe.[49] Diese Grundnorm sei Ausdruck der Unabgeleitetheit einer Rechtsordnung von einer anderen, also ihrer Originarität und ihrer tatsächlichen Durchsetzung, d.h. Effektivität.[50] Auch das europäische Gemeinschaftsrecht sei originär und effektiv, habe eine eigene Grundnorm, da eine ähnliche Parallelisierung wie bei der Entstehung eines Bundesstaats erfolgt sei.[51] Es gebe keinen zwingenden Grund für die Annahme, daß die völkerrechtlichen Gründungsverträge der Gemeinschaft nicht neben dem parallelisierten eigenen (primären) Recht der Gemeinschaft gelten könnten.[52] In völkerrechtlicher Hinsicht seien die Mitgliedstaaten in vollem Umfang Herren der Verträge geblieben.[53]

Eine solche Auffassung vermag jedoch nicht zu überzeugen. Zwar ist es richtig, daß eines der Kennzeichen der Eigenständigkeit einer Rechtsordnung gerade ihre Unabgeleitetheit und auch ihre Unvernichtbarkeit nach Maßgabe der Regeln einer anderen Rechtsordnung ist.[54] Wenn aber von der Verfügungsmacht der Vertragsstaaten über den völkerrechtlichen Vertrag ausgegangen wird, wird damit ein völkerrechtlicher Geltungsgrund des EWGV hervorgehoben, nämlich die — völkerrechtliche — Vertragsabschlußkompetenz der Mitgliedstaaten. Wenn eine solche Verfügungsmacht bejaht wird, sind damit gleichzeitig die Weichen für die „Originarität“ bzw. Eigenständigkeit der Gemeinschaftsrechtsordnung gestellt. Denn das würde bedeuten, daß die Organe der Gemeinschaft (auf deren Akzeptanz und Anwendung des Gemeinschaftsrechts als eigenes Recht es schließlich ankommen soll), die ihre Existenzgrundlage in den Gründungsverträgen finden, in ihrer Existenz rechtlich nach wie vor von diesen Gründungsverträgen abhängen. Bejaht man aber die Verfügungsgewalt der Mitgliedstaaten über die Gründungsverträge, dann ist die Existenz der Organe vom Willen der Vertragsparteien abhängig. Beschließen die Mitgliedstaaten die Vertragsauflösung, wird der rechtlichen Existenz der Organe ein Ende gesetzt. Und wenn die Organe in ihrer Existenz vernichtbar sind, wird durch ihre Vernichtung auch ihre Akzeptanz und damit die gesamte „eigene Rechtsordnung“ hinfällig. Dies zeigt, daß jedenfalls auf diese Weise die Annahme einer Eigenständigkeit des Gemeinschaftsrechtes im Sinne einer originären Rechtsordnung nicht begründet werden kann.

b) Sofern die Mitgliedstaaten also nicht mehr nach völkerrechtlichen Grundsätzen über die Gemeinschaft verfügen können und damit nicht mehr als

---

[49] *Nöll*, Völkerrechtssubjektivität, S. 23, u.H.a. *Kelsen*, Reine Rechtslehre, S. 32, 197.

[50] *Nöll*, Völkerrechtssubjektivität, S. 24.

[51] *Nöll*, Völkerrechtssubjektivität, S. 26, 30; s.a. *Hoffmann*, DÖV 1967, S. 433ff., 435; ähnlich *Constantinesco*, EGR I, S. 654f.; s.a. *Ipsen*, Gemeinschaftsrecht, S. 6ff., 58ff.

[52] *Nöll*, Völkerrechtssubjektivität, S. 26.

[53] *Nöll*, Völkerrechtssubjektivität, S. 27f.

[54] So ausdrücklich *Nöll*, Völkerrechtssubjektivität, S. 23f.; s.a. *Hoffmann*, DÖV 1967, S. 433ff., 435.

„Herren der Verträge“ anzusehen sind, könnte es sich beim Gemeinschaftsrecht um eine „originäre“ Rechtsordnung handeln, deren Autonomie die Geltung des Völkerrechts zwischen den Mitgliedstaaten ausschließt. Denn dann wäre bei der von zahlreichen Autoren herangezogenen Doppelnatur des Gründungsvertrages als Vertrag und Verfassung[55] eine Verfügungsgewalt der Mitgliedstaaten über die „Verfassung“ nicht mehr gegeben.

Einigkeit besteht — bei allem Streit um die Rechtsnatur des Gemeinschaftsrechts — zumindest darüber, daß der Gründungsvertrag als Völkerrechtsvertrag abgeschlossen wurde und damit der Geltungsgrund im Völkerrecht liegt oder zumindest lag.[56] Konsequenterweise muß gefragt werden, ob die Mitgliedstaaten den Gemeinschaftsvertrag außerhalb des Verfahrens der Art. 236, 237 (die für sich genommen staatlichen Vorschriften über eine Verfassungsänderung entsprechen könnten) ändern oder sogar aufheben könnten. Entscheidend ist dabei die Frage nach der Auflösbarkeit der Gemeinschaft. Denn wenn die Mitgliedstaaten befähigt sind, die Gemeinschaftsverträge, damit die Gemeinschaftsorgane und die Gemeinschaftsrechtsordnung insgesamt durch einen actus contrarius wieder aufzuheben — eine Befugnis, die ihnen kraft Völkerrechts zustehen würde — dann ist der völkerrechtliche Geltungsgrund des Gemeinschaftsrechts evident. Dies würde zumindest prima facie für die Einordnung des Gemeinschaftsrechts ins Völkerrecht sprechen. Ob auch bei einem solchen Ableitungszusammenhang gewisse strukturelle Kriterien eine Modifizierung völkerrechtlicher Regeln erfordern, müßte dann an anderer Stelle erörtert werden.

Dabei kann die Originarität, d.h. die Unabgeleitetheit der Gemeinschaftsrechtsordnung unter zwei Aspekten zu bejahen sein. Einmal könnte dies der Fall sein, wenn die Gemeinschaft sich rein tatsächlich als nicht mehr auflösbar erweisen sollte. Dann wären die Mitgliedstaaten schon aufgrund faktischer Gegebenheiten nicht mehr „Herren der Verträge“, und von einer abgeleiteten Existenz könnte nicht mehr gesprochen werden. Wie aber bereits im Ersten Hauptteil dieser Arbeit erörtert wurde, kann (derzeit noch) nicht davon ausgegangen werden, daß der „point of no return“ bereits erreicht ist.[57]

Der Ableitungszusammenhang wäre aber auch dann zu verneinen, wenn die Mitgliedstaaten sich unter rechtlichen Aspekten der Verfügungsbefugnis über die Gemeinschaft begeben haben. Denn dann könnten sie rechtlich gesehen nicht mehr über die „Verfassungsordnung“ verfügen. Diese wäre dann zunächst zwar durch einen völkerrechtlichen Vertrag begründet worden, könnte dann aber, ähnlich wie die Verfassung eines Bundesstaates, nicht mehr nach

---

[55] Nachweise bei *Meng*, Recht der Internationalen Organisationen, S. 164ff.

[56] *Constantinesco*, EGR I, S. 318; *Härringer*, in: GBT, Art. 5 Anm. I 2 A; *Ipsen*, Gemeinschaftsrecht, S. 79; *Zuleeg*, in: GBTE, Art. 1 Rdz. 4; s.a. *Grabitz*, in: Grabitz, EWGV, Art. 1 Rdz. 2ff.; *Everling*, FS Mosler, S. 173ff., 175.

[57] Erster Hauptteil, § 5.

völkerrechtlichen Grundsätzen geändert werden. Sie hätte sich dann von ihrem — rechtlichen — Geltungsgrund gelöst und eine Verselbständigung erfahren.[58]

Gelegentlich wird die Vorschrift des Art. 240 herangezogen, um die rechtliche Unauflösbarkeit der Gemeinschaft zu begründen.[59] Nach anderer Auffassung stellt Art. 240 einen Programmsatz dar, der bei zunehmender Integrationsdichte zu einer Bestimmung über die Unauflöslichkeit werden kann.[60] Selbst Constantinesco geht aber davon aus, daß die Mitgliedstaaten nach dem derzeitigen Integrationsstand noch „Herren der Verträge" seien; unter den in der WVK genannten Voraussetzungen könnten sie die Verträge jederzeit auflösen, ohne daß sie daran — auch von der Gemeinschaft selbst — gehindert werden könnten.[61] Auch Ipsen scheint von einer Auflösbarkeit der Gemeinschaft auszugehen, denn er schreibt, daß die Gemeinschaftsverträge ggfs. durch die Vereinbarung eines neuen Vertrages ersetzt werden könnten.[62]

Letztlich kann diese Frage nur unter Beachtung des rechtlichen Bindungswillens der Mitgliedstaaten beantwortet werden. Bezeichnend ist in diesem Zusammenhang, daß der ursprünglich vorgeschlagene Begriff „unauflöslich" schließlich nicht in den Vertragstext aufgenommen wurde.[63] Schon dies zeigt, daß die Mitgliedstaaten sich nicht auf ewige Zeiten binden, sondern sich zumindest für Ausnahmefälle oder einen Fehlschlag das Recht zur Vertragsauflösung vorbehalten wollten.[64] Jedenfalls nach völkerrechtlichen Grundsätzen kann ein Vertrag jederzeit mit Zustimmung aller Parteien bzw. nach Konsultation der übrigen vertragschließenden Parteien beendet werden.[65]

Wenn aber die Mitgliedstaaten in bezug auf die Auflösung der Gemeinschaft noch Herren der Verträge sind, liegt auch der Geltungsgrund des Gemeinschaftsrechts im Völkerrecht, nämlich in der (völkerrechtlichen) Vertragsabschlußkompetenz der Vertragsparteien. Die Eigenständigkeit des Gemeinschaftsrechts im Sinne eines fehlenden Ableitungszusammenhangs ist daher zu verneinen. Eine solche These erweist sich vielmehr als ein — moralisch respektabler — Versuch, einen „Maßanzug" für die Zwecke der europäischen Integration zu schneidern.[66] Das europäische Gemeinschaftsrecht ist daher

---

[58] S. auch *Meng*, Recht der Internationalen Organisationen, S. 159.

[59] *Beutler*, in: BBPS, Die Europäische Gemeinschaft, S. 72.

[60] *Hilf*, in: GBTE, Art. 240 Rdz. 5.

[61] *Constantinesco*, EGR I, S. 180; die Frage des Sezessionsrechtes könne allerdings nur nach gemeinschaftsrechtlichen Grundsätzen beantwortet werden und müsse nach Gemeinschaftsrecht verneint werden, *ders.*, a.a.O., S. 180ff.

[62] *Ipsen*, Gemeinschaftsrecht, S. 100.

[63] Zum Wortlaut des urspr. EPG-Entwurfs s. *Siegler*, Dokumentation, Kapitel I, S. 73; s.a. *Hilf*, in: GBTE, Art. 240 Rdz. 2.

[64] S.a. *Meng*, Recht der Internationalen Organisationen, S. 120.

[65] Vgl. Art. 54 (b) WVK.

[66] *Meng*, Recht der Internationalen Organisationen, S. 164, 167.

keine eigene Rechtsordnung in dem Sinne, daß sie ihren Geltungsgrund bzw. ihre Grundnorm allein in der Gemeinschaftsverfassung hat.

Auf die normative Eigenständigkeit des Gemeinschaftsrechts kann also ein Verbot der ergänzenden Heranziehung des Völkerrechts nicht gestützt werden.

3. Geschlossenheit der Rechtsordnung / „self-contained regime"

Es bleibt aber weiter zu fragen, ob trotz des völkerrechtlichen Geltungsgrundes des Gemeinschaftsrechts bestimmte Besonderheiten eine „Abkoppelung" des Gemeinschaftsrechtskreises vom allgemeinen Völkerrecht erforderlich machen. Mit Everling kann gefragt werden,

> „ob sich die Gemeinschaftsrechtsordnung nach Struktur, Inhalt und Umfang bereits als ein derart eigenständiges und vervollständigtes Normensystem darstellt, daß sie die Anwendung ergänzender Regelungen des allgemeinen Völkerrechts ausschließt."[67]

Im Ergebnis seiner Untersuchung spricht Everling der Gemeinschaft und ihrem Recht eine Selbständigkeit zu, die sie von der bisherigen mittelbaren Verankerung im staatlichen Recht einerseits und im Völkerrecht andererseits abhebt. Gleichzeitig läßt er die theoretische Deutung seiner These offen, weist aber darauf hin, daß sich diese Beurteilung durchaus in das moderne Verständnis von der Völkerrechtsordnung einfüge.[68] Es müsse davon ausgegangen werden, daß über den Staaten eine Reihe von teils übereinander, teils nebeneinander geordneten Rechtsordnungen bis hin zum allgemeinen Völkerrecht bestünden, deren Grad an Regelungsintensität jeweils unterschiedlich sei.[69]

Damit ist Everlings Ansatz vergleichbar mit dem Ansatz in der völkerrechtlichen Lehre, die die allgemeine völkerrechtliche Ordnung als ein universelles System betrachtet, das eine Vielzahl von Rechtsordnungen als Subsysteme einschließt.[70] Soweit diese Rechtsordnungen als eigenständig bezeichnet werden, weil sie für einen bestimmten (sachlichen und/oder räumlichen) Bereich materielle Normen beinhalten bzw. deren Erlaß voraussetzen und auch gleichzeitig Verfahren für die Einheitlichkeit der Rechtsanwendung und für die Lösung von Konflikten voraussetzen, bleibt zu beachten, daß der Begriff der Eigenständigkeit oder Autonomie dabei einen anderen Inhalt hat als nach der oben verfolgten normativistischen Betrachtungsweise.[71] Für den nachfolgenden

---

[67] *Everling*, FS Mosler, S. 173ff., 176.

[68] *Everling*, FS Mosler, S. 173ff., 190.

[69] *Everling*, FS Mosler, S. 173ff., 190f.

[70] Z.B. *Sorensen*, FS Kutscher, S. 415ff., 434; s. insb. *Riphagen*, in: MacDonald/Johnston, S. 581ff., 600ff.

[71] Der Begriffsinhalt der „autonomen" oder „eigenständigen" Rechtsordnung ist ohnehin str., vgl. insoweit nur die Referate von *Bernhardt* und *Miehsler* in: Berichte DGVR Nr. 12, S. 7ff., 43ff., sowie den Diskussionsbeitrag von *Mosler*, a.a.O., S. 103; *Meng*, Recht der Internationalen Organisationen, S. 162ff.

Teil der Arbeit soll daher mit dem Begriff der Eigenständigkeit nicht die normative Unabhängigkeit, sondern eine relative Selbständigkeit innerhalb einer höheren Ordnung bezeichnet werden. Je dichter das Regelungsnetz innerhalb einer solchen Ordnung bzw. eines Subsystems ist, desto weniger ist dabei der Rückgriff auf Normen eines anderen, allgemeineren Systems zulässig, da insoweit eben schon besondere Regelungen bestehen. Eine so verstandene Eigenständigkeit kann unabhängig vom Geltungsgrund im Rahmen z.B. des internen Rechtskreises einer Organisation bestehen.[72] Es ist dann auch denkbar, daß solche Subsysteme ein wahrhaft „self-contained regime" in dem Sinne darstellen, daß ein so vollständiges und umfassendes, spezifisches Regelwerk gegeben ist, daß für die Anwendung der Regeln anderer Systeme kein Platz mehr bleibt.

Die Fragestellung muß also lauten, ob die Gemeinschaftsrechtsordnung ein so verstandenes „self-contained regime" darstellt. Wie Everling überzeugend nachgewiesen hat, kann das Völkerrecht in weiten Bereichen der Gemeinschaft wegen der Fülle der gemeinschaftsrechtlichen Regelungen und Grundsätze keine Geltung mehr beanspruchen. Auch der Gerichtshof hat es stets vermieden, zur Lückenfüllung auf Grundsätze des Völkerrechts zurückzugreifen.[73] Gerade aber für den Fall, daß ein Urteil des Gerichtshofes erfolglos bleibt, läßt sich dem Gemeinschaftsrecht keine Lösung entnehmen. Der Gerichtshof hatte bisher nur darüber zu entscheiden, ob Mitgliedstaaten wegen Nichtbefolgung eines Urteils ein zweites Mal verurteilt werden sollten, nicht aber über einen Fall der permanenten Obstruktion, bei dem auch mehrfache Verurteilungen zu keinem Ergebnis geführt haben. Hier wäre es falsch, die Augen zu schließen und darauf hinzuweisen, daß ein solcher Fall noch nicht vorgekommen sei und (hoffentlich) auch nie vorkommen werde. Insoweit stellt vielmehr auch der EWGV kein „self-contained regime" dar. Rechtlich steht daher auch unter diesem Gesichtspunkt dem Rückgriff auf allgemeine Sanktionsmöglichkeiten des Völkerrechts grundsätzlich nichts im Wege.[74]

4. Strukturelle Andersartigkeit der Rechtskreise

Es fragt sich allerdings, ob die von Pescatore[75] betonte strukturelle Andersartigkeit des gemeinschaftlichen Integrationsrechts die Anwendbarkeit des allgemeinen Völkerrechts verbieten könnte, und zwar auch in den Fällen, in denen gemeinschaftsrechtliche Normen nicht existieren.

Grundsätzlich soll dazu bemerkt werden, daß das Gemeinschaftsrecht eine Fülle von Zügen subordinationsrechtlicher Natur aufweist. Es ist entscheidend

---

[72] *Mosler*, Diskussionsbeitrag, Berichte DGVR Nr. 12, S. 103.

[73] *Everling*, FS Mosler, S. 173ff. m.w.N.

[74] S. z.B. *Simma*, NYIL 1985, S. 111ff., 128f.; *Jacobs*, European Community Law, S. 27ff.; s. auch *Zemanek*, ZaöRV 1987, S. 32ff., 41; *Stein*, ZaöRV 1987, S. 95ff., 106ff.

[75] RTDE 1981, S. 617ff.

von der ihm eigenen und vom Gerichtshof zu Recht hervorgehobenen Dynamik und einer integrationspolitischen Zielsetzung geprägt. Die Völkerrechtsordnung im weiteren Sinne ist demgegenüber gekennzeichnet durch Elemente der Koordination und auch durch Merkmale der Kooperation.[76] Es wäre wünschenswert, wenn die Gemeinschaftsrechtsordnung eigene, weiterreichende Streitschlichtungsmechanismen und der originären Zielsetzung angepaßte Durchsetzungsmodalitäten zur Verfügung stellen würde, da damit der besonderen Struktur des Gemeinschaftsrechts am ehesten Rechnung getragen werden könnte.

Da dies aber nicht der Fall ist, kann aus den Andersartigkeiten nicht zwingend der Ausschluß völkerrechtlicher Sanktionsmechanismen gefolgert werden. Subordinationsrecht und Koordinationsrecht stehen nicht notwendigerweise in einem anderen normativen Zusammenhang;[77] für diesen Zusammenhang ist letztlich der Geltungsgrund entscheidend. Wenn aber nach dem oben Gesagten das Gemeinschaftsrecht seinen Geltungsgrund im Völkerrecht hat, gehört es zur Völkerrechtsordnung. Auch seine Andersartigkeit kann dann — da es kein „self-contained regime" darstellt — die subsidiäre Anwendung des allgemeinen Völkerrechts nicht ausschließen.[78]

Allein aus dem Gesichtspunkt der Andersartigkeit heraus die Anwendbarkeit des allgemeinen Völkerrechts als ultima ratio ablehnen zu wollen, scheint ein durch die Befürchtung der „Aufweichung" der Gemeinschaftsrechtsordnung durch die Zulassung „primitiver" völkerrechtlicher Prinzipien begründeter Fall von „Berührungsangst" zu sein.[79] Eine rechtliche Relevanz kann diesem Argument nicht zugemessen werden.

5. *Individualrechte der Marktbürger*

Gegen den Rückgriff auf die Sanktionsmöglichkeiten des allgemeinen Völkerrechts wird weiterhin eingewandt, daß die Gemeinschaftsregelungen unmittelbare Rechte der Bürger begründen, die nicht mehr durch die Vermittlung durch die Mitgliedstaaten abhängig seien. Sanktionsmaßnahmen seien schon deshalb unzulässig, weil dadurch zwangsläufig solche Rechte der Bürger des vertragsbrüchigen Staates betroffen würden, obwohl die Mitgliedstaaten gerade nicht mehr darüber verfügen könnten.[80]

Gegen dieses Argument ist zweierlei einzuwenden. Zum einen hat das Gemeinschaftsrecht seinen Geltungsgrund nach wie vor im Völkerrecht; es ist auf die völkerrechtliche Vertragsabschlußkompetenz der Mitgliedstaaten zu-

---

[76] *Mosler*, ZaöRV 1976, S. 6ff.

[77] *Meng*, Recht der Internationalen Organisationen, S. 172.

[78] *Meng*, Recht der Internationalen Organisationen, S. 174ff.

[79] *Simma*, NYIL 1985, S. 111ff., 127.

[80] *Everling*, FS Mosler, S. 173ff., 182; zustimmend *Ehlermann*, EuR 1984, S. 113ff., 121.

rückzuführen. Damit sind aber letztlich auch die individuellen Rechte auf die Grundlage eines völkerrechtlichen Vertrages zurückzuführen, dessen Herren, wie oben erörtert, nach wie vor die Mitgliedstaaten sind. Wenn die Mitgliedstaaten aber nach allgemeinem Völkerrecht über die Gemeinschaft verfügen können, bedeutet dies zugleich, daß sie nach allgemeinem Völkerrecht auch über die vom Gemeinschaftsrecht gewährten individuellen Rechte verfügen können - was übrigens gleichermaßen für die Rechte der Organe der Gemeinschaft gilt.[81] Dabei sind die Staaten grundsätzlich frei, eingebunden allerdings durch die Verpflichtung, die Menschenrechte beispielsweise nach der EMRK oder den Internationalen Pakten zu beachten.[82] Die näheren Modalitäten dieser Verpflichtung können hier indessen außer Betracht gelassen werden.

Die vorstehenden Überlegungen rechtfertigen jedenfalls die Beschneidung von Individualrechten, soweit davon die eigenen Bürger der Staaten betroffen werden, die Sanktionsmaßnahmen verhängen. Nichts anderes gilt aber auch, sofern dadurch Bürger des vertragsbrüchigen Staates betroffen werden. Dieser mag zwar mit der Beeinträchtigung der Rechte seiner Bürger nicht „einverstanden" sein. Jedoch hat er solche Verletzungen in Kauf genommen, indem er sich bewußt über die Gemeinschaftsrechtsordnung hinweggesetzt hat. Entscheidend ist aber, daß nach allgemeinem Völkerrecht das Schicksal der Bürger eines Staates vom Schicksal dieses Staates abhängig ist, sie durch diesen also mediatisiert werden.[83] Sofern nach allgemeinem Völkerrecht die Voraussetzungen der einzelnen Sanktionsgrundlagen vorliegen, sind die Staaten berechtigt, über ein Vertragswerk zu verfügen bzw. dessen Regeln zu verletzen, auch wenn dies „an sich" rechtswidrig ist.

Ergänzend sei hinzugefügt, daß auch das Gemeinschaftsrecht eine Reihe von Regelungen kennt, wonach es den Mitgliedstaaten — letztlich im Interesse des Gemeinsamen Marktes — gestattet ist, von einzelnen Vertragsvorschriften abzuweichen,[84] auch wenn hier die Mitgliedstaaten nicht autonom verfügen, sondern von einer entsprechenden Entscheidung der zuständigen Gemeinschaftsorgane abhängig sind. Im System der Gemeinschaft selbst ist der Gedanke enthalten, daß eine Güterabwägung zwischen verschieden gelagerten Interessen stattfinden kann. Im Interesse des Gemeinsamen Marktes werden kurzfristige Abweichungen in Kauf genommen.[85] Als Ergebnis bleibt daher

---

[81] *Bleckmann*, Europarecht, S. 303.

[82] Vgl. zu den zahlreichen vertraglichen Verpflichtungen zum Schutz der Menschenrechte z.B. *Broms*, in: MacDonald/Johnston, S. 383ff.; zum sog. völkerrechtlichen Mindeststandard s. *Verdross/Simma*, Völkerrecht, S. 801ff. m.w.N.

[83] S. z.B. für eine Darstellung der Stellung des Individuums im Völkerrecht *Broms*, in: MacDonald/Johnston, S. 383ff., 411ff.

[84] Dazu *Weber*, Schutznormen und Wirtschaftsintegration, S. 91ff.; *Verdross/Simma*, Völkerrecht, S. 25f.

[85] Vgl. etwa auch aus jüngster Zeit die Entscheidungen der Kommission gem. Art. 115 v. 15.05.1987, Mitteilung der Kommission gem. Art. 115, Nr. 87/C 136/05, ABl. 1987 C 136/5.

zunächst festzuhalten, daß auch der Einwand der individuellen Rechte der Marktbürger nicht von vornherein die Zulässigkeit völkerrechtlicher Sanktionsmaßnahmen ausschließt.

6. „Objektive Rechtsordnung"

Es bleibt noch zu überlegen, ob Reaktionsmaßnahmen der Mitgliedstaaten wegen der „Objektivität" der Gemeinschaftsrechtsordnung ausgeschlossen sein können. Bekanntlich hat der EuGH mehrfach entschieden, daß es den Mitgliedstaaten verwehrt sei, sich selbst ihr Recht zu verschaffen. Der EWGV schaffe nicht nur wechselseitige Verpflichtungen zwischen den Rechtssubjekten, sondern stelle eine neue Rechtsordnung auf, die die jeweiligen Befugnisse und Verpflichtungen umfassend regele.[86] Diese Äußerungen stellen zunächst die Anwendbarkeit von Repressalien und die Regeln der Synallagmatik i.S.d. Art. 60 WVK innerhalb der Gemeinschaftsrechtsordnung in Frage; damit ist die Problematik der sog. „objektiven Verträge" angesprochen.

Unter der Bezeichnung „objektive Verträge" — oder „objective regimes" — werden vollkommen unterschiedliche Vertragsarten zusammengefaßt, die durch den Ausschluß der Gegenseitigkeit, die Betonung des Allgemeininteresses, vertreten durch kollektive Organe oder auch die Mitgliedstaaten, oder durch die Erstreckung von Rechten und Pflichten auf Drittstaaten gekennzeichnet sind. Genannt werden z.B. Statusverträge, sog. traités-lois im Gegensatz zu traités-contrats, Konventionen der ILO, die Menschenrechtspakte, Verträge im Bereich des humanitären Völkerrechts oder Integrationsverträge.[87]

Es wird erörtert, ob die „Objektivität" dieser Verträge es verbietet, durch Reaktionsmaßnahmen auf der Basis des vertraglichen Synallagma oder des Repressalienrechts in die so geschaffene gemeinsame Ordnung einzugreifen.[88] Die Problematik wurde bereits in den Vorarbeiten zum jetzigen Art.60 WVK[89] und in den letzten Jahren auch bei der Erarbeitung des Zweiten Teils des Entwurfs der ILC zur Staatenverantwortlichkeit im Hinblick auf den Ausschluß von Repressalien aufgegriffen.[90]

---

[86] S. schon EuGH v. 13.11.1964, Rs 90 und 91/63 (Kommission / Belgien und Luxemburg), Slg. 1964 (X), 1329ff., 1344; vgl. auch EuGH v. 26.02.1976, Rs 52/75 (Kommission / Italien), Slg. 1976, 277ff., 284f.

[87] Vgl. etwa *Bleckmann*, FS Schlochauer, S. 193ff., 205ff.; *Rauschning*, Berichte DGVR Nr. 24, S. 7ff., 20ff., m.w.N.

[88] Vgl. etwa *Bleckmann*, RIW 1978, S. 91ff.; *ders.*, FS Schlochauer, S. 193ff., 206ff.; *Klein*, Statusverträge, S. 230ff.; *Simma*, Reziprozitätselement, S. 176ff.

[89] S. z.B. die Berichte des Sonderberichterstatters *Fitzmaurice*, 2nd Report, Art. 19 Abs. 1 Ziff. 4 und Kommentar, YBILC 1957 II, S. 54; 3rd Report, Art. 19 und Kommentar, YBILC 1958 II, S. 44; 4th Report, Art. 18 Abs. 3 lit. e und Kommentar, YBILC 1959 II, S. 69f.; s.a. die späteren Berichte des Sonderberichterstatters *Waldock*, insb. 2nd Report, Art. 20 und Kommentar, YBILC 1963 II, S. 76f.; zur Vorgeschichte des Art. 60 WVK vgl. auch *Simma*, ÖZöffR 1970, S. 5ff., 74ff.

a) Unter dem Stichwort „Objektivität der Gemeinschaftsrechtsordnung" soll an dieser Stelle zunächst untersucht werden, ob die Beschaffenheit des EWGV ein Ergreifen von Maßnahmen auf der Basis des vertraglichen Synallagma, etwa im Rahmen des Art.60 WVK, ausschließt.

Art. 60 WVK als Ausdruck des Grundsatzes inadimplenti non est adimplendum beinhaltet die Regelung, daß auf Vertragsverletzungen mit der Verweigerung der eigenen vertraglichen Leistung der davon betroffenen anderen Vertragsparteien reagiert werden darf. Dieses Institut beruht auf dem Gedanken der Zumutbarkeit, denn

„good sense and equity rebel at the idea of a State being held to the performance of its obligations under a treaty which the other contracting party is refusing to respect."[91]

Das somit etablierte Leistungsverweigerungsrecht soll der Wiederherstellung der durch die Vertragsverletzung aus dem Gleichgewicht geratenen Ausgeglichenheit der Rechten- und Pflichtenlage dienen; es erfaßt daher auch nur synallagmatische Verpflichtungen, d.h. solche, die zueinander in einem Gegenseitigkeitsverhältnis des do ut des stehen.[92]

Voraussetzung für die Anwendbarkeit dieser vertragsrechtlichen Regelungen ist daher, daß eine durch Vertrag begründete Gegenseitigkeitsverbindung besteht. Soweit eine solche zu verneinen ist, muß auch die Berufung auf den Grundsatz inadimplenti non est adimplendum entfallen.

aa) Als „Verträge ohne Gegenseitigkeit"[93] werden insbesondere Vereinbarungen mit menschenrechtlichem Inhalt bezeichnet. Die vertraglich übernommenen Verpflichtungen sollen nicht gegenüber den anderen Vertragspartnern, sondern im Rahmen einer gemeinsam errichteten, „objektiven" Ordnung bestehen.[94]

Sir Gerald Fitzmaurice als Sonderberichterstatter der ILC nahm in seinem Zweiten Bericht über das Recht der Verträge eine erhebliche Erweiterung der Kategorie solcher „Verträge ohne Gegenseitigkeit" vor. Zu Verträgen mit nichtreziproken Verpflichtungen sollten seiner Ansicht nach nicht nur men-

---

[90] Vgl. insoweit z.B. die Berichte des Sonderberichterstatters *Riphagen*, 3rd Report, YBILC 1982 II 1, S. 23ff.; sowie 4th Report, YBILC 1983 II 1, S. 3ff., 16ff.; dazu *Simma*, AVR 1986, S. 357ff., 390; *Malanczuk*, ZaöRV 1985, S. 293ff., 321.

[91] Sir Humphrey *Waldock*, 2nd Report, YBILC 1963 II, S. 73.

[92] *Simma*, ÖZöffR 1970, S. 5ff., 19f.

[93] So *Klein*, Statusverträge, S. 230.

[94] S. z.B. den sog. Pfunders-Fall, Entscheidung der Europäischen Kommission für Menschenrechte, Annuaire de la Convention Européenne des droits de l'Homme, 1961, S. 117ff., 141: „(L)es obligations souscrites par les Etats Contractants dans la Convention ont essentiellement un caractere objectif, du fait qu'elles visent à protéger les droits fondamentaux des particuliers contre les empiètements des Etats Contractants, plutot qu'a créer les droits subjectifs et réciproques entre ces derniers; ..."; s.a. Urteil des EGMR v. 18.01.1978, Case of Ireland against the United Kingdom, Ser. A No. 25, 5ff.-90f.; vgl. insoweit auch die schon genannte Entscheidung des EuGH v. 13.11.1964, Rs 90 und 91/63 (Kommission/Belgien und Luxemburg), Slg. 1964 (X), 1329ff., 1344.

schenrechtliche Abkommen gezählt werden, sondern auch z.B. ILO-Konventionen, Abkommen über Sicherheitsstandards der Schifffahrt, die Genfer Kriegsgefangenenkonvention oder „where there exists an international obligation to maintain a certain regime or system in a given area."[95] Er fährt fort:

> „The key to the cases just mentioned is that the character of the treaty is such that, neither juridically nor from the practical point of view, is the obligation of any party dependent on a corresponding performance by the others. The obligation has an absolute rather than a reciprocal character — it is, so to speak, an obligation towards all the world rather than towards particular parties. Such obligations may be called self-existent ..."[96]

Bei multilateralen Verträgen mit derartigem Inhalt, die er von „integralen" Verträgen wie z.B. Abrüstungsverträgen unterscheidet, sei sowohl ein Rücktritt als auch eine zeitweilige Suspension der Verpflichtungen als Reaktion auf Vertragsverletzungen unzulässig,[97] und zwar unabhängig von der Schwere des vorangegangenen Verstoßes.

Jedenfalls in dieser Breite können die Ausführungen von Sir Gerald Fitzmaurice nicht überzeugen, soweit sie sich auf den vorgeblich vollständigen Ausschluß von Elementen der Gegenseitigkeit beziehen. Denn die Grundsätze des Art.60 WVK stellen einen Ausfluß der „formellen" Reziprozität im Sinne der Gegenseitigkeit der Geltung völkerrechtlicher Verträge dar.[98] Das völkerrechtliche Inkrafttreten eines Vertrages und damit die Bindung eines Staates an diesen Vertrag erfordert immer, daß sich zumindest zwei staatliche, auf Verpflichtung und/oder Berechtigung zielende Willenserklärungen treffen, immer also eine Gegenseitigkeit der Willenserklärungen.[99] Dieses formale Reziprozitätselement findet sich bei allen Verträgen, so etwa auch bei rein einseitig verpflichtenden Verträgen oder bei den hier interessierenden Gründungsinstrumenten internationaler Organisationen.

Damit sind die Rücktritts- und Suspendierungsrechte als Ausdruck der formellen Reziprozität grundsätzlich auf alle Verträge anwendbar. Dies besagt nun allerdings noch nicht, daß die Frage der inhaltlichen Reziprozität der durch den Vertrag begründeten Rechte und Pflichten bzw. dessen Erfüllungsstruktur keine Bedeutung hätte. Die Durchführbarkeit der Rechte im Einzelfall hängt vielmehr auch von der vertraglichen Strukturierung ab. Dies mag anhand eines von Simma gewählten Beispiels verdeutlicht werden.

> „Wenn ein Vertrag inhaltlich überhaupt nur den einen Partner berechtigt, sämtliche Verpflichtungen aber der Gegenpartei aufbürdet, so ist der erstgenannte Staat gar nicht in der Lage, den Vertrag zu verletzen, weil keine Pflichten vorhanden sind, gegen die er

---

[95] YBILC 1957 II, S. 54.

[96] YBILC 1957 II, S. 54.

[97] YBILC 1957 II, S. 31, 54.

[98] *Simma*, Reziprozitätselement, S. 64.

[99] *Simma*, Reziprozitätselement, S. 55; für weitere Nachweise betreffend einseitig verpflichtende Verträge in der Praxis s. *ders.*, ÖZöffR 1970, S. 5ff., 8, FN 14.

> verstoßen könnte. Wird das Abkommen jedoch durch den zweitgenannten, d.h. den allein verpflichteten Staat gebrochen, so ist sein verletzter Partner nicht in der Lage, seine eigene Vertragserfüllung einzustellen oder zu suspendieren, weil sich diese ja sozusagen in der Empfangnahme der Gegenleistung erschöpft (bzw. erschöpfte)."[100]

In einem solchen Fall wird es vom Interesse des verletzten Staates abhängen, ob er anderweitige Reaktionen in Gestalt von Repressalienmaßnahmen mit dem Ziel der Erzwingung der Erfüllung oder aber eine — rechtlich zulässige —[101] Vertragsbeendigung vorzieht.

Aber auch die Erfüllungsstruktur multilateraler Verträge kann grundsätzlich, ungeachtet des Vorliegens vertragsinhaltlich gegebener Reziprozität, die Durchführbarkeit von Rücktritts- bzw. Suspendierungsrechten im Sinne eines Leistungsverweigerungsrechtes beeinflussen. Unterschiede ergeben sich dabei zwischen solchen multilateralen Verträgen einerseits, die zwischen den Partnern jeweils paarweise angewandt werden, also ein Bündel bilateraler Beziehungen enthalten, und auf der anderen Seite sog. integralen Verträgen, bei denen die Erfüllung durch jede einzelne Vertragspartei gleichzeitig und untrennbar gegenüber allen anderen Vertragsparteien zu erfolgen hat.[102]

Damit ist freilich auch schon gesagt, daß bei einer vollständig fehlenden Reziprozität der Interessen die vertraglichen Leistungsverweigerungsrechte zumindest praktisch gesehen, wenn nicht sogar aus rechtlichen Gründen, nicht zur Anwendung gelangen werden.[103] Betrachtet man nun allerdings z.B. die Menschenrechtskonventionen unter diesem Blickwinkel, läßt sich auch bei ihnen — die besonders häufig als Beispiel für objektive Verträge genannt werden — eine inhaltliche Reziprozität der Interessen feststellen. Die Vertragsparteien verpflichten sich, ihren Bürgern einen bestimmten Menschenrechtsstandard zu garantieren, weil sie davon ausgehen, daß eine inhaltlich identische Verpflichtung auch von den anderen Vertragsparteien erfüllt wird. Es besteht ein gegenseitiges Interesse daran,

> „daß auch ... die anderen Vertragsstaaten Verpflichtungen auf sich nehmen, die jeder Staat ohne weiteres sich, aber eben nur sich selbst auferlegen könnte."[104]

---

[100] *Simma*, Reziprozitätselement, S. 65.

[101] S. *Klein*, Statusverträge, S. 230.

[102] *Simma*, Reziprozitätselement, S. 66.

[103] Vgl. *Simma*, ÖZöffR 1970, S. 5ff., 8, FN 14.

[104] *Klein*, Statusverträge, S. 231; s.a. die Joint Dissenting Opinion der Richter Guerrero, Mc Nair, Read und Hsu Mo zum Rechtsgutachten des IGH v. 28.05.1951, Reservations to the Convention on the Prevention and Punishment of the Crime of Genocide, ICJ-Reports 1951, 15ff., 46f.: „.. when a common effort is made to promote a great humanitarian object, as in the case of the Genocide Convention, every interested State naturally expects every other interested State not to seek any individual advantage or convenience, but to carry out the measures resolved upon by common accord ... It is therefore not universality at any price that forms the first consideration. It is rather the acceptance of common obligations — keeping step with like-minded States — in order to attain a high objective for all humanity, that is of paramount importance."; s.a. *Zemanek*, ZaöRV 1987, S. 32ff., 41.

Dieses Element ist einmal vorhanden, wenn es um die Behandlung der eigenen Staatsangehörigen geht; geht es auch um die Behandlung fremder Staatsangehöriger, spielt die Gegenseitigkeitserwartung naturgemäß eine noch größere Rolle.[105] Da allerdings in solchen Fällen häufig Unschuldige die wahren Betroffenen bei der Durchführung von vertragsrechtlichen Reaktionsmaßnahmen wären, gab es schon sehr früh Bestrebungen, Verträge humanitären Charakters aus dem vertragsrechtlichen Mechanismus der Gegenseitigkeit auszunehmen. Dies ist dann schließlich auch im Rahmen des Art. 60 Abs. 5 WVK geschehen.[106] Im Bereich der WVK sind solche Abkommen der einzige Vertragstypus, der vom Anwendungsbereich des Rücktritts- bzw. Suspensionsrechts wegen Vertragsverletzung ausgeschlossen ist. Angesichts der Entstehungsgeschichte des Art. 60 Abs. 5 WVK und aus den bereits oben dargelegten Gründen in bezug auf den Geltungsbereich der Gegenseitigkeit erscheint es gerechtfertigt, den Grund für diese Ausnahme im humanitären Charakter dieser Verträge und nicht in ihrer Zugehörigkeit zu einem Vertragstypus „ohne Gegenseitigkeit" zu sehen.[107]

Bei der Erarbeitung der WVK ist die ILC der Auffassung von Sir Humphrey Waldock gefolgt, der in seinen Berichten zur Staatenverantwortlichkeit der Auffassung seines Vorgängers Fitzmaurice über den „objektiven" bzw. „absoluten" Charakter einiger Verträge entgegengetreten ist.[108]

Im hier interessierenden Zusammenhang stellte Sir Humphrey Waldock fest:

> „While not in any way wishing to minimize the general significance of the distinctions which he (Fitzmaurice) draws between the different kinds of obligations that may be contained in multilateral treaties, the present Special Rapporteur doubts whether, as the law stands today, they can be said to be of decisive importance in the present connection. However true it may be that law making treaties, treaties creating international regimes for particular areas and certain other types of treaty may establish obligations of an objective character, there remains a contractual element in the legal relation created by the treaty between any two parties."[109]

Wenn damit grundsätzlich alle Verträge den Rücktritts- und Suspensionsvorschriften des Art. 60 WVK unterliegen sollten, so wurden doch auch die Gefahren gerade im menschenrechtlichen Bereich klar gesehen.[110] Infolgedessen wurde auf der Wiener Staatenkonferenz auf Vorschlag der Schweiz die jetzige Ausnahmebestimung des Art. 60 Abs. 5 WVK angenommen.[111]

---

105 S. *Berber*, Völkerrecht II, S. 235ff.; s.a. *Zemanek*, ZaöRV 1987, S. 32ff., 41, FN 25: „.. The State of nationality, as a contracting party, has a subjective international right that the other contracting parties fulfil their obligations under the Convention."

106 S. dazu *Schwelb*, IJIL 1967, S. 309ff., 322ff.; *Reuter*, Introduction au droit des traités, S. 161f.

107 *Simma*, Reziprozitätselement, S. 183.

108 Vgl. dazu die umfangreichen Nachweise bei *Simma*, ÖZöffR 1970, S. 5ff., 72ff.

109 2nd Report, Kommentar zu Art. 20, YBILC 1963 II, S. 76f.

110 Vgl. die Stellungnahme *Waldocks*, 832nd meeting, YBILC 1966 I 1, S. 66.

Angesichts der oben dargelegten Gründe ergibt sich, daß es in Wahrheit keine „objektiven“ Verträge ohne jegliche Elemente der Gegenseitigkeit gibt.[112] Jeder Staat nimmt vertragliche Verpflichtungen auf sich in der Erwartung, daß auch die anderen Vertragsparteien ihrerseits ihre Verpflichtungen erfüllen, und jeder hat ein Recht gegen die anderen auf Einhaltung dieser Verpflichtungen.[113]

bb) Nachfolgend wird zu zeigen sein, daß diese Aussage auch für die Europäische Gemeinschaft gilt, da der EWGV sowohl in formeller als auch in inhaltlicher Hinsicht zahlreiche Reziprozitätsmerkmale enthält.

In formeller Hinsicht weist der EWGV wie jeder andere Vertrag sämtliche erforderlichen Merkmale der „formellen“ Gegenseitigkeit auf, da seine Geltung auf den korrespondierenden gegenseitigen Willenserklärungen der Vertragsparteien beruht. Aber auch inhaltliche Reziprozität der Rechte und Pflichten der Vertragsparteien ist gegeben. Sie liegt in der Erwartung, daß auch die anderen Vertragsparteien die Regelungen der gemeinsamen Vertragsordnung respektieren werden — wobei zur „Einforderung“ dieses Rechts den Mitgliedstaaten zunächst der Klageweg vor dem EuGH nach Art. 170 offensteht.

Ausweislich der Präambel und der Art. 2, 3 sollte mit Abschluß des EWGV und nach dessen Maßgabe durch gemeinsames Handeln eine Reihe von wirtschaftlichen und sozialen Zielen erreicht werden, die der Gesamtheit der Mitgliedstaaten und damit auch zugleich jedem einzelnen Mitgliedstaat zugute kommen. Die Gegenseitigkeit der Interessenlage zeigt sich hier deutlich. Jeder Mitgliedstaat hat, um in den Genuß der erwarteten Vorteile zu kommen, seinerseits vertragliche Pflichten unter der Voraussetzung und in der Erwartung übernommen, daß auch die anderen Parteien ihren Verpflichtungen nachkommen.

Allerdings haben die Mitgliedstaaten durch die Errichtung des Vertragssystems in einem sogleich näher zu bestimmenden Umfang darauf verzichtet, das ihnen allen gemeinsame Interesse ausschließlich selbst zu bestimmen und durchzusetzen. Die Wahrung der gemeinsamen Interessen wurde vielmehr dem Rat als Gesetzgebungsorgan sowie den anderen durch den EWGV errichteten Organen, insb. Kommission und Gerichtshof übertragen. Durch die vertragliche Festlegung von Mehrheitsentscheidungen im Ministerrat haben die Mitgliedstaaten akzeptiert, daß das Allgemeininteresse nicht notwendigerweise mit ihren jeweiligen nationalen Interessen identisch sein muß.

Zugleich wurde durch die Beteiligung der Kommission im Gesetzgebungsprozeß sichergestellt, daß diese als unabhängiges Organ, unbeeinflußt von nationalen Egoismen, wahrhaft europäischen Vorstellungen zur Durchsetzung (wenn auch in einem eingeschränkten Umfang) verhelfen kann. Schließlich tragen auch der Gerichtshof und das Parlament auf ihre Weise zur Artikulation eines

[111] S. dazu die Nachweise bei *Simma*, ÖZöffR 1970, S. 5ff., 74ff.

[112] S. auch *Simma*, in: MacDonald/Johnston, S. 485ff., 493.

[113] S. *Zemanek*, ZaöRV 1987, S. 32ff., 41 FN 25.

„europäischen Gesamtinteresses" bei. In Anbetracht dieser Umstände kann mit Recht gefragt werden, ob auf diese Weise eine derartige Verselbständigung des Allgemeininteresses eingetreten ist, daß es nur noch von den zuständigen Organen der Gemeinschaft wahrgenommen werden kann.[114]

Zunächst belegen allerdings die Art. 170, 173 und 175, daß auch die Mitgliedstaaten im Allgemeininteresse auftreten können, da ihre Klagebefugnis sowohl gegenüber anderen Mitgliedstaaten als auch gegenüber Gemeinschaftsorganen nicht von einer spezifischen Verletzung eigener Rechte abhängig gemacht wird. Zum anderen ist zu bedenken, daß das oben beschriebene Allgemeininteresse bei näherer Betrachtung bei weitem nicht so „objektiv" oder verselbständigt ist, wie es auf den ersten Blick erscheinen mag. Vielmehr spielt die Gegenseitigkeit gerade bei der gesetzgeberischen Bestimmung des europäischen Gesamtinteresses nach wie vor eine entscheidende Rolle. Dies zeigt sich daran, daß einmal die grundlegenden Entscheidungen nur durch einstimmigen Beschluß im Ministerrat als Vertretungsorgan der Mitgliedstaaten getroffen werden. Die Entscheidungsfindung wird dabei oftmals gerade nicht im europäischen Gesamtinteresse, sondern auf der Grundlage des kleinsten gemeinsamen Nenners oder im Rahmen eines „package deal" getroffen.[115] Aber auch dort, wo der Vertrag Mehrheitsentscheidungen vorsieht, kommt häufig der mit dem sog. „Luxemburger Kompromiß"[116] gefundene „modus vivendi" zur Anwendung, und die Entscheidungsfindung entspricht dem eben genannten Muster.[117]

In letzter Konsequenz würde aber auch ein „verselbständigtes" Allgemeininteresse nach wie vor auf dem vertraglichen Konsens aller Parteien beruhen. Diese haben sich vertraglich verpflichtet, das auf der Grundlage ihrer Übereinkunft nach den von ihnen festgelegten Regeln zum Ausdruck gebrachte „Allgemeininteresse" zu akzeptieren und sich ihm zu unterwerfen. Gleichzeitig haben sie ein institutionelles System errichtet, das die Einhaltung der vertraglichen Ordnung und die Durchsetzung des europäischen Gesamtinteresses (verstanden als Allgemeininteresse) gewährleisten soll. Solange dieses System

---

[114] Zu dieser Fragestellung s. *Bleckmann*, RIW 1978, S. 91 ff., 94, der die Fragestellung auch auf die Gesamtheit der Mitgliedstaaten erweitert. Als Beispiel einer „Trennung" des Allgemeininteresses von dem der Mitglieder einer Gemeinschaft nennt er den Fall, daß Individuen sich in bestimmten Situationen nur beschränkt auf öffentliche Interessen wie den Staatsnotstand berufen können, oder daß die Allgemeininteressen im Bundesstaat grundsätzlich nur vom Bund wahrgenommen werden dürften.

[115] Vgl. z.B. *Bleckmann*, RIW 1978, S. 91 ff., 94; *Ehlermann*, CDE 1972, S. 255ff. Als Beispiele aus jüngster Zeit sei nur auf die Verhandlungen über die Reform der Agrarpolitik verwiesen.

[116] V. 29.01.1966, veröffentlicht z.B. in EuR 1966, S. 73f. Man mag darüber streiten, ob den Mitgliedstaaten als Folge dieser Vereinbarung ein rechtlich verbindliches Veto ermöglicht wurde (bejahend z.B. *Hummer/Schweitzer*, EA 1987, S. 343ff., 349), faktisch ist es jedoch der französischen Regierung weitgehend gelungen, das Prinzip der Einstimmigkeit durchzusetzen, vgl. insoweit *Everling*, EuR 1987, S. 214ff., 233.

[117] Dies ist gerade in jüngster Zeit bei den oben schon genannten Verhandlungen über die Reform der Agrarpolitik deutlich geworden.

seine Aufgabe erfüllt, sind die vertragsrechtlichen Gegenseitigkeitsmechanismen ausgeschlossen, nicht aber entfällt die zugrunde liegende Gegenseitigkeit der Verpflichtungen. Dies steht auch im Einklang mit der Regelung des Art. 60 Abs.4 WVK, wonach solche — speziellen — Vertragsregelungen unberührt bleiben, die bei einer Verletzung des Vertrages anzuwenden sind. Versagt aber das vertragliche Streiterledigungssystem, etwa weil sich ein Mitgliedstaat weigert, dessen Regeln zu befolgen, so kann der vertragsbrüchige Staat nicht erwarten, daß seine Vertragspartner ihrerseits noch die Bindung an das vertraglich vorgesehene Verfahren auf Dauer aufrechterhalten. In diesem Falle lebt die Gegenseitigkeit der Vertragsbeziehungen wieder auf. Auch die Unterwerfung unter ein bestimmtes Streitbeilegungsverfahren erfolgt im Hinblick darauf, daß sich die anderen Parteien ebenfalls an die gemeinsam aufgestellten Regeln halten werden.

Nun hat allerdings Sir Humphrey Waldock, obwohl er den Vorstellungen seines Vorgängers Sir Gerald Fitzmaurice in bezug auf „objektive Verträge" entgegengetreten ist, seinerseits eine Sonderregelung für die Gründungsverträge internationaler Organisationen vorgeschlagen. In diesen Fällen sollte es bei Vertragsverletzungen eines Mitglieds Sache des zuständigen Organs sein, über Ausschluß oder Suspendierung von Mitgliedschaftsrechten oder -pflichten zu entscheiden.[118] Jedoch enthält weder der jetzige Art. 60 WVK noch der auf den Bericht Waldocks folgende Entwurf des Art. 42 bzw. 48 WVK aus dem gleichen Jahr[119] eine entsprechende zwingende Regelung. Art. 60 WVK verweist in Abs. 4 lediglich auf den Vorrang der einzelvertraglichen Bestimmungen und Art. 5 WVK bestimmt ausdrücklich, daß die Konvention auch auf die Gründungsinstrumente internationaler Organisationen Anwendung finden soll.

cc) Nach dem oben Gesagten kann daher davon ausgegangen werden, daß auch der EWGV als Gründungsinstrument der Gemeinschaft nicht der Geltung des Reziprozitätsprinzips entzogen ist. Diese generelle Unterstellung unter die Mechanismen der Gegenseitigkeit sagt allerdings noch nichts darüber aus, in welcher Weise die vertragliche Erfüllungsstruktur dessen Anwendung in concreto beeinflußt. Dieser Frage soll jedoch erst zu einem späteren Zeitpunkt nachgegangen werden. Vorerst genügt die Feststellung, daß auch die „Objektivität" der Gemeinschaftsrechtsordnung kein geeignetes Argument ist, um die Anwendbarkeit der Regeln des vertraglichen Synallagma von vorneherein auszuschließen.

---

[118] 2nd Report, YBILC 1963 II, S. 73, 77.

[119] S. Report of the ILC, Art. 42 and Commentary, YBILC 1963 II,, S. 204ff., 213; vgl. im übrigen die Diskussionen im Rahmen der ILC, YBILC 1963 I, S. 120 — 132, in denen die Mehrzahl der Mitglieder die Auffassung vertrat, der vorgeschlagene Art. 20 Abs. 5 solle eine gesonderte Regelung erfahren. Die Anwendbarkeit der WVK auf Gründungsverträge internationaler Organisationen wurde (unter Vorbehalt der besonderen Vorschriften des Gründungsvertrages) dann später in Art. 3 bis des Entwurfs aus dem Jahr 1965, YBILC 1965 II, S. 18 und in Art. 4 des Entwurfs von 1966 (jetzt Art. 5) vorgesehen, vgl. YBILC 1966 II, S. 178 sowie den Kommentar der ILC, a.a.O., S. 191.

b) Im Anschluß daran ist des weiteren noch zu prüfen, ob die „Objektivität" des Gemeinschaftsrechts geeignet ist, Repressalien von vornherein und in jeglicher Form auszuschließen.

Bereits Sir Gerald Fitzmaurice, der bestimmte Verträge der vertraglichen Gegenseitigkeit vollständig entziehen wollte, vertrat konsequenterweise auch die Auffassung, daß diese besondere Rechtsnatur es ausschliesse, eine Nichtbeachtung eigener Vertragspflichten auch im Hinblick auf das Repressalienrecht zuzulassen.[120]

In jüngster Zeit ist die Frage der Einschränkung von Repressalienmaßnahmen von Sonderberichterstatter Riphagen wieder aufgegriffen worden. Er schlägt vor, solche Repressalien für unzulässig zu erklären, die in der Suspension von Verpflichtungen aus einem multilateralen Vertrag bestehen, dem sowohl der Verletzerstaat als auch der betroffene Staat angehören,

„and it is established that:

(a) the failure to perform such obligations by one State party necessarily affects the exercise of the rights or the performance of obligations of all other States parties to the treaty; or

(b) such obligations are stipulated for the protection of collective interests of the States parties to the treaty; or

(c) such obligations are stipulated for the protection of individual persons irrespective of their nationality."[121]

Für die Punkte (a) und (b) soll diese Einschränkung nicht gelten, sofern alle anderen Vertragsparteien mit Ausnahme des Verletzerstaates nach Maßgabe des multilateralen Vertrages eine Kollektiventscheidung über Gegenmaßnahmen treffen.[122] Sofern der Vertrag kein Verfahren der Kollektiventscheidung vorsieht, sollen jegliche einseitigen Maßnahmen ausscheiden.[123] Dieses Verbot soll nur bei Vorliegen der Voraussetzungen des Art. 13 nicht gelten. Art. 13 des Riphagen-Entwurfes lautet:

„If the internationally wrongful act constitutes a manifest violation of obligations arising from a multilateral treaty, which destroys the object and purpose of that treaty as a whole, article 10 and article 11, subparagraphs 1 (a) and 1 (b) and paragraph 2, do not apply."[124]

Bei Riphagen, der sich beim Entwurf dieser Bestimmungen von der WVK inspirieren ließ, liegt der Grund für die Einschränkung der Repressalienmöglich-

---

[120] 4th Report, dort Art. 18 Abs. 3 (e), YBILC 1959 II, S. 45f., 69f.

[121] *Riphagen*, 6th Report, Draft Art. 11 Abs. 1, YBILC 1985 II 1, S. 12f. mit Kommentar; s.a. Report of the ILC on the work of its 37th session, YBILC 1985 II 2, S. 20f.

[122] Draft Art. 11 Abs. 2, *Riphagen*, 6th Report, YBILC 1985 II 1, S. 12f.

[123] *Riphagen*, 6th Report, Kommentar zu Art. 11, YBILC 1985 II 1, S. 13.

[124] *Riphagen*, 6th Report, YBILC 1985 II 1, S. 13.

keiten in Art. 11 Abs. 1 (a) und (b) wohl in der Überlegung, daß dadurch auch Rechte der übrigen Vertragsparteien beeinträchtigt werden.[125] Insbesondere Art. 11 Abs. 1 (b) liegt Riphagens „admittedly somewhat nebulous" Konzept der „objective regimes" zugrunde,[126] worunter er einmal Verträge bzw. „regimes" versteht, die im gemeinsamen Interesse aller beteiligten Staaten existieren, ferner „regimes" zum Schutze der Menschenrechte, der Umwelt oder auch des Rechts der Diplomatenimmunität.[127]

Sofern ein kollektives Interesse mehrer Staaten besteht, soll nach Auffassung Riphagens im Rahmen dieses „objective regime" ein einseitiger Verstoß dagegen im Wege der Repressalie ausgeschlossen sein.[128] Ein solches „objective regime" sei charakterisiert durch seinen „normativen Charakter" im Gegensatz zum sonst gegebenen „quid pro quo"-Charakter.[129] Allerdings soll diese Regelung nichts über die Frage der Suspendierung oder Beendigung eines Vertrages nach der WVK aussagen.[130]

Soweit Riphagen in Art. 11 Abs. 1 (a) vorschlägt, bestimmte „integrale" Verträge als repressalienfest anzusehen, entspricht sein Vorschlag im wesentlichen dem Gedanken des Art. 60 WVK, der in solchen Fällen nur eine einseitige Suspendierung der vertraglichen Pflichten gegenüber allen Vertragsparteien vorsieht. Anders als die Regelung des Art. 60 Abs. 2 (c) WVK will Riphagen in derartigen Situationen einseitige Maßnahmen offenbar gänzlich ausschließen, soweit nicht die Voraussetzungen des Art. 13 vorliegen, die ihrem Wortlaut nach („destroys the object and purpose of that treaty as a whole") eine Erschwernis gegenüber Art. 60 Abs. 3 (b) WVK („Verletzung einer für die Erreichung des Vertragszieles oder Vertragszwecks wesentlichen Bestimmung") darstellen, oder soweit nicht eine vom Vertrag vorgesehene Kollektivmaßnahme beschlossen wird.

Dazu ist zunächst anzumerken, daß es eine der Grundvoraussetzungen für die Rechtmäßigkeit einer Repressalienmaßnahme ist, daß Rechte dritter Staaten nicht beeinträchtigt werden dürfen.[131]

Auch bei multilateralen Verträgen sind Repressalien daher nicht grundsätzlich auszuschließen, sondern es kommt auf die Erfüllungsstruktur des Vertrages

---

[125] *Riphagen*, 6th Report, YBILC 1985 II 1, S. 12f.

[126] So ausdrücklich *Riphagen*, 4th Report, YBILC 1983 II 1, S. 16.

[127] *Riphagen*, 4th Report, YBILC 1983 II 1, S. 16f.; im Diplomatenrecht sollen Repressalien generell ausgeschlossen werden, vgl. *Riphagens* Draft Art. 12 (a), Text in YBILC 1985 II 2, S. 21.

[128] *Riphagen*, 4th Report, YBILC 1983 II 1, S. 18.

[129] *Riphagen*, 4th Report, YBILC 1983 II 1, S. 18: „The parties to the regime create the collective interest which requires that each of them fulfils its obligations irrespective of the fulfilment of the obligations by another party."

[130] *Riphagen*, 4th Report, YBILC 1983 II 1, S. 18; s.a. Draft Art. 16 (a), YBILC 1985 II 2, S. 21.

[131] Vgl. statt vieler *Doehring*, ZaöRV 1987, S. 44ff., 49ff.

im einzelnen an, inwieweit also durch die Verletzung einer vertraglichen Verpflichtung auch Rechte und Interessen der anderen Vertragsparteien verletzt werden. Ob dies beim EWGV der Fall ist, soll an späterer Stelle erörtert werden.

Soweit „objektive" Verträge in Frage stehen, will Riphagen diese ebenfalls dem einseitigen Repressalienrecht grundsätzlich entziehen, wiederum unter Vorbehalt einer Kollektiventscheidung oder der Voraussetzungen des von ihm vorgeschlagenen Draft Article 13;[132] Sir Gerald Fitzmaurice demgegenüber wollte Repressalienmaßnahmen vollständig ausschließen.[133] Wie oben jedoch dargelegt, gibt es keine wahrhaft „objektiven" Verträge, bei denen jegliches Element des do ut des ausgeschaltet wäre. Mit Ausnahme von Verträgen menschenrechtlichen Inhalts kann daher die Anwendung des Gegenseitigkeitsprinzips, wie es in Art. 60 WVK enthalten ist, auch für den EWGV nicht von vornherein ausgeschlossen werden.

Betrachtet man das Repressalienrecht ebenso wie die Grundsätze des Art. 60 WVK als Ausdruck der Reziprozität im negativen Sinne,[134] so können Repressalien im EWGV nicht vollständig entfallen, da auch hier Reziprozitätselemente zur Geltung kommen. Hinzu tritt folgende Überlegung. Wenn der EWGV grundsätzlich dem Gegenseitigkeitsregime unterstellt ist und damit als Reaktionsmaßnahmen Vertragssuspensionen oder sogar die Auflösung in Betracht kommen, so erschiene es gekünstelt, auf Repressalienbasis ergriffene Maßnahmen auszuschließen, die den gleichen Effekt herbeiführen können.[135]

Das bedeutet im Ergebnis, daß Repressalienmaßnahmen auch im EWGV nicht von vornherein ausgeschlossen sind. Freilich ist damit noch nichts darüber gesagt, in welcher Form und durch wen solche Maßnahmen ergriffen werden können. Dies soll jedoch erst anhand einer gesonderten Überprüfung festgestellt werden.

An dieser Stelle kann zunächst festgehalten werden, daß der „objektive" Charakter des Gemeinschaftsrechts nicht geeignet ist, Gegenreaktionen der anderen Mitgliedstaaten grundsätzlich auszuschließen.

IV. Zwischenergebnis

Insgesamt ergibt sich, daß der vollständige Ausschluß eines Rückgriffs auf die Sanktionsmechanismen des Völkerrechts nicht zu begründen ist. Einmal hat eine Untersuchung der rechtlichen Argumente ergeben, daß der Anwendbarkeit des allgemeinen Völkerrechts als ultima ratio kein rechtliches Verbot entgegen-

---

[132] *Riphagen*, 6th Report, YBILC 1985 II 1, S. 13; s. auch *ders.*, in: MacDonald/Johnston, S. 581 ff., 600 ff.

[133] 4th Report, Art. 18 Abs. 3 (e), YBILC 1959 II, S. 45 f., 69 f.

[134] *Simma*, ÖZöffR 1970, S. 5 ff., 8; s. auch *Bleckmann*, FS Schlochauer, S. 193 ff.; *Verdross/Simma*, Völkerrecht, S. 50.

[135] S. auch *Klein*, Statusverträge, S. 239 f.

steht. Zum anderen ist ein vollständiger Ausschluß auch nicht wünschenswert. Denn dies würde letztlich bedeuten, daß das Gemeinschaftsrecht zur Disposition eines vertragsbrüchigen Staates stehen würde, während die anderen Mitgliedstaaten keinerlei Mittel besäßen, im eigenen Interesse und im Interesse der Gemeinschaft zu handeln.

§ 9 Völkerrechtliche Sanktionsmechanismen

Wenn demnach der Rückgriff auf völkerrechtliche Sanktionsmechanismen im Verhältnis der Mitgliedstaaten der Gemeinschaft untereinander nicht von vornherein ausgeschlossen ist, so bleibt zu prüfen, welche Rechtsinstitute Anwendung finden können. Vorliegend geht es dabei ausschließlich um die Frage der Reaktionsmöglichkeiten auf den Verstoß eines Mitgliedstaates gegen den EWGV, mithin um die Reaktionsmöglichkeiten auf den Bruch eines multilateralen Vertrages. Ausgeklammert werden Reaktionen, die ihrerseits keinen Rechtsbruch beinhalten, also etwa lediglich unfreundliche Handlungen wie die Retorsion,[1] da diese naturgemäß keine rechtlichen Probleme aufwerfen. Behandelt werden sollen nur solche Maßnahmen, die per se einen Rechtsverstoß darstellen würden, die aber wegen des vorangegangenen Rechtsbruchs der anderen Seite als mit dem Völkerrecht vereinbar angesehen werden. In Betracht kommen daher Selbsthilfemaßnahmen in Form einer Repressalie, eine Berufung auf die Prinzipien des Art. 60 WVK bzw. des Grundsatzes inadimplenti non est adimplendum, ggfs. auch auf das Konzept der Gegenseitigkeit im Sinne von Riphagen und auf den Grundsatz des Art. 62 WVK bzw. des Grundsatzes der clausula rebus sic stantibus.

Rein tatsächlich stehen als Reaktionsmöglichkeit auf einen Vertragsbruch eine Reihe von Möglichkeiten zur Verfügung. Der oder die durch den Rechtsbruch betroffenen Staaten können als Antwort einige oder alle ihrer Verpflichtungen aus dem verletzten Vertrag nicht erfüllen bzw. außer Kraft setzen, also Handlungen vornehmen, deren Effekt die gerade beschriebenen Wirkungen herbeiführt. Als Reaktionsmöglichkeit ist auch das Ergreifen von Maßnahmen denkbar, die Vorschriften eines anderen Vertrages oder des Völkergewohnheitsrechts verletzen und diese damit außer Kraft setzen. Schließlich kommt u.U. die Auflösung der Bindungen des verletzten Vertrages in Betracht, sei es durch Rücktritt bzw. Kündigung oder, bei multilateralen Verträgen, durch Ausschluß des Vertragsbrechers aus dem Verband.

Welche Möglichkeiten der oder die betroffenen Staaten wählen, wird im Regelfall davon abhängen, wie groß das Interesse an der weiteren Vertragserfüllung und dessen Aufrechterhaltung ist, und auch davon, welche der beschriebenen Möglichkeiten den größten Erfolg im Hinblick auf die vorgegebene Interessenlage erwarten läßt.

---

[1] Vgl. dazu statt vieler *Verdross/Simma*, Völkerrecht, S. 902; *Tomuschat*, ZaöRV 1973, S. 179ff.

Die nachfolgende Erörterung wird sich nicht mit allen diesen Möglichkeiten befassen. Soweit gegen einen vertragsbrüchigen Mitgliedstaat Maßnahmen ergriffen werden, die zwar gegen allgemeines Völkerrecht oder gegen Grundsätze eines anderen völkerrechtlichen Vertrages verstoßen, nicht aber gegen Grundsätze des Gemeinschaftsrechts (das allerdings nach dem oben Gesagten der Völkerrechtsordnung zugerechnet wird), sollen diese Fälle außer Betracht bleiben.

Eine derartige Einschränkung des Untersuchungsgegenstandes rechtfertigt sich angesichts der Überlegung, daß die Gemeinschaft selbst und ihr Bestand in diesen Fällen nicht betroffen werden. Solche Maßnahmen, mit denen ein Mitgliedstaat zwangsweise zur Vertragstreue zurückgeführt werden soll, würden zwangsläufig die Wirkungskraft des europäischen Gemeinschaftsrechts verstärken.[2] In gemeinschaftsrechtlicher Hinsicht werfen solche Maßnahmen daher keine Probleme auf.

Von weitaus größerem Interesse sind solche Handlungen, die ihrerseits gemeinschaftsrechtliche Regeln berühren oder außer Kraft setzen, die ihre Auswirkungen also im vertraglichen Kontext zeigen. Untersucht werden soll, welche der genannten Rechtsinstitute ihren eigenen Voraussetzungen nach Anwendung finden können. Dabei ist jeweils zu fragen, ob die Besonderheiten der europäischen Gemeinschaftsrechtsordnung einzelne Sanktionsgrundlagen ausschließen oder ihre Anwendung modifizieren können; weiterhin wird auch jeweils zu untersuchen sein, welche der Handlungsmöglichkeiten im Interesse der Gemeinschaft liegen.

I. Repressalie

Zunächst soll damit die Möglichkeit des Ergreifens von Repressalien geprüft werden.

1. Qualifikation und Voraussetzungen der Repressalie

Ausgangspunkt der Überlegungen ist, daß das Repressalienrecht nach wie vor Bestandteil des Völkergewohnheitsrechts ist. Diese Auffassung wird sowohl von der Staatenpraxis als auch von der Lehre bestätigt.[3] Die Repressalie stellt eine

[2] S. *Bleckmann*, RIW 1978, S. 91ff., 94.

[3] Vgl. insoweit bereits die zahlreichen Nachweise im Kommentar der ILC zu Art. 30 des Ersten Teils des Entwurfs über Staatenverantwortlichkeit, YBILC 1979 II 2, S. 115-122, dort insb. Para. 7-19 sowie FN 582-607; für weitere Nachweise über Praxis und Lehre in neuerer Zeit vgl. statt vieler *Verdross/Simma*, Völkerrecht, S. 907ff.; s.a. z.B. Art. 9 der Draft Articles on State Responsibility, 2. Teil, vorgeschlagen von Sonderberichterstatter *Riphagen*, YBILC 1985 I, S. 85, der bisher allerdings noch nicht (auch nicht provisorisch) von der ILC angenommen wurde, vgl. Report of the ILC on the work of its 38th session, YBILC 1986 II 2, S. 35ff., dort insb. S. 38f.; s.a. *Reuter*, Introduction au droit des Traités, S. 158ff.; *Malanczuk*, ZaöRV 1985, S. 293ff.; im Jahre 1987 wurde das Thema der

erlaubte Reaktion auf sämtliche völkerrechtswidrige Handlungen dar, also auch auf Bruch eines völkerrechtlichen Vertrages. Die Grundsätze des Repressalienrechts berechtigen zu Handlungen, die ansonsten selbst mit dem Völkerrecht unvereinbar wären. Eine Repressalie kann damit grundsätzlich in Form der Nichtbeachtung einer beliebigen internationalen Verpflichtung im Verhältnis zu einem vertragsbrüchigen Staat vorgenommen werden. Der verletzte Staat kann in Reaktion auf einen Vertragsbruch selbst Vorschriften des verletzten Vertrages, eines anderen Vertrages zwischen ihm und dem Vertragsbrecher oder auch eine Regel des Völkergewohnheitsrechts mißachten bzw. nicht anwenden. Bereits 1928 wurde die Repressalie im sog. Naulilaa-Fall in klassischer Weise definiert. Das Schiedsgericht führte aus:

> „Reprisals are an act of self-help (Selbsthilfehandlung) on the part of the injured state, responding after an unsatisfied demand to an act contrary to international law on the part of the offending state. They have the effect of suspending momentarily in the relations of the two states the observance of this or that rule of international law. They are limited by the experience of humanity and the rules of good faith, applicable in the relations of state with state. They would be illegal if a previous act contrary to international law had not furnished the reason for them. They aim to impose on the offending state reparation for the offense or the return to legality in avoidance of new offenses .. Even if one admitted that international law does not require that the reprisal be approximately measured by the offense, one should certainly consider as excessive, and thus illegal, reprisals out of all proportion with the act which motivated them.“[4]

Um als Repressalie und damit im Ergebnis als rechtmäßig qualifiziert werden zu können, muß eine Reaktionsmaßnahme daher folgende Merkmale aufweisen. Es muß der Bruch einer völkerrechtlichen Verpflichtung vorausgegangen sein. Der dadurch betroffene Staat[5] muß zunächst eine Abmahnung vornehmen, um den Delinquenten zur Abstellung seines rechtswidrigen Verhaltens und zur Ausräumung der Unrechtsfolgen zu bewegen.[6]

Staatenverantwortlichkeit von der ILC nicht behandelt, vgl. Report of the ILC on the work of its 39th session, GAOR, 42nd sess., Suppl. No. 10 (A/42/10); dazu *McCaffrey*, AJIL 1988, S. 144ff.

[4] UNRIAA II, S. 1011 ff., 1025-1027 (1949); engl. Text zit. nach *Bishop*, International Law, S. 903f.; auszugsweise auch bei *Simma*, ÖZöffR 1970, S. 5ff., 12f.; s.a. Arbitral Award of 9 December 1978 in the case concerning the Air Service Agreement of 27 March 1946 between the United States of America and France, UNRIAA XVIII, S. 417ff.

[5] Vgl. zum Versuch einer Definition des verletzten und daher aktivlegitimierten Staates Art. 5 im 5. Bericht des Sonderberichterstatters *Riphagen* über Staatenverantwortlichkeit (2. Teil), YBILC 1984 II 1, S. 3, sowie den mit einigen Änderungen vorläufig durch die ILC angenommenen Text des Art. 5 in Report of the ILC on the work of its 38th session, YBILC 1986 II 2, S. 35ff., 39; zur Problematik der Aktivlegitimation nicht unmittelbar betroffener Staaten zum Ergreifen von Repressalien bei Bruch einer internationalen Verpflichtung erga omnes vgl. an dieser Stelle nur *Verdross/Simma*, Völkerrecht, S. 907ff. m.w.N.

[6] S. *Simma*, ÖZöffR 1970, S. 5ff., 13f.; s.a. Kommentar der ILC zu Art. 30 des Ersten Teils des Entwurfs zur Staatenverantwortlichkeit, YBILC 1979 II 2, S. 121.

Erst danach dürfen konkrete Maßnahmen ergriffen werden, wobei diese wiederum grundsätzlich nicht in Rechte dritter Staaten eingreifen dürfen.[7] Sie dürfen auch nicht Güter betreffen, die durch Normen des völkerrechtlichen ius cogens geschützt sind.[8] Insbesondere steht die Repressalie unter dem Gebot des Grundsatzes der Verhältnismäßigkeit,[9] d.h. sie darf das ihr vorangegangene Unrecht des Gegners nicht wesentlich überschreiten.[10] Zielrichtung der Repressalie ist es, den Rechtsbrecher im Wege des Beugezwangs zur Wiedergutmachung des Unrechts zu bewegen und damit den status quo ante wiederherzustellen.[11]

In dieser Zielrichtung liegt auch der maßgebliche Unterschied zu dem vertragsrechtlichen Grundsatz inadimplenti non est adimplendum. Während die Repressalie im oben beschriebenen Sinne als Beugezwang ausgeübt wird, bezweckt die Einrede des nichterfüllten Vertrages letztlich eine Wiederherstellung des vertraglichen Synallagma.[12]

Zwar ist es sicherlich nicht immer einfach, den hinter dem tatsächlichen staatlichen Handeln liegenden „subjektiven" Zweck einer Maßnahme zu ergründen. So mag etwa der primäre Zweck einer Maßnahme darin liegen, das synallagmatische Gleichgewicht einer vertraglichen Bindung wieder herzustellen, wobei zugleich auch das Ziel verfolgt werden kann, den Verletzer durch die herbeigeführten Konsequenzen zur Rückkehr zum vertragsgerechten Handeln zu zwingen.[13] Auch herrschte offenbar in den Vorarbeiten der Wiener Vertragsrechtskonvention in einigen Punkten Verwirrung über das Verhältnis zwischen dem jetzigen Art. 60 WVK und dem Institut der Repressalie.[14] Wie Simma

---

[7] *Simma*, ÖZöffR 1970, S. 5ff., 14; Kommentar der ILC zu Art. 30 des Ersten Teils des Entwurfs über Staatenverantwortlichkeit, YBILC 1979 II 2, S. 120ff.; *Verdross/Simma*, Völkerrecht, S. 911; *Doehring*, ZaöRV 1987, S. 44ff., 49f.

[8] *Reuter*, La Convention de Vienne, S. 21; *Simma*, ÖZöffR 1970, S. 5ff., 15; *Verdross/Simma*, Völkerrecht, S. 911; s.a. den im 3. Bericht *Riphagens* an die ILC vorgeschlagenen Art. 4, YBILC 1982 II 1, S. 47 bzw. Art. 12 lit. (b) im 5. Bericht *Riphagens* an die ILC, A/CN.4/380, YBILC 1984 II 1, S. 1ff., sowie wiedergegeben in YBILC 1985 I, S. 85; *Zemanek*, ZaöRV 1987, S. 32ff., 38f.

[9] Als dessen Ausfluß ist im übrigen auch letztlich das Gebot der Abmahnung anzusehen, vgl. *Klein*, Statusverträge, S. 238; *Tomuschat*, ZaöRV 1973, S. 179ff., 191.

[10] Dazu z.B. *Partsch*, WV III, S. 103ff., 104; *Verdross/Simma*, Völkerrecht, S. 911; s.a. den von Sonderberichterstatter *Riphagen* vorgeschlagenen Art. 9 Abs. 2 des Zweiten Teils des Vertragsentwurfs über Staatenverantwortlichkeit, in YBILC 1985 I, S. 85; *Reuter*, Introduction au droit des traités, S. 158ff.

[11] *Verdross/Simma*, Völkerrecht, S. 907; *Simma*, ÖZöffR 1970, S. 5ff., 13; vgl. auch die Definition der Repressalie in Annuaire IDI 1934, S. 708; s.a. *Malanczuk*, ZaöRV 1985, S. 293ff., 295; s.a. die Stellungnahme *Riphagens*, besonders deutlich im Kommentar zu Art. 8, YBILC 1985 II 1, S. 10f.

[12] Vgl. dazu *Simma*, ÖZöffR 1970, S. 5ff., 20; *Klein*, Statusverträge, S. 226, 238; s.a. *Zemanek*, ZaöRV 1987, S. 32ff., 34ff.

[13] *Simma*, ÖZöffR 1970, S. 5ff., 40 „measure of suspension of mixed character".

[14] In seinem 2. Bericht erläuterte Sir Humphrey *Waldock*, daß sich das Recht zur Suspendierung oder Beendigung einer vertraglichen Bestimmung auch aus dem Gedanken

jedoch dargelegt hat, entspricht eine solche Differenzierung durchaus dem historischen Verständnis der Begriffe in Praxis und Judikatur.[15] Auch wird das Recht der Staatenverantwortlichkeit von den Vorschriften der WVK nicht berührt, wie Art. 73 WVK zeigt.[16]

Aus dieser Zielrichtung folgt, daß die Repressalie in dem Moment zu beenden ist, wenn ihr Zweck erreicht ist, wenn also der status quo ante wieder hergestellt und eine ggfs. erforderliche Wiedergutmachung geleistet worden ist.[17] Für den Fall, daß auf eine Vertragsverletzung im Wege der Repressalie mit einer Aussetzung oder Suspension bestimmter Vorschriften bzw. Verpflichtungen aus demselben Vertrag reagiert würde, bedeutet dies, daß von dem Moment an, in dem die Unrechtsfolgen beseitigt und der Vertragsbrecher zur Vertragstreue zurückgekehrt ist, auch der Staat, der Repressalienmaßnahmen ergriffen hat, seinerseits seine Vertragspflichten in vollem Umfang wieder erfüllen muß.

Daraus ergibt sich bereits an dieser Stelle für die Art der möglichen Repressalienmaßnahmen im Rahmen eines Vertragswerkes folgende Konsequenz. Der Rücktritt eines Vertragspartners sowie der Ausschluß des Vertragsbrechers aus einem multilateralen Vertragswerk bzw. die Beendigung eines bilateralen Vertrages im Wege der Repressalie scheidet aus. Denn sowohl bei Rücktritt, Ausschluß oder Vertragsbeendigung kann das Ziel der Wiederherstellung des status quo ante bzw. die Rückkehr zur Vertragstreue nicht mehr erreicht werden.[18] Das Regime der Repressalie als Beugezwang schließt es daher aus, die vertragliche Beziehung endgültig zu durchschneiden.

Damit kann schon jetzt für die Europäische Gemeinschaft festgestellt werden, daß die Grundsätze der Repressalie weder einen Rücktritt der anderen Vertragsparteien noch einen Ausschluß des Rechtsbrechers oder eine Vertragsbeendigung insgesamt tragen würden. Als „spezifische", d.h. sich im vertraglichen Kontext bewegende Repressalien[19] kommen daher nur solche Maßnahmen in Betracht, die in der zeitweiligen Suspension bzw. Nichtanwendung (also „Verletzung") von Regeln des EWGV liegen.

---

der Repressalie ergebe, vgl. Kommentar zu Art. 20, YBILC 1963 II, S. 76.; die jetzt in Art. 60 WVK kodifizierten Maßnahmen wurden später nochmals von *Waldock*, YBILC 1966 I 1, S. 64f. (s. aber *ders.*, YBILC 1963 I, S. 132), und von *Bartos*, YBILC 1966 I 1, S. 64 unter Repressaliengesichtspunkten aufgegriffen; s. auch den Vorschlag der schweizerischen Delegation zum jetzigen Art. 60 Abs. 5, Meetings of the Committee of the Whole, 61st meeting, UN Doc. A/CONF. 39/11, S. 354f.

[15] *Simma*, ÖZöffR 1970, S. 5ff. mit zahlreichen Nachweisen.

[16] S.a. Report of the ILC on the work of its 17th session, YBILC 1966 II, S. 253f.; so auch *Reuter*, Introduction au droit des traités, S. 158ff.

[17] *Simma*, ÖZöffR 1970, S. 5ff., 14; *Klein*, Statusverträge, S. 226; *Zemanek*, ZaöRV 1987, S. 32ff., 37f.

[18] S. *Simma*, ÖZöffR 1970, S. 5ff., 14; *Klein*, Statusverträge, S. 226.

[19] Zu dem Begriff *Simma*, ÖZöffR 1970, S. 5ff., 12 m.w.N.

Zwar bestehen Unterschiede zwischen der Suspendierung vertraglicher Pflichten und deren bloßer Nichterfüllung.[20] Bei der Suspendierung sind die Rechte zeitweise aufgehoben, wohingegen sie bei der Nichterfüllung fortbestehen.[21] Dieser Unterschied kann vorliegend jedoch vernachlässigt werden, da die Auswirkungen einer Repressalienmaßnahme in beiden Fällen die gleichen wären. In beiden Fällen würde es sich im Ergebnis um die aufgrund besonderer Umstände erlaubte Nichtanwendung (im untechnischen Sinn) vertraglicher Pflichten handeln.[22]

2. Verletzung eigener Rechte

Nach dem oben Gesagten ist Voraussetzung für das Ergreifen von Repressalien, daß der Staat, der solche Maßnahmen erwägt, in eigenen Rechten verletzt ist. Dies ist unter Beachtung der Erfüllungsstruktur des EWGV zu untersuchen.

a) Multilaterale Verträge können im wesentlichen zweierlei Erfüllungsstrukturen aufweisen. Die Erfüllung kann sich jeweils paarweise zwischen den beteiligten Vertragsparteien vollziehen, so daß der Vertrag im Grunde genommen eine Bündelung bilateraler Beziehungen enthält.[23] Andere Verträge können interdependente Verpflichtungen zwischen den Parteien begründen, d.h. sie sind so strukturiert, daß die vertraglichen Verpflichtungen gegenüber allen Parteien zu erfüllen sind.[24] Diese letzteren Verträge werden als „integrale Verträge" bezeichnet;[25] als Hauptbeispiel solcher Verträge werden Abrüstungsverträge genannt.[26] Die vertraglichen Pflichten bestehen erga omnes; die Verletzung einer solchen Verpflichtung berührt die Rechte und Interessen aller anderen Vertragsparteien in unteilbarer Weise.[27] Es erscheint einleuchtend, daß je nach Art der Erfüllungsstruktur des Vertrages der Begriff des „verletzten Staates" in anderer Weise zu definieren ist.

Auch der EWGV begründet Rechte und Pflichten, die im Verhältnis aller Vertragsparteien zueinander bestehen. Dies gilt nicht nur für das formelle Recht jeder Partei, die Einhaltung des Vertrages von allen anderen Parteien des EWGV verlangen zu können. Solche Rechte bestehen auch bei Verträgen, die eine

---

[20] Vgl. den Hinweis *Riphagens* in der Diskussion der ILC, YBILC 1984 I, S. 261.

[21] Vgl. *Simma*, GYIL 1978, S. 74ff., 86f., 93f.; s.a. *Malanczuk*, ZaöRV 1985, S. 293ff., 312.

[22] Die Unterscheidung zwischen Suspendierung eines Vertrages und Suspendierung der Erfüllung eines Vertrages wurde auch von einigen Mitgliedern der ILC als formalistisch bezeichnet, Report of the ILC on its 36th session, YBILC 1984 II 2, S. 103.

[23] Vgl. *Simma*, FS von der Heydte, S. 615ff., 623; *Rosenne*, Annuaire IDI 52 I, S. 25ff., 105.

[24] *Simma*, Reziprozitätselement, S. 155ff.

[25] *Klein*, Statusverträge, S. 234.

[26] Vgl. Kommentar der ILC zu Art. 57 WVK (jetzt Art. 60), YBILC 1966 II, S. 255.

[27] *Klein*, Statusverträge, S. 234f.; vgl. auch Sir Humphrey *Waldock*, 2nd Report on the Law of Treaties, YBILC 1963 II, S. 73.

bilaterale Erfüllungsstruktur aufweisen. Vielmehr gilt die Unteilbarkeit der Verpflichtungen auch für den Inhalt der vertraglichen Regelungen. Die durch den EWGV errichtete Ordnung wurde im kollektiven Interesse der Gründerstaaten bzw. im europäischen Gesamtinteresse begründet.[28] Ein Verstoß dagegen und insbesondere die hier in Frage stehende Mißachtung von Urteilen des EuGH würde die vertraglich geschaffene Ordnung selbst und damit die Stellung der übrigen Vertragsparteien beeinträchtigen. Liegt etwa die ursprüngliche Vertragsverletzung in einer verbotswidrigen Subventionierung bestimmter Produktionen, so wirkt sich eine solche zwangsläufig auf die Wettbewerbsbedingungen im gesamten Gemeinsamen Markt aus. Liegt die Vertragsverletzung aber in der Beschränkung des „Imports" von Waren, Dienstleistungen oder Kapital aus einem bestimmten Mitgliedstaat oder in der Einschränkung der Niederlassungsfreiheit bzw. der Freizügigkeit für Arbeitnehmer einer bestimmten Nationalität, führt dies im Laufe der Zeit zwangsläufig zu einer künstlichen Veränderung der Warenströme und/oder zu Umwegeinfuhren bzw. zu einer künstlichen Veränderung der Marktstrukturen. Auch die Nichtdurchführung einer Harmonisierungsvorschrift kann zu Wettbewerbsverzerrungen führen; eine Obstruktionspolitik in den Entscheidungsfindungsorganen würde die Erreichung der Ziele des EWGV i.S.d. Art. 2, 3 insgesamt beeinträchtigen. Geht ein solches Verhalten, wie in der vorliegenden Untersuchung unterstellt, mit einer Nichtbefolgung von Urteilen des EuGH einher, wird dadurch die allen Vertragsparteien insgesamt geschuldete Pflicht zur Respektierung der richterlichen Autorität verletzt.

Letztlich haben sich die Mitgliedstaaten der Jurisdiktion des EuGH in der Erwartung unterworfen, daß diese von allen Vertragsparteien respektiert wird. Die Mißachtung der Autorität des EuGH stellt die Gemeinschaftsrechtsordnung insgesamt in Frage, was sich zwangsläufig erga omnes auswirkt.[29]

b) Wenn aber Verpflichtungen integraler Art im Interesse der Gesamtheit aller Mitgliedstaaten eines multilateralen Vertrages bestehen, folgt daraus, daß bei einem Verstoß gegen eine solche Verpflichtung alle anderen Vertragsparteien als verletzt anzusehen sind. Folgerichtig wird auch in dem von der ILC angenommenen Art.5 des Entwurfs zum Zweiten Teil der Regeln über Staatenverantwortlichkeit der Begriff „injured state" folgendermaßen definiert:

„*Article 5*

1. ...

2. In particular, „injured state" means ...

---

[28] Zur Errichtung vertraglicher Ordnungen im kollektiven Interesse vgl. z.B. *Simma*, AVR 1986, S. 357ff., 390; s.a. Art. 5 der Draft Articles on State Responsibility (2. Teil), Report of the ILC on the work of its 38th session, YBILC 1986 II 2, S. 35ff., 39 sowie Art. 11 des von *Riphagen* vorgeschlagenen Entwurfs zum Zweiten Teil der Kodifizierung über Staatenverantwortlichkeit, 6th Report, YBILC 1985 II 1, S. 12.

[29] Zur Klassifizierung des EWGV als integraler Vertrag vgl. *Simma*, NYIL 1985, S. 111ff., 128; *ders.*, FS von der Heydte, S. 615ff., 128.

(e) if the right infringed by the act of a State arises from a multilateral treaty or from a rule of customary international law, any other State party to the multilateral treaty or bound by the relevant rule of customary international law, if it is established that:

(i) ...

(ii) the infringement of the right by the act of a State necessarily affects the enjoyment of the rights or the performance of the obligations of the other States parties to the multilateral reaty or bound by the rule of customary international law ...

(f) if the right infringed by the act of a State arises from a multilateral treaty, any other State party to the multilateral treaty, if it is established that the right has been expressly stipulated in that treaty for the protection of the collective interests of the States parties thereto ..."[30]

Wenn auch der Unterschied zwischen den Verträgen nach Art. 5 (e) (ii) und Art. 5 (f) nicht ganz einsichtig ist,[31] braucht der Frage an dieser Stelle nicht nachgegangen zu werden. Denn einmal steht jeder Partei eines der Erfüllungsstruktur nach integralen Vertrages ein Recht auf Einhaltung der vertraglichen Pflichten gegenüber den anderen Vertragsparteien zu;[32] ein solches Recht kann auch keiner Vertragspartei eines solchen Vertrages abgesprochen werden, der bestimmte kollektive Interessen der Mitgliedstaaten kodifiziert. Zum anderen wird durch das fundamentale Infragestellen der Vertragsordnung die tatsächliche Situation jedes anderen Vertragspartners betroffen.

Verletzt also ein Mitgliedstaat Vorschriften des EWGV, wird dadurch gleichzeitig, wie oben dargelegt, das Interesse und das Recht der anderen Mitgliedstaaten auf Aufrechterhaltung der vertraglichen Ordnung insgesamt verletzt. Damit ist zunächst jeder andere Mitgliedstaat als „injured state" im oben beschriebenen Sinne anzusehen.[33]

3. Qualität des vorangegangenen Vertragsbruchs

Weiterhin stellt sich die Frage, welche Qualität der vorangegangene Rechtsbruch haben muß, um Repressalienmaßnahmen auslösen zu können. In der

[30] Text in Report of the ILC on its 38th session, YBILC 1986 II 2, S. 35ff., 39; s.a. Report of the ILC on the work of its 36th session, YBILC 1984 II 2, S. 99ff.

[31] Kritisch *Simma*, AVR 1986, S. 357ff., 390: „Hinter den lit. (e) (ii) und (f) steckt das ... in seinen Konturen noch recht unklare Konzept der „objective regimes": kollektivvertraglicher Strukturen, die eine Aufspaltung in bilaterale Beziehungen ... nicht gestatten"; als Beispiel für solche Kollektivinteressen nennt die ILC beispielsweise das Konzept der „common heritage of mankind", ILC Commentary, YBILC 1985 II 2, S. 27.

[32] Vgl. *Zemanek*, ZaöRV 1987, S. 32ff., 41.

[33] S.a. *Riphagen*, 3rd Report on State Responsibility, YBILC 1982 II 1, S. 42; an dieser Stelle kann dahinstehen, ob auch die bloße Verletzung des formellen Rechts der anderen Vertragsparteien an der Einhaltung eines Vertrages (das schließlich auch bei multilateralen Verträgen „bilateralen" Inhalts besteht), als Grundlage für Repressalienmaßnahmen ausreichen würde. Wie bereits aufgezeigt, würde die hier in Frage stehende Verletzung des EWGV auch den Inhalt der vertraglichen Pflichten insgesamt berühren.

WVK wird in Art. 60 vorausgesetzt, daß nicht jeglicher Vertragsbruch zu Gegenmaßnahmen berechtigt, sondern nur ein „material breach“, während eine ähnliche Einschränkung bislang im Repressalienrecht nur vereinzelt gemacht wird.[34]

Vorliegend braucht jedoch nicht entschieden werden, ob ein „material breach“ Rechtmäßigkeitsvoraussetzung für das Ergreifen von Repressalienmaßnahmen im o.g. Sinne ist. Kommt ein Mitgliedstaat einem Urteil des EuGH auch nach einem erneuten Urteil innerhalb eines angemessenen Zeitraums nicht nach, wird dadurch — und nicht durch das ursprüngliche Fehlverhalten, das u.U. in der nicht rechtzeitigen oder auch falschen Umsetzung einer Richtlinie über die Vorschriften betreffend die Etikettierung oder Bezeichnung von Wein oder Schokolade liegen kann — die Gemeinschaftsrechtsordnung grundlegend in Frage gestellt.[35] Denn damit zeigt das Verhalten des betroffenen Staates eindeutig, daß er nicht willens ist, sich den gemeinsamen Spielregeln anzupassen. Ein solches Abrücken von einer der Grundlagen der Gemeinschaftsrechtsordnung wäre daher in jedem Fall als „material breach“ zu betrachten, der einen hinreichenden Grund für Gegenmaßnahmen darstellen könnte.

4. *Weitere Rechtmäßigkeitsvoraussetzungen*

Zu den weiteren Rechtmäßigkeitsvoraussetzungen der Repressalie gehören das Gebot der vorherigen Abmahnung[36] und die Einhaltung des Verhältnismäßigkeitsgrundsatzes.[37]

Zum Gebot der Abmahnung soll an dieser Stelle bemerkt werden, daß das Verfahren vor dem EuGH bereits eine hinreichende Vorwarnung des Vertragsverletzers darstellt und diesem ausreichende Gelegenheit gibt, die möglichen Folgen einer kontinuierlichen Nichtbeachtung von Urteilen des EuGH zu bedenken.[38]

---

[34] Vgl. insoweit etwa die bisher von der ILC vorläufig verabschiedeten Art. 1 bis 5 des Zweiten Teils des Entwurfs zur Staatenverantwortlichkeit, Report of the ILC on the work of its 38th session, YBILC 1986 II 2, S. 35ff., 38f.; s.a. die weiteren von *Riphagen* vorgeschlagenen Artikel, YBILC 1985 I 1, S. 84ff.; im Rahmen bestimmter multinationaler Vertragswerke sollen jedoch nach Vorstellung *Riphagens* Repressalien erst nach einer Kollektiventscheidung oder erst dann zulässig sein „if the internationally wrongful act constitutes a manifest violation of obligations arising from a multilateral treaty, which destroys the object and the purpose of that treaty as a whole ...“, Art. 13 der Draft Articles *Riphagens* zum Zweiten Teil des Entwurfs über Staatenverantwortlichkeit, 6th Report, YBILC 1985 II 1, S. 13; für eine Kollektiventscheidung wird von *Riphagen* jedoch kein solcher schwerwiegender Verstoß vorausgesetzt.

[35] Ähnlich wohl *Zuleeg*, GS Sasse, S. 55ff., 62f., sowie *Weber*, Schutznormen und Wirtschaftsintegration, S. 451 im Hinblick auf einen Ausschluß gem. der WVK.

[36] *Tomuschat*, ZaöRV 1973, S. 179ff., 186, 191; *Doehring*, ZaöRV 1987, S. 44ff., 50ff.

[37] S. nur *Doehring*, ZaöRV 1987, S. 44ff., 45; *Zemanek*, ZaöRV 1987, S. 32ff., 42.

[38] Wobei eine weitere, zusätzliche Abmahnung durch die anderen Mitgliedstaaten nicht von Schaden sein kann.

Das Gebot der Verhältnismäßigkeit besagt einmal, daß die Repressalienmaßnahme nicht erheblich mehr an Schaden herbeiführen darf, als dem verletzten Staat selbst entstanden ist.[39] Zum anderen darf das Mittel gegenüber dem bezweckten Erfolg nicht unangemessen sein.[40] Vorliegend wurde bereits festgestellt, daß ein Ausschluß des Vertragsbrechers bzw. der Rücktritt anderer betroffener Staaten oder die Vertragsauflösung insgesamt als Reaktion auf eine Verletzung des EWGV als mit dem Zweck der Repressalie unvereinbar auszuscheiden haben.

Wenn ein Mitgliedstaat mehrere Urteile des EuGH in der gleichen Angelegenheit ohne hinreichende Rechtfertigung mißachtet, stellt dies einen substantiellen Rechtsverstoß dar, der an die Grundfesten der Gemeinschaftsrechtsordnung rührt. Angesichts der Schwere des Verstosses wäre auch eine gänzliche (zeitweise) Suspension aller vertraglichen Rechte und Pflichten durch die übrigen Mitgliedstaaten grundsätzlich nicht als unverhältnismäßig anzusehen. Hinsichtlich des bezweckten Erfolges, nämlich des „Zurückzwingens" zur Vertragstreue, erschiene eine solche Maßnahme auch nicht unangemessen.

5. *Handlungsbefugnis einzelner Mitgliedstaaten*

Damit ist aber noch nichts darüber gesagt, ob ein einzelner Mitgliedstaat in eigener Regie Maßnahmen gegenüber dem vertragsbrüchigen Staat ergreifen kann — wohlgemerkt nachdem dieser erfolglos vom EuGH verurteilt worden ist. Zu bedenken ist dabei folgendes.

Belegt ein Mitgliedstaat als Antwort auf eine vorangegangene rechtswidrige Maßnahme bestimmte Produkte des Vertragsbrechers mit Einfuhrzöllen oder verhängt er gar eine Einfuhrsperre, so ist es mehr als wahrscheinlich, daß diese Produkte zunächst in andere Mitgliedstaaten exportiert würden, um dann von dort aus über diesen Umweg in den Repressalienstaat zu gelangen. Auf diese Weise wäre also die Effektivität der Repressalienmaßnahme nicht gewährleistet. Um den Import der Güter aus dem vertragsbrechenden Staat zu verhindern, müßte der Repressalienstaat vielmehr noch weitere Maßnahmen ergreifen. In Betracht käme dann wiederum die Einführung des Erfordernisses von Ursprungszeugnissen, die auch bei Importen aus anderen Mitgliedstaaten vorgelegt werden müßten. Dies hätte nun nicht nur den Effekt, die Einfuhr der ins Auge gefaßten Produkte zu verhindern, sondern würde zugleich den freien Warenverkehr zwischen dem Repressalienstaat und den übrigen Mitgliedstaaten in einer prinzipiell mit dem EWGV unvereinbaren Weise verhindern.[41]

Aber auch ohne solche zusätzlichen Maßnahmen würde das Errichten von Importhindernissen eine Umleitung der Handelsströme bewirken, die die

---

[39] Vgl. den Schiedsspruch im Naulilaa-Fall, UNRIAA II, S. 1011ff., 1027.

[40] *Doehring*, ZaöRV 1987, S. 44ff., 45.

[41] Vgl. nur Art. 30ff. EWGV.

Interessen der anderen Mitgliedstaaten empfindlich berühren könnten. Entsprechendes würde auf dem Gebiet der Arbeitnehmer-, Dienstleistungs- und Niederlassungsfreiheit sowie im Bereich des Kapitalverkehrs gelten. Würde der reagierende Staat seinerseits bestimmte Produktionen vertragswidrig subventionieren, so wäre dies zwar in der Form denkbar, daß eine solche Subvention nur bei der Ausfuhr der Produkte in den vertragsbrüchigen Staat gewährt wird. Die solchermaßen „verbilligten“ Produkte oder die damit gefertigten Endprodukte könnten aber ihrerseits über den Ausfuhrstaat in andere Mitgliedstaaten der Gemeinschaft gelangen und dort zu wirtschaftlichen Störungen führen. Denkbar wären auch Gegenmaßnahmen auf nichtwirtschaftlichem Gebiet, wie etwa die Verweigerung der Mitarbeit in den Organen der Gemeinschaft in Bereichen, in denen besondere Interessen des Verletzerstaates bestehen. In den Fällen, in denen Einstimmigkeit bei der Beschlußfassung erforderlich ist, würde dies die Arbeit der Gemeinschaft empfindlich hemmen und damit zugleich Interessen der übrigen Mitgliedstaaten betreffen. Aber auch dort, wo Mehrheitsentscheidungen getroffen werden können, würde eine solche Reaktionshaltung eine nicht zu übersehende Beeinträchtigung des Entscheidungsprozesses mit sich bringen.

Nun gehört es aber zu den wesentlichen Grundsätzen des Repressalienrechts, daß durch solche Maßnahmen nicht in Rechte dritter Staaten eingegriffen werden darf.[42]

Gerade bei multilateralen Verträgen wird sich häufig das Problem stellen, daß durch eine Reaktion eines Mitgliedstaates Rechte der anderen Parteien und nicht nur Rechte des Urhebers der Vertragsverletzung betroffen werden. In diesem Zusammenhang ist daher eine Abwägung zwischen den Belangen des Repressalienstaates und den der übrigen, an der Vertragsverletzung nicht beteiligten Staaten geboten.[43] Art. 60 Abs. 2 (c) WVK sieht insoweit vor, daß der betroffene Staat im Wege der Reaktion einzelne oder alle vertraglichen Bestimmungen zwischen sich und allen übrigen Vertragsparteien suspendieren kann.

Jedoch ist die Interessenlage im Rahmen des Art. 60 WVK eine andere als im Repressalienrecht. Art. 60 WVK bzw. der in ihm verkörperte Grundsatz inadimplenti non est adimplendum beruht auf dem Gedanken der Zumutbarkeit.[44] Er dient der Wiederherstellung des Gleichgewichts der vertraglichen

---

[42] Vgl. dazu *Doehring*, ZaöRV 1987, S. 44ff., 49; etwas anderes gilt grundsätzlich nur dann, wenn das Eingreifen in die Rechte dritter Staaten aus anderen Gründen als erlaubt anzusehen wäre, z.B. gem. Art. 32 (Distress), 33 (State of Necessity), 34 (Self-Defence) der Draft Articles on State Responsibility der ILC (Erster Teil), YBILC 1980 II 2, S. 33.

[43] Vgl. insoweit *Riphagen*, 4th Report, YBILC 1983 II 1, S. 16f., 18, 23; vgl. auch den von *Riphagen* vorgeschlagenen Art. 11 des Zweiten Teils des Entwurfs über Staatenverantwortlichkeit, der das Ergreifen einseitiger Repressalienmaßnahmen bei bestimmten multilateralen Verträgen grundsätzlich ausschließt, 6th Report, YBILC 1985 II 1, S. 12.

[44] *Klein*, Statusverträge, S. 226 m.w.N.; s.a. Sir Humphrey *Waldock*, Kommentar zu Art. 20 (jetzt Art. 60) WVK, 2nd Report on the Law of Treaties, YBILC 1963 II, S. 73.

Verpflichtungen und der Vermeidung einer im Ergebnis wegen des sonst bestehenden Ungleichgewichts unzumutbaren weiteren Belastung des betroffenen Staates. Unter dem Gesichtspunkt der Zumutbarkeit kann daher auch die gänzliche Suspension aller vertraglichen Pflichten gerechtfertigt werden. Die Repressalie demgegenüber soll dazu dienen, Beugezwang auszuüben und den Rechtsbrecher zur Rückkehr zum Recht zu bewegen.[45] Schon diese Zielrichtung verbietet es, die vertraglichen Beziehungen zu den übrigen Mitgliedstaaten auch nur zeitweilig zu durchschneiden, da dies keine unmittelbare Zwangswirkung auf den vertragsbrüchigen Staat ausüben würde. Soweit in diesem Zusammenhang die Befürchtung geäußert wird, eine derartige Beschränkung der Rechte des Repressalienstaates sei im Hinblick auf die Ordnungsfunktion des Rechts bedenklich,[46] so kann darauf verwiesen werden, daß es dem betroffenen Staat nach dem hier vertretenen Verständnis freisteht, sich unter Berufung auf den Grundsatz inadimplenti non est adimplendum von seinen vertraglichen Bindungen zu lösen. Auch kann er im Regelfall andere, nicht vertragsspezifische Maßnahmen ergreifen, um den Vertragsbrecher zum Einlenken zu bewegen.[47]

In Anbetracht der Folgen einseitiger Maßnahmen für die Gemeinschaftsrechtsordnung und die Rechte und Interessen der anderen Mitgliedstaaten folgt daraus zunächst, daß einseitige Maßnahmen eines einzelnen Mitgliedstaates auszuscheiden haben.[48]

6. Gemeinschaftliche Repressalie

Fraglich ist aber, ob eine „gemeinschaftliche" Repressalie in Betracht kommt. Denkbar wäre, daß alle Mitgliedstaaten gemeinsam beschließen, eine Importsperre für bestimmte Produkte des vertragsbrüchigen Staates zu erlassen. Da alle Mitgliedstaaten durch den Vertragsbruch in eigenen Rechten verletzt sind, stünde einer solchen Handlungsweise unter dem Gesichtspunkt der Aktivlegitimation rechtlich nichts im Wege. Auf diese Weise würde auch das Problem der Rechtsverletzung dritter Staaten vermieden. Die Gemeinschaftsrechtsordnung bliebe zwischen den Vertragspartnern mit Ausnahme des vertragsbrüchigen Staates aufrechterhalten.

Unter dem Aspekt des Verbots der Verletzung von Rechten dritter Staaten wäre auch ein einseitiges Vorgehen des Repressalienstaates in Abstimmung mit den übrigen Mitgliedstaaten denkbar, da dann deren Zustimmung und somit die Unbeachtlichkeit etwaiger Rechtsverletzungen vorläge.[49]

---

[45] Vgl. nur *Klein*, Statusverträge, S. 226 m.w.N.

[46] Vgl. nur den Beitrag *Tomuschats* in der Diskussion der ILC, YBILC 1985 I, S. 126, allerdings in bezug auf Art. 10 der Draft Articles *Riphagens*; zu Art. 11 der Draft Articles vgl. insoweit etwa die Stellungnahme Sir Ian *Sinclair*'s, a.a.O., S. 117.

[47] S.a. *Riphagen*, 4th Report, YBILC 1983 II 1, S. 19.

[48] S.a. den von *Riphagen* vorgeschlagenen Art. 11 des Zweiten Teils des Entwurfs über Staatenverantwortlichkeit, YBILC 1985 II S. 12, der offensichtlich von Art. 60 WVK beeinflußt ist.

a) Diese schon allein aus völkerrechtlichen Gesichtspunkten gebotene Einschränkung des Repressalienrechts wird im übrigen auch durch gemeinschaftsrechtliche Erwägungen unterstützt. Bekanntlich sind die Mitgliedstaaten gemäß Art. 5 gehalten, den Belangen der europäischen Gemeinschaft Rechnung zu tragen. Wie der EuGH im Jahre 1986 festgestellt hat,[50] strahlt Art. 5 auf außerhalb des EWGV zu ergreifende völkerrechtliche Maßnahmen der Mitgliedstaaten aus und verpflichtet sie auch insoweit zur Rücksichtnahme auf Belange des Gemeinschaftsrechts. Daraus folgt dann aber auch konsequenterweise die gemeinschaftsrechtliche Pflicht, bei „an sich" gemeinschaftsrechtswidrigen, unter völkerrechtlichen Aspekten aber grundsätzlich legitimierten Maßnahmen den Schaden für die Gemeinschaftsrechtsordnung so gering wie möglich zu halten. Diese muß vielmehr so weit wie möglich aufrechterhalten werden, was schließlich auch im gemeinsamen Interesse aller Mitgliedstaaten liegt. Damit wird noch deutlicher, was sich ohnehin schon aus der Zielrichtung der Repressalie ergibt: Solche Maßnahmen dürfen nur im Interesse der Aufrechterhaltung des EWGV und damit nur im durch den EWGV verkörperten Gemeinschaftsinteresse erfolgen. Sofern eine Einigung der Mitgliedstaaten nicht möglich ist, würde dies letztlich nur ein Indiz dafür darstellen, daß die geplante(n) Repressalienmaßnahme(n) nicht im Einklang mit dem Gemeinschaftsinteresse stehen. Daraus folgt, daß die Mitgliedstaaten je nach den Umständen des Einzelfalles gemeinschaftsrechtlich gehalten sind, bei der Auswahl der ihnen nach allgemeinem Völkerrecht zur Verfügung stehenden Maßnahmen diejenigen zu wählen, die bei gleicher Geeignetheit in bezug auf das Ziel die Gemeinschaftsrechtsordnung am wenigsten belasten.

Beispielsweise könnten sich gemeinsame und gleichmäßige handelshemmende Maßnahmen i.S.d.Art. 30ff. (z.B. Importsperren) als geeignet erweisen, wirtschaftlichen Druck auf den Vertragsverletzer auszuüben; die Vertragsordnung zwischen den anderen Mitgliedstaaten würde durch solche Maßnahmen zunächst nicht berührt. Ähnliches würde im Bereich der Arbeitnehmer-, Niederlassungs-, Dienstleistungs- und Kapitalverkehrsfreiheiten gelten. Hingegen würde ein Ausschluß des Vertragsbrechers aus einem oder allen der zur Entscheidungsfindung berufenen Organe der Gemeinschaft bereits erhebliche Probleme in bezug auf die Stimmverhältnisse aufwerfen; als weiteres Problem würde sich dann auch die Frage der späteren Akzeptanz solchermaßen gefaßter Entscheidungen durch den nicht beteiligten Vertragsbrecher stellen.[51] Noch

---

[49] Zur rechtlichen Wertung der „Einwilligung" in eine Rechtsverletzung vgl. nur Art. 29 der Draft Articles on State Responsibility (Erster Teil), YBILC 1980 II 2, S. 33; *Ago*, 8th Report on State Responsibility, YBILC 1979 II 1, S. 38ff.; Kommentar der ILC zu Art. 29, YBILC 1979 II 2, S. 109ff.

[50] EuGH v. 15.01.1986, Rs 44/84 (Hurd — Europäische Schule), Slg. 1986, 29ff.

[51] Wobei sich das Problem der Beteiligung an der Entscheidungsfindung in den Gemeinschaftsorganen vermutlich auch ohne einen derart förmlichen Ausschluß stellen würde. Es ist nicht unwahrscheinlich, daß der von Repressalienmaßnahmen betroffene Staat seinerseits als Reaktion die weitere Mitarbeit verweigern würde.

schwieriger würde die Lage, wenn ein einzelner Mitgliedstaat mit Zustimmung der anderen Vertragsparteien einseitige Maßnahmen ergreifen würde. Soweit sich solche z.B. auf die Fünf Freiheiten des Gemeinsamen Marktes (Warenverkehr, Arbeitnehmer-, Niederlassungs-, Dienstleistungs- und Kapitalverkehrsfreiheit) oder das Verbot staatlicher Beihilfen beziehen, würde dies im Interesse der Wirksamkeit solcher Maßnahmen entweder eine teilweise Abschottung auch gegenüber den anderen Mitgliedstaaten mit sich bringen oder aber zumindest eine Umleitung der Verkehrsströme bewirken.[52]

Dies könnte die Funktionsfähigkeit des Gemeinsamen Marktes, der das Ziel der Schaffung binnenmarktähnlicher Verhältnisse hat, ernsthaft behindern. Allerdings wäre eine solche Situation wenig wahrscheinlich, da die übrigen Mitgliedstaaten schon im eigenen Interesse dafür sorgen würden, daß eine solch gravierende Situation nicht aufkommen könnte. Ähnliches würde für die Verweigerung der Mitarbeit bei der Entscheidungsfindung mit „Zustimmung" der anderen Mitgliedstaaten gelten. Entweder stimmen alle Mitgliedstaaten überein, daß eine bestimmte Regelung, die von besonderem Interesse für den Vertragsbrecher wäre, nicht erlassen wird. Sofern eine solche Übereinstimmung nicht erzielt wird (was im Zweifel dann der Fall sein würde, wenn auch nur ein anderer Mitgliedstaat ein Interesse an eben dieser Regelung hätte), würde sich der reagierende Staat selbst einer Rechtsverletzung schuldig machen, was nach den Grundsätzen des Repressalienrechts unzulässig wäre. Dabei sollte aber nicht verkannt werden, daß eine solche Situation vom normalen Entscheidungsfindungsprozeß kaum unterschieden werden kann. Effektiv wäre ein solches Verhalten ohnehin auch nur dann, wenn das Erfordernis der einstimmigen Beschlußfassung besteht.

Im Ergebnis bleibt daher an dieser Stelle festzuhalten, daß eine gemeinschaftliche Repressalie aller Mitgliedstaaten oder eine Maßnahme eines Mitgliedstaates mit Zustimmung aller anderen Beteiligten mit Ausnahme des Vertragsbrechers nach allgemeinen repressalienrechtlichen Regeln grundsätzlich zulässig ist. Von Gemeinschaftsrechts wegen sind die Mitgliedstaaten allerdings gehalten, diejenigen Maßnahmen zu ergreifen, die die Gemeinschaftsrechtsordnung am wenigsten belasten, wenn sie sich nicht selbst eines Vertragsbruches schuldig machen wollen.

b) Die Mitgliedstaaten sind jedoch nach allgemeinem Völkerrecht nach wie vor „Herren der Verträge". Sofern die gemeinschaftsrechtlichen Streitschlichtungsmechanismen versagen, dürfen sie sich im Rahmen des völkerrechtlichen Repressalienrechts grundsätzlich über die Regeln des EWGV hinwegsetzen.

Dies gilt in letzter Konsequenz auch für das oben beschriebene gemeinschaftsrechtliche Gebot der Auswahl des mildesten Mittels im Hinblick auf den Erhalt des gemeinschaftsrechtlichen Bestands und ist eine Folge der souveränen Allmacht der Staaten.

---

[52] Vgl. oben Zweiter Hauptteil, § 9 I 5.

An dieser Stelle kann daher nur betont werden, daß die Mitgliedstaaten die Belange des Gemeinsamen Marktes und der Ziele der Integration schon im eigenen Interesse beachten *sollten*. Eine rechtliche Verpflichtung auf der Grundlage des allgemeinen Völkerrechts, das hier allein geeignet wäre, die grundsätzliche Verfügungsbefugnis der Mitgliedstaaten über den EWGV zu beschränken, besteht nicht.

7. *Beteiligung von Gemeinschaftsorganen*

Gelegentlich wird in der Literatur die weitere Frage aufgeworfen, ob Gemeinschaftsorgane beim Ergreifen von Repressalienmaßnahmen zu beteiligen sind.[53]

a) Gegen eine solche Beteiligung könnte eingewandt werden, daß es sich unter rechtlichen Aspekten schließlich um eine Angelegenheit handelt, die in den ausschließlichen Kompetenzbereich der Mitgliedstaaten fällt. Jedoch würde eine Einschaltung der Gemeinschaftsorgane keinesfalls bedeuten, daß damit im Ergebnis eine „Gemeinschaftskompetenz" zu bejahen wäre. Dieses zeigt sich besonders deutlich am Beispiel der Art. 224, 225 EWGV. Unzweifelhaft handelt es sich bei den dort genannten Fällen um Befugnisse der Mitgliedstaaten, die von diesen in ihrer Eigenschaft als souveräne Staaten wahrgenommen werden. Durch die Beteiligung der Kommission und des EuGH im Rahmen des Art. 225 wird zwar das Verfahren in einen gemeinschaftsrechtlichen Rahmen gezogen. Dadurch soll gewährleistet werden, daß das Gemeinschaftsinteresse bei den mitgliedstaatlichen Maßnahmen in ausreichendem Maße Berücksichtigung findet. Dazu sind sowohl Kommission als auch Gerichtshof wegen ihrer Unabhängigkeit und ihrer gemeinschaftlich ausgerichteten Interessen die geeigneten Organe. Dies ändert jedoch nichts an der Verteilung der Kompetenzen, die nach wie vor bei den Mitgliedstaaten verbleiben.[54]

b) Es fragt sich, ob auch beim Ergreifen von Repressalienmaßnahmen eine Rechtspflicht zur Einschaltung der Gemeinschaftsorgane besteht, und welche Organe heranzuziehen wären. Ansatzpunkt für diese Überlegungen ist dabei Art. 5 EWGV und das in ihm verkörperte Prinzip der Gemeinschaftstreue. Danach sind die Mitgliedstaaten, vereinfacht gesagt, verpflichtet, bei ihren Handlungen den Belangen der Gemeinschaft Rechnung zu tragen und alles zu unterlassen, was diese Belange beeinträchtigen kann.[55]

Oben wurde gesagt, daß die Mitgliedstaaten in letzter Konsequenz „Herren der Verträge" geblieben sind. In den durch das Repressalienrecht gezogenen Grenzen sind sie daher befugt, sich über die Vorschriften des EWGV und damit

---

[53] Vgl. z.B. *Bleckmann*, RIW 1978, S. 91ff., 93; *Ehlermann*, EuR 1984, S. 113ff., 121 m.w.N.

[54] *Kißler*, Wirtschaftssanktionen, S. 266ff.; *Klein*, RIW 1985, S. 291ff., 293f.

[55] Vgl. statt vieler *Grabitz*, in: Grabitz, EWGV, Art. 5 Rdz. 1ff., 10ff. m.w.N.

letztlich auch über die aus Art. 5 bzw. dem Gebot der Gemeinschaftstreue fließenden Pflichten hinwegzusetzen.

Dennoch erscheint eine Erörterung der Frage, ob die Mitgliedstaaten auf gemeinschaftsrechtlicher Ebene gehalten sind, bestimmte Grundsätze zu beachten, keinesfalls überflüssig. Zwar gilt, wie bereits dargelegt, auch im Völkerrecht der Grundsatz „volenti non fit iniuria". Wenn die Mitgliedstaaten der Gemeinschaft daher auf völkerrechtlicher Basis Repressalienmaßnahmen beschließen und und dabei die Gefährung der Gemeinschaftsrechtsordnung auch untereinander und nicht nur im Verhältnis zum Vertragsbrecher in Kauf nehmen, ist dies auf völkerrechtlicher Ebene jedenfalls so lange rechtmäßig, als dadurch im Ergebnis die Wiederherstellung des status quo ante erzwungen werden soll. Unzulässig wäre eine solche Vorgehensweise als Repressalie erst dann, wenn dadurch die vertragliche Ordnung insgesamt und irreparabel geschädigt würde. Denn dann könnte das Ziel der Repressalie, nämlich die Rückkehr des Vertragsbrechers zur Vertragstreue, nicht mehr erreicht werden.

Jedoch würde eine unnötige Belastung der Gemeinschaftsrechtsordnung sicher nicht im Interesse der Mitgliedstaaten liegen. Gerade umgekehrt werden sie daran interessiert sein, sie soweit als möglich aufrechtzuerhalten. Unter diesem Gesichtspunkt liegt es auch im Interesse der Mitgliedstaaten, die aus dem EWGV zu entnehmenden Verpflichtungen nach Möglichkeit zu befolgen.

c) Damit ist den Mitgliedstaaten jedenfalls von Gemeinschaftsrechts wegen auferlegt, das Gemeinschaftsinteresse zu berücksichtigen, wobei das Interesse der Gemeinschaft keinesfalls mit allen nationalstaatlichen Interessen identisch sein muß. Liegt es etwa im vertraglich vorgegebenen Gemeinschaftsinteresse, staatliche Subventionen zugunsten eines freieren Wettbewerbs abzubauen, so können einzelne nationalstaatliche Interessen, bedingt durch vielerlei Faktoren, eine ganz andere Richtung nehmen. Mit am ehesten die Gewähr dafür, das Gemeinschaftsinteresse in reiner Form und unverfälscht durch nationale Egoismen zu vertreten, bieten die bereits genannten Organe Kommission und EuGH. Wenn die Mitgliedstaaten nach Art. 5 zur Berücksichtigung des Gemeinschaftsinteresses verpflichtet sind, folgt daraus gemeinschaftsrechtlich bindend, daß zunächst die Kommission bei der Frage der nationalstaatlichen Repressalien einzuschalten ist. Nur so kann gewährleistet werden, daß bei der Frage des Ob und Wie der zur Debatte stehenden Maßnahmen ein objektivierender Faktor in die Entscheidungsfindung eingebracht wird. Die Mitgliedstaaten sind daher gehalten, die Kommission als „Hüterin des Gemeinschaftsinteresses" mit in ihre Konsultationen einzubeziehen, und zwar vor Ergreifen der eigentlichen Repressalienhandlungen.[56]

Der Kommission kann in diesem Zusammenhang allerdings — obwohl dies letztlich im Hinblick auf das Europäische Gesamtinteresse zu befürworten wäre

---

[56] Vgl. *Bleckmann*, RIW 1978, S. 91ff., 93, der das Gebot zur Einschaltung der Kommission allerdings aus dem in Art. 170 enthaltenen Grundgedanken ableitet.

— keine rechtlich bindende Entscheidungs- oder Ermächtigungsbefugnis zum Ergreifen bestimmter Maßnahmen zukommen. Denn dies würde voraussetzen, daß der Kommission und damit der Gemeinschaft in den Verträgen eine Sanktionskompetenz zugesprochen worden wäre. Eine solche Befugnis ist aber gerade aus den im Ersten Hauptteil dieser Untersuchung dargelegten Gründen zu verneinen.

Damit ist der Kommission eine beratende und koordinierende Rolle zugewiesen. Der Grundsatz der Gemeinschaftstreue gebietet es dabei, ihren Vorschlägen gebührende Beachtung zu schenken und diese nicht ohne Grund zu mißachten.[57] Würde dies geschehen, würde dies wiederum eine Vertragsverletzung, nämlich des Art. 5, darstellen, ebenso wie ein vorgelagertes „Nichteinschalten" der Kommission. Dieses wäre dann wiederum auch durch den EuGH justiziabel, da die Frage, ob ein Verstoß gegen Art. 5 vorliegt, in seinen durch Art. 164 umschriebenen Kompetenzbereich fällt. Wenn der EuGH zwar nicht über die Völkerrechtsmäßigkeit der Handlungen von Mitgliedstaaten zu entscheiden hat,[58] kann er doch darüber urteilen, ob die Mitgliedstaaten die Kommission hätten einschalten müssen bzw. ob sie die von der Kommission geäußerten Auffassungen und Vorschläge grundlos und unter Mißachtung des Gemeinschaftsinteresses nicht beachtet haben — wobei damit allerdings zwangsläufig nur eine Evidenzkontrolle ausgeübt werden kann.

Damit bleibt festzuhalten, daß eine Einschaltung der Kommission gem. Art. 5 vor dem Ergreifen von Repressalienmaßnahmen geboten ist. Der EuGH kann angerufen werden, um darüber zu befinden, ob die Mitgliedstaaten die Kommission zu Unrecht nicht in ihre Entscheidungsfindung miteinbezogen oder ihre Vorschläge in Verkennung der Gebote des Art. 5 in eklatanter Weise mißachtet haben.[59]

8. Zwischenergebnis

Im Ergebnis ist also eine einzelstaatliche Repressalie unzulässig, weil dadurch zwangsläufig die Rechte der anderen Vertragsparteien betroffen werden.[60] Zulässig sind hingegen Maßnahmen, die entweder von allen Mitgliedstaaten mit Ausnahme des Vertragsbrechers gemeinsam ergriffen werden oder die ein einzelner Staat mit Zustimmung oder in Abstimmung mit den anderen Mitgliedstaaten ergreift. Wenngleich dies völkerrechtlich nicht geboten ist, muß von Gemeinschaftsrechts wegen und im gemeinsamen Interesse der anderen

---

[57] Ähnlich *Bleckmann*, RIW 1978, S. 91 ff., 93.

[58] Nach Art. 164 ist der EuGH zur Wahrung des Rechts bei der Auslegung und Anwendung *des Gemeinschaftsrechts* berufen.

[59] Im Ergebnis ähnlich, wenn auch ohne nähere Begründung *Weber*, Schutznormen und Wirtschaftsintegration, S. 446.

[60] Wobei hier, wie bereits eingangs in FN 42 erwähnt, die Sonderfälle i.S.d. Art. 32, 33, 34 des Entwurfs der ILC zur Staatenverantwortlichkeit (Erster Teil), YBILC 1980 II 2, S. 33, außer Betracht gelassen werden.

Mitgliedstaaten die Kommission beteiligt werden. Der Gerichtshof kann hinsichtlich der Frage der Verletzung der aus Art. 5 resultierenden Pflichten angerufen werden.

II. Art. 60 WVK / inadimplenti non est adimplendum

Wenn oben die Zulässigkeit von Repressalien in engen Grenzen bejaht wurde, bleibt weiter zu fragen, ob Reaktionen der anderen Mitgliedstaaten auch auf vertragsrechtlicher Grundlage, also nach Art. 60 WVK oder dem Grundsatz inadimplenti non est adimplendum zulässig sind.

Die WVK, die gemäß ihrem Art. 5 auch auf Gründungsinstrumente internationaler Organisationen Anwendung findet, ist am 27.01.1980 in Kraft getreten, nachdem 35 Staaten durch Beitritt oder Ratifikation Partei dieses Übereinkommens geworden waren.[61]

Von den Mitgliedstaaten der Gemeinschaft waren nach dem Stand vom 31.12.1986 Griechenland und Spanien der Konvention beigetreten. Italien, Dänemark, die Niederlande und das Vereinigte Königreich hatten die Konvention ratifiziert, Luxemburg und die Bundesrepublik Deutschland unterzeichnet.[62]

Zwar bestimmt Art. 4 WVK, daß die Konvention keine Rückwirkung entfaltet, d.h. nicht auf solche Verträge anwendbar ist, die vor dem Inkrafttreten der WVK für die jeweiligen Vertragsparteien abgeschlossen wurden. Jedoch kann unter Berücksichtigung der Rechtsprechung des IGH,[63] der Staatenpraxis[64] und der nahezu einhelligen Anerkennung in der Literatur[65] davon ausgegangen werden, daß die in Art. 60 WVK kodifizierten Reaktionsmöglichkeiten auf Vertragsbrüche Bestandteil des geltenden Völkergewohnheitsrechts sind, wenn dies auch nicht für die prozedurale Ausgestaltung der Geltendmachung dieser Rechte gelten muß.[66] Insofern soll der hier interessierende materielle Gehalt des Art. 60 WVK als Ausformung des völkergewohnheits-

---

[61] Multilateral Treaties Deposited with the Secretary General, Stand 31.12.1986, UN-Publication, ST/LEG/SER.E/5, S. 757ff.; für die Bundesrepublik Deutschland s. das Zustimmungsgesetz vom 03.08.1985, BGBl. II, S. 926.

[62] Nachweise in Multilateral Treaties Deposited with the Secretary General, Stand 31.12.1986, UN-Publication, ST/LEG/SER.E/5, S. 757ff.

[63] Namibia-Gutachten des IGH v. 21.06.1971, ICJ-Reports 1971, 14ff., 46ff. unter Heranziehung des damals noch nicht in Kraft getretenen Art. 60 WVK; ebenso im ICAO-Fall v. 18.08.1972, ICJ-Reports 1972, S. 46ff., 62ff., 67f.; s.a. das Schiedsgutachten vom 09.12.1978 über das Air Services Agreement of 27 March 1946 (United States v. France), ILR 54 (1979), S. 303ff., 335ff.

[64] Vgl. dazu *Sinha*, Unilateral Denunciation, S. 104ff. m.w.N.

[65] S. z.B. *Simma*, ÖZöffR 1970, S. 5ff., 34ff.; *Rosenne*, Annuaire IDI 52 I, S. 5ff.; *Verdross/ Simma*, Völkerrecht, S. 515ff.

[66] S. *Rosenne*, ZaöRV 1971, S. 1ff., 61; s.a. *Klein*, Statusverträge, S. 228 m.w.N.

rechtlichen Grundsatzes inadimplenti non est adimplendum angesehen werden,[67] und zwar auch, soweit er sich auf multilaterale Verträge bezieht.

Diese Vorgehensweise erscheint in Anbetracht der Tatsache gerechtfertigt, daß eine große Anzahl von Staaten Einigkeit darüber begründet haben, daß die Suspension oder die Beendigung von multilateralen Verträgen besondere Probleme aufwerfen, u.a. im Hinblick darauf, daß durch solche Maßnahmen häufig auch Rechte anderer Vertragsparteien berührt werden, und daß deshalb eine dem jetzigen Art. 60 WVK entsprechende Sonderregelung erforderlich sei.[68] Vertreter von insgesamt 110 Staaten waren an der Vertragsrechtskonferenz der Vereinten Nationen im Jahre 1970 beteiligt und bekundeten im sog. „Final Act“[69] ihr Einverständnis mit dem Text der Konvention. Der Text des jetzigen Art. 60 WVK wurde im dreißigsten „plenary meeting“ der Konferenz ohne Widerspruch angenommen.[70] Damit sprechen jedenfalls deutliche Anhaltspunkte dafür, daß sein Inhalt auch der Rechtsüberzeugung der betreffenden Staaten entspricht.

Wie bereits erörtert, liegt der wesentliche Unterschied des vertragsrechtlichen Grundsatzes inadimplenti non est adimplendum im Vergleich zur Repressalie darin, daß der Zweck bzw. das Ziel einer (spezifischen) Repressalie beinhaltet, den Rechtsbrecher zur Rückkehr des status quo ante, d.h. zur Rückkehr zur Vertragstreue zu veranlassen. Der Grundsatz inadimplenti non est adimplendum ist demgegenüber Folge und Ausdruck des vertraglichen Synallagma, des jedem Vertrag zugrunde liegenden Konzept des do ut des.[71]

Einem Vertragsstaat, der durch einen Vertragsbruch seines Vertragspartners betroffen ist, wird ein Leistungsverweigerungsrecht zugestanden, wobei dieses Recht auf dem Gedanken der Zumutbarkeit beruht.[72]

---

[67] Dazu insb. *Simma*, ÖZöffR 1970, S. 5ff. mit umfangreichen Nachweisen.

[68] Vgl. z.B. die Kommentare von insg. 27 Regierungen zu den Teilen I, II und III der Artikelentwürfe der WVK in YBILC 1966 II, S. 279ff., Australien, a.a.O., S. 280, Kanada, a.a.O., S. 284, Israel, a.a.O., S. 297, Luxemburg, a.a.O., S. 312, Niederlande, a.a.O., S. 318, Portugal, a.a.O., S. 329, Schweden, a.a.O., S. 340, Großbritannien, a.a.O., S. 344 und USA, a.a.O., S. 354.

[69] UN Doc. A/CONF. 39/26; s. im übrigen auch zu den Auffassungen der Staatenvertreter United Nations Conference on the Law of Treaties, Official Records, First Session: Summary records of the plenary meetings and of the meetings of the Committee of the Whole, UN Doc. A/CONF. 39/11, S. 352-360, 478 sowie United Nations Conference on the Law of Treaties, Official Records, Second Session: UN Doc. A/CONF. 39/11/Add. 1, S. 111-116; an der ersten Sitzung haben Vertreter aus 103 Staaten teilgenommen, an der zweiten Sitzung aus 110, vgl. Final Act of the United Nations Conference on the Law of Treaties, UN Doc. A/CONF. 39/26; zur Entstehungsgeschichte des Art. 60 WVK vgl. auch den Überblick bei *Simma*, ÖZöffR 1970, S. 5ff., 50ff.; s.a. Kommentar der ILC zu Art. 57 der Draft Articles der WVK (jetzt Art. 60), YBILC 1966 II, S. 253ff.

[70] Official Records, Second Session, UN Doc. A/CONF. 39/11/Add. 1, S. 167.

[71] Vgl. *Simma*, ÖZöffR 1970, S. 5ff., 19ff.

[72] Sir Humphrey *Waldock*, YBILC 1963 II, S. 73.

Dieses Leistungsverweigerungsrecht hinsichtlich der eigenen vertraglichen Verpflichtungen dient damit der Wiederherstellung des durch die Vertragsverletzung gestörten Gleichgewichts der Rechten- und Pflichtenlage zwischen den Vertragsparteien,[73] wenn auch „auf einer tiefen Ebene".[74] Dem Verletzerstaat wird die Möglichkeit gegeben, diejenigen vertraglichen Verpflichtungen nicht erfüllen zu müssen, deren korrespondierende Vorteile durch den Vertragsbruch entfallen sind. Der betroffene Staat wird daher in erster Linie im Wege der Repressalie tätig werden, wenn es ihm darauf ankommt, den Vertrag in vollem Umfang aufrechtzuerhalten und die andere Partei zur Einhaltung und Erfüllung ihrer Vertragspflichten zu bewegen. Auf das vertragsrechtliche Institut inadimplenti non est adimplendum wird er sich hingegen dann berufen, wenn er aufgrund der Vertragsverletzung kein Interesse mehr an der Vertragserfüllung hat und sich auf diese Weise der Verpflichtungen entledigen kann, die ihm keinerlei Vorteile mehr einbringen.

Damit stellt sich die Frage, welche Möglichkeiten der vertragsrechtlichen Reaktion den Mitgliedstaaten der Gemeinschaft offenstehen. Art. 60 WVK sieht bei Verletzung eines mehrseitigen Vertrags mehrere Handlungsformen vor. Die anderen Vertragsparteien können den Vertrag einvernehmlich ganz oder teilweise suspendieren oder beenden (Art. 60 Abs. 2 (a) WVK), und zwar entweder im Verhältnis zwischen ihnen und dem vertragsbrüchigen Staat (Art. 60 Abs. 2 (a) (i) WVK), wobei letzteres den Ausschluß des vertragsbrüchigen Staates bedeutet. Oder aber sie können den Vertrag zwischen allen Vertragsparteien, d.h. insgesamt (Art. 60 Abs. 2 (a) (ii) WVK) suspendieren oder beenden. Eine besonders betroffene Partei kann auch im Alleingang mit der Suspension aller oder einiger Vertragsvorschriften zwischen ihr und dem vertragsbrüchigen Staat reagieren (Art. 60 Abs. 2 (b) WVK).

Handelt es sich um einen integralen Vertrag, d.h. einen Vertrag, der so beschaffen ist, daß eine Verletzung seiner Bestimmungen durch eine Vertragspartei die Lage jeder anderen Vertragspartei ändert, so kann jede einzelne Vertragspartei ihre eigenen Verpflichtungen — mit Wirkung erga omnes — ganz oder teilweise suspendieren (Art. 60 Abs. 2 (c) WVK).

Bei alledem ist erforderlich, daß eine „erhebliche Verletzung" bzw. ein „material breach"[75] vorangegangen ist. Nach Art. 60 Abs. 3 WVK liegt eine erhebliche Verletzung dann vor, wenn der fragliche Vertrag in einer nach der WVK nicht zulässigen Weise abgelehnt wird (Art. 60 Abs. 3 (a) WVK), oder wenn eine für die Erreichung des Vertragsziels oder Vertragszwecks wesentliche Bestimmung verletzt wird (Art. 3 Abs. 3 (b) WVK).[76] Weigert sich ein

---

[73] *Klein*, Statusverträge, S. 226.

[74] *Simma*, FS von der Heydte, S. 615ff., 627; s.a. *ders.*, ÖZöffR 1970, S. 5ff., 20; s. insoweit auch *Klein*, Statusverträge, S. 226.

[75] Vgl. den Wortlaut des Art. 60 WVK.

[76] Zum Begriff des „material breach" s.a. *Schwelb*, IJIL 1967, S. 309ff.; *Simma*, ÖZöffR 1970, S. 5ff., 59ff.

Mitgliedstaat der Gemeinschaft, einem Urteil des EuGH nachzukommen, wird dadurch in eklatanter Weise — im Sinne des Art. 60 Abs. 3 (b) WVK — gegen einen wesentlichen Grundsatz des Gemeinschaftsrechts, nämlich das Gebot der Anerkennung der Autorität des Gerichtshofs und das Gebot der Gemeinschaftstreue verstoßen. Die Effektivität der Gemeinschaftsrechtgsordnung selbst wird in Frage gestellt.[77]

Im Ergebnis kommen daher folgende Handlungsmöglichkeiten in Betracht: Die bilaterale Suspension einiger oder aller vertraglichen Beziehungen zwischen dem Vertragsbrecher und einem betroffenen Staat, die Suspendierung einiger oder aller vertraglicchen Beziehungen durch den betroffenen Staat erga omnes, die Suspendierung einiger oder aller vertraglichen Beziehungen zwischen allen Mitgliedstaaten untereinander oder zwischen allen übrigen Mitgliedstaaten und dem Vertragsbrecher, die Beendigung des Vertrags insgesamt oder aber der Ausschluß des Vertragsbrechers. Zu erwägen ist schließlich noch der Rücktritt eines einzelnen Mitgliedstaats als Reaktion auf den hier ins Auge gefaßten Vertragsbruch.

1. Rücktritt wegen Vertragsbruchs eines Mitgliedstaates

An erster Stelle soll geprüft werden, ob ein Mitgliedstaat der Gemeinschaft ein Recht zum Rücktritt vom Vertrag wegen Vertragsbruchs eines anderen Mitgliedstaats geltend machen kann. Ausgangspunkt der Überlegungen ist dabei, daß der EWGV ein solches Rücktrittsrecht ebensowenig wie ein Kündigungsrecht ausdrücklich vorsieht, und daß ein solches Recht auch nicht in Art. 60 WVK kodifiziert ist. In der WVK ist der Rücktritt in einem solchen Fall lediglich nach Maßgabe des Art. 56 bzw. 62 WVK als zulässig erachtet worden. Die ILC ging davon aus, daß in einen multilateralen Vertrag auch die Interessen der anderen Vertragsparteien berücksichtigt werden müßten. Der verletzte Staat sei durch die Möglichkeit der Suspension seiner vertraglichen Verpflichtungen im Regelfall ausreichend geschützt.[78]

Diese restriktive Auffassung ist teilweise als zu pauschal kritisiert worden.[79] Die Frage der rechtlichen Zulässigkeit eines Rücktritts von einem multilateralen Vertragswerk als Reaktion auf die Vertragsverletzung durch ein anderes Mitglied wird letztlich nur mit Blick auf die Strukturen jedes einzelnen Vertrages und die Interessen aller anderen Parteien zu lösen sein.[80]

Mit dem Abschluß des EWGV haben sich die Mitgliedstaaten im gemeinsamen Interesse den Zielen der Integration und der Fortentwicklung der Gemeinschaftsrechtsordnung verschrieben. Zu den wesentlichen Grundsätzen

---

[77] Im Ergebnis ebenso *Weber*, Schutznormen und Wirtschaftsintegration, S. 451; *Zuleeg*, GS Sasse, S. 55ff., 62f.

[78] Kommentar der ILC zu Art. 57 (jetzt Art. 60) WVK, YBILC 1966 II, S. 255.

[79] *Simma*, ÖZöffR 1970, S. 5ff., 68: „undue generalization".

[80] So wohl auch *Simma*, ÖZöffR 1970, S. 5ff., 68.

des EWGV gehört, daß der „acquis communautaire“[81] nicht gefährdet werden darf. Ferner zählen dazu das Gebot, alle Handlungen zu unterlassen, die die Interessen der Gemeinschaft gefährden können, und das Gebot zur Förderung der vertragsimmanenten Ziele.

Schon mit den solchermaßen umschriebenen vertraglichen Strukturen wäre ein einseitiges Rücktrittsrecht als Reaktion auf eine Vertragsverletzung unvereinbar. Ein Rücktritt wäre dem gemeinsamen Interesse nicht dienlich, sondern würde vielmehr das Erreichen der gemeinsamen Vertragsziele auf Dauer zwischen dem zurücktretenden Staat und dem Rest der Gemeinschaft unmöglich machen.

Hinzu kommt, daß durch einen solchen Rücktritt nicht nur in Rechte des Verletzerstaates eingegriffen würde, sondern gleichzeitig und untrennbar in Rechte und Interessen aller anderen Mitgliedstaaten. Ein solches Verhalten würde also gegenüber den anderen Vertragspartnern einen Rechtsbruch darstellen. Auch der Grundgedanke des vertraglichen Synallagma, der dem Grundsatz inadimplenti non est adimplendum inhärent ist, würde eine solche Reaktion nicht tragen können. Mit dem Rücktritt vom Vertrag würde nicht nur das Verhältnis zwischen dem zurücktretenden Staat und dem Vertragsverletzer „ins Gleichgewicht“ gebracht, sondern gleichzeitig würden gegenüber allen anderen Mitgliedstaaten ohne eine vorangegangene Handlung ihrerseits die Vertragsbeziehungen annulliert. Von einer „Wiederherstellung“ des Gleichgewichts könnte dann keine Rede sein.

Wenn demgegenüber gelegentlich im gemeinschaftsrechtlichen Schrifttum ein einseitiges Sezessionsrecht bejaht wird,[82] geschieht dies in erster Linie im Hinblick auf die Frage der Anwendbarkeit der clausula rebus sic stantibus.[83] Die Frage, welche Maßnahmen nach den Voraussetzungen der nunmehr in Art. 62 WVK kodifizierten clausula rebus sic stantibus in Betracht kommen, soll jedoch an anderer Stelle erörtert werden.

Festzuhalten bleibt hier zunächst, daß ein einseitiger Rücktritt wegen der Vertragsverletzung durch einen anderen Mitgliedstaat in Anwendung des Grundsatzes inadimplenti non est adimplendum rechtlich nicht zulässig wäre.

Die Rechtslage würde sich freilich anders darstellen, wenn alle anderen Vertragsparteien dem Rücktritt zustimmen würden. Damit würden sie schließlich auf ihr Recht auf Einhaltung des Vertrages verzichten. Da im Völkerrecht der Grundsatz volenti non fit iniuria gilt,[84] wäre unter solchen Umständen ein

[81] Dazu *Pescatore*, RTDE 1981, S. 615ff.

[82] So *Meier*, NJW 1974, S. 392ff.; ähnlich *Bentivoglio*, in: QMT, Art. 240, S. 1742; dagegen *Hilf*, in: GBTE, Art. 240 Rdz. 11; *Constantinesco*, EGR I, S. 181; *Beutler*, in: BBPS, Die Europäische Gemeinschaft, S. 72f.; wohl auch *Ipsen*, Gemeinschaftsrecht, S. 100.

[83] Z.B. *Meier*, NJW 1974, S. 392ff.

[84] Zur rechtlichen Wirkung der „Einwilligung“ in Rechtsverletzungen s. nur Art. 29 der

Rücktritt rechtlich zulässig. Die Zustimmung der anderen Mitgliedstaaten wäre auch im Verhältnis zum Vertragsbrecher nicht unwirksam. Wegen der bereits beschriebenen Integralität der Verpflichtungen des EWGV[85] wären alle Mitgliedstaaten als gleichermaßen verletzt anzusehen mit der Folge, daß sie ihrerseits nicht verpflichtet sind, gegenüber dem Vertragsbrecher alle vertraglichen Bindungen einzuhalten. Der vertragsbrüchige Staat selbst hat als Konsequenz seines Verhaltens das Recht verloren, die Einhaltung der Verpflichtungen zu fordern. Damit träte letztlich die Situation der einvernehmlichen Entlassung aus dem Vertragsverband ein, wenn alle Parteien zustimmen und dem Vertragsverletzer kein Vetorecht zusteht. Eine solche Situation wäre als einvernehmliche Vertragsänderung anzusehen, die gemäß Art. 39 WVK grundsätzlich zulässig ist.

An dieser Stelle wäre weiter zu fragen, inwieweit die Mitgliedstaaten gehalten sind, Gemeinschaftsorgane bei ihrer Entscheidung zu beteiligen. Wie bereits an anderer Stelle erörtert, besteht auf völkerrechtlicher Grundlage keine solche Verpflichtung.[86] Jedoch gilt auch bei der Frage der vertragsrechtlichen Reaktion der Mitgliedstaaten, daß diese auf gemeinschaftsrechtlicher Ebene gem. Art.5 gehalten sind, den Belangen und Interessen der Gemeinschaft im größtmöglichen Umfang Rechnung zu tragen. Daraus folgt zunächst, daß die Kommission als unabhängiges Gemeinschaftsorgan und als „Hüterin des Gemeinschaftsinteresses" vor dem Ergreifen von endgültigen Maßnahmen in die Konsultationen zwischen den Mitgliedstaaten einzubeziehen ist. Wenn ihr auch mangels einer eigenen Sanktionskompetenz der Gemeinschaft keine bindende Entscheidungsbefugnis zukommen kann, gebietet doch der Grundsatz der Gemeinschaftstreue, daß die Mitgliedstaaten ihre Vorschläge nicht ohne Grund mißachten dürfen. Eine fehlende Einbeziehung oder eine evidente Mißachtung der Auffassung der Kommission würde selbst wiederum eine Vertragsverletzung darstellen. Insoweit bestünde dann auch die Möglichkeit, den EuGH anzurufen. Dieser kann zwar nicht über die Vereinbarkeit mitgliedstaatlicher Maßnahmen mit dem Völkerrecht befinden, wohl aber darüber, ob die Mitgliedstaaten eine Gemeinschaftsrechtsverletzung wegen mangelnder Einbeziehung oder grundloser Mißachtung der Vorschläge der Kommission begangen haben.[87]

Jedoch erscheint es mehr als zweifelhaft, ob die hier ins Auge gefaßte Möglichkeit des einvernehmlichen Austritts im Gemeinschaftsinteresse liegt. Eine solche Möglichkeit wäre allenfalls dann als zweckmäßig in Erwägung zu ziehen, wenn abzusehen ist, daß der rücktrittswillige Staat ansonsten seinerseits

---

Draft Articles on State Responsibility der ILC (Erster Teil), YBILC 1980 II 2, S. 33 sowie den Kommentar der ILC zu Art. 29, YBILC 1979 II 2, S. 109ff.

[85] Zweiter Hauptteil, § 9 I 2.

[86] Vgl. insoweit die Erörterungen bei § 9 I 7 b, c.

[87] S. auch oben unter § 9 I 7 c.

durch permanente Obstruktion den Bestand der Gemeinschaftsrechtsordnung gefährden würde.

Damit bleibt festzuhalten, daß ein einseitiger Rücktritt als Reaktion auf eine Vertragsverletzung unzulässig wäre. Ein Rücktritt im allseitigen Einvernehmen (mit Ausnahme des vertragsbrüchigen Staates) wäre demgegenüber rechtlich zulässig, würde aber im Regelfall nicht im Interesse der Gemeinschaft liegen.

2. Bilaterale Suspension einiger oder aller vertraglichen Beziehungen (Art. 60 Abs. 2 (b) WVK)

Fraglich ist, ob eine einseitige Aufhebung einiger oder aller vertraglichen Beziehungen zwischen einem betroffenen Staat und dem vertragsbrüchigen Staat möglich ist. Eine solche Vorgehensweise wäre nur zulässig, wenn sich die Vertragsaufhebung auf ein Problem zwischen dem reagierenden Staat im Verhältnis zum Verletzerstaat reduzieren ließe.

Bereits an anderer Stelle[88] wurde der EWGV als integraler Vertrag qualifiziert, der keine bilateralen Verpflichtungen, sondern Rechte und Pflichten gleichzeitig gegenüber allen Vertragsparteien begründet. Daraus folgt, daß durch eine Vertragsverletzung die Rechte und Interessen aller anderen Mitgliedstaaten beeinträchtigt werden.

Umgekehrt würden einseitige Maßnahmen wirtschaftlichen Charakters eines der verletzten Staaten gleichermaßen und untrennbar die Belange des Gemeinsamen Marktes und damit die Belange der anderen Vertragsparteien betreffen. Gleiches würde gelten, wenn sich ein betroffener Mitgliedstaat einseitig aus den Organen zurückziehen würde, da dadurch das Funktionieren des Gemeinsamen Marktes und der Gemeinschaft, wie sie vom EWGV konzipiert ist, beeinträchtigt wird.

In ebenso starkem Maße gilt dies, wenn ein Mitgliedstaat sämtliche vertraglichen Beziehungen zum Verletzerstaat außer Kraft setzen würde, da dann umso stärkere Beeinträchtigungen des Gemeinsamen Marktes zu befürchten wären. Und dessen Förderung wird gleichzeitig und untrennbar allen anderen Mitgliedstaaten geschuldet.

Mit der Qualifizierung des EWGV als integraler Vertrag ist infolgedessen die Möglichkeit zu verneinen, Vertragsstörungen und die daraus resultierenden Vertragsverhältnisse zu bilateralisieren. Wegen der Untrennbarkeit der geschuldeten Leistungen ist die in Art. 60 Abs. 2 (b) WVK vorgesehene Möglichkeit, die dazu berechtigt, die Vertragsdurchführung bei Vertragsbruch gegenüber dem Vertragsbrecher (nicht aber gegenüber den anderen Vertragsparteien) zu suspendieren, nicht einschlägig.[89]

---

[88] Zweiter Hauptteil, § 9 I 2 a, b.

[89] S. insoweit *Simma*, FS von der Heydte, S. 615ff., 624; diese Konsequenz wird nicht klar gezogen von *Schwelb*, IJIL 1967, S. 309ff., 321; so aber *Klein*, Statusverträge, S. 236.

Freilich würde auch hier wiederum gelten, daß eine solche Handlungsmöglichkeit rechtlich zulässig wäre, wenn die übrigen Vertragsparteien — nach gemeinschaftsrechtlich gebotener Anhörung der Kommission — zustimmen würden. Jedoch erschiene eine solche Vorgehensweise wegen der sich daraus ergebenden Problematik rein tatsächlicher Art[90] weitestgehend sinnlos und unzweckmäßig.

3. Einseitige Suspension einiger oder aller vertraglichen Beziehungen erga omnes (Art. 60 Abs. 2 (c) WVK)

Ferner könnte als Reaktion eines Mitgliedstaates auf eine Vertragsverletzung die einseitige Suspension einiger oder aller vertraglichen Beziehungen erga omnes in Betracht kommen. Diese Möglichkeit ist in Art. 60 Abs. 2 (c) WVK vorgesehen.

Art. 60 Abs. 2 (c) WVK setzt insoweit voraus, daß der Vertrag

> „so beschaffen ist, daß eine erhebliche Verletzung seiner Bestimmungen durch eine Vertragspartei die Lage jeder Vertragspartei hinsichtlich der weiteren Erfüllung ihrer Vertragspflichten grundlegend ändert."[91]

Beim EWGV müßte es sich damit um einen sog. „integralen Vertrag"[92] handeln, d.h. um einen Vertrag, der so strukturiert ist, daß die vertraglichen Verpflichtungen gegenüber allen Parteien zu erfüllen sind;[93] die Verletzung einer vertraglichen Verpflichtung müßte die Rechte und Interessen aller anderen Vertragsparteien in unteilbarer Weise berühren.[94]

Wie bereits dargelegt, begründet der EWGV Rechte und Pflichten, die im Verhältnis aller Vertragsparteien zueinander bestehen.[95] Die Unteilbarkeit der Rechte und Pflichten gilt nicht nur für das formelle Recht einer jeden Vertragspartei, die Einhaltung des Vertrages von allen anderen Parteien verlangen zu können, sondern betrifft auch den materiellen Inhalt der vertraglichen Regelungen. Durch den hier interessierenden Fall der Mißachtung der Autorität des EuGH wird die Gemeinschaftsrechtsordnung insgesamt in Frage gestellt, was sich zwangsläufig erga omnes auswirkt.[96] Da der EWGV somit eine integrale Erfüllungsstruktur aufweist, ist die Anwendbarkeit des Art. 60 Abs. 2 (c) WVK zu bejahen.

---

[90] Vgl. oben § 9 I 6.

[91] Deutscher Text in BGBl. 1985 II, S. 926ff.

[92] Zum Begriff *Klein*, Statusverträge, S. 234 m.w.N.; vgl. auch den Kommentar der ILC zu Art. 57 WVK (jetzt Art. 60), YBILC 1966 II, S. 255.

[93] Vgl. nur *Simma*, Reziprozitätselement, S. 155ff.

[94] S. dazu schon Sir Humphrey *Waldock*, 2nd Report on the Law of Treaties, YBILC 1963 II, S. 73; vgl. auch *Klein*, Statusverträge, S. 234f.

[95] Vgl. oben § 9 I 2 a.

[96] Vgl. im übrigen zur Einordnung des EWGV als integraler Vertrag *Simma*, FS von der Heydte, S. 615ff., 128; *ders.*, NYIL 1985, S. 111ff., 128.

Allenfalls könnte noch gefragt werden, warum eine Suspension aller vertraglichen Beziehungen zulässig sein soll, während ein einseitiger Rücktritt ausgeschlossen ist. Ein Rücktritt würde jedoch die vertragliche Beziehung endgültig durchtrennen, während im Falle der bloßen Vertragssuspension gem. Art. 72 WVK die Pflicht besteht, sich aller Handlungen zu enthalten, die der Wiederanwendung des Vertrages im Wege stehen. Zwar würden auch in diesem Falle die Rechte und Interessen der übrigen Vertragsparteien betroffen; jedoch ist eine solche zeitweilige Beeinträchtigung unter Beachtung der Belange des reagierenden Staates für zulässig und zumutbar zu erachten.[97] Der Zumutbarkeitsgedanke erklärt auch, warum im Gegensatz zum Repressalienrecht eine solche Rechtsbeeinträchtigung hinzunehmen ist.[98]

Es ist eine andere Frage, ob eine solche rechtlich zulässige Handlungsweise auch zweckmäßig ist. Durch die Suspendierung der vertraglichen Verpflichtungen würde der Fortschritt der Integration nicht gefördert, sondern gehemmt. Je länger sich ein Staat von der Gemeinschaft distanziert, desto schwieriger dürfte sich auch die Wiederaufnahme der Vertragsbeziehungen angesichts der ständigen Fortentwicklung des Gemeinschaftsrechts gestalten.

Insgesamt ist die Möglichkeit des Art. 60 Abs. 2 (c) WVK zwar in rechtlich zulässiger Weise gegeben, würde aber unzweckmäßig sein und nicht der Förderung des Gemeinschaftsinteresses dienen.[99]

4. Suspension einiger oder aller vertraglichen Beziehungen zwischen allen Vertragsparteien untereinander (Art. 60 Abs. 2 (a) (ii) WVK)

Eine solche Reaktion wäre zwar unter rechtlichen Aspekten zulässig, aber sicher nicht zweckmäßig im Hinblick auf die Ziele der Integration. Darüber hinaus würde ein solches Verhalten dem Vertragsbrecher noch entgegenkommen, da er sich so auf bequeme Weise lästiger Verpflichtungen entledigen könnte.

5. Beendigung des Vertrages insgesamt (Art. 60 Abs. 2 (a) (ii) WVK)

Auch eine solche Vorgehensweise wäre zwar rechtlich zulässig, aber aus den gerade genannten Gründen vollkommen unzweckmäßig.

---

[97] Vgl. Kommentar der ILC zu Art. 57 (jetzt 60) WVK), YBILC 1960 II, S. 235.

[98] Vgl. oben Zweiter Hauptteil, § 9 I 5.

[99] Ähnlich auch *Weber*, Schutznormen und Wirtschaftsintegration, S. 448f.

6. Suspension einiger oder aller vertraglichen Beziehungen zwischen allen übrigen Mitgliedstaaten und dem Vertragsbrecher (Art. 60 Abs. 2 (a) (i) WVK)

Bei dem hier vertretenen Verständnis des Unterschieds zwischen dem deliktsrechtlichen Institut der Repressalie und dem vertragsrechtlichen Grundsatz inadimplenti non est adimplendum wäre die gem. Art. 60 WVK vorgenommene Suspension der vertraglichen Verpflichtungen (die wegen der bereits dargelegten Gründe gemäß Art. 5 unter Einschaltung der Kommission bzw. des EuGH erfolgen müßte) zwar zulässig, aber weitestgehend sinnlos. Wenn es nicht gelingt, den Delinquenten mittels gemeinschaftlicher Repressalienmaßnahmen (die schließlich in der Suspendierung bzw. Nichterfüllung vertraglicher Verpflichtungen bestehen können) zur Rückkehr zur Vertragstreue zu bewegen, wäre nach der hier interessierenden Fragestellung eine Suspension der Vertragsbeziehungen ohne die für Repressalien charakteristische Zielrichtung des Beugezwangs zwecklos.[100]

7. Ausschluß des Vertragsbrechers (Art. 60 Abs. 2 (a) (i) WVK)

Für den nach Art. 60 WVK zulässigen Ausschluß eines Mitgliedstaates aus der Gemeinschaft gelten demgegenüber andere Erwägungen. Wie bereits dargelegt, scheidet ein Ausschluß des Vertragsbrechers, also die endgültige Durchtrennung der vertraglichen Beziehungen, unter Repressaliengesichtspunkten aus. Denn ein solches Vorgehen würde dem Zweck der Repressalie nicht entsprechen.[101] Gelingt es nicht, dem Vertragsbrecher zur Rückkehr zum Recht zu veranlassen, wird sich die Frage stellen, ob seine Mitgliedschaft in der Gemeinschaft auf Dauer zu einer unzumutbaren Belastung wird, weil dadurch erhebliche Beeinträchtigungen und Gefahren für den Bestand der Gemeinschaftsrechtsordnung zu befürchten sind. Unter diesen Umständen kann ein Ausschluß aus der Gemeinschaft der einzig sinnvolle Weg sein, den Integrationsbestand zu wahren und die Gefährdungen auszuschließen, die von dem obstruierenden Mitgliedstaat ausgehen.[102] Auch in diesem Falle wäre allerdings von Gemeinschaftsrechts wegen auf die Einschaltung der Kommission zu achten; auch hier gilt, daß gegebenenfalls der EuGH zur Klärung der Frage angerufen werden kann, ob die Mitgliedstaaten die Kommission zu Unrecht nicht in ihre Entscheidungsfindung miteinbezogen oder deren Auffassung in eklatanter Weise mißachtet und damit einen Verstoß gegen die aus Art. 5 folgende Verpflichtung zur Beachtung des Gemeinschaftsinteresses begangen haben.[103]

---

[100] Ähnlich *Weber*, Schutznormen und Wirtschaftsintegration, S. 449.

[101] S. o. § 9 I 1.

[102] „Integrationsbestand vor Mitgliederbestand“, vgl. *Weber*, Schutznormen und Wirtschaftsintegration, S. 450; im Ergebnis ebenso *Hilf*, in: GBTE, Art. 240 Rdz. 13; *Zuleeg*, GS Sasse, S. 55ff., 63f.

[103] Vgl. insoweit die Erörterungen in § 9 I 7 c dieser Arbeit.

8. *Zwischenergebnis*

Für die Reaktionsmöglichkeiten der Mitgliedstaaten auf der Grundlage des vertragsrechtlichen Grundsatzes inadimplenti non est adimplendum ergibt sich somit folgendes Bild. Einseitige Maßnahmen eines Mitgliedstaates scheiden entweder wegen der besonderen Erfüllungsstruktur des EWGV aus oder aber sie sind, wie die Möglichkeit der Vertragssuspension eines einzelnen Mitgliedstaates erga omnes, zwar rechtlich zulässig, aber im Hinblick auf die Belange der Gemeinschaft weitestgehend sinnlos. Gleiches gilt für einseitige Maßnahmen eines Staates mit Zustimmung der übrigen vertragstreuen Mitgliedstaaten oder auch für gemeinsame Maßnahmen aller Vertragsparteien im Verhältnis zum Vertragsbrecher. In Ausnahmefällen kann sich allerdings der Ausschluß des Vertragsbrechers aus dem Verband als die einzige Möglichkeit erweisen, den Integrationsbestand zu bewahren.

III. Riphagens Konzept der Gegenseitigkeit

Ferner ist zu überlegen, ob Reaktionsmaßnahmen der anderen Mitgliedstaaten auf der Grundlage der „Gegenseitigkeit" im Sinne von Riphagen in Betracht kommen.

Nach Art. 8 des von Riphagen vorgeschlagenen Entwurfs zum Zweiten Teil des Kodifikationsvorhabens der ILC über Staatenverantwortlichkeit soll die „rule of reciprocity of obligations" von Repressalien als „measures of enforcement" und von der clausula rebus sic stantibus unterschieden werden.[104]

Laut Riphagen bezieht sich die Regel der Reziprozität auf solche Verpflichtungen, die rechtlich derartig miteinander verknüpft sind, daß sie von einem Staat nur dann zu erfüllen sind, wenn ein anderer Staat dieselbe oder eine andere Verpflichtung erfüllt. Wenn die dermaßen definierte „rule of reciprocity" zum Zuge komme, handele es sich bei einem entsprechenden, an sich gegen Völkerrecht verstoßendes Verhalten nicht um eine Repressalie, aber auch nicht um einen Völkerrechtsverstoß. Reziprozität liege dann vor, wenn die fragliche Verpflichtung „the same obligation or a counterpart of the obligation breached" sei; solche Verpflichtungen könnten auch „counterparts" sein in Verträgen, in denen die Erfüllung durch die Parteien jeweils sehr verschieden sei.[105] Reziprozität sei eine „action consisting of non-performance by the injured State of obligations under the same rule as that breached by the internationally wrongful act, or a rule directly connected therewith"; entsprechende Maßnahmen könnten grundsätzlich jederzeit und unbegrenzt ergriffen werden.[106]

---

[104] Sonderberichterstatter *Riphagen*, 4th Report, YBILC 1983 II 1, S. 17f.

[105] S. die Antwort *Riphagens* auf eine Stellungnahme *Reuters*, 36th session, 1858th meeting, YBILC 1984 I, S. 264.

[106] Stellungnahme *Riphagens*, 36th session, 1867th meeting, YBILC 1984 I, S. 318.

Art. 9 des Entwurfs demgegenüber beziehe sich auf Repressalien „taken in the narrow sense of a measure intended to bring pressure to bear on the other State in order to make it fulfil its obligations". Repressalien müßten unter die Einschränkung des Grundsatzes der Proportionalität gestellt werden. Bei Maßnahmen der Reziprozität erübrige sich eine solche ausdrückliche Beschränkung, da die Verhältnismäßigkeit „implicit in the concept of reciprocity" sei.[107] Im Hinblick auf das in Art. 10 der Draft Articles zum Zweiten Teil der Staatenverantwortlichkeit vorgesehene Gebot des Abwartens der Entscheidung eines internationalen Gerichts oder Schiedsgerichts könnten Maßnahmen der Gegenseitigkeit auch ohne solche Entscheidung zur Anwendung gelangen. Denn Reziprozität sei „an immediate reaction of a limited kind", während „reprisals sought to influence the attitude of the State that had committed the internationally wrongful act by means of a measure that would otherwise itself be an internationally wrongful act."[108]

Der Anwendungsbereich des Art. 8 soll im übrigen nach Auffassung Riphagens nicht notwendigerweise auf ein und denselben Vertrag begrenzt sein, obwohl dies die normale Situation sei. Daß eine staatliche Verpflichtung das Gegenstück („counterpart" bzw. quid pro quo) einer anderen Verpflichtung sei, könne sich auch anderweitig ergeben.[109] Gelegentlich schlössen zwei Staaten zum gleichen Zeitpunkt zwei Verträge miteinander ab, die auf klare Weise miteinander verbunden seien. Auf der anderen Seite könne ein und derselbe Vertrag verschiedene Verpflichtungen enthalten, die in keiner Weise eine Verbindung enthielten; es gebe insgesamt eine ungeheure Bandbreite von denkbaren Situationen. Im übrigen „even if in actual fact, at a particular moment, the balance between the performance and non-performance of respective obligations is not completely equal, the measure by way of reciprocity could still be justified as such."[110]

Diese Unterscheidung ist mehrfach kritisiert worden, so auch insbesondere in der ILC selbst. Einige Mitglieder betonten die Schwierigkeit, zwischen Art. 8 und Art. 9 der Entwurfsartikel zu unterscheiden.[111] Insbesondere Reuter hat auf die Abgrenzungsschwierigkeiten zur vertragsrechtlichen exceptio non adimplenti contractus hingewiesen, welche wegen ihrer vertragsrechtlichen Grundlage ausgeklammert worden sei. Auch sei strikte Reziprozität dann unmöglich, wenn die Position zweier Staaten zueinander nicht symmetrisch sei.[112] Flitan

---

107 Stellungnahme *Riphagens*, 36th session, 1867th meeting, YBILC 1984 I, S. 318.

108 Stellungnahme *Riphagens*, 36th session, 1867th meeting, YBILC 1984 I, S. 319.

109 4th Report *Riphagen*, YBILC 1983 II 1, S. 18.

110 Stellungnahme *Riphagens*, 37th session, 1892nd meeting, YBILC 1985 I, S. 95.

111 Vgl. Report of the ILC on the work of its 36th session, YBILC 1984 II 2, S. 99ff., 103.

112 Stellungnahme *Reuters*, 36th session, 1858th meeting, YBILC 1984 I, S. 264; s.a. *ders.*, a.a.O., S. 275, a.a.O., S. 279; s.a. *ders.*, 37th session, 1891st meeting, YBILC 1985 I, S. 93: „But he wondered whether the Special Rapporteur did not think that the drafting of

wies ebenfalls darauf hin, daß sich aus Art. 8 kein klares Bild des Konzepts einer Gegenseitigkeitsmaßnahme ergebe. Auch sei, wie der Sonderberichterstatter selbst eingeräumt habe, das Ziel einer Gegenseitigkeitsmaßnahme dasselbe wie das Ziel einer Repressalie -beide müßten bezwecken, die ursprüngliche, primäre Rechtsbeziehung wieder herzustellen.[113] Rein konzeptuell vermag auch Simma keinen Unterschied zwischen Repressalienmaßnahmen und Gegenseitigkeitsmaßnahmen zu erblicken.[114] Von anderer Seite wird die Frage aufgeworfen, ob wirklich im geltenden Völkerrecht davon gesprochen werden könne, daß die sog. Reziprozität ein von der Repressalie zu unterscheidendes Selbsthilfemittel darstelle.[115]

Dieser letztere Gesichtspunkt bedarf im Rahmen der vorliegenden Untersuchung einer näheren Überprüfung. Sofern es sich bei dem Konzept der Gegenseitigkeit, das die Völkerrechtswidrigkeit einer Maßnahme ausschließen soll, nicht um einen Grundsatz des Völkergewohnheitsrechts handelt, entfällt seine Bedeutung für die Beurteilung der Rechtmäßigkeit etwaiger Reaktionen der Mitgliedstaaten der Gemeinschaft. In diesem Zusammenhang hat Zoller die Auffassung vertreten, Reziprozität sei ein „autonomous legal concept", das von Retorsion[116] und Repressalie[117] unterschieden werden müsse. Simma demgegenüber bestreitet, daß Gegenseitigkeitsmaßnahmen im Sinne von Riphagen als Gegenmaßnahmen nach geltendem Recht betrachtet werden könnten.[118] Es spreche vieles dafür, daß die Reziprozität in einem weiteren Sinne im Völkerrecht keine eigenständige Regel darstelle. Sie bilde vielmehr ein grundlegendes Prinzip von allgemeiner Bedeutung, das im Sinne einer „negativen Reziprozität" den verschiedenen Selbsthilfemaßnahmen der Staaten zugrunde liege, und zwar insbesondere dem Repressalienrecht und dem Recht der Vertragsverletzungen.[119]

---

article 8 could be improved. Did that provision refer to obligations under one and the same treaty, under the same conventional system or relating to the same matter?".

[113] *Flitan*, 37th session, 1893rd meeting, YBILC 1985 I, S. 104 unter Verweis auf *Riphagen*, 6th Report, YBILC 1985 II 1, S. 10f.; kritisch auch *Rodriguez*, 37th session, 1892nd meeting, YBILC 1985 I, S. 100: „The articles would still be clear enough if those concepts (reciprocity and reprisal) were deleted and there would be one less possible element of confusion."; *Thiam*, 37th session, 1893rd meeting, YBILC 1985 I, S. 107; *Balanda*, a.a.O., S. 114; Sir Ian *Sinclair*, a.a.O., S. 116f. mit besonderem Hinweis auf die Abgrenzung zu Art. 60 WVK; *Ushakow*, a.a.O., S. 120 vermag offenbar keinen wesentlichen Unterschied zwischen Art. 8 und 9 zu erkennen; s.a. *Njenga*, a.a.O., S. 124; *Tomuschat*, a.a.O., S. 126; *Mahiou*, a.a.O., S. 128f.; *Barboza*, a.a.O., S. 130f.; *Diaz Gonzalez*, a.a.O., S. 133; *Razafindralambo*, a.a.O., S. 136; *Akinjide*, a.a.O., S. 139; *Roukonnas*, a.a.O., S. 141; *Lacheta Munoz*, a.a.O., S. 144; *Yankov*, a.a.O., S. 146; *Arangio Ruiz*, a.a.O., S. 149; *El Rasheed Mohamed Ahmed*, a.a.O., S. 152; *Koroma*, a.a.O., S. 153; *Jagota*, a.a.O., S. 155.

[114] *Simma*, AVR 1986, S. 357ff., 394f.

[115] *Malanczuk*, ZaöRV 1985, S. 293ff., 315.

[116] *Zoller*, Peacetime Unilateral Remedies, S. 15.

[117] *Zoller*, Peacetime Unilateral Remedies, S. 42.

[118] AVR 1986, S. 357ff., 394.

Die Reziprozität und der ihr zugrunde liegende Gedanke des quid pro quo stellten die Basis für ein Sanktionssystem dar, dessen Funktionsfähigkeit dadurch in einem Rechtsraum gewährleistet werde, der keine Zentralgewalt kenne und in dem die Adressaten des Rechts nicht nur mit seiner Entstehung bzw. Schaffung, sondern auch mit seiner Durchsetzung betraut seien. Virally stellt fest:

„la réciprocité parait bien constituer le seul principe de développement du droit international, dans tous les cas où les intérets de ceux dont ce droit ordonne les rapports sont séparés, parce qu'il est seul à fournir une méthode permettant de concilier ces intérets de facon acceptable pour tous leurs titulaires."[120]

Hinsichtlich der Frage der völkergewohnheitsrechtlichen Qualität dieses Konzepts ist zum einen bezeichnend, daß es erstmals von Riphagen in die Diskussion eingebracht wurde und von der ILC in ihren umfangreichen vorherigen Arbeiten nicht erörtert wurde.[121] Wie sich aus den Ausführungen Simmas ergibt, war die Frage bislang sicher nicht von entscheidender Bedeutung. Wird die Repressalie als „an sich" völkerrechtswidrige, aber aufgrund besonderer Umstände legitimierte Maßnahme mit Beugezwangcharakter verstanden,[122] umfaßt sie schon rein begrifflich solche Maßnahmen, die nach der Vorstellung Riphagens „by way of reciprocity" erfolgen: „Ob der verletzte Staat das quid pro quo der vom Gegner verletzten Völkerrechtspflicht oder eine andere Verpflichtung zum Gegenstand seiner Reaktion wählt, ist eine reine Opportunitätsfrage: Um eine Repressalie handelt es sich in beiden Fällen."[123] Dies gilt zunächst unabhängig davon, ob der betroffene Staat damit auf eine Vertragsverletzung oder auf eine Völkerrechtsverletzung anderer Art reagiert.

Unter vertragsrechtlichen Aspekten demgegenüber sind solche Maßnahmen, die sich beide innerhalb eines bestimmten Vertrags bewegen, vom Grundsatz inadimplenti non est adimplendum gedeckt, der es seinerseits erlaubt, unter bestimmten Umständen von vertragsrechtlichen Pflichten Abstand zu nehmen, wenn auch ohne die Beugezwangintention der Repressalie.

Unter diesen Umständen könnte man allenfalls darüber streiten, ob die Einführung des Art. 8 deshalb notwendig war, weil der korrespondierende Art. 60 WVK nur Reaktionsmöglichkeiten in bezug auf erhebliche Verletzungen vorsieht.[124] Eine solche Klarstellung wäre einerseits — angesichts der Tatsache,

---

[119] *Simma*, ÖZöffR 1970, S. 5ff., 8 m.w.N.; s.a. *ders.*, Reziprozitätselement, S. 43ff.; s.a. *ders.*, AVR 1986, S. 357ff., 394.

[120] RdC 1967 III, S. 1ff., 66.

[121] Vgl. für ausführliche Nachweise der Arbeiten der ILC insbesondere zum Ersten Teil des Entwurfs über Staatenverantwortlichkeit *Simma*, AVR 1986, S. 357ff.; zur Repressalie in den Arbeiten der ILC s. *Malanczuk*, ZaöRV 1985, S. 293ff.

[122] So auch ausdrücklich *Riphagen*, Kommentar zu Art. 8, 6th Report, YBILC 1985 II 1, S. 10f.

[123] *Simma*, AVR 1986, S. 357ff., 394.

[124] So *Riphagen*, 4th Report, YBILC 1983 II 1, S. 18.

daß gute Gründe für die gewohnheitsrechtliche Anerkennung der Anwendbarkeit des Grundsatzes inadimplenti non est adimplendum auch ohne „material breach" sprechen[125] — sicherlich begrüßenswert.

Andererseits gehören aber die Vorschriften und Grundsätze über das Recht der Verträge nicht zu den sog. „secondary rules", deren Kodifizierung sich die ILC zum Ziel gesetzt hat.[126] Vielmehr gehört das Recht der Verträge zu den sog. Primärnormen, deren Verletzung selbst Rechtsfolgen nach Maßgabe von Sekundärnormen auslösen kann.[127] Unter diesem Aspekt wäre also die Aufnahme der „rule of reciprocity" in eine Kodifikation von Sekundärnormen bedenklich.[128]

Nach alledem erschiene also die Sonderbehandlung der „rule of reciprocity" überflüssig, da ihr neben den vertraglichen Reaktionsmechanismen bzw. dem Institut der Repressalie kein materiell eigener Bedeutungsgehalt zukäme. Jedoch begnügt sich Riphagen nicht mit der theoretischen Absonderung und Umbenennung dieses Konzepts. Vielmehr sollen Maßnahmen nach Art. 8 nicht oder nur eingeschränkt den Grenzen unterliegen, die nach Art. 10 Abs. 1 seines Entwurfes und dem Dritten Teil des Entwurfs über Staatenverantwortlichkeit[129] für Repressalien gelten sollen (insbesondere die dem Ergreifen von Repressalien vorgelagerte Verpflichtung zur friedlichen Streiterledigung). Letztlich sollen also Maßnahmen „by way of reciprocity" quasi automatisch oder spontan zulässig sein, während Repressalien erst nach Erschöpfung eines umfänglichen Streiterledigungsverfahrens ergriffen werden dürfen. Diese verfahrensmäßige Differenzierung stellt nun ihrerseits keinen Versuch der Kodifikation geltenden Völkergewohnheitsrechts dar, sondern eine u.U. sehr gefährliche neue Regelung.[130] Solange diese Neuregelung jedoch noch nicht in Kraft getreten ist bzw. verbindliche Wirkung erlangt hat, bedarf es „noch" keiner begrifflichen

---

[125] S. insb. *Simma*, ÖZöffR 1970, S. 5ff. m.w.N.; an dieser Stelle muß keine endgültige Klärung erfolgen, da für die Zwecke der Arbeit feststeht, daß die Nichtbeachtung von Urteilen des EuGH ein „material breach" i.S.d. Art. 60 WVK darstellt.

[126] S. dazu schon Report of the ILC on the work of its 15th session, YBILC 1963 II, S. 223f.; s.a. *Ago*, Preliminary Report on State Responsibility, YBILC 1963 II, S. 252f.; dazu *Simma*, AVR 1986, S. 357ff., 362.

[127] *Simma*, AVR 1986, S. 357ff., 394; s.a. *Zemanek*, ZaöRV 1987, S. 32ff., 35.

[128] Riphagens Ansatz erscheint daher etwas unklar, wenn er einerseits den „Beugezwangcharakter" der „reciprocity" betont, andererseits aber auf die Regelungen der WVK hinweist.

[129] Text in Report of the ILC on the work of its 38th session, YBILC 1986 II 2, S. 35ff., dort FN 86; s.a. *Riphagen*, 7th Report, A/CN.4/397, S. 3ff.; die Art. 11 und 13 des Riphagen-Entwurfs zum Zweiten Teil der Regeln über Staatenverantwortlichkeit, die die Handlungsmöglichkeiten im Rahmen multilateraler Verträge regeln, sollen demgegenüber wohl auch auf Maßnahmen im Wege der Gegenseitigkeit anwendbar sein, vgl. den Text in *Riphagen*, 6th Report, YBILC 1985 II 1, S. 12ff.; s.a. den Hinweis *Riphagens* in der Diskussion der ILC, YBILC 1984 I, S. 263.

[130] S. *Simma*, AVR 1986, S. 357ff., 395; ähnlich *Zoller*, Peacetime Unilateral Remedies, S. 27.

Unterscheidung zwischen Maßnahme „by way of reciprocity" und anderen Maßnahmen. Für die Zwecke der vorliegenden Arbeit kann daher davon ausgegangen werden, daß die „Gegenseitigkeitsmaßnahmen" entweder als Repressalie oder als Anwendung des vertragsrechtlichen Grundsatzes inadimplenti non est adimplendum angewandt werden. Einer gesonderten Untersuchung bedürfen sie daher nicht.

Ergänzend sei noch auf eine weitere Problematik von Riphagens Konzept hingewiesen. Einmal stellt sich überhaupt das begriffliche Problem der Reziprozität oder Gegenseitigkeit. Es ist nicht ohne weiteres ersichtlich, wann eine solche Beziehung anzunehmen ist. Westreicher hat in einer Studie aus dem Jahre 1984 hervorgehoben, „daß eine Definition dieses Begriffs (der Reziprozität) im Sinne eines genauen, anhand von exakten Tatbeständen abgrenzbaren Rechtssatzes nicht gegeben werden kann."[131]

Riphagen selbst hat offenbar Schwierigkeiten bei der Beantwortung der Frage, wann eine solche Gegenseitigkeit anzunehmen sei. Dies zeigt sich in seinen bereits erwähnten Stellungnahmen, in denen er einmal den Anwendungsbereich des Art. 8 nicht nur im Rahmen eines einzigen Vertrages sehen will.[132] Zum anderen schließen es seine Äußerungen zumindest nicht aus, daß Maßnahmen der Gegenseitigkeit auch im Hinblick auf eine Verletzung des Völkergewohnheitsrechts ergriffen werden können.[133] Diese Unklarheit gibt zu zwei Bemerkungen Anlaß. Sofern sich solche Maßnahmen auf ein vertragliches Verhältnis beschränken sollten, stellt sich immerhin das Problem, daß auch völkergewohnheitsrechtliche Verpflichtungen gleichlautenden Inhalts denkbar sind. Wie wäre es aber dann zu rechtfertigen, daß bei Verletzung von inhaltlich gleichlautenden Normen (vertraglich fixiert einerseits, Völkergewohnheitsrecht andererseits) im Hinblick auf die Reaktionsmaßnahmen zwei vollkommen unterschiedliche Verfahrensregimes zur Anwendung gelangen würden? Sollten Maßnahmen der Gegenseitigkeit demgegenüber sowohl bei Verletzungen von Gewohnheitsrecht als auch Verletzung von Vertragsrecht zur Anwendung gelangen, bleibt nach wie vor die Frage, wann von einer „Gegenseitigkeit" der Verpflichtungen ausgegangen werden kann (wobei sich diese Frage sicher auch im rein vertragsbezogenen Rahmen stellt). Im übrigen scheint Riphagen von der Vorstellung auszugehen, daß Maßnahmen „by way of reciprocity" weniger gefährlich seien als Repressalien[134] und daß es deshalb keines besonderen verfahrensrechtlichen Regimes bedürfe.[135] Je nach der Schwere des Rechts-

---

[131] *Westreicher*, Der Grundsatz der Gegenseitigkeit, S. 30f.; auch *Virally*, RdC 1967 III, S. 1ff. und insb. S. 51ff., weist auf die Unklarheiten und Probleme bei der Frage des Geltungsbereichs der Gegenseitigkeit hin.

[132] 37th session, 1892nd meeting, YBILC 1985 I, S. 95.

[133] Vgl. 4th Report, YBILC 1983 II 1, S. 18f.; so wird er offenbar auch von *Simma*, AVR 1986, S. 357ff., 395, verstanden.

[134] Stellungnahme *Riphagens*, YBILC 1984 I 1, S. 318f.

[135] Wobei mit Recht gefragt werden kann, ob durch das vorgesehene Verfahrensregime die Möglichkeit der Reaktion mit Repressalienmaßnahmen nicht in einem Umfang

bruchs und der Qualität der verletzten Norm ist es aber denkbar, daß eine Gegenseitigkeitsmaßnahme erheblich größeren Schaden anrichten kann als eine — verhältnismäßig milde — Repressalienmaßnahme.[136]

IV. Clausula rebus sic stantibus / Art. 62 WVK

Zum Schluß stellt sich noch die Frage, ob der Grundsatz der clausula rebus sic stantibus (clausula) für die Verteidigung der Interessen der Gemeinschaft von Belang sein kann.

Die clausula stellt den in seinen Einzelheiten am meisten umstrittenen Auflösungsgrund völkerrechtlicher Verträge dar,[137] der in Art. 62 WVK eine positivrechtliche Normierung erfahren hat.[138]

Nach Art. 62 WVK betrifft die clausula eine wesentliche Änderung der Umstände, die die Vertragsparteien bei Vertragsabschluß nicht vorhergesehen haben; das Vorliegen dieser Voraussetzungen kann als Grund für die Beendigung oder für den Rücktritt von einem Vertrag geltend gemacht werden.[139] Der Grundsatz der clausula rebus sic stantibus kann sicher in seinen Grundzügen als Bestandteil des geltenden Völkergewohnheitsrechts angesehen werden.[140]

---

eingeschränkt wird, der den Belangen der Staatengemeinschaft zuwiderläuft, da sie dem Rechtsbrecher quasi unbegrenzte Möglichkeiten verschafft, s. insoweit *Tomuschat*, 37th session, 1896th meeting, YBILC 1985 I, S. 126.

[136] Insoweit ist inkonsistent auch Art. 10 Abs. 2 des Entwurfs *Riphagen*, der Repressalien als „interim measures of protection" zulassen will — auch hier gibt es schließlich für die Harmlosigkeit solcher Maßnahmen keine Gewähr; s. dazu auch *Simma*, AVR 1986, S. 357ff., 396.

[137] S. dazu generell *Verdross/Simma*, Völkerrecht, S. 526ff., sowie aus jüngster Zeit die umfassende Untersuchung von *Vamvoukos*, Termination of Treaties, dort insb. S. 3-217.

[138] Zur Entstehungsgeschichte des Art. 60 WVK vgl. den Kommentar der ILC in YBILC 1966 II, S. 256-260 (damals noch Art. 59 des Entwurfs) sowie die Berichte der Sonderberichterstatter *Fitzmaurice*, 2nd Report, Draft Art. 21-23, YBILC 1957 II, S. 32f., Commentary, a.a.O., S. 56-65; *Waldock*, 2nd Report, Draft Art. 22 with Commentary, YBILC 1963 II, S. 79-85; *Waldock*, 6th Report, Draft Art. 44, YBILC 1966 II, S. 39-44, s. im übrigen auch die Diskussionen innerhalb der ILC, YBILC 1963 I, S. 136-158 und 249-256; YBILC 1966 I, S. 75-87 und 130-131; die Berichte der ILC an die Generalversammlung, YBILC 1963 II, S. 207-211 sowie den bereits genannten Bericht in YBILC 1966 II, S. 184, 256-260; die Kommentare der Regierungen in YBILC 1966 II, S. 279-361, und in AJIL 1968, S. 567-575; weitere Nachweise bei *Vamvoukos*, Termination of Treaties, S. 139f.; s. im übrigen auch die Diskussionen im Rahmen der United Nations Conference on the Law of Treaties, UN Doc. A/CONF. 39/C.1/SR. 63, 64, 65; UN Doc. A/CONF. 39/14; Vols. 1-2, paras 538-546; UN Doc. A/CONF. 39/SR. 22; UNCLT Official Records.

[139] Wobei als Rechtsfolge auch die Suspendierung des Vertrages (Art. 62 Abs. 3 WVK) in Betracht kommt; vgl. für umfangreiche Nachweise der Staatenpraxis insoweit *Vamvoukos*, Termination of Treaties, S. 199 FN 36; als Rechtsfolge wird auch ein Recht der Partei, eine Vertragsrevision zu verlangen, anzusehen sein, s. *Vamvoukos*, Termination of Treaties, S. 200 m.w.N.

Jedoch fragt es sich, wie sich der Anwendungsbereich der clausula zum Anwendungsbereich des Grundsatzes inadimplenti non est adimplendum bzw. des Art. 60 WVK verhält.[141] Im Hinblick darauf ist es denkbar, daß auch ein „material breach" i.S.d. Art. 60 WVK eine grundlegende Änderung der Umstände herbeiführt. Der Anwendungsbereich der clausula ist allerdings sicher weiter als der Anwendungsbereich des Art. 60 WVK, da eine Änderung der Umstände auch durch andere Ursachen als einen Vertragsbruch herbeigeführt werden kann.[142]

Soweit aber eine Spezialregelung besteht, gibt es kein Bedürfnis für den Rückgriff auf die clausula. Diese hat dann vielmehr vor den spezielleren Normen zurückzuweichen. Auch die möglichen Rechtsfolgen der Suspension oder Vertragsbeendigung sind insoweit identisch. Allenfalls würde das Recht des „betroffenen" Staates auf Rücktritt oder Verhandlungen über eine Vertragsanpassung eine besondere Stellung im Rechtsfolgenkatalog der clausula einnehmen.

So wird zwar nach der clausula auch ein endgültiger Rücktritt eines Mitgliedstaates vom Vertrag in Frage kommen. Soweit aber die „grundlegende Änderung der Umstände" durch einen Vertragsbruch bewirkt wird, findet ausschließlich die Regelung des Art. 60 WVK als lex specialis Anwendung.[143] Und weigern sich die anderen Parteien, über eine Neufassung des Vertrags zu verhandeln, oder führen die Verhandlungen zu keinem Ergebnis, so bestehen nach wie vor die oben beschriebenen Möglichkeiten.[144]

Demzufolge scheidet also hinsichtlich der hier ins Auge gefaßten Situation der Rückgriff auf die Grundsätze der clausula rebus sic stantibus aus.

Der Vollständigkeit halber soll aber darauf hingewiesen werden, daß Situationen denkbar sind, die zwar nicht als Vertragsbruch zu qualifizieren wären, die aber die Interessen der Gemeinschaft in ähnlich erheblichem Umfang gefährden können. In diesen Fällen wäre die Anwendung der clausula jedenfalls unter dem Gesichtspunkt der Begrenzung des Schadens für die Gemeinschaft zu erwägen. Auszuklammern wären dabei allerdings Tatbestände, die im EWGV

---

[140] Vgl. insoweit die Zuständigkeitsurteile des IGH v. 02.02.1973 über die Fisheries Jurisdiction Cases zwischen Großbritannien/BRD und Island, ICJ-Reports 1973, 3ff., 18ff., 49ff., 63f.; für umfangreiche Nachweise der Staatenpraxis und eine Auseinandersetzung mit dem Schrifttum vgl. *Vamvoukos*, Termination of Treaties, S. 3ff.

[141] Eine Abgrenzung zum Repressalienrecht ergibt sich schon daraus, daß dieses dem Deliktsrecht zuzuordnen ist, während die clausula ihre sedes materiae im Vertragsrecht hat.

[142] S. *Vamvoukos*, Termination of Treaties, S. 204; vgl. auch den Kommentar der ILC zu Draft Article 59 (später 62 WVK), YBILC 1966 II, S. 260.

[143] Vgl. insoweit *Vamvoukos*, Termination of Treaties, S. 204f.; vgl. Sir Humphrey *Waldock*, 2nd Report on the Law of Treaties, YBILC 1963 II, S. 84: „... the change must relate to a fact or factual situation which existed at the time the treaty was concluded..."; Report of the ILC on its 15th session, YBILC 1963 II, S. 187ff., 204ff., 207ff.

[144] S. *Vamvoukos*, Termination of Treaties, S. 204.

selbst eine Regelung erfahren haben, wie etwa in den zahlreichen Schutzklauseln. Denn deren Existenz belegt gerade, daß die Vertragsparteien die darin beschriebenen Situationen vorausgesehen haben.[145]

Denkbar wäre es jedoch, daß beispielsweise eine Änderung der Verfassungsstrukturen eines Mitgliedstaates dessen Abkehr von dem demokratischen Grundkonsens der Mitgliedstaaten der Gemeinschaft zur Folge hat. Sofern man darin nicht mit Frowein[146] eine Vertragsverletzung erblickt, dürfte dies jedenfalls für die Gemeinschaft einen wesentlichen Wandel der Umstände darstellen, der das Ausmaß der gemeinschaftlichen Pflichten in ihrer Gesamtheit und damit auch die Gemeinschaftsrechtsordnung selbst berührt, und der auch von den Vertragsparteien nicht vorhergesehen wurde.[147] Damit könnte die clausula grundsätzlich zur Anwendung gelangen.[148] Dabei wäre allerdings mit Blick auf die Interessen der Gemeinschaft zunächst die zeitweilige Suspension der Mitgliedschaftsrechte gegenüber dem weitaus radikaleren Mittel des Ausschlusses vorzuziehen,[149] während ein einseitiger Austritt der anderen Mitgliedstaaten nicht in Betracht kommen dürfte.[150]

---

[145] *Weber*, Schutznormen und Wirtschaftsintegration, S. 458.

[146] EuR 1983, S. 301 ff.

[147] Ob ein solcher Wandel vorhersehbar gewesen wäre, dürfte angesichts der Formulierung in Art. 62 WVK „not foreseen" unerheblich sein; s.a. in diesem Sinne *Vamvoukos*, Termination of Treaties, S. 189; zum Streit zwischen den Vertretern der verschiedenen subjektiven (die clausula als implizierter Vertragsinhalt) und objektiven (die clausula als „objective rule of law") Theorien vgl. *Vamvoukos*, a.a.O., insb. S. 28 - 30; *Verdross/Simma*, Völkerrecht, S. 526 ff.; s.a. den Kommentar der ILC zu Draft Article 59 (später Art. 62) WVK, YBILC 1966 II, S. 256 - 260.

[148] In diesem Sinne auch *Zuleeg*, GS Sasse, S. 55 ff., 64; ähnlich wohl *Schermers*, Institutional Law, S. 81 f.; *Weber*, Schutznormen und Wirtschaftsintegration, S. 460 f.; *Smit-Herzog*, Commentary, 240.06; nach Vorstellung Sir Humphrey *Waldocks* sollte die clausula bei internationalen Organisationen nicht zur Anwendung gelangen; solche Fragen sollten von der Organisation selbst entschieden werden, 2nd Report on the Law of Treaties, YBILC 1963 II, S. 80, 85; die ILC ist ihm darin jedoch nicht gefolgt.

[149] Vgl. insoweit auch das Einfrieren der Beziehungen unter dem damaligen Assoziationsabkommen zwischen Griechenland und der Gemeinschaft seit dem Umsturz im Jahre 1967; die Kommission hatte damals unter Hinweis auf Art. 62 WVK eine Vertragsbeendigung für unzulässig gehalten, s. EP, Vhdlgn. v. 04.04.1974, Anhang zu ABl. 1974, Nr. 173, S. 41; zur Wiederaufnahme der Assoziationsbeziehungen vgl. Bull. EG 7/8 1974, S. 26 f.

[150] So etwa *Hilf*, in: GBTE, Art. 240 Rdz. 13. Auf weitere Fälle, die in der Literatur als möglicher Anwendungsfall der clausula diskutiert werden, soll hier nur hingewiesen werden. Dies sind etwa die Konstellation des faktisch nicht zu verhindernden Ausscheidens eines Mitgliedstaates, dazu *Hilf*, in: GBTE, Art. 240 Rdz. 12; *Weber*, Schutznormen und Wirtschaftsintegration, S. 458; *Zuleeg*, GS Sasse, S. 54 ff., 60 f.; *Ipsen*, Gemeinschaftsrecht, S. 100 f.; *Constantinesco*, EGR I, S. 182; und des Fortentwickelns des Integrationsstandes in einem Ausmaß, das von einem Mitgliedstaat nicht (mehr) akzeptiert werden kann, dazu *Meier*, NJW 1974, S. 391 ff.; *Hilf*, in: GBTE, Art. 240 Rdz. 12; *Weber*, Schutznormen und Wirtschaftsintegration, S. 459 f.

V. Zwischenergebnis

Im Ergebnis bleibt festzuhalten, daß den Mitgliedstaaten der Gemeinschaft eine Reihe von Handlungsmöglichkeiten als Reaktion auf einen Vertragsbruch offenstehen, sofern das gemeinschaftsrechtliche Streitschlichtungssystem ohne Ergebnis in Anspruch genommen wurde.

Vorrangig sind Maßnahmen auf der Grundlage des Repressalienrechts in Betracht zu ziehen, also Maßnahmen mit dem Zweck, den vertragsbrüchigen Mitgliedstaat zur Rückkehr zum Recht zu zwingen. Wegen der integralen Struktur des EWGV scheiden einseitige Maßnahmen einzelner Mitgliedstaaten jedoch aus, da diese zwangsläufig auf das Recht der übrigen Mitgliedstaaten auf Aufrechterhaltung des Vertrages und der gemeinsam geschaffenen Ordnung beeinträchtigen würden.

Auf der Grundlage des Völkerrechts kommen vielmehr nur gemeinsame, aufeinander abgestimmte Handlungen aller übrigen Mitgliedstaaten oder einzelstaatliche Maßnahmen mit Zustimmung aller anderen Vertragsparteien mit Ausnahme des Verletzerstaats in Betracht. Auf der Grundlage des Gemeinschaftsrechts ergibt sich dabei für die Mitgliedstaaten die Verpflichtung, solche Maßnahmen anzuwenden, die das Funktionieren des Gemeinsamen Marktes und den bisher erreichten Integrationsstand am wenigsten gefährden.

Um die Wahrung der Gemeinschaftsinteressen zu sichern, sind die Mitgliedstaaten gem. Art. 5 gehalten, die Kommission vor dem Ergreifen von Repressalienmaßnahmen einzuschalten, wobei dieser eine koordinierende und beratende Funktion zukommt. Sofern Streit darüber besteht, ob die Mitgliedstaaten die Kommission unter Mißachtung der Grundsätze des Art.5 zu Unrecht nicht in den Entscheidungsprozeß einbezogen oder die Vorschläge der Kommission grundlos mißachtet haben, kann der EuGH zur Klärung dieser gemeinschaftsrechtlichen Frage angerufen werden.

Zwar sind die Mitgliedstaaten als Herren der Verträge letztlich auf der Grundlage des allgemeinen Völkerrechts befugt, diejenigen ihrer vertraglichen Verpflichtungen auszusetzen, die nach den Umständen am ehesten geeignet erscheinen, den bezweckten Erfolg herbeizuführen. Sofern sich alle übrigen Vertragsparteien einig sind, sind sie dabei auf völkerrechtlicher Ebene nicht gehindert, auch Gefährdungen der Gemeinschaftsrechtsordnung untereinander in Kauf zu nehmen, solange dies nicht zu einem vollständigen Zusammenbruch des Gemeinsamen Marktes führt. Denn in einem solchen Fall könnte der Zweck der Repressalienmaßnahme, nämlich die Wiederherstellung des status quo ante, nicht mehr erreicht werden. Eine solche Handlungsweise wäre nach repressalienrechtlichen Gesichtspunkten unzulässig. Letztlich wird es jedoch im Interesse aller Mitgliedstaaten liegen, die gemeinsam errichtete Ordnung nicht zu zerstören. Aus diesem Grund wird es auch weiterhin in ihrem Interesse liegen, die oben beschriebenen Pflichten auf der Grundlage des Gemeinschaftsrechts zu befolgen.

Weiterhin stehen den Mitgliedstaaten auch eine Reihe von Handlungsmöglichkeiten nach Maßgabe des Art. 60 WVK bzw. des in ihm verkörperten Grundsatzes inadimplenti non est adimplendum zur Verfügung. Der dieser Regelung zugrunde liegende Gedanke soll den von einem Vertragsbruch betroffenen Staaten die Möglichkeit geben, sich von eigenen vertraglichen Verpflichtungen, denen keine korrespondierenden Vorteile mehr gegenüberstehen, zu lösen. Das Gleichgewicht der Rechte und Pflichten soll damit, wenn auch auf einer tieferen Ebene, wiederhergestellt werden. Unter Berücksichtigung dieser Aspekte erweisen sich die gem. Art. 60 WVK grundsätzlich gegebenen Handlungsmöglichkeiten im Rahmen der hier interessierenden Fragestellung als weitgehend unzweckmäßig. Allerdings könnte im Extremfall ein Ausschluß aus der Gemeinschaft, der auf der Grundlage des Repressalienrechts wegen der Zielrichtung der Repressalie nicht möglich ist, den einzigen Weg darstellen, um den gemeinschaftlichen Integrationsstand zu bewahren.

Maßnahmen auf der Grundlage der Gegenseitigkeit im Sinne von Riphagen scheiden demgegenüber aus. Das Konzept erweist sich bei näherer Betrachtung als in sich unstimmig. Nach der hier vertretenen Auffassung wären Maßnahmen auf der Grundlage der Gegenseitigkeit im übrigen als Repressalienmaßnahmen oder Maßnahmen auf der Grundlage des Art. 60 WVK zu bewerten.

Die Anwendbarkeit der clausula rebus sic stantibus scheidet ebenfalls aus, da Art. 60 WVK Sonderregelungen im Hinblick auf Vertragsverletzungen enthält. Es sind aber auch Fälle denkbar, die zwar keine Vertragsverletzung im eigentlichen Sinne darstellen, in denen eine Reaktion auf der Grundlage des Art. 62 WVK aber durchaus im Gemeinschaftsinteresse liegen könnte.

Zusammenfassende Schlußbemerkung

Im Rahmen der vorliegenden Arbeit wurde festgestellt, daß die Europäische Gemeinschaft über keine Mittel verfügt, Mitgliedstaaten zur Befolgung von Urteilen des EuGH anzuhalten. Auch fehlt ihr die Befugnis, einen obstruierenden Mitgliedstaat als ultima ratio aus dem Verband auszuschließen. Eine solche Kompetenz ergibt sich weder im Wege der „implied powers" noch im Wege der „resulting powers" aus dem Vertrag. Infolgedessen ist es der Gemeinschaft auch verwehrt, sich selbst im Wege der Sekundärgesetzgebung eine Ermächtigungsgrundlage für Sanktionen zu schaffen. Der Hinweis auf den besonderen Charakter der Gemeinschaft vermag diesen Befund nicht zu ändern, da sich die Existenz der Gemeinschaft nach wie vor aus dem Willen der Mitgliedstaaten ableitet. Auch ein Rückgriff auf außervertragliche Ermächtigungsgrundlagen scheidet aus. Eine analoge Anwendung des Art. 88 EGKSV ebenso wie des Instituts des Bundeszwangs im Rahmen des EWGV ist unzulässig, da das Fehlen einer Sanktionsermächtigung im Vertrag nicht als unbewußte Lücke bewertet werden kann. Gewisse strukturelle Ähnlichkeiten mit einem Bundesstaat rechtfertigen keine andere Beurteilung, da sich auch die Kompetenzen eines Bundesstaat nach dessen Verfassung richten. Ein Rückgriff auf völkerrechtliche Grundsätze wie z.B. des Repressalienrechts kommt für die Gemeinschaft nicht in Betracht, da sich deren Befugnisse nach wie vor aus dem Vertrag ergeben und durch diesen begrenzt sind.

Nach alledem war zu überlegen, ob stattdessen die Mitgliedstaaten befugt sind, Sanktionsmaßnahmen zu ergreifen. Im Gemeinschaftsrecht findet sich dafür keine Rechtsgrundlage, und zwar weder im Rahmen der Art. 224, 225 noch auf dem Boden eines allgemeinen gemeinschaftsrechtlichen Rechtsgrundsatzes.

Infolgedessen war die Anwendbarkeit des allgemeinen Völkerrechts im Verhältnis der Mitgliedstaaten untereinander zu prüfen. Im Gegensatz zu einer vielfach vertretenen Auffassung wurde in der Untersuchung festgestellt, daß der Anwendung völkerrechtlicher Grundsätze bei einem Versagen der gemeinschaftsrechtlichen Streitschlichtungsmechanismen nichts im Wege steht, da die Mitgliedstaaten nach wie vor Herren der Verträge gebliegen sind.

Weder stellt das Gemeinschaftsrecht eine autonome, nicht vom Völkerrecht abgeleitete Rechtsordnung dar, noch handelt es sich um ein „self-contained regime". An dem Ergebnis vermögen auch bestimmte Unterschiede zwischen der Gemeinschaftsrechtsordnung und der Völkerrechtsordnung nichts zu ändern, ebensowenig wie die Individualrechte der Marktbürger. Auch stellt der

EWGV keine „objektive Rechtsordnung“ dar, die jegliche Gegenmaßnahmen verbieten würde. Dem Argument der Desintegrationsgefahr für sich allein genommen kann ohnehin keine rechtliche Relevanz zukommen.

Nach alledem ist es den Mitgliedstaaten grundsätzlich gestattet, auf die völkerrechtlichen Grundsätze der Repressalie zurückzugreifen. Die besondere Erfüllungsstruktur des EWGV verbietet allerdings die Vornahme einseitiger Maßnahmen. Zulässig sind nur gemeinsame Handlungen oder einzelstaatliche Maßnahmen mit Zustimmung aller anderen Mitgliedstaaten mit Ausnahme des Vertragsbrechers. Wenn es den Mitgliedstaaten nach allgemeinem Völkerrecht freisteht, sich über die Gebote des EWGV hinwegzusetzen, so sollten sie in ihrem eigenen Interesse und im Interesse des Gemeinsamen Marktes die sich aus Art. 5 ergebenden Grundsätze beachten. Aus Art. 5 folgt einmal, daß der Schaden für den Gemeinsamen Markt so gering wie möglich zu halten ist. Zum anderen folgt aus Art. 5 die Pflicht, vor dem Ergreifen von Repressalienmaßnahmen die Kommission einzuschalten, die eine beratende und koordinierende Funktion wahrnimmt. Sofern Uneinigkeit darüber besteht, ob die Mitgliedstaaten ihren gerade genannten Verpflichtungen aus Art. 5 zu Unrecht nicht nachgekommen sind, kann der EuGH zur Streitschlichtung herangezogen werden.

Zusätzlich stehen den Mitgliedstaaten die Reaktionsmöglichkeiten nach Art. 60 WVK offen. Jedoch erscheinen diese im Hinblick auf die Interessen der Gemeinschaft weitgehend unzweckmäßig. Entweder kann der Vertragsbrecher durch gemeinsame Repressalien zur Rückkehr zur Vertragstreue bewegt werden. Ist dies nicht der Fall, wäre eine Suspendierung vertraglicher Beziehungen auf der Grundlage des Art. 60 WVK sinnlos. Allenfalls die Ausschlußmöglichkeit als ultima ratio könnte im Gemeinschaftsinteresse liegen, wenn sonst der Bestand der Gemeinschaft in unübersehbarer Weise bedroht wäre.

Riphagens Konzept der Gegenseitigkeit stellt letztlich einen Unterfall der Repressalie bzw. des Grundsatzes inadimplenti non est adimplendum dar, braucht insoweit also nicht näher erörtert zu werden. Die Grundzüge der clausula rebus sic stantibus (Art. 62 WVK) werden demgegenüber durch Art. 60 WVK als lex specialis verdrängt, wenngleich Situationen denkbar sind, in denen der Bestand der Gemeinschaft auch ohne vorangehenden Vertragsbruch bedroht wäre. In solchen Fällen könnte dann die Anwendung der clausula erwogen werden.

Die Europäische Gemeinschaft ist eine Schöpfung eigener Art. Sie ist zwar kein Staat, obschon sie gewisse bundesstaatsähnliche Strukturen aufweist. Sie stellt aber in vielerlei Hinsicht eine Besonderheit im Vergleich zu internationalen Organisationen herkömmlicher Art dar. Insbesondere hat sie eine beachtliche Eigendynamik entwickelt, die sie im Laufe der Zeit immer näher an den „point of no return“ heranführen wird. Schon seit den Anfängen der Gemeinschaft gibt es Bestrebungen, einen umfassenden und nicht nur auf das wirtschaftliche Gebiet beschränkten Zusammenschluß der europäischen Staaten herbeizuführen.

Bereits nach Robert Schuman sollte die Zusammenlegung der Kohle- und Stahlproduktion die Schaffung gemeinsamer Grundlagen für die wirtschaftliche Entwicklung sichern, die wiederum die erste Etappe für die zur Bewahrung des Friedens unerläßlichen Europäischen Föderation darstellen sollte.[1]

Zu nennen ist an dieser Stelle weiter der „Entwurf eines Vertrages über die Satzung der Europäischen Gemeinschaft",[2] der bereits am 10.3.1953 von der sog. Ad-hoc-Versammlung in Straßburg angenommen wurde, aber gleichzeitig mit dem Konzept der Europäischen Verteidigungsgemeinschaft scheiterte.[3]

Ferner haben die Regierungen der EG-Mitgliedstaaten am 15.3.1962 Entwürfe eines Vertrages zur Gründung einer Staatenunion vorgelegt,[4] die Verhandlungen darüber blieben allerdings ohne Ergebnis. Ein ähnliches Schicksal traf den Tindemans-Bericht[5] aus dem Jahre 1975; ähnliches gilt auch für den Bericht bzw. die Stellungnahme zur Europäischen Union, die im Jahr 1975 von der Kommission[6] und dem EuGH[7] ausgearbeitet wurden.

Die sog. Genscher-Colombo-Initiative[8] führte nicht, wie vorgesehen, zu einem Vertrag zwischen den Mitgliedstaaten, sondern nur zu einer „Feierlichen Deklaration zur Europäischen Union".[9] Den vom Europäischen Parlament ausgearbeiteten und angenommenen sog. Spinelli-Entwurf[10] wird vermutlich das gleiche Schicksal ereilen. Im Vergleich dazu ist die nunmehr auch von Irland ratifizierte Einheitliche Europäische Akte weit hinter den vom Parlament verfolgten Zielen zurückgeblieben.[11]

Jedoch sollten diese bisherigen Fehlschläge nicht zu der Annahme verleiten, ein immer engerer Zusammenschluß Europas bis hin zur europäischen Föderation sei untunlich. Im Gegenteil erscheint eine solche angesichts der gegenwärti-

---

[1] Erklärung v. 09.05.1950, deutsche Fassung des Textes in: *Schwarze/Bieber*, Eine Verfassung für Europa, S. 394ff.

[2] Text in: *Schwarze/Bieber*, Eine Verfassung für Europa, S. 397ff.

[3] Vgl. dazu *Ehlermann*, in: Schwarze/Bieber, Eine Verfassung für Europa, S. 269ff., 271ff.

[4] Sog. „Plan Fouchet" der französischen Delegation sowie Entwürfe der Delegationen Belgiens, der Bundesrepublik, der Niederlande, Italiens und Luxemburgs, deutsche Texte in: *Schwarze/Bieber*, Eine Verfassung für Europa, S. 436ff.

[5] V. 29.12.1975, Bull. EG Beilage 1/76.

[6] Bull. EG Beilage 5/75.

[7] Bull. EG Beilage 9/75.

[8] Bull. EG 11/1981, S. 8, 10ff.

[9] V. 19.06.1983, Bull. EG 6/1983, S. 26ff.

[10] „Entwurf eines Vertrages zur Gründung der Europäischen Union", angenommen am 14.02.1984, Europäisches Parlament, Protokoll der Sitzung vom Dienstag, den 14.02.1984, PV 60 (PE 88 842), deutscher Text z.B. auch in: *Lipgens*, 45 Jahre, S. 711ff., sowie in *Schwarze/Bieber*, Eine Verfassung für Europa, S. 318ff.

[11] S. dazu z.B. *Ehlermann*, Integration 1986, S. 101ff.; vgl. auch *Sedemund/Montag*, NJW 1988, S. 601ff. sowie generell *De Ruyt*, Commentaire, S. 4ff.

gen politischen Lage immer erstrebenswerter, da letztlich nur ein auch politisch geeinigtes Europa in der Lage sein wird, auf der internationalen Bühne die Rolle zu spielen, die ihm schon aufgrund seiner wirtschaftlichen Bedeutung und auch im eigenen sicherheitspolitischen Interesse zukommen müßte.

In dieser Arbeit wurde festgestellt, daß die Europäische Gemeinschaft nach geltendem Recht immer noch zur Disposition der Mitgliedstaaten steht. In bezug auf Sanktionsmöglichkeiten bedeutet dies, daß in Ermangelung von Kompetenzen der Gemeinschaft nach wie vor die Mitgliedstaaten handlungsbefugt sind. Obwohl diese Sanktionsbefugnis der Mitgliedstaaten gewissen Einschränkungen unterliegt, können dadurch Gefahren für die gemeinschaftliche Ordnung und damit letztlich auch für die Weiterentwicklung zur Europäischen Union nicht ausgeschlossen werden.

Zwar ist die Autorität des Gemeinschaftsrechts bislang überwiegend nicht in Frage gestellt worden, so daß sich auch die Frage der Durchsetzbarkeit des Rechts in Extremsituationen in dieser Schärfe noch nicht gestellt hat.[12] Es erschiene jedoch nicht nur rechtlich, sondern auch rechtspolitisch verfehlt, wenn man den Mitgliedstaaten jegliche Handlungsbefugnis absprechen wollte, solange der Gemeinschaft selbst die Hände gebunden sind. Die Durchsetzbarkeit des Rechts muß im Interesse der Rechtsordnung selbst gewährleistet sein. Der vollständige Verzicht der Mitgliedstaaten auf Sanktionsbefugnisse kann letztlich nur bejaht werden, wenn die Gemeinschaft selbst in die Lage versetzt wird, Druckmittel auszuüben.

Auch und gerade wegen der Gefahren, die sich aus der Bejahung einer völkerrechtlichen Handlungsbefugnis der Mitgliedstaaten für die Gemeinschaft ergeben können, wäre eine eigene Sanktionskompetenz der Gemeinschaft zu begrüßen. Es wäre der Autorität des Gemeinschaftsrechts abträglich, wenn schwerwiegende Vertragsverstöße vollständig ohne Folgen blieben. Durch die Schaffung einer Gemeinschaftskompetenz könnte gewährleistet werden, daß Sanktionen den Bestand der Gemeinschaft so wenig wie möglich schädigen. Solche Bestimmungen wären dann auch geeignet, die Geltung des allgemeinen Völkerrechts zwischen den Mitgliedstaaten für diese Fälle auszuschließen. Damit könnte eine wesentliche Grundlage für die Weiterentwicklung der europäischen Gesamtintegration geschaffen werden; das Gemeinschaftsinteresse würde im Vergleich zu den einzelnen nationalstaatlichen Interessen der Mitgliedstaaten nicht nur einen höheren Stellenwert einnehmen, sondern auch seine Durchsetzung diesem gegenüber behaupten können.

Solange eine solche Regelung nicht existiert, bleibt es zunächst bei den Kompetenzen der Mitgliedstaaten. Es kann nur die Hoffnung ausgedrückt werden, daß eine solch extreme Situation, die hier zugrunde gelegt wurde, nie eintritt. Zwar erscheint die Erwartung gerechtfertigt, daß die Mitgliedstaaten ihre Befugnisse schon im eigenen Interesse nicht zu Lasten der Gemeinschaft

---

[12] S. aber auch *Stein*, Autorität, S. 53ff., 63ff.

ausüben werden. Dennoch wären Schritte dieser Art mit vielen Unwägbarkeiten verbunden. Aus diesem Grund wird hier für eine gemeinschaftsrechtliche Lösung plädiert, auch wenn ihre Verwirklichung in den nächsten Jahren wenig wahrscheinlich sein mag.

Literaturverzeichnis

Um die Anmerkungen zum Text übersichtlich zu halten, sind dort die Fundstellen nur derart gekennzeichnet, daß sie ohne weiteres im folgenden Verzeichnis aufgefunden werden können.

I. Literatur

Ago, Roberto: Preliminary Report on State Responsibility, A/CN.4/152, YBILC 1963 II, S. 227-259

— 8th Report on State Responsibility, A/CN.4/318 and Add. 1-4, YBILC 1979 II 1, S. 3-66

Arnold, Rainer: Die interne Wirkung völkerrechtlicher Verträge der Europäischen Gemeinschaften, Die Friedens-Warte, Bd. 66 (1986), S. 54-81

Audretsch, H.A.H.: Supervision in European Community Law, Observance by the Member States of their Treaty Obligations, A Treatise on International and Supranational Supervision, Amsterdam, New York, Oxford 1978

Bahlmann, Kai: Europäische Grundrechtsperspektiven, in: Börner, Bodo/Jahrreiß, Herrmann/Stern, Klaus (Hrsg.), Einigkeit und Recht und Freiheit, Festschrift für Karl Carstens, Bd. 1, Köln, Berlin, Bonn, München 1984, S. 17-41

Bebr, Gerhard: Development of Judicial Control of the European Communities, The Hague, Boston, London 1981

Behrens, Fritz: Rechtsgrundlagen der Umweltpolitik der Europäischen Gemeinschaften, in: Beiträge zur Umweltgestaltung, Heft A 55, Berlin 1976

Berber, Friedrich: Lehrbuch des Völkerrechts, Bd. II, Kriegsrecht, 2. Aufl., München 1969

Bernhardt, Rudolf: Die Auslegung völkerrechtlicher Verträge, Köln, Berlin 1963

— Qualifikation und Anwendungsbereich des internen Rechts internationaler Organisationen, Referat, in: Berichte der Deutschen Gesellschaft für Völkerrecht, Heft 12, Karlsruhe 1973, S. 7-46

— Das Recht der Europäischen Gemeinschaften zwischen Völkerrecht und staatlichem Recht, in: Diez, Emmanuel/Monnier, Jean u.a. (Hrsg.), Festschrift für Rudolf Bindschedler, Zum 65. Geburtstag am 8. Juli 1980, Bern 1980, S. 229-239

— Zur Auslegung des europäischen Gemeinschaftsrechts, in: Grewe/Wilhelm G./Rupp, Hans/Schneider/Hans (Hrsg.), Europäische Gerichtsbarkeit und nationale Verfassungsgerichtsbarkeit, Festschrift zum 70. Geburtstag von Hans Kutscher, Baden-Baden 1981, S. 17-24

— Die Europäische Gemeinschaft als neuer Rechtsträger im Geflecht der traditionellen zwischenstaatlichen Rechtsbeziehungen, EuR 1983, S. 199-215

Beutler, Bengt: Der Sitz der Organe der Gemeinschaft, EuR 1983, S. 284-292

Beutler, Bengt / *Bieber*, Roland / *Pipkorn*, Jörn / *Streil*, Jochen: Die Europäische Gemeinschaft — Rechtsordnung und Politik —, 2. Aufl., Baden-Baden 1982, zit. Bearbeiter, in: BBPS (2. Aufl. 1982)

— Die Europäische Gemeinschaft — Rechtsordnung und Politik —, 3. Aufl., Baden-Baden 1987, zit. Bearbeiter, in: BBPS

Bieber, Roland: Verfassungsentwicklung in der Europäischen Gemeinschaft — Formen und Verfahren —, in: Schwarze, Jürgen / Bieber, Roland (Hrsg.), Eine Verfassung für Europa, Von der Europäischen Gemeinschaft zur Europäischen Union, Baden-Baden 1984, S. 49-89

Bishop, W. Jr.: International Law, Cases and Materials, 3rd edition, Boston, Toronto 1971

Blaustein, Albert P. / *Flanz*, Gisbert H. (Hrsg.): Constitutions of the Countries of the world, Loseblattsammlung, New York, Stand Dezember 1985

Bleckmann, Albert: Die Position des Völkerrechts im inneren Rechtsraum der Europäischen Gemeinschaften, Monismus oder Dualismus der Rechtsordnungen?, JIR 18 (1975), S. 300-319

— Art. 5 EWG-Vertrag und die Gemeinschaftstreue, Zugleich ein Beitrag zur Entwicklung des allgemeinen europäischen Verwaltungsrechts, DVBl 1976, S. 483-487

— Die Kompetenz der Europäischen Gemeinschaft zum Abschluß völkerrechtlicher Verträge, EuR 1977, S. 109-121

— Zur Verbindlichkeit des allgemeinen Völkerrechts für internationale Organisationen, ZaöRV 37 (1977), S. 107-121

— Die Einheit der Europäischen Gemeinschaftsrechtsordnung; Einheit oder Mehrheit der Europäischen Gemeinschaften, EuR 1978, S. 95-104

— Zwangsmittel im Gemeinsamen Markt?, RIW 1978, S. 91-95

— Die Rechtsnatur des Europäischen Gemeinschaftsrechts, DÖV 1978, S. 391-398

— Nationales und europäisches Souveränitätsverständnis, Strukturalistisches Modelldenken im Europäischen Gemeinschaftsrecht und im Völkerrecht, in: Ress, Georg (Hrsg.), Souveränitätsverständnis in den Europäischen Gemeinschaften, Baden-Baden 1980, S. 33-70

— Zum Ermessensmißbrauch im europäischen Gemeinschaftsrecht, in: Grewe, Wilhelm G. / Rupp, Hans / Schneider, Hans (Hrsg.), Festschrift zum 70. Geburtstag von Hans Kutscher, Baden-Baden 1981, S. 25-41

— Zur Funktion des Gewohnheitsrechts im Europäischen Gemeinschaftsrecht, EuR 1981, S. 101-123

— Gedanken zur Repressalie, in: von Münch, Ingo (Hrsg.), Staatsrecht-Völkerrecht-Europarecht, Festschrift für Hans-Jürgen Schlochauer, Berlin, New York 1981, S. 193-213

— Zu den Auslegungsmethoden des Europäischen Gerichtshofs, NJW 1982, S. 1177-1182

— Die Rolle der richterlichen Rechtsschöpfung im Europäischen Gemeinschaftsrecht, in: Lüke, Gerhard / Ress, Georg / Will, Michael R., Rechtsvergleichung, Europarecht und Staatenintegration, Gedächtnisschrift für Léontin-Jean Constantinesco, Köln, Berlin, Bonn, München 1983, S. 61 - 82

— Europarecht, 4. Aufl., Köln, Berlin, Bonn, München 1985

— Das Souveränitätsprinzip im Völkerrecht, AVR 23 (1985), S. 450 - 477

— Probleme der Auslegung von EWG-Richtlinien, RIW 1987, S. 929 - 935

Böhm, Reinhard: Kompetenzauslegung und Kompetenzlücken im Gemeinschaftsrecht. Ein Beitrag zur Klärung und Abgrenzung von effet utile, implied powers, resulting powers und Lückenfüllungsklauseln, Frankfurt am Main 1985

Borchardt, Guus: The Award of Interim Measures by the European Court of Justice, CMLRev XXII (1985), S. 203 - 236

Börner, Bodo: Implied Powers für Lieferquoten nach Art. 58 EGKSV? in: Börner, Bodo, Studien zum deutschen und europäischen Wirtschaftsrecht, Vierter Band, Köln, Berlin, Bonn, München 1985, S. 35 - 48

Bothe, Michael: Die Bedeutung der Rechtsvergleichung in der Praxis internationaler Gerichte, ZaöRV 36 (1976), S. 280 - 299

— Die Stellung der Europäischen Gemeinschaften im Völkerrecht, ZaöRV 37 (1977), S. 122 - 137

— Die Kompetenzstruktur des modernen Bundesstaates in rechtsvergleichender Sicht, Berlin, Heidelberg, New York 1977

— „Soft Law“ in den Europäischen Gemeinschaften?, in: von Münch, Ingo (Hrsg.), Staatsrecht-Völkerrecht-Europarecht, Festschrift für Hans-Jürgen Schlochauer, Berlin, New York, 1981 S. 761 - 775

— Völkerrecht und Bundesstaat. Gedanken zu einem juristischen Gegenverkehr, in: Bernhardt, Rudolf / Geck, Wilhelm Karl / Jaenicke, Günther / Steinberger, Helmut, Völkerrecht als Rechtsordnung, Internationale Gerichtsbarkeit, Menschenrechte, Festschrift für Hermann Mosler, Berlin, Heidelberg, New York 1983, S. 111 - 143

Bowett, D.W.: The Law of International Institutions, 4th edition, London 1982

Broms, Bengt: Subjects: Entitlement in the International Legal System, in: MacDonald, R.St.J. / Johnston, Douglas M. (Hrsg.), The Structure and Process of International Law: Essays in Legal Philosophy, Doctrine and Theory, The Hague, Boston, Lancaster 1983, S. 383 - 423

Bruha, Thomas: Handelsembargo gegen Argentinien durch EWG-Verordnung?, DVBl 1982, S. 674 - 682

Bullinger, Martin: Ungeschriebene Kompetenzen im Bundesstaat, AöR 96 (1971), S. 237 - 285

Cahier, Philippe: Le recours en constatation de manquements des Etats-membres devant la Cour des Communautés européennes, CDE 1967, S. 123 - 162

Canaris, Claus-Wilhelm: Die Feststellung von Lücken im Gesetz, 2. Aufl., Berlin 1983

Cansacchi, Giorgio: Les éléments fédéraux de la CEE, Mélanges Gilbert Gidel, Paris 1961, S. 91 ff.

Cardis, Francois: Fédéralisme et intégration européenne, Lausanne 1964

Clever, Friedrich: Ermessensmißbrauch und détournement de pouvoir nach dem Recht der Europäischen Gemeinschaften im Licht der Rechtsprechung ihres Gerichtshofes, Berlin 1967

Constantinesco, Léontin-Jean: Das Recht der Europäischen Gemeinschaften I, Das institutionelle Recht, Baden-Baden 1977

Croxford, G.J. / *Wise*, M. / *Chalkley*, B. S.: The Reform of the European Regional Development Fund: A Preliminary Assessment, JCM Studies XXVI (1987), S. 25-38

Dagtoglou, Prodromos: Recht auf Rücktritt von den Römischen Verträgen? in: Schnur, Roman (Hrsg.), Festschrift für Ernst Forsthoff zum 70. Geburtstag, 2. Auflage, München 1974, S. 77-102

Däubler, Wolfgang: Die Klage der EWG-Kommission gegen einen Mitgliedstaat, NJW 1968, S. 325-336

Dauses, Manfred A.: Rechtliche Probleme der Abgrenzung der Vertragsabschlußbefugnis der EG und der Mitgliedstaaten und die Auswirkung der verschiedenen Abgrenzungsmodelle, in: Ress, Georg (Hrsg.), Souveränitätsverständnis in den Europäischen Gemeinschaften, Baden-Baden 1980, S. 171-202

— The Protection of Fundamental Rights in the Community Legal Order, ELRev 1985, S. 398-419

De Ruyt, Jean: L'Acte Unique Européen, Commentaire, Bruxelles 1987

Diaz Gonzales, Leonardo: Preliminary Report on Relations between States and International Organizations, A/CN.4/370 and Corr. 1, YBILC 1983 II 1, S. 227-229

— 2nd Report on Relations between States and International Organizations, A/CN.4/391 and Add. 1/Corr. 1, Add. 1/Corr. 2, YBILC 1985 II 1, S. 103-113

Doehring, Karl: Die Wiedervereinigung Deutschlands und die europäische Integration als Inhalt der Präambel des Grundgesetzes, DVBl 1979, S. 633-639

— Die Selbstdurchsetzung völkerrechtlicher Verpflichtungen, ZaöRV 47 (1987), S. 44-55

Drygalski, Andrea von: Europäische Regionalpolitik und ihre Einflüsse auf die Bundesrepublik Deutschland unter besonderer Berücksichtigung des Europäischen Fonds für regionale Entwicklung, DVBl 1986, S. 809-814

Dumon, F.: Die Rechtsprechung des Gerichtshofes, Kritische Prüfung der Auslegungsmethoden, Begegnung von Justiz und Hochschule am 27. und 28. September 1976, Luxemburg 1976

Ehlermann, Claus-Dieter: Problèmes institutionnels actuels de la Communauté, CDE 1972, S. 255-271

— Die Errichtung des Europäischen Fonds für währungspolitische Zusammenarbeit, EuR 1973, S. 193-208

— Die Verfolgung von Vertragsverletzungen durch die Kommission, in: Grewe, Wilhelm G. / Rupp, Hans / Schneider, Hans (Hrsg.), Europäische Gerichtsbarkeit und nationale Verfassungsgerichtsbarkeit, Festschrift zum 70. Geburtstag von Hans Kutscher, Baden-Baden 1981, S. 135-153

— Das schwierige Geschäft der Kommission, EuR 1981, S. 335-365

— Editorial Comments „Inactivity of the Council: Implied Powers for the Commission", CMLRev 18 (1981), S. 267-269

— Mitgliedschaft in der Europäischen Gemeinschaft — Rechtsprobleme der Erweiterung, der Mitgliedschaft und der Verkleinerung, EuR 1984, S. 113-125

— Die Europäische Gemeinschaft und das Recht, in: Börner, Bodo/Jahrreiß, Hermann/Stern, Klaus (Hrsg.), Einigkeit und Recht und Freiheit, Festschrift für Karl Carstens, Bd. 1, Köln, Berlin, Bonn, München 1984, S. 81-93

— Vergleich des Verfassungsprojekts des Europäischen Parlaments mit früheren Verfassungs- und Reformprojekten, in: Schwarze, Jürgen/Bieber, Roland (Hrsg.), Eine Verfassung für Europa, Baden-Baden 1984, S. 269-284

— Communautés Européennes et Sanctions Internationales — une réponse 'a J. Verhoeven, Colloque de la SBDI tenu les 26 et 27 octobre 1984, Revue belge de droit international XVIII (1984-1985-1) S. 96-112

— Die Einheitliche Europäische Akte: Die Reform der Organe, Integration 1986, S. 101-107

Ehmke, Horst: Prinzipien der Verfassungsinterpretation, VVDStRL 20 (1963), S. 53-103

Erdmenger, Jürgen: Die EG-Verkehrspolitik vor Gericht — Das EuGH-Urteil Rs 13/83 vom 22.05.1985 und seine Folgen, EuR 1985, S. 375-392

Esch, B. van der: L'Unité du Marché Commun dans la jurisprudence de la Cour, la bonne foi communautaire et le problème des politiques communes, CDE 1970, S. 303-313

Everling, Ulrich: Die allgemeine Ermächtigung der Europäischen Gemeinschaft zur Zielverwirklichung nach Art. 235 EWG-Vertrag, EuR Sonderheft 1976, S. 2-26

— Vom Zweckverband zur Europäischen Union — Überlegungen zur Struktur der Europäischen Gemeinschaft —, in: Stödter, Rolf/Thieme, Werner (Hrsg.), Hamburg. Deutschland. Europa, Festschrift für Hans Peter Ipsen, Tübingen 1977, S. 595-615

— Das europäische Gemeinschaftrecht im Spannungsfeld von Politik und Wirtschaft, in: Grewe, Wilhelm/Rupp, Hans/Schneider, Hans (Hrsg.), Europäische Gerichtsbarkeit und nationale Verfassungsgerichtsbarkeit, Festschrift zum 70. Geburtstag von Hans Kutscher, Baden-Baden 1981, S. 155-187

— Die Mitgliedstaaten der EG vor ihrem Gerichtshof, EuR 1983, S. 101-127

— Zur rechtlichen Wirkung von Beschlüssen, Entschließungen, Erklärungen und Vereinbarungen des Rates oder der Mitgliedstaaten der Europäischen Gemeinschaft, in: Lüke, Gerhard/Ress, Georg/Will, Michael R. (Hrsg.), Rechtsvergleichung, Europarecht und Staatenintegration, Gedächtnisschrift für Léontin-Jean Constantinesco, Köln, Berlin, Bonn, München 1983, S. 133-156

— Sind die Mitgliedstaaten der Europäischen Gemeinschaft noch Herren der Verträge?, in: Bernhardt, Rudolf/Geck, Wilhelm Karl/Jaenicke, Günther/Steinberger, Helmut (Hrsg.), Völkerrecht als Rechtsordnung, Internationale Gerichtsbarkeit, Menschenrechte, Festschrift für Hermann Mosler, Berlin, Heidelberg, New York 1983, S. 173-191

— Elemente eines Europäischen Verwaltungsrechts, DVBl 1983, S. 649-658

— Zum Vorrang des EG-Rechts vor nationalem Recht, DVBl 1985, S. 1201-1206

— Rechtsvereinheitlichung durch Richterrecht in der Europäischen Gemeinschaft, RabelsZ 1986, S. 193-232

— Gestaltungsbedarf des Europäischen Rechts, EuR 1987, S. 214-235

Faßbender, Bardo: Die Völkerrechtssubjektivität internationaler Organisationen, ÖZöffR 37 (1986), S. 17-49

Fawcett, J.E.S.: Détournement de Pouvoir by International Organizations, BYIL XXXIII (1957), S. 311-316

Fenwick, C.G.: The Issues at Punta del Este: Non-Intervention v. Collective Security, AJIL 58 (1962), S. 469-474

Fitzmaurice, Sir Gerald: 2nd Report on the Law of Treaties, A/CN.4/107, YBILC 1957 II, S. 16-70

— 3rd Report on the Law of Treaties, A/CN.4/115, YBILC 1958 II, S. 20-46

— 4th Report on the Law of Treaties, A/CN.4/120, YBILC 1959 II, S. 37-81

Frowein, Jochen Abr.: Die rechtliche Bedeutung des Verfassungsprinzips der parlamentarischen Demokratie für den europäischen Integrationsprozeß, EuR 1983, S. 301-317

Gauland, Alexander: Noch einmal: Die Beendigung der Mitgliedschaft in der Europäischen Gemeinschaft, NJW 1974, S. 1034-1036

Gericke, Hans-Peter: Allgemeine Rechtsetzungsbefugnisse nach Artikel 235 EWG-Vertrag, Hamburg 1970

Gillessen, Günther: Das Rote Kreuz in der Krise. Die Genfer IKRK-Konferenz, EA 42 (1987), S. 199-206

Ginther, Konrad: Mitgliedschaft in Internationalen Organisationen — Grundfragen, Referat, in: Berichte der Deutschen Gesellschaft für Völkerrecht, Heft 17, Karlsruhe 1975, S. 7-47

Glaesner, Hans-Joachim: Übertragung rechtsetzender Gewalt auf internationale Organisationen in der völkerrechtlichen Praxis, DÖV 1959, S. 653-658

— Haushaltsbefugnisse des Parlaments und Rechtsschutz, in: Börner, Bodo/Jahrreiß, Hermann/Stern, Klaus (Hrsg.), Einigkeit und Recht und Freiheit, Festschrift für Karl Carstens, Band 1, Köln, Berlin, Bonn, München 1984, S. 115-124

Grabitz, Eberhard (Hrsg.): Kommentar zum EWG-Vertrag, Loseblattsammlung, München, Stand 1987, zit. Bearbeiter, in: Grabitz, EWGV

Grabitz, Eberhard/*Läufer*, Thomas: Das Europäische Parlament, Bonn 1980

Groeben, Hans von der: Aufbaujahre der Europäischen Gemeinschaft. Das Ringen um den Gemeinsamen Markt und die Politische Union (1958-1966), Baden-Baden 1982

Groeben, Hans von der/*Boeckh*, Hans von (Hrsg.): Kommentar zum EWG-Vertrag, 1. Auflage, Baden-Baden 1958, zit. Bearbeiter, in: GB

Groeben, Hans von der/*Boeckh*, Hans von/*Thiesing*, Jochen (Hrsg.): Kommentar zum EWG-Vertrag, 2. Auflage, Baden-Baden 1974, zit. Bearbeiter, in: GBT

Groeben, Hans von der / *Boeckh*, Hans von / *Thiesing*, Jochen / *Ehlermann*, Claus-Dieter (Hrsg.): Kommentar zum EWG-Vertrag, 3. Auflage, Baden-Baden 1983, zit. Bearbeiter, in: GBTE

Groeben, Hans von der / *Thiesing*, Jochen / *Ehlermann*, Claus-Dieter (Hrsg.): Handbuch des Europäischen Rechts, Systematische Sammlung mit Erläuterungen, Kommentar, Loseblattsammlung, Baden-Baden, Stand bis einschließlich 238. Lieferung — November 1987, zit. Bearbeiter, in: Handbuch Europäische Wirtschaft

Hailbronner, Kay: Ziele und Methoden völkerrechtlich relevanter Rechtsvergleichung, ZaöRV 36 (1976), S. 190-226

— Die Einschränkung von Grundrechten in einer demokratischen Gesellschaft, Zu den Schrankenvorbehalten der Europäischen Menschenrechtskonvention, in: Bernhardt, Rudolf / Geck, Wilhelm Karl / Jaenicke, Günther / Steinberger, Helmut (Hrsg.), Völkerrecht als Rechtsordnung, Internationale Gerichtsbarkeit, Menschenrechte, Festschrift für Hermann Mosler, Berlin, Heidelberg, New York 1983

Halberstam, Malvina: Excluding Israel from the General Assembly by a Rejection of its Credentials, AJIL 78 (1984), S. 179-192

Hay, Peter: Federalism and Supranational Organizations, Patterns for New Legal Structures, Urbana 1966

Henckel von Donnersmark, Guidotto Graf: Planimmanente Krisensteuerung in der Europäischen Wirtschaftsgemeinschaft, Funktion und Bedeutung des Art. 235 EWG-Vertrag, Frankfurt a. Main, Berlin 1971

Héraud, Guy: Les principes du fédéralisme et la fédération européenne. Contribution à la théorie juridique du fédéralisme, Paris 1968

Heunis, Jan C.: United Nations Versus South Africa, Johannesburg, Cape Town 1986

Hilf, Meinhard: Sekundäres Gemeinschaftsrecht und Deutsche Grundrechte, Zum Beschluß des Bundesverfassungsgerichts vom 29. Mai 1974, ZaöRV 35 (1975), S. 51-66

— Die gemeinsame Grundrechtserklärung des Europäischen Parlaments, des Rates und der Kommission vom 5. April 1977, EuGRZ 1977, S. 158-161

— Die Organisationsstruktur der Europäischen Gemeinschaften, Berlin, Heidelberg, New York 1982

Hoffmann, Gerhard: Das Verhältnis des Rechts der Europäischen Gemeinschaften zum Recht der Mitgliedstaaten, DÖV 1967, S. 433-441

Hoffmann-Becking, Gerhard: Normaufbau und Methode. Eine Untersuchung zur Rechtsprechung des Gerichtshofs der Europäischen Gemeinschaften, Tübingen 1973

Hofmann, Rainer: Zur Rechtsprechung des EuGH in Fischereifragen, ZaöRV 41 (1981), S. 808-824

Hummer, Waldemar / *Schweitzer*, Michael: Möglichkeiten und Grenzen der Dynamisierung der Beziehungen Österreichs zu den Europäischen Gemeinschaften, Ausweitung der Freihandelsabkommen, Assoziierung oder Beitritt? EA 42 (1987), S. 343-350

Iliopoulos, Constantin: Die rechtliche Bedeutung des Verfassungsprinzips der parlamentarischen Demokratie für den europäischen Integrationsprozeß, Tagung für Rechtsvergleichung 1983 (Bericht der Diskussionen), EuR 1984, S. 98-100

Ipsen, Hans Peter: Europäisches Gemeinschaftsrecht, Tübingen 1972

— Zur Gestalt der Europäischen Gemeinschaft, in: Lüke, Gerhard / Ress, Georg / Will, Michael R. (Hrsg.), Rechtsvergleichung, Europarecht und Staatenintegration, Gedächtnisschrift für Léontin-Jean Constantinesco, Köln, Berlin, Bonn, München 1983, S. 283-300

Isak, Hubert / *Loibl*, Gerhard: United Nations Conference on the Law of Treaties between States and International Organizations or between International Organizations, ÖZöffR 38 (1987), S. 49-78

Jacobs, Francis G.: European Community Law and Public International Law: two different legal orders? Vortrag, gehalten im Rahmen des Walther-Schücking-Kollegs, Institut für Internationales Recht an der Universität Kiel, 20. April 1983

Jacot-Guillarmod, Oliver: Droit Communautire et droit international public, Genève 1979

Jacqué, Jean-Paul: L'Acte unique européen, RTDE 1986, S. 575-612

Jaenicke, Günther: Völkerrechtsquellen, in: Strupp, Karl / Schlochauer, Hans-Jürgen (Hrsg.), Wörterbuch des Völkerrechts, Dritter Band, Berlin 1962, S. 766-775

Joliet, René: Le droit institutionnel des Communautés européennes, Le contentieux, Liège 1981

— Le droit institutionnel des Communautés européennes, Les institutions, les sources, les rapports entre ordres juridiques, Liège 1983

Kaiser, Joseph H.: Grenzen der EG-Zuständigkeit, EuR 1980, S. 97-118

Kelsen, Hans: Reine Rechtslehre. Mit einem Anhang: Das Problem der Gerechtigkeit, 2. Aufl., Wien 1960

Khan, Rahmatullah: Implied powers of the United Nations, New Delhi 1970

Kißler, Klaus-Peter: Die Zulässigkeit von Wirtschaftssanktionen der Europäischen Gemeinschaft gegenüber Drittstaaten, Frankfurt am Main, Bern, New York, Nancy 1984

Klein, Eckart: Zur Beschränkung von Mitgliedsrechten in den Vereinten Nationen, VN 1975, S. 51-56

— Statusverträge im Völkerrecht, Berlin, Heidelberg, New York 1980

— Zulässigkeit von Wirtschaftssanktionen der EWG gegen ihre Mitgliedstaaten, RIW 1985, S. 291-297

Kovar, Robert: Le pouvoir réglementaire de la Communauté Européenne du charbon et de l'acier, Paris 1964

Krück, Hans: Völkerrechtliche Verträge im Recht der Europäischen Gemeinschaften, Berlin, Heidelberg, New York 1977

Krüger, Herbert: Über die Herkunft der Gewalt der Staaten und der sog. supranationalen Organisationen, DÖV 1959, S. 721-726

Kruse, Hans: Implied powers and implied limitations, AVR IV (1953/54), S. 169-182

Ku, Charlotte: Geschäftsordnung und Gestaltungsfreiheit. Führungsrolle und Einfluß des Präsidenten der Generalversammlung der Vereinten Nationen, VN 1986, S. 134-138

Küchenhoff, Erich: Ungeschriebene Bundeszuständigkeiten und Verfassungsauslegung, DVBl 1951, S. 585-588 und 617-621 (Fortsetzung)

— Ausdrückliches, stillschweigendes und geschriebenes Recht in der bundesstaatlichen Kompetenzverteilung (zugleich ein Beitrag zur Lehre von der Rechtsgewinnung und zum Verfassungsrecht der USA), AöR 82 (1957), S. 413-479

Kunz, Josef L.: Die Staatenverbindungen, Stuttgart 1929

Küsters, Hanns Jürgen: Die Gründung der Europäischen Wirtschaftsgemeinschaft, Baden-Baden 1982

Kutscher, Hans: Thesen zu den Methoden der Auslegung des Gemeinschaftsrechts aus der Sicht eines Richters, Begegnung von Justiz und Hochschule am 27. und 28. September 1976, Luxemburg 1976.

— Abschied vom Gerichtshof, EuR 1981, S. 1-8

— Über den Gerichtshof der Europäischen Gemeinschaften, EuR 1981, S. 392-413

Larenz, Karl: Methodenlehre der Rechtswissenschaft, 5. Auflage, Berlin, Heidelberg, New York, Tokyo 1983

Leben, Charles: Les Sanctions privatives de droits ou de qualité dans les organisations internationales spécialisées, Bruxelles 1979

Lecheler, Helmut: Der Europäische Gerichtshof und die allgemeinen Rechtsgrundsätze, Berlin 1971

Lecourt, Robert: L'Europe des juges, Bruxelles 1976

Leisner, Walter: Effizienz als Rechtsprinzip (Recht und Staat, Heft 402/403), Tübingen 1971

Leygues, J.-C.: Le concours financier à moyen terme, première application en faveur de l'Italie, RevMC 1975, S. 153-157

Lipgens, Walter (Hrsg.): 45 Jahre Ringen um die Europäische Verfassung, Dokumente 1939-1984, von den Schriften der Widerstandsbewegung bis zum Vertragsentwurf des Europäischen Parlaments, Bonn 1986

Louis, Jean-Victor: Quelques considérations sur la révision des traités instituant les Communautés, CDE 1980, S. 553-558

— Die Rechtsordnung der Europäischen Gemeinschaften, Brüssel 1980

Löwenstein, Karl: Verfassungslehre, 2. Auflage, Tübingen 1969

MacDonald, R.St.J./*Johnston*, Douglas M. (Hrsg.): The Structure and Process of International Law: Essays in Legal Philosophy, Doctrine and Theory, The Hague, Boston, Lancaster 1983

Malanczuk, Peter: Zur Repressalie im Entwurf der International Law Commission zur Staatenverantwortlichkeit, ZaöRV 45 (1985), S. 293-323

Malawer, Stuart S.: International Law, European Community and the Rule of Reason, JWTL 1974, S. 17-74

Maunz, Theodor/*Dürig*, Günter/*Herzog*, Roman: Grundgesetz, Kommentar, Loseblattsammlung, München, Stand 1986, zit. Bearbeiter, in: MDH

McCaffrey, Stephen C.: The Thirty-ninth Session of the International Law Commission, AJIL 82 (1988), S. 144-151

Meessen, Karl Matthias: The Application of Rules of Public International Law Within Community Law, CMLRev XIII (1976), S. 485-501

Meier, Gert: Die Beendigung der Mitgliedschaft in der Europäischen Gemeinschaft, NJW 1974, S. 391-394

— Integrationskraft und Rechtsgemeinschaft, RIW 1980, S. 39-41

— Die Europäische Rechtsgemeinschaft am Scheideweg, Ein Epilog zum Schaffleischstreit, RIW 1981, S. 246-250

Meng, Werner: Das Recht der Internationalen Organisationen — eine Entwicklungsstufe des Völkerrechts, Baden-Baden 1979

— Die Kompetenz der EWG zur Verhängung von Wirtschaftssanktionen gegen Drittländer, ZaöRV 42 (1982), S. 780-803

Merkel, Jochen: Rat und Kommission im Rechtsetzungsverfahren der Europäischen Wirtschaftsgemeinschaft, Thèse de doctorat, Lausanne 1964

Mertens de Wilmars, J.: Reflexions sur les méthodes d'interprétation de la Cour de Justice des Communautés européennes, CDE 1986, S. 5-20

Miehsler, Herbert: Qualifikation und Anwendungsbereich des internen Rechts internationaler Organisationen, Referat, in: Berichte der Deutschen Gesellschaft für Völkerrecht, Heft 12, Karlsruhe 1973, S. 47-83

Mögele, Rudolf: Fehlerhafte Ausgaben im Rahmen der Gemeinsamen Agrarpolitik, NJW 1987, S. 1118-1124

Mosler, Herrmann: Die Erweiterung des Kreises der Völkerrechtssubjekte, in: Referat, Berichte der Deutschen Gesellschaft für Völkerrecht, Heft 4, Karlsruhe 1961, S. 39-83

— Völkerrecht als Rechtsordnung, ZaöRV 36 (1976), S. 6-49

Nawiasky, Hans: Der Bundesstaat als Rechtsbegriff, Tübingen 1920

Neri, S. / *Sperl*, H.: Traité instituant la Communauté Economique Européenne; Travaux préparatoires, Déclarations interprétatives des six Gouvernements, Documents parlementaires; Cour de Justice des Commnautés Européennes, Luxembourg, 1960

Nicolaysen, Gert: Zur Theorie von den Implied Powers in den Europäischen Gemeinschaften, EuR 1966, S. 129-142

— Europäisches Gemeinschaftsrecht, Stuttgart, Berlin, Köln, Mainz 1979

— Autonome Handelspolitik der Europäischen Wirtschaftsgemeinschaft, in: von Münch, Ingo (Hrsg.), Festschrift für Hans-Jürgen Schlochauer zum 75. Geburtstag am 28. März 1981, Berlin, New York 1981, S. 855-876

Nöll, Hans-Heinrich: Die Völkerrechtssubjektivität der Europäischen Gemeinschaften und deren Bindung an das allgemeine Völkerrecht, Baden-Baden 1986

Ophüls, Carl-Friedrich: Über die Auslegung der Europäischen Gemeinschaftsverträge, in: Greiß, Franz / Meyer, Fritz W. (Hrsg.), Wirtschaft, Gesellschaft und Kultur, Festgabe für Alfred Müller-Armack, Berlin 1961, S. 279-290

Oppermann, Thomas: Grundfragen der Mitgliedschaft in Internationalen Organisationen, Referat, in: Berichte der Deutschen Gesellschaft für Völkerrecht, Heft 17, Karlsruhe 1975, S. 53-99

— Die Europäische Gemeinschaft als parastaatliche Superstruktur, in: Stödter, Rolf/Thieme, Werner (Hrsg.), Hamburg. Deutschland. Europa, Festschrift für Hans Peter Ipsen, Tübingen 1977, S. 685-699

Ott, David H.: Public International Law in the Modern World, London 1987

Partsch, Karl Josef: Repressalie, in: Strupp, Karl/Schlochauer, Jürgen, Wörterbuch des Völkerrechts, Band 3, Berlin 1962, S. 103-106, zit. Parsch, WV III

Peruzzo, Giovanni Guido: Das Problem der implied powers der Organe der Europäischen Gemeinschaften, Diss. Marburg/Lahn 1979

Pescatore, Pierre: Das Zusammenwirken der Gemeinschaftsrechtsordnung mit den nationalen Rechtsordnungen, EuR 1970, S. 307-323

— International Law and Community Law — A Comparative Analysis, CMLRev VII (1970), S. 167-183

— L'ordre juridique des Communautés européennes, 2. Auflage, Liège 1973

— Reconnaissance et controle judiciaire des actes du Parlement européen, RTDE 1978, S. 581-594

— Die Gemeinschaftsverträge als Verfassungsrecht - ein Kapitel Verfassungsgeschichte in der Perspektive des europäischen Gerichtshofs, systematisch geordnet, in: Grewe, Wilhelm G./Rupp, Hans/Schneider, Hans (Hrsg.), Europäische Gerichtsbarkeit und nationale Verfassungsgerichtsbarkeit, Festschrift zum 70. Geburtstag von Hans Kutscher, Baden-Baden 1981, S. 319-338

— Aspects judiciaires de „l'acquis communautaire", RTDE 1981, S. 617-651

— Die Rechtsprechung des Europäischen Gerichtshofs zur innergemeinschaftlichen Wirkung völkerrechtlicher Abkommen, in: Bernhardt, Rudolf/Geck, Wilhelm Karl/Jaenicke, Günther/Steinberger, Helmut (Hrsg.), Völkerrecht als Rechtsordnung, Internationale Gerichtsbarkeit, Menschenrechte, Festschrift für Hermann Mosler, Berlin, Heidelberg, New York 1983, S. 661-689

— Die „Einheitliche Europäische Akte" — Eine ernste Gefahr für den Gemeinsamen Markt, EuR 1986, S. 153-169

Pipkorn, Jörn: Bericht über die Diskussion der Referate von Everling, Schwartz und Tomuschat, EuR Sonderheft 1976, S. 68-73

Plender, Richard: The Interpretation of Community Acts by Reference to the Intentions of the Authors, YBEurL 2 (1982), S. 57-105

Priebe, Reinhard: Entscheidungsbefugnisse vertragsfremder Einrichtungen im Europäischen Gemeinschaftsrecht, Baden-Baden 1979

Quadri, Ronaldo/*Monaco*, Ricardo/*Trabucchi*, Alberto (Hrsg.): Commentario CEE, Vol. I-IV, Milano 1965, zit. Bearbeiter, in: QMT

Rabe, Hans-Jürgen: Das Verordnungsrecht der Europäischen Wirtschaftsgemeinschaft, Hamburg 1963

Rama-Montaldo, Manuel: International Legal Personality and Implied Powers of International Organizations, BYIL 44 (1970), S. 111-155

Rasquin, Gérard: Les manquements des Etats membres des Communautés Européennes devant la Cour de Justice, Heule (Belgique) 1964

Rauschning, Dietrich: Verantwortlichkeit der Staaten für völkerrechtswidriges Verhalten, Referat in: Berichte der Deutschen Gesellschaft für Völkerrecht, Heft 24, Heidelberg 1984, S. 7-34

Ress, Georg: Die Bedeutung der Rechtsvergleichung für das Recht internationaler Organisationen, ZaöRV 36 (1976), S. 227-279

— Souveränitätsverständnis in den Europäischen Gemeinschaften als Rechtsproblem, in: Ress, Georg (Hrsg.), Souveränitätsverständnis in den Europäischen Gemeinschaften, Baden-Baden 1980, S. 11-18

— Rechtsgrundsätze, Allgemeine, in: Seidl-Hohenveldern, Ignaz (Hrsg.), Lexikon des Rechts, Völkerrecht, Neuwied, Darmstadt 1985, S. 216-220

Reuter, Paul: La Convention de Vienne sur le droit des traités, Paris 1970

— Introduction au droit des traités, 2ème édition, Paris 1985

Riklin, Alois: Die Europäische Gemeinschaft im System der Staatenverbindungen, Bern 1972

Riphagen, Willem: State Responsibility: New Theories of Obligation in Interstate Relations, in: MacDonald, St.J./Johnston, Douglas M. (Hrsg.), The Structure and Process of International Law: Essays in Legal Philosophy, Doctrine and Theory, The Hague, Boston, Lancaster 1983, S. 581-625

— Preliminary Report on the content, forms and degrees of international responsibility (Part 2 of the draft articles on State responsibility), A/CN.4/330, YBILC 1980 II 1, S. 107-129

— 2nd Report, A/CN.4/344, YBILC 1981 II 1, S. 79-101

— 3rd Report, A/CN.4/354/and Add. 1 and 2, YBILC 1982 II 1, S. 22-50

— 4th Report, A/CN.4/366 Add. 1, YBILC 1983 II 1, S. 3-24

— 5th Report, A/CN.4/380, YBILC 1984 II 1, S. 1-4

— 6th Report, A/CN.4/389, YBILC 1985 II 1, S. 3-19

— 7th Report, A/CN.4/397 (1986)

Rosenne, Shabtai: Modification et termination des traités collectifs (Onzième Commission), 2. Rapport provisoire présenté par M. Shabtai Rosenne, Annuaire IDI 52 I (1967), S. 25-258

— The Settlement of Treaty Disputes under the Vienna Convention of 1969, ZaöRV 31 (1971), S. 1-62

Rouyer-Hameray, Bernard: Les compétences implicites des organisations internationales, Paris 1962

Sasse, Christoph: Zur auswärtigen Gewalt der Europäischen Wirtschaftsgemeinschaft, EuR 1971, S. 208-241

Scherer, Joachim: Das Rechnungsabschlußverfahren — Ein Instrument zur Durchsetzung europäischen Verwaltungsrechts?, EuR 1986, S. 52-74

Schermers, Henry G.: International Institutional Law, 2nd edition, Alphen aan de Rijn 1982

Schröder, Meinhard: Der Kampf um die Falkland-Inseln, Völkerrechtliche und europarechtliche Aspekte, GYIL 27 (1984), S. 334-366

Schumacher, Detlef: Die Ausfüllung von Kompetenzlücken im Verfassungsrecht der Europäischen Gemeinschaften, RIW 1970, S. 539-545

Schwartz, Ivo E.: EG-Rechtsetzungsbefugnisse, insbesondere nach Art. 235 — ausschließlich oder konkurrierend?, EuR Sonderheft 1976, S. 27-44

Schwarze, Jürgen: Die Befugnis zur Abstraktion im europäischen Gemeinschaftsrecht. Eine Untersuchung zur Rechtsprechung des Europäischen Gerichtshofes, Baden-Baden 1976

— Entwicklungsstufen des Europäischen Gemeinschaftsrechts, in: Börner, Bodo / Jahrreiß, Hermann / Stern, Klaus (Hrsg.), Einigkeit und Recht und Freiheit, Festschrift für Karl Carstens, Band 1, Köln. Berlin. Bonn. München 1984, S. 259-272

— Ungeschriebene Geschäftsführungsbefugnis für die Kommission bei Untätigkeit des Rates? — Zum Fischereiurteil des EuGH vom 5. Mai 1981 — EuR 1982, S. 133-153

— Das allgemeine Völkerrecht in den innergemeinschaftlichen Rechtsbeziehungen, EuR 1983, S. 1-39

— Verfassungsentwicklung in der Europäischen Gemeinschaft — Begriff und Grundlagen —, in: Schwarze, Jürgen / Bieber, Roland (Hrsg.), Eine Verfassung für Europa, Von der Europäischen Gemeinschaft zur Europäischen Union, Baden-Baden 1984, S. 15-48

Schwarze, Jürgen / *Bieber*, Roland (Hrsg.): Eine Verfassung für Europa, Von der Europäischen Gemeinschaft zur Europäischen Union, Baden-Baden 1984

Schweitzer, Michael / *Hummer*, Waldemar: Europarecht, 2. Auflage, Frankfurt am Main 1985

Schwelb, Egon: Termination or Suspension of the Operation of a Treaty as a Consequence of its Breach, IJIL 7 (1967), S. 309-334

Sedemund, Jochim / *Montag*, Frank: Europäisches Gemeinschaftsrecht, NJW 1987, S. 546-552

— Europäisches Gemeinschaftsrecht, NJW 1988, S. 601-609

Seidl-Hohenveldern, Ignaz: Völkerrecht, 5. Auflage, Köln, Berlin, Bonn, München 1984

— Das Recht der Internationalen Organisationen einschließlich der Supranationalen Gemeinschaften, 4. Auflage, Köln, Berlin, Bonn, München 1984

— General Course on Public International Law, RdC 1986 III, S. 21-264

Seyerstedt, Finn: Objective International Personality of Intergovernmental Organisations, Do their Capacities really depend upon their Constitutions?, Copenhagen 1963

Siegler, Heinrich von: Dokumentation der Europäischen Integration mit besonderer Berücksichtigung des Verhältnisses EWG-EFTA, Bonn, Wien, Zürich 1961

Simma, Bruno: Reflections on Article 60 of the Vienna Convention on the Law of Treaties and its Background in General International Law, ÖZöffR 20 (1970), S. 5-83

— Das Reziprozitätselement im Zustandekommen völkerrechtlicher Verträge, Berlin 1972

— Zum Rücktrittsrecht wegen Vertragsverletzung nach der Wiener Konvention von 1969, in: Kipp, Heinrich / Mayer, Franz / Steinkamm, Armin (Hrsg.), Um Recht und Freiheit, Festschrift für Friedrich August von der Heydte zur Vollendung des 70. Lebensjahres, 1. Halbband, Berlin 1977, S. 615-630

— Termination and Suspension of Treaties: Two Recent Austrian Cases, GYIL 21 (1978), S. 74-96

— Consent: Strains in the Treaty System, in: MacDonald, R.St.J. / Johnston, Douglas M. (Hrsg.), The Structure and Process of International Law: Essays in Legal Philosophy, Doctrine and Theory, The Hague, Boston, Lancaster 1983, S. 485-511

— Self-Contained Regimes, NYIL XVI (1985), S. 111-136

— Grundfragen der Staatenverantwortlichkeit in der Arbeit der International Law Commission, AVR 24 (1986), S. 357-407

Simon, Denys: L'interprétation judiciaire des traités d'organisations internationales, Morphologie des Conventions et fonction juridictionnelle, Paris 1981

Simson, Werner von: Wachstumsprobleme einer europäischen Verfassung, in: Grewe, Wilhelm G. / Rupp, Hans / Schneider, Hans (Hrsg.), Europäische Gerichtsbarkeit und nationale Verfassungsgerichtsbarkeit, Festschrift zum 70. Geburtstag von Hans Kutscher, Baden-Baden 1981, S. 481-496

Sinclair, Sir Ian: The Vienna Convention on the Law of Treaties, 2nd edition, Manchester, Dover 1984

Singh, Nagendra: Termination of Membership of International Organisations, London 1958

Sinha, Bhek Pati: Unilateral Denunciation of Treaty Because of Prior Violations of Obligations by Other Party, The Hague 1966

Smit, Hans / *Herzog*, Peter: The Law of the European Economic Community, A Commentary on the EEC-Treaty, Vols. 1-6, Loseblattsammlung, New York, Stand 1986

Sohn, Louis B.: Expulsion or Forced Withdrawal from an International Organization, HarvardLRev 77 (1963-64), S. 1381-1425

Söllner, Renate: Art. 5 EWG-Vertrag in der Rechtsprechung des Europäischen Gerichtshofes, München 1985

Sorensen, Max: „Eigene Rechtsordnung" -Skizze zu einigen systemanalytischen Betrachtungen über ein Problem der internationalen Organisation, in: Grewe, Wilhelm G. / Rupp, Hans / Schneider, Hans (Hrsg.), Europäische Gerichtsbarkeit und nationale Verfassungsgerichtsbarkeit, Festschrift zum 70. Geburtstag von Hans Kutscher, Baden-Baden 1981, S. 415-436

Stein, Torsten: Die Autorität des Europäischen Gemeinschaftsrechts, in: Stein, Torsten (Hrsg.), Die Autorität des Rechts, Heidelberg 1985, S. 53-76

— Regionale Durchsetzung völkerrechtlicher Verpflichtungen: Europa, ZaöRV 47 (1987), S. 95-112

Stern, Klaus: Das Staatsrecht der Bundesrepublik Deutschland, Bd. 1, 2. Auflage, München 1984

Strebel, Helmut: Quellen des Völkerrechts als Rechtsordnung, ZaöRV 36 (1976), S. 301-346

Strohmaier, Peter: Die Befugnisse von Rat und Kommission zur Einsetzung von Ausschüssen, Diss. Saarbrücken 1972

Tomuschat, Christian: Repressalie und Retorsion. Zu einigen Aspekten ihrer innerstaatlichen Durchführung. ZaöRV 33 (1973), S. 179-222

— Die Rechtsetzungsbefugnisse der EWG in Generalermächtigungen, insbesondere in Art. 235 EWGV, EuR Sonderheft 1976, S. 45-67

— Die auswärtige Gewalt der EWG erhält feste Konturen; Urteilsanmerkung zum Urteil des EuGH v. 14.07.1976, EuR 1977, S. 157-164

— Beitragsverweigerung in internationalen Organisationen, in: Internationales Recht und Wirtschaftsordnung, Festschrift für F.A. Mann, München 1977, S. 439-464

— Zweitbearbeitung des Art. 24 GG, im Bonner Kommentar zum Grundgesetz, Loseblattsammlung, Stand der Bearbeitung 1981/1985

— Nein, und abermals Nein! Zum Urteil des BFH vom 25. April 1985 (V R 123/84), EuR 1985, S. 346-354

Triepel, Heinrich: Die Kompetenzen des Bundesstaates und die geschriebene Verfassung, in: Festgabe für Paul Laband. Zum fünfzigsten Jahrestage der Doktor-Promotion, Zweiter Band, Tübingen 1908, S. 249-335

Vamvoukos, Anthanassios: Termination of Treaties in International Law, The Doctrines of Rebus Sic Stantibus and Desuetude, Oxford, New York 1985

Vedder, Christian Wilhelm: Die auswärtige Gewalt des Europa der Neun, Göttingen 1980

Verdross, Alfred/*Simma*, Bruno: Universelles Völkerrecht, Theorie und Praxis, 3. Auflage, Berlin 1984

Verhoeven, Joe: Sanctions internationales et Communautés européennes, CDE 1984, S. 259-290

— Communautés européennes et sanctions internationales, Colloque de la SBDI tenu le 26 et 27 octobre 1984, Revue belge de droit international XVIII (1984-1985-1), S. 79-95

Vierdag, E.W.: Some Remarks on the Relationship between the 1969 and the 1986 Vienna Conventions on the Law of Treaties, AVR 25 (1987), S. 82-90

Virally, Michel: Le principe de réciprocité dans le droit international contemporain, RdC 1967 III, S. 1-106

Waldock, Sir Humphrey: 2nd Report on the Law of Treaties, A/CN.4/156 and Add. 1-3, YBILC 1963 III, S. 36-94

— 5th Report on the Law of Treaties, A/CN.4/183 and Add. 1-4, YBILC 1966 II, S. 1-50

— 6th Report on the Law of Treaties, A/CN.4/186 and Add. 1-7, YBILC 1966 II, S. 51-103

Wassermann, Ursula: WIPO: The Exclusion of South Africa?, JWTL 14 (1980), S. 78-80

Weber, Albrecht: Schutznormen und Wirtschaftsintegration, Zur völkerrechtlichen, europarechtlichen und innerstaatlichen Problematik von Schutzklauseln und ordre-public Vorbehalten, Baden-Baden 1982

Westreicher, Eduard: Der Grundsatz der Gegenseitigkeit in den Handelsbeziehungen zwischen Industrie- und Entwicklungsländern unter besonderer Berücksichtigung des GATT, der Vereinten Nationen und der EWG-AKP-Beziehungen. Tatsächliche Gleichheit im Völkerrecht durch internationale Institutionen?, Berlin 1984

Willoughby, Westel Woodbury: The constitutional law of the United States, Second edition Volume I, New York 1929

Witte, Bruno de: The Reform of the European Regional Development Fund, CMLRev 23 (1986), S. 419-440

Wohlfarth, Ernst / *Everling*, Ulrich / *Glaesner*, Hans Joachim / *Sprung*, Rainer (Hrsg.): Die Europäische Wirtschaftsgemeinschaft, Kommentar zum Vertrag, Berlin, Frankfurt a.M. 1960, zit. Bearbeiter, in: WEGS

Wolff, Hans-Julius / *Bachof*, Otto: Verwaltungsrecht I, 9. Auflage München 1974

—/— Verwaltungsrecht II, 4. Auflage, München 1976

Zarb, Antoine H.: Les institutions spécialisées du système des Nations Unies et leurs membres, Paris 1980

Zemanek, Karl: Das Vertragsrecht der Internationalen Organisationen, Wien 1957

— The Unilateral Enforcement of International Obligations, ZaöRV 47 (1987), S. 32-43

Ziccardi Capaldo, Guiliana: Il disconoscimento delle credenziali del Sud Africa come sanzione contro l'Apartheid, RivDI LXVIII (1985), S. 299-325

Zoller, Elisabeth: Peacetime Unilateral Remedies: an Analysis of Countermeasures, New York 1984

Zuleeg, Manfred: Die Auslegung des Europäischen Gemeinschaftsrechts, EuR 1969, S. 97-108

— Der Bestand der Europäischen Gemeinschaft, in: Bieber, Ronald / Bleckmann, Albert / Capotorti, Francesco u.a. (Hrsg.), Das Europa der zweiten Generation, Gedächtnisschrift für Christoph Sasse, Bd. I, Baden-Baden 1981, S. 55-72

— Die Europäische Gemeinschaft als Integrationsverband, in: Börner, Bodo / Jahrreiß, Hermann / Stern, Klaus (Hrsg.), Einigkeit und Recht und Freiheit, Festschrift für Karl Carstens, Bd. 1, Köln, Berlin, Bonn, München 1984, S. 289-303

II. Aktenbestände des Politischen Archivs des Auswärtigen Amtes, Bonn, in die mit freundlicher Erlaubnis Einsicht genommen wurde

1. Politisches Archiv des Auswärtigen Amtes, Neues Amt (N.A.), Abteilung Sekretariat für Fragen des Schuman-Plans:

   — Band Nr. 160 (Red/P/1)
   — Band Nr. 166 (Dok.Nr. Red/P/14)
   — Band Nr. 169 (Dok.Nr. Red/P/38)
   — Band Nr. 172 (Dok.Nr. Red/P/45)
   — Band Nr. 174 (Dok.Nr. Red/P/54-56)
   — Band Nr. 179
   — Band Nr. 180
   — Band Nr. 181
   — Band Nr. 182
   — Band Nr. 183
   — Band Nr. 367

2. Politisches Archiv des Auswärtigen Amtes, (N.A.), Abteilung 2, Akte:

   — 224-00-1
   — 224-00/1-10
   — 224-10 Bd. 1-3
   — 224-20-00
   — 224-21/00
   — 224-21/04
   — 224-22/31
   — 224-23-00
   — 224-23-01-02
   — 224-23-03-05
   — 224-23-30
   — 224-23-31
   — 224-23-32
   — 224-23-33
   — 224-23-40
   — 224-23-41
   — 224-40-01
   — 224-42-00
   — 224-42-05
   — 224-42-10
   — 224-43-00
   — 224-45-00
   — 224-60-10
   — 225-00
   — 225-10-01
   — 225-10-04
   — 225-10-05
   — 225-10-06
   — 225-10-07
   — 225-30-01, Bd. 1-21
   — 225-30-03

— *Paket 52:*

— 225-20-010
— 225-20-010, Bd. 1
— 225-20-01, Bd. 1 und 2

— *Paket 53:*

— 225-20-015, Bd. 1-3
— 225-20-02

— *Paket 54:*

— 225-20-04, Bd. 1-3
— 225-20-040

III. Materialien zum EWG-Vertrag

1. Bundesrepublik Deutschland

Begründung der Deutschen Bundesregierung, BT-Drucks. 3440, 2. Wahlperiode (1953-1957)

2. Belgien

Begründung der belgischen Regierung, Chambre des Représentants, Sess. 1956-1957, Doc. 727 No. 1, zit. nach und wiedergegeben bei *Neri/Sperl*, Traité instituant la Communauté Economique Européenne

3. Frankreich

Begründung der französischen Regierung, Assemblée Nationale Troisième Législature, Sess. Ord. de 1956-1957, Doc. No. 4676 (Annexe au procès-verbal de la séance du 26 mars 1957)

4. Italien

Begründung der italienischen Regierung, Camera dei Deputati, Legislatura II, Doc.No. 2814

5. Luxemburg

Begründung der luxemburgischen Regierung, Chambre des Députés, Sess. Ord. 1956-1957, Doc.No. 637

6. Niederlande

Begründung der niederländischen Regierung, Tweede Kamer der Staten-Generaal, Zitting 1956-1957, Doc. 4725, No. 3 und No. 14

7. Bericht der Delegationsleiter an die Außenminister („Spaak-Bericht“), v. 21.04.1956, Sekretariat MAE 120 d/56

FSC
www.fsc.org
MIX
Papier | Fördert
gute Waldnutzung
FSC® C083411

Kolibri 360 GmbH
Ferdinand-Jühlke-Straße 7
99095 Erfurt, Deutschland
produktsicherheit@kolibri360.de

Druck:
CPI Druckdienstleistungen GmbH
im Auftrag der
Kolibri 360 GmbH
Ferdinand-Jühlke-Str. 7
99095 Erfurt